PROCLAMER LA PAROLE DE DIEU:

365 méditations quotidiennes

DEREK PRINCE

ISBN 978-1-78263-088-3

Originally published in English under the title "Declaring God's Word, A 365-Day Devotional".

Traduit avec permission de Derek Prince Ministries International USA, P.O. Box 19501, Charlotte, North Carolina 28219-9501, USA.

Traduit par Anne-Joëlle Fuchs.

Sauf autre indication, les citations bibliques de cette publication sont tirées de la traduction Louis Segond "Nouvelle Edition".

Publié par Derek Prince Ministries France, 2012.

Dépôt légal: 1e trimestre 2012.

Couverture faite par Damien Baslé, www.damienbasle.com

Imprimé en France.

Pour tout renseignement:

DEREK PRINCE **MINISTRIES FRANCE**

9, Route d'Oupia, B.P.31, 34210 Olonzac FRANCE

tél. (33) 04 68 91 38 72 fax (33) 04 68 91 38 63

E-mail info@derekprince.fr * www.derekprince.fr

Les croyants ont vaincu satan par le sang de Jésus-Christ, et ils ont témoigné de ce que le sang de Jésus fait pour nous, selon ce que dit la Parole.

—Derek Prince paraphrase d'Apocalypse 12:11

Introduction à

PROCLAMER LA PAROLE DE DIEU: 365 méditations quotidiennes

En tant que président de Derek Prince Ministries–USA, je me réjouis de pouvoir vous présenter ce livre unique en son genre Proclamer la parole de Dieu: 365 méditations quotidiennes, rédigé par l'illustre docteur de la Bible qu'est Derek Prince. J'estime que ce livre renferme un grand potentiel, capable non seulement de transformer votre vie mais également le monde.

Je me rends compte à quel point cette assertion est péremptoire et combien elle peut paraître surestimer le livre. Cependant je m'y tiendrai et en voici l'explication. Ce livre représente bien plus qu'un calendrier de méditations ordinaire.

Tout comme vous, je prends plaisir à lire beaucoup de méditations rédigées par des hommes ou des femmes de Dieu de valeur. A l'instar de ce livre, ces œuvres consistent en lectures bibliques quotidiennes brièvement commentées et suivies par une prière destinée à inspirer le lecteur pour le jour en question. C'est ici que s'arrête la similarité.

Ce livre comporte un élément supplémentaire qui le rend unique. Cet élément est la proclamation, *Proclamer la parole de Dieu*, comme nous en informe le titre. La proclamation transforme ce livre en un outil puissant entre vos mains, et en réalité, en une arme de guerre spirituelle. Votre proclamation représentera une déclaration de guerre quotidienne contre le royaume de satan et une annonce quotidienne de votre intention de vous tenir aux côtés du Roi des rois. Mais, tout ceci ne représente qu'une partie de cet élément.

Ce qu'il y a de plus réjouissant, c'est que la lecture de ce livre vous unira à des milliers de chrétiens de par le monde, dans les mêmes proclamations et dans les mêmes prières, le même jour et peut-être même simultanément. Considérez un instant la puissance que cela représente! L'impact de cette action communautaire aura des implications spirituelles bien plus profondes que celles que nous pouvons imaginer.

Dans l'un de ses enseignements, traitant de l'autorité qui se dégage lorsque les croyants proclament la parole de Dieu, Derek cite Jérémie 1:9 *«Tu vois: je mets mes paroles dans ta bouche «*, puis il affirme audacieusement que lorsque nous proclamons la parole que Dieu met dans nos bouches, notre proclamation recèle autant d'autorité que si elle était prononcée par Dieu lui-même. C'est en cela que se distingue *Proclamer la parole de Dieu* pour ce qui concerne l'actionnement de la puissance et de l'autorité.

Derek Prince était un homme de prière et de proclamation, et il avait un grand sens pratique. Il a toujours accordé à ses auditeurs le droit de réponse. Ce livre n'est en rien différent.

Vous aurez quotidiennement l'occasion de réagir à l'enseignement du jour débutant par une proclamation que Derek a choisie. (Au début de la plupart des enseignements de Derek sur CD, vous les entendez, son épouse et lui, commencer à l'unisson par une proclamation tirée d'un verset ou d'une pensée biblique déterminés. Ici, chacune de ces méditations commence de la même façon.)

Ces études quotidiennes sont le reflet original de Derek, dans les termes exacts qu'il utilise. Même s'il n'est plus avec nous sur cette terre, ses puissants enseignements demeurent et, comme le dit Hébreux 11:4-3:»*Par la foi, ... il parle encore, bien que mort.*» Oh, combien nous remercions le Seigneur pour l'héritage doctrinal que Derek nous a laissé.

Le passage qui suit l'enseignement résume ce que Derek a enseigné avec une prière et une proclamation relatives au sujet du jour. Vous remarquerez que chaque prière commence par une expression de reconnaissance à Dieu. L'un des traits que j'ai le plus admiré chez Derek, outre son extraordinaire don d'enseignement, était son attitude de constante gratitude. Je me souviens que lors de ses nombreuses séances d'enseignement, il terminait son message en demandant à l'auditoire de s'attendre au Seigneur dans le silence. Durant ces moments, il était très fréquent d'entendre Derek murmurer sans discontinuer, «Merci Seigneur, merci Jésus, oh, nous te remercions Seigneur.»

Plutôt que de présumer que vous prierez et proclamerez naturellement de vous-même, nous vous présentons des formules particulières pour vous y aider. C'est par ce biais que vous allez expérimenter la puissance unique, individuelle et communautaire à la fois, générée par le fait de prononcer les mêmes prières et proclamations que d'autres personnes, le même jour.

Chaque message se termine par la répétition de la même proclamation qui apparaît en haut de la page sous le titre. Ce n'est pas une erreur. La répétition est un principe biblique basique mais très puissant, en même temps qu'un moyen d'affirmer la vérité de la parole de Dieu. Nous trouvons un excellent exemple scripturaire de l'utilité de la répétition dans le Psaume 124:1-2: «*Si l'Eternel n'avait pas été avec nous ---Israël peut le dire* ---[sous-entendu, tout le monde répète ensemble] *si l'Eternel n'avait pas été avec nous...»* Si vous voulez d'autres textes du Nouveau Testament en termes de «rappel par la répétition», allez voir en Philippiens 3:1; Hébreux 22:1; et 2 Pierre 1:12-15.

Puisse *Proclamer la parole de Dieu* être pour vous une source de puissance et de croissance spirituelle au quotidien. Puissent ses enseignements établir dans vos vies des fondations de vérité, vous rendant ainsi de plus en plus inébranlables en ces temps modernes de plus en plus ébranlés. Puisse votre foi croître pendant que vous absorberez les enseignements de Derek et que vous proclamerez les principes de la parole de Dieu, que vous prierez votre Père dans les cieux, assurés de votre union avec des chrétiens disséminés sur toute la terre, proclamant puissamment la parole de Dieu et participant à l'extension de sa Bonne Nouvelle.

Et pour terminer, que ce livre puisse accomplir la prière que Jésus lui-même nous a appris «Que ton royaume vienne, que ta volonté soit faite sur la terre comme au ciel» (Matt. 6:10)

Dick Llegatt, président de Derek Prince Ministries Etats-Unis

1ère semaine:

Je rends personnellement témoignage à satan de ce que dit la Parole concernant l'efficacité du sang de Jésus sur moi.

Mais eux, ils l'ont vaincu grâce au sang de l'Agneau
et grâce au témoignage qu'ils ont rendu pour lui,
car ils n'ont pas aimé leur vie
jusqu'à redouter de mourir.

– Apocalypse 12:11

Connaître la Parole

Je rends personnellement témoignage à satan de ce que dit la Parole concernant l'efficacité du sang de Jésus sur moi.

Au cours d'une incursion dans la Parole, je pense que le Seigneur m'a montré comment nous pouvons triompher de satan. La plupart des chrétiens savent que nous devons le vaincre par le sang de l'Agneau et par la parole de notre témoignage. Mais nombreux sont ceux qui ont tendance à en faire une expression répétitive: «J'invoque le sang ... j'invoque le sang.» Je ne veux pas dénigrer la valeur de cette pratique mais j'ai observé que parfois, cela n'impressionne pas le diable. A mon avis, nous devons procéder de manière plus résolue.

Comment pouvons-nous triompher de satan par le sang de l'Agneau et par la parole de notre témoignage? Cela implique trois éléments: le sang, la parole de Dieu et notre témoignage. Et voici comment j'interprète l'application d'Apocalypse 12:11: Nous triomphons de satan lorsque notre témoignage personnel authentifie les affirmations de la Parole au sujet de l'efficacité du sang de Jésus sur nous.

Il est très clair que si nous voulons témoigner de cette efficacité telle que la Parole la proclame concernant le sang de l'Agneau, nous devons au moins savoir ce que la Parole dit que le sang accomplit. Au cours des prochaines semaines, nous allons voir ce que la Parole affirme que le sang de Jésus accomplit pour nous.

Merci Seigneur, pour le sang de Jésus. A cause de ce dit la Parole, je proclame que j'ai vaincu satan en témoignant de ce que le sang de Jésus a fait pour moi. Je rends personnellement témoignage à satan de ce que dit la Parole à propos de l'efficacité du sang de Jésus sur moi. Amen.

Appliquer le sang

Je rends personnellement témoignage à satan de ce que dit la Parole concernant l'efficacité du sang de Jésus sur moi.

A la lumière de cette confession, force nous est de constater que nous devons comprendre ce que le sang de Jésus fait pour nous. Ensuite, nous devons le retirer à "la banque du sang" et le déposer dans nos vies. Nous trouvons un parallèle de cette application dans la cérémonie de la Pâque, qui représentait la façon dont Dieu a pourvu au salut d'Israël (voir Exode 12:21–27.) Dans chaque famille, le père devait tuer un agneau (le sacrifice) et recueillir son sang dans un récipient. Cet acte démontre l'immense responsabilité des pères en tant que prêtres de leur famille.

Le sang ne protégeait cependant aucune famille israélite tant qu'il se trouvait dans le récipient, il devait être transféré de celui-ci à l'endroit où vivait la famille. Il n'y avait qu'une seule façon de le faire et c'était en se servant d'une branche d'hysope. L'hysope est une plante commune au Moyen-Orient, elle y pousse partout. Ils ont donc dû prendre un bouquet d'hysope, le tremper dans le sang et en asperger le linteau et les deux montants de la porte de leur demeure mais jamais le seuil. Il ne faut jamais marcher sur le sang.

Une fois ceci accompli, l'ange de la destruction ne pouvait plus pénétrer dans cette demeure. Cependant, seuls étaient protégés les Israélites qui étaient dans la maison, en sécurité derrière le sang. Ce fut le seul endroit sûr en Egypte en cette fameuse nuit.

Merci Seigneur pour le sang de Jésus. Je proclame que je suis protégé de l'adversaire en appliquant le sang sur moi et ma famille. Je rends personnellement témoignage à satan ce que dit la Parole de l'efficacité du sang de Jésus sur moi. Amen.

Marcher dans l'obéissance

Je rends personnellement témoignage à satan de ce que dit la Parole concernant l'efficacité du sang de Jésus sur moi.

Dans la cérémonie de la Pâque, le sang des agneaux était recueilli dans des récipients. Une fois transféré des récipients sur les maisons des Israélites, ceux-ci étaient en sécurité à une condition: Ils devaient rester dans leurs maisons.

Ce principe est très important: le sang ne protège que ceux qui obéissent. Vous êtes en sécurité si vous obéissez. Jetons un coup d'œil à 1 Pierre 1:2. Pierre saluait les 'pèlerins de la dispersion' [en grec *diaspora*] (verset 1). Il s'adressait spécifiquement aux Juifs hors d'Israël, qui étaient *«élus* [ou choisis] *selon la prescience de Dieu le Père, par la sanctification de l'Esprit, afin qu'ils deviennent obéissants, et qu'ils participent à l'aspersion du sang de Jésus-Christ.»*

Notez que l'*obéissance* vient avant l'*aspersion*. Le sang n'est pas aspergé sur les désobéissants. Le sang ne protège pas ceux qui sont hors de la maison. Il protège seulement ceux qui sont à l'abri derrière lui ou qui en sont couverts. Alors, n'oubliez pas, même si la protection du sang est parfaite, elle ne concerne que les gens qui obéissent.

Merci Seigneur, pour le sang de Jésus. Je proclame aujourd'hui que je marche dans l'obéissance à toi. Je rends personnellement témoignage à satan de ce que dit la Parole concernant l'efficacité du sang de Jésus sur moi. Amen.

Eliminer le péché

Je rends personnellement témoignage à satan de ce que dit la Parole concernant l'efficacité du sang de Jésus sur moi.

En observant une fois encore la cérémonie de la Pâque pour Israël, nous y trouvons une question brûlante qui nous concerne aujourd'hui: Comment recueillons-nous le sang versé (après l'accomplissement du sacrifice) sur l'endroit où nous vivons? Tant que le sang reste dans le récipient, il n'est d'aucune utilité. Il est disponible mais il n'agit pas. Les Israélites devaient prendre cette simple plante appelée hysope, la tremper dans le sang et la passer sur l'extérieur de leur maison, sur les montants et le haut de la porte. Ce n'était qu'à ce moment-là qu'ils étaient protégés. Cependant, lors de la cérémonie de la Pâque, il y avait autre chose qui précédait l'application du sang.

Lisons en 1 Corinthiens, le passage où Paul applique l'enseignement de la Pâque et de la Fête des Pains Sans Levain aux chrétiens. Chaque famille juive devait débarrasser sa maison de tout ce qui contenait du levain pendant sept jours consécutifs. Les Juifs orthodoxes observent toujours cette pratique aujourd'hui.

«Faites disparaître le vieux levain, afin que vous soyez une pâte nouvelle, puisque vous êtes sans levain, car Christ, notre Pâque, a été immolé. Célébrons donc la fête, non avec du vieux levain, non avec un levain de malice et de méchanceté, mais avec les pains sans levain de la pureté et de la vérité.»
(1 Corinthiens 5:7–8)

Nous aussi, nous devons purger nos vies du vieux levain (le péché) afin de vivre dans l'obéissance à Dieu. C'est ce qui permet au sang d'en protéger chaque domaine.

Merci Seigneur, pour le sang de Jésus. Je proclame que lorsque je l'applique à ma vie, je la purge de tout péché qui pourrait se trouver en moi. Je rends personnellement témoignage à satan de ce que dit la Parole concernant l'efficacité du sang de Jésus sur moi. Amen.

S'appuyer sur l'agneau

Je rends personnellement témoignage à satan de ce que dit la Parole concernant l'efficacité du sang de Jésus sur moi.

En 1 Corinthiens 5:7, Paul relie la Pâque de l'Ancien Testament avec la crucifixion de Jésus:

«Car Christ [le Messie], *notre Pâque, a été immolé pour nous.»*

La Pâque s'assimile clairement au sacrifice de Jésus sur la croix. Nous pouvons dire que l'agneau pascal a été tué il y a presque vingt siècles et que son sang est dans le récipient. Son sang a été versé, mais il ne peut nous protéger s'il y reste. Nous devons transférer le sang du récipient sur les endroits où nous vivons.

Sous l'ancienne alliance, on utilisait l'hysope, mais que pouvons-nous utiliser sous la nouvelle alliance? La réponse est notre témoignage. Notre témoignage personnel prend le sang qui est dans le récipient et l'applique sur nos «maisons» (sur nos vies, nos situations et nos familles). Nous triomphons de satan lorsque nous rendons personnellement témoignage de l'efficacité du sang de Jésus sur nous, selon ce que dit la Parole.

Merci Seigneur pour le sang de Jésus. Je proclame que Jésus a été sacrifié pour moi et je m'appuie sur son sang pour me purifier et me libérer du péché. Je rends personnellement témoignage à satan de ce que dit la parole concernant l'efficacité du sang de Jésus sur moi. Amen.

Un sacrifice complet

Je rends personnellement témoignage à satan de ce que dit la Parole concernant l'efficacité du sang de Jésus sur moi.

Le jour le plus important dans l'année religieuse juive était le Jour du Grand Pardon, connu aujourd'hui sous le nom de Yom Kippour. C'est en ce jour seulement que le Grand Sacrificateur allait dans le Saint des Saints avec le sang du sacrifice qui couvrait les péchés d'Israël pendant une année supplémentaire.

«*Il* [le Grand Sacrificateur] *prendra du sang du taureau, et il fera l'aspersion avec son doigt sur le devant du propitiatoire vers l'orient; il fera avec son doigt sept fois l'aspersion du sang devant le propitiatoire.*» (Lévitique 16:14)

Seul le sang pouvait offrir la propitiation pour les péchés du peuple de Dieu et il devait être amené dans la présence du Dieu Tout Puissant, dans le Saint des Saints. Je voudrais que vous saisissiez en particulier que le sang était aspergé *sept* fois. Cette répétition n'était pas une coïncidence car, dans la Bible, sept est le chiffre qui indique l'œuvre du Saint-Esprit. Sept est aussi le chiffre de la plénitude ou de la perfection. Cette règle a été observée avec exactitude dans la manière dont Jésus a répandu son sang. Son sang a été versé précisément sept fois avant que le sacrifice soit complet.

Merci Seigneur pour le sang de Jésus. Je proclame que son œuvre complète sur la croix a ôté mes péchés. Je rends personnellement témoignage à satan de ce que dit la Parole concernant l'efficacité du sang de Jésus sur moi. Amen.

La mesure de son amour

Je rends personnellement témoignage à satan de ce que dit la Parole concernant l'efficacité du sang de Jésus sur moi.

Le Jour du Grand Pardon, le sang des sacrifices devaient être aspergé sept fois devant Dieu le Père (voir Lévitiques 16:14). Nous voyons cette règle parfaitement appliquée lors du sacrifice de Jésus sur la croix dans le Nouveau Testament.

Premièrement, sa sueur est devenue du sang. Deuxièmement, les soldats romains l'ont frappé au visage de leurs poings et avec des verges. Troisièmement, ils l'ont flagellé avec un fléau romain. Quatrièmement, sa barbe a été arrachée. Cinquièmement, des épines ont été enfoncées dans son crâne. Sixièmement, ses mains et ses pieds ont été transpercées par des clous. Septièmement, son côté a été percé avec une lance.

Voilà la mesure de l'amour de Christ. Cela lui a littéralement coûté tout ce qu'il avait. Il n'a pas simplement renoncé à sa gloire, à son trône et à sa majesté en tant que Dieu. Il n'a pas simplement abandonné les quelques biens qu'il possédait en tant qu'homme sur terre. Il s'est donné lui-même. C'est sa propre vie qu'il a répandue à travers son sang comme prix du rachat. Réfléchissez à cette réalité bouleversante et sachez qu'elle est à la mesure de l'amour de Dieu. Elle est extravagante, pour ne pas dire plus.

Merci Seigneur pour le sang de Jésus. Je proclame qu'il a donné tout ce qu'il avait, qu'il a répandu sa vie intégralement, afin que je sois libéré du péché. Je rends personnellement témoignage à satan de ce que dit la Parole concernant l'efficacité du sang de Jésus sur moi. Amen.

2ème semaine:

Par le sang de Jésus, je suis délivré de la main du diable.

Qu'ainsi disent les rachetés de l'Éternel,
ceux qu'il a délivrés de la main de l'ennemi.

—Psaume 107:2 [Semeur]

Des croyants authentiques

Par le sang de Jésus, je suis délivré de la main du diable.

«Qu'ainsi disent les rachetés de l'Éternel, Ceux qu'il a délivrés de la main de l'ennemi». (Psaume 107:2)

Cette proclamation de la Bible fait partie de celles qui se rapportent à ce que le sang de Jésus fait pour nous en tant que croyants. Lisons ce verset en Ephésiens:

«En lui [Christ] *nous avons la rédemption par son sang, la rémission des péchés, selon la richesse de sa grâce.»* (Ephésiens 1:7)

Vous remarquerez tout d'abord que pour bénéficier de ces avantages, nous devons être en Christ. Nous devons être d'authentiques croyants en Christ. Lorsque nous sommes en lui, la première chose dont nous bénéficions est la rédemption par son sang.

Rédemption signifie 'rachat,' ou bien 'paiement d'une rançon.' Nous étions auparavant entre les mains du diable et nous lui appartenions. Mais Jésus a payé le prix de la rançon par son sang sur la croix pour nous racheter.

Merci Seigneur pour le sang de Jésus. Je proclame que par son sang, ma rançon a été payée, j'ai été racheté et je suis un authentique croyant en Christ. Par le sang de Jésus, je suis délivré de la main du diable. Amen.

L’agneau sans péché

Par le sang de Jésus, je suis délivré de la main du diable.

Nous avons été délivrés, ou rachetés, de notre ancienne manière de vivre, mauvaise et sans Dieu; des griffes de satan, de la condamnation du péché et de notre vulnérabilité aux attaques du dévoreur et du destructeur. Mais, de quelle manière avons-nous été rachetés?

«Sachant que ce n'est pas par des choses périssables, par de l'argent ou de l'or, que vous avez été rachetés de la vaine manière de vivre que vous avez héritée de vos pères, mais par le sang précieux de Christ, comme d'un agneau sans défaut et sans tache.» (1 Pierre 1:18–19)

Nous sommes rachetés par le précieux sang de Jésus-Christ, sans défaut, sans péché originel, sans tache, sans péché personnel, l’agneau de Dieu sans péché qui a ôté le péché du monde. C’est uniquement par son sang que nous sommes rachetés. Aucune somme d’argent, d’aucune sorte, ne pouvait payer le prix de notre rédemption.

Merci Seigneur pour le sang de Jésus. Je proclame que Jésus, l’Agneau de Dieu sans péché, a ôté mes péchés. Par le sang de Jésus, je suis délivré de la main du diable. Amen.

Un transfert efficace

Par le sang de Jésus, je suis délivré de la main du diable.

«Qu'ainsi disent les rachetés de l'Éternel, Ceux qu'il a délivrés de la main de l'ennemi.» (Psaume 107:2)

Certaines personnes peuvent être certaines qu'elles ont été délivrées de la main de l'ennemi et d'autres non. Pour ma part, je sais parfaitement où j'étais avant que Jésus vienne dans ma vie, je n'ai aucun doute quant à cela. Je sais ce que c'est que d'être dans la main du diable et je ne veux plus y retourner. Je sais aussi que, selon ce que dit l'Ecriture, c'est le sang de Jésus qui m'en a délivré et qui m'a placé dans la main du bon berger. Jésus a dit de ses brebis, *«"Je leur donne la vie éternelle; et elles ne périront jamais, et personne ne les ravira de ma main»* (Jean 10:28). Voilà comment s'est effectué le transfert entre la main du diable et celle du Seigneur.

Mais vous noterez que ce transfert n'est effectif et ne nous sera bénéfique que si nous faisons une chose: que nous *«disions ainsi»*. *«Qu'ainsi disent les rachetés de l'Éternel»* Si vous êtes rachetés, dites-le! Si vous ne le dites pas, votre rédemption n'est pas effective. C'est la parole de votre témoignage qui rend le sang efficace.

Merci Seigneur pour le sang de Jésus. Je proclame que par son sang, j'ai été transféré de la main de l'ennemi à celle du Seigneur. Par le sang de Jésus, je suis délivré de la main du diable. Amen.

La protection du Tout Puissant

Par le sang de Jésus, je suis délivré de la main du diable.

Le Psaume 91 a été nommé le «psaume de l'ère atomique.» Il exprime une protection parfaite contre toute espèce de mal, de danger et de préjudice (même quand ils se produisent), à tout instant et par tous les moyens. Beaucoup de chrétiens connaissent bien ce passage. Mais, contentons-nous de lire les deux premiers versets:

«Celui qui demeure sous l'abri du Très Haut Repose à l'ombre du Tout Puissant.» (Psaume 91:1)

Le mot *demeure* signifie normalement en hébreu 'passer la nuit.' C'est un mot qui est fréquemment utilisé pour décrire le fait de passer la nuit. Ainsi, cela nous dit que pendant les heures d'obscurité, le croyant authentique sera sous l'ombre, ou la protection du Tout Puissant. Regardez le second verset:

«Je dis à l'Éternel: mon refuge et ma forteresse, mon Dieu en qui je me confie!» (verset 2)

Voilà l'antichambre, le hall d'entrée de la protection plénière établie dans les versets suivants de ce Psaume. Voilà notre témoignage: «Je dis.» Si vous ne le dites pas, vous ne l'aurez pas. Et cela demande un certain courage de dire ce qui suit dans le Psaume 91. Mais, seuls ceux qui le disent ont bibliquement le droit de le vivre. C'est la parole de notre témoignage qui le rend efficace.

Merci Seigneur pour le sang de Jésus. Je proclame que par son sang, je vis maintenant sous la protection du Dieu Tout Puissant. Par le sang de Jésus, je suis délivré de la main du diable. Amen.

Racheté à un grand prix

Par le sang de Jésus, je suis délivré de la main du diable.

Le mot *rédemption* signifie 'racheter.' Nous étions des esclaves, exposés à la vente sur le marché aux esclaves de satan. L'Apôtre Paul dit: *«je suis charnel, vendu au péché»* (Romains 7:14). Dans la culture romaine de son temps, le fait de vendre une personne en tant qu'esclave signifiait la vendre sous une lance. Elle se tenait sur un support, une lance étendue au-dessus de sa tête. Lorsque vous voyiez une personne se tenir comme cela, vous saviez qu'elle était vendue comme esclave.

Ce que Paul voulait dire était:»mes péchés sont la lance au-dessus de ma tête, c'est à cause d'eux que je suis vendu comme esclave au marché.» Et nous tous aussi, nous étions vendus avec Paul comme esclaves à cause de nos péchés.

Mais un jour, Jésus est passé dans ce marché et a dit: «je les achète.» Quel en a été le prix? Son sang. Nous avons été rachetés du royaume de satan et ramenés dans celui de Dieu.

Un esclave ne choisit le type de travail qu'il devra exécuter pour son maître ou sa maîtresse. L'un d'eux peut servir de cuisinier, l'autre de prostitué, c'est le propriétaire de l'esclave qui décide. Telle était notre condition auparavant. Certains d'entre nous peuvent avoir été des esclaves respectables, mais ils ne valaient pas mieux que ceux qui ne l'étaient pas autant. Ne méprisez pas les prostitués ou les alcooliques, car ils l'étaient suivant la décision du propriétaire. Satan avait décidé de leur condition, mais le sang de Jésus a brisé cette entrave et les a libérés des desseins du diable.

Merci Seigneur pour le sang de Jésus. Je proclame que j'ai été racheté du royaume de satan pour être ramené dans celui de Dieu. Par le sang de Jésus, je suis délivré de la main du diable. Amen.

Fait et racheté par lui

Par le sang de Jésus, je suis délivré de la main du diable.

Voici la parabole que j'ai racontée à un groupe de Maoris polynésiens, qui sont d'excellents sculpteurs sur bois, pour illustrer le prix payé par Jésus pour nous racheter de nos péchés.

Il était une fois un garçon qui était en train de sculpter un magnifique petit voilier en bois. Un jour; il l'emmena vers l'océan pour le faire naviguer, mais le vent changea et l'emporta vers le large. Puisqu'il ne pouvait pas récupérer son bateau, il rentra à la maison les mains vides.

La grande vague suivante ramena le bateau et celui-ci fut trouvé par un homme qui marchait de long de la plage. Celui-ci inspecta le bateau et constata qu'il était joliment sculpté, il le vendit donc à un magasin ou il fut nettoyé et mis en vitrine avec un prix de vente.

Quelques temps après, le garçon passa devant le magasin et vit son bateau. Il sut immédiatement que c'était le sien, mais il n'avait aucun moyen de le prouver. Il savait donc que s'il voulait le récupérer, il devrait l'acheter.

Il se mit à travailler pour gagner de l'argent, à laver des voitures, tondre des pelouses ainsi que quantité d'autres petits travaux. Lorsqu'il eu accumulé la somme nécessaire, il se rendit au magasin et racheta son bateau. Il le prit entre ses mains et, le tenant serré contre lui, il dit: «Maintenant, tu es à moi! Je t'ai fait et je t'ai racheté.»

Imaginez que vous êtes ce bateau. Vous avez peut-être la sensation d'être inapte et inutile, et vous vous demandez si Dieu s'en préoccupe vraiment. Mais le Seigneur vous dit: «Maintenant, tu es doublement à moi, je t'ai fait et je t'ai racheté, tu es entièrement à moi.»

Merci Seigneur pour le sang de Jésus. Je proclame que le Seigneur m'a fait et qu'il m'a racheté; et je suis entièrement à lui. Par le sang de Jésus, je suis délivré de la main du diable. Amen.

Sorti d'un royaume pour entrer dans un autre

Par le sang de Jésus, je suis délivré de la main du diable.

Le Seigneur nous a rachetés, nous ne sommes donc plus dans la main de l'ennemi mais dans la sienne.

«Rendez grâces au Père, qui vous a rendus capables d'avoir part à l'héritage des saints dans la lumière, qui nous a délivrés de la puissance des ténèbres et nous a transportés dans le royaume du Fils de son amour.» (Colossiens 1:12–13)

Dieu nous a délivrés du pouvoir des ténèbres, c'est-à-dire du royaume de satan, et nous a transférés dans le royaume de Christ, c'est un fait. Nous avons donc la rédemption, nos péchés sont pardonnés. Nous ne sommes plus dans le territoire de satan ni sous son autorité. Les non-croyants, ceux qui rejettent Christ, les rebelles et les désobéissants sont sous l'autorité légitime de satan, mais nous, les chrétiens, nous ne le sommes pas.

Le fait est que, lorsque nous nous sommes repentis et que nous nous sommes soumis à Jésus et l'avons fait Seigneur de nos vies, nous avons été acheminés (transportés, transférés), corps, âme et esprit, hors du royaume de satan, dans le royaume de Christ. C'est une réalité. Nous croyons en des choses du royaume invisible de la parole de Dieu parce que nous ne sommes plus dirigés par nos sentiments. Le bouclier de la foi couvre chaque domaine de nos vies. Aucun trait enflammé ne pourra jamais le traverser. (Voir Ephésiens 6:16.)

Merci Seigneur pour le sang de Jésus. Je proclame que par son sang, j'ai été libéré des ténèbres et transféré dans le royaume du Fils de l'Amour de Dieu. Par le sang de Jésus, je suis délivré de la main du diable. Amen.

3ème Semaine:

Par le sang de Jésus, tous mes péchés sont pardonnés.

En lui nous avons la rédemption par son sang, la rémission des péchés, selon la richesse de sa grâce.

—Ephésiens 1:7

La rédemption de plein droit

Par le sang de Jésus, tous mes péchés sont pardonnés.

En Ephésiens 1:7, nous lisons ce que nous offre le sang de Jésus:

«En lui [Christ] *nous avons la rédemption par son sang, la rémission des péchés, selon la richesse de sa grâce.»*

Le pardon des péchés nous est acquis par le sang de Jésus. Comparez ce verset avec ce que Jésus a dit lors de son dernier repas en Matthieu 26:28; lorsqu'il a passé à ses disciples la coupe, qui était l'emblème de son sang:

«Car ceci est mon sang, le sang de l'alliance [testament], qui est répandu pour plusieurs, pour la rémission [pardon] des péchés.» (Matthieu 26:28)

Hébreux 9:22 dit que sans sang versé, il n'y a pas de rémission des péchés. Donc, le sang de Jésus a été répandu afin que nos péchés puissent être pardonnés.

Vous remarquerez qu'en Ephésiens 1:7, Paul fait coïncider les deux choses: la rédemption par le sang de Jésus et la rémission des péchés. Il est très important de le comprendre, parce que nous n'aurons le plein droit à la rédemption que dans la mesure où nos péchés seront pardonnés.

Merci Seigneur pour le sang de Jésus. Je proclame que, parce que tous mes péchés sont pardonnés par son sang, j'ai maintenant accès à la rédemption de plein droit. Par le sang de Jésus, tous mes péchés sont pardonnés. Amen.

Satisfaire aux revendications

Par le sang de Jésus, tous mes péchés sont pardonnés.

Si tous nos péchés sont pardonnés, nous avons la rédemption de plein droit. Mais s'il reste dans notre vie un quelconque péché non confessé, et donc non pardonné, le plein droit ne nous sera pas accordé légalement dans ce domaine. Satan peut toujours revendiquer ce terrain particulier. J'ai pu en observer la preuve de nombreuses fois lors de mon ministère de délivrance. Si satan a une quelconque revendication, il ne la lâchera pas. Vous pourrez lui hurler à la face ou bien jeûner pendant une semaine, vous ne changerez pas la situation, parce qu'il sait qu'il a légalement droit à sa revendication et que celle-ci n'a pas encore été satisfaite.

Une autre façon de conférer à satan un droit légal de revendication sur nos vies est le non pardon. Jésus enseigne que Dieu nous pardonne dans l'exacte mesure où nous pardonnons aux autres. Nous devons prier: *«Pardonne-nous nos offenses* [nos péchés], *Comme nous pardonnons aussi à ceux qui nous ont offensé* [ceux qui ont péché contre nous»« (Matthieu 6:12). Nous n'avons pas le droit de réclamer à Dieu le pardon au-delà de la mesure dans laquelle nous pardonnons aux autres (voir versets 14-15). C'est pourquoi, dans la mesure où il existe des personnes auxquelles nous n'avons pas pardonné, Dieu ne nous pardonne pas non plus. En d'autres termes, toute zone de non pardon dans notre vie est une zone que satan peut toujours légalement revendiquer. Vous pourrez faire ce que vous voudrez, vous ne pourrez le déloger avant d'avoir pardonné ceux à qui vous devez pardonner.

Merci Seigneur pour le sang de Jésus. Je proclame que je suis pleinement pardonné parce que je confesse tous mes péchés et que je pardonne maintenant à ceux qui m'ont blessé (faites une liste de noms particuliers). Par le sang de Jésus, tous mes péchés sont pardonnés. Amen.

Les deux directions du pardon

Par le sang de Jésus, tous mes péchés sont pardonnés.

Le mot pardon est l'un des plus beaux qui existe, dans toutes les langues. Pourquoi est-il si beau? Considérez certains des résultats qui en découlent: la réconciliation, la paix, l'harmonie, la compréhension, la fraternité. Notre monde a si terriblement besoin de cela aujourd'hui!

Par contraste, considérez certaines des conséquences qui découlent de notre refus de pardonner ou de recevoir le pardon: l'amertume, les conflits, le manque d'harmonie, la haine et la guerre. Parfois, il semble que toute la race humaine est en danger de se laisser submerger par ces forces mauvaises et négatives. Si nous voulons pouvoir nous élever au-dessus de cette condition, ce ne sera qu'en apprenant et en appliquant les principes du pardon.

Voici les deux directions du pardon présentées dans la Bible. Ces deux directions sont représentées par ce grand symbole de la foi chrétienne qu'est la croix. Cette croix est faite de deux poutres, l'une verticale et l'autre horizontale, qui représentent les deux directions du pardon. La poutre verticale représente le pardon dont nous avons besoin de la part de Dieu et qui ne peut être reçu que par notre identification avec le sacrifice et la résurrection de Jésus-Christ. La poutre horizontale représente notre relation avec nos frères humains et elle représente le pardon, qui dans ce cas indique aussi deux directions: le pardon que nous avons besoin de recevoir des autres et celui que nous devons leur accorder. Encore une fois, le seul endroit où nous pouvons recevoir ce genre de pardon, c'est la croix.

Merci Seigneur pour le sang de Jésus. Je proclame que non seulement je reçois le pardon de la part de Dieu mais que je m'ouvre à recevoir celui des autres et que je leur offre le mien également. Par le sang de Jésus, tous mes péchés sont pardonnés. Amen.

Une ardoise vide

Par le sang de Jésus, tous mes péchés sont pardonnés.

L'un des aspects les plus fantastiques de la nature de Dieu c'est que, lorsqu'il pardonne, il le fait de manière incroyablement complète et libératoire. Le livre de Michée exprime merveilleusement bien ce principe:

«Quel est le Dieu semblable à toi, qui efface les fautes et qui pardonne les péchés du reste de ton peuple qui t'appartient? Toi, tu ne gardes pas ta colère à jamais, mais tu prends ton plaisir à faire grâce. Oui, de nouveau tu auras compassion de nous, tu piétineras nos péchés, et au fond de la mer, tu jetteras nos fautes.» (Michée 7:18–19 SEMEUR)

Splendide, n'est-ce pas? Toute chose mauvaise à laquelle nous nous sommes livrés, tout ce qui a pu nous faire sentir coupable un jour, toute accusation que l'ennemi a jamais pu soulever contre nous, Dieu la piétine, puis la jette au fond de la mer.

Quelqu'un a remarqué que lorsque Dieu fait couler nos péchés au fond de la mer, il érige au-dessus une pancarte de «pêche interdite!» N'essayez jamais de revenir dessus et de ressusciter une chose que Dieu a enterrée. Si Dieu vous a pardonné, vous êtes pardonné. Il n'y a plus rien à y redire. Le pardon de Dieu est total. En Esaïe, Dieu parle à son peuple:

«C'est moi, moi qui efface tes transgressions pour l'amour de moi, et je ne me souviendrai plus de tes péchés.» (Esaïe 43:25)

Lorsque Dieu nous pardonne, il efface le souvenir même de nos péchés, notre ardoise est vide. Dieu n'a pas de problème de mémoire, mais il a la capacité de choisir d'oublier. Et lorsqu'il pardonne, il oublie!

Merci Seigneur pour le sang de Jésus. Je proclame que tu m'as pleinement pardonné, effaçant le souvenir même de mes péchés. Tu les as oubliés et je ferai de même. Par le sang de Jésus, tous mes péchés sont pardonnés. Amen.

Les innombrables bénédictions issues du pardon

Par le sang de Jésus, tous mes péchés sont pardonnés.

Le genre de pardon dont nous avons besoin et que seul Dieu lui-même nous accorde est celui à caractère vertical. Le fait d'être pardonné par Dieu engendre une bénédiction inouïe. C'est David qui, peut-être, donne la description la plus magnifique de ce principe, dans le Psaume 32:

«Heureux celui à qui la transgression est remise, A qui le péché est pardonné! Heureux l'homme à qui l'Éternel n'impute pas d'iniquité, Et dans l'esprit duquel il n'y a point de fraude!» (versets 1–2 SEGOND)

En langue hébraïque, ce psaume débute par un pluriel: *bénédictions*. «Oh, combien de bénédictions pour celui à qui la transgression est remise, à qui le péché est pardonné.» Cela implique qu'il y a d'innombrables bénédictions liées au fait que Dieu pardonne nos péchés.

Il est important de constater que la Bible ne mentionne aucun homme qui n'ait pas besoin de pardon. Elle indique clairement que nous tous avons besoin du pardon de Dieu; il n'y a aucune exception. Dans d'autres psaumes, David dit qu'il n'existe aucun homme sans péché. Nous avons tous péché. C'est pourquoi, nous avons tous besoin du pardon. La question n'est pas de savoir si nous avons besoin du pardon mais si nous le recevons.

Merci Seigneur pour le sang de Jésus. Je proclame que j'ai besoin de ton pardon et que lorsque tu me pardonnes, tu m'accordes également de grandes bénédictions. Par le sang de Jésus, tous mes péchés sont pardonnés. Amen.

Reconnaître notre péché

Par le sang de Jésus, tous mes péchés sont pardonnés.

Dans le Psaume 32, Le Roi David parle de son expérience personnelle:

«Tant que je me suis tu, mes os se consumaient, Je gémissais toute la journée; Car nuit et jour ta main s'appesantissait sur moi, Ma vigueur n'était plus que sécheresse, comme celle de l'été. Je t'ai fait connaître mon péché, je n'ai pas caché mon iniquité; J'ai dit: J'avouerai mes transgressions à l'Éternel! Et tu as effacé la peine de mon péché.» (Versets 3–5 SEGOND)

Je pense que lorsque David a écrit cela, il se référait à l'affaire de Bethsabée, l'épouse d'Uri le Hittite. Il s'agissait d'une terrible situation dans laquelle David avait commis l'adultère, puis le meurtre pour couvrir celui-ci. David ressemblait, à l'évidence, à la plupart d'entre nous. Pendant un long moment, il avait refusé d'affronter la réalité de son péché. Il avait essayé de l'ignorer.

Dans les versets suivants, David évoque son implication personnelle:

«Qu'ainsi tout homme pieux te prie au temps convenable! Si de grandes eaux débordent, elles ne l'atteindront nullement. Tu es un asile pour moi, tu me garantis de la détresse, tu m'entoures de chants de délivrance.» (Versets 6–7 SEGOND)

Il n'est jamais trop tard pour confesser ses péchés à Dieu et pour chercher refuge en son salut. Il nous délivrera de nos péchés si seulement nous les reconnaissons et nous nous en repentons.

Merci Seigneur pour le sang de Jésus. Je proclame que, parce que je confesse sans hésiter tout péché que je pourrais avoir tenté d'occulter, tu as pardonné ma culpabilité. Tu me protèges de la difficulté et m'entoures de délivrance. Par le sang de Jésus, tous mes péchés sont pardonnés. Amen.

Témoigner personnellement

Par le sang de Jésus, tous mes péchés sont pardonnés.

«En lui [Christ] *nous avons la rédemption par son sang, la rémission des péchés, selon la richesse de sa grâce.»* (Ephésiens 1:7)

En considérant ce que déclare la parole de Dieu sur le sang de Jésus, je vais vous montrer comment l'appliquer à votre propre situation et à vos besoins au moyen de l'hysope de votre témoignage personnel.

Ce verset nous parle de deux choses que nous possédons par le sang de Jésus lorsque nous sommes en Christ. Souvenez-vous, si nous sommes en dehors de Christ, ceci n'est pas valable. Lors de la première Pâque en Egypte, le sang ne protégeait pas ceux qui étaient hors de leur maison. Ce n'était que chez eux que les Israélites étaient protégés et ce n'est qu'en Christ que nous avons la rédemption et le pardon de nos péchés.

Je connais le verset ci-dessus par cœur. Si je me trouvais la tête en bas dans le coin d'une pièce obscure, au cœur d'une nuit sans étoiles, je pourrais citer ce passage sans aucun problème. Ce verset est celui par lequel je vis. Je garde mon hysope à la main. Croyez-moi, il ne se passe pas quelques jours sans que je l'utilise sur ma propre vie. J'ai découvert qu'il était très utile.

Merci Seigneur pour le sang de Jésus. Je l'applique avec l'hysope de mon témoignage personnel, en proclamant que par son sang, j'ai la rédemption et le pardon des péchés. Par le sang de Jésus, tous mes péchés sont pardonnés. Amen.

4ème Semaine:

Le sang de Jésus-Christ, le Fils de Dieu, me purifie continuellement de tout péché.

Mais si nous marchons dans la lumière, comme il est lui-même dans la lumière, nous sommes mutuellement en communion, et le sang de Jésus son Fils
nous purifie de tout péché.

—1 Jean 1:7

Un processus continu

Le sang de Jésus-Christ, le Fils de Dieu,
me purifie continuellement de tout péché.

La purification est l'une des choses auxquelles pourvoit le sang de Jésus.

«Mais si nous marchons dans la lumière, comme il [Jésus] *est lui-même dans la lumière, nous sommes mutuellement en communion, et le sang de Jésus son Fils nous purifie de tout péché.»* (1 Jean 1:7)

Dans ce verset, nous voyons trois verbes conjugués au présent: *marcher, être* (en communion), *purifier*. Il faut en prendre note. Si nous continuons de *marcher* dans la lumière, nous continuons à *être en communion* les uns avec les autres et le sang de Jésus continue de nous *purifier*.

Il est très important de savoir que tout ceci est conditionnel. Si nous continuons de marcher dans la lumière de la parole de Dieu, en obéissant à ce qu'il dit, le premier résultat c'est que nous serons en communion les uns avec les autres. Si nous ne marchons pas dans la lumière, nous n'avons pas de communion. Et si nous n'avons pas de communion, nous ne marchons pas dans la lumière. Mais, si nous marchons dans la lumière et que nous sommes en communion mutuelle, alors le sang de Jésus nous garde continuellement purs.

Merci Seigneur pour le sang de Jésus. Je proclame que je continue de marcher dans la lumière, d'être en communion avec d'autres croyants et de recevoir la purification de mes péchés. Le sang de Jésus-Christ, le Fils de Dieu, me purifie continuellement de tout péché. Amen.

La purification, ici et maintenant

Le sang de Jésus-Christ, le Fils de Dieu,
me purifie continuellement de tout péché.

Sur la base de la proclamation ci-dessus, mon témoignage personnel serait: «Si je marche dans la lumière, le sang de Jésus me purifie maintenant et continuellement, de tout péché.» Je dis qu'il «me purifie maintenant» parce que cela donne à cette proclamation une tournure 'séance-tenante' et non pas imprécise et globale. Ceci est pour moi, ici et maintenant, mais aussi de manière continuelle, à l'infini dans l'avenir.

En Afrique de l'Est, la langue swahili possède un temps spécifique décrivant les choses qui sont complètes et permanentes. Pour le chant bien connu «Le sang de Jésus nous purifie de tout péché,» ils chantent, «le sang de Jésus nous purifie complètement et dans l'absolu.» Ces paroles me sont restées parce qu'elles expriment les choses de façon si parfaite. A présent, reconsidérez cette confession sous l'éclairage de la continuité et de l'absolu.

Ce principe est merveilleusement commenté dans le Psaume 51, qui est le grand psaume de pénitence que David a écrit après avoir été convaincu de ses péchés d'adultère et de meurtre. C'est l'un des psaumes les plus beaux, l'un de ceux que tout un chacun ferait bien de lire de temps en temps pour en faire sa propre prière. Je crois au fait de faire des psaumes sa propre prière. Pour ma part, je ne les aborde pas comme une simple lecture mais comme une prière personnelle.

«Purifie-moi du péché avec un rameau d'hysope, et je serai pur! Lave-moi et je serai plus blanc même que la neige.» (Psaume 51:9). Vous remarquerez que David introduit l'hysope. Cela implique que, substantiellement, c'est l'hysope qui amène le sang à l'endroit où je suis. C'est une vision prophétique magnifique de la purification par le sang de Jésus.

Merci Seigneur pour le sang de Jésus. Je proclame que son sang me purifie, maintenant et continuellement, de tout péché. Le sang de Jésus-Christ, le Fils de Dieu, me purifie continuellement de tout péché. Amen.

Remplir les conditions

Le sang de Jésus-Christ, le Fils de Dieu
me purifie continuellement de tout péché.

Regardons de plus près cette proclamation à propos du sang qui se trouve en 1 Jean 1:7: « Mais si nous marchons dans la lumière, comme il [Jésus] est lui-même dans la lumière, nous sommes mutuellement en communion, et le sang de Jésus son Fils nous purifie de tout péché.»

Nous avons déjà vu comment ces trois éléments interagissent et sont reliés entre eux dans la parole de Dieu: la marche dans la lumière, la communion les uns avec les autres et la purification du sang. Un grand nombre de gens réclament la purification et la protection du sang mais ne remplissent pas les conditions qui les habiliteraient à les recevoir. La purification par le sang de Jésus-Christ est la conséquence de quelque chose précédé par un 'si', c'est une énonciation conditionnelle, dépendante d'un pré requis: *si* nous marchons dans la lumière, car il est dans la lumière. Alors, deux résultats en découlent, pas seulement un, mais deux. La purification du sang est le second résultat, le premier étant que nous sommes en communion les uns avec les autres.

Logiquement, si nous ne sommes pas en communion les uns avec les autres, c'est la preuve que nous ne marchons pas dans la lumière. Si nous ne marchons pas dans la lumière, il s'ensuit logiquement que nous ne pouvons pas réclamer la purification du sang de Jésus. Nous en arrivons donc à cette conclusion: si nous sommes en dehors de la communion fraternelle, nous sommes en dehors de la lumière. Si nous sommes en dehors de la lumière, le sang ne nous purifie plus. Le sang de Jésus ne purifie que dans la lumière. Ceci est l'un des principes les plus importants qu'il nous soit donné de comprendre.

Merci Seigneur pour le sang de Jésus. Je proclame que j'ai la ferme intention de marcher dans la lumière, comme Jésus est dans la lumière, et d'entrer pleinement dans la communion fraternelle et dans la purification du péché. Le sang de Jésus-Christ, le Fils de Dieu, me purifie continuellement de tout péché. Amen.

Amener le péché à la lumière

Le sang de Jésus-Christ, le Fils de Dieu,
me purifie continuellement de tout péché.

C'est dans la communion fraternelle que se trouve la lumière. C'est pourquoi elle représente l'endroit où nous sommes testés. Plus intime est la communion, plus éclatante est la lumière, jusqu'à ce qu'il ne reste aucun recoin caché. Plus d'ombre, rien de balayé sous le tapis, rien de recouvert. Cela peut être un endroit effrayant pour l'homme naturel. Mais, c'est le seul endroit où le sang de Jésus remplit sa fonction de purification. Si vous désirez la purification, elle vient dans la lumière. Si, d'une quelconque manière, vous êtes en défaut devant Dieu, ou en discorde avec votre voisin, vous n'êtes pas pleinement dans la lumière. Et le sang ne sera jamais appliqué que dans la lumière.

Que faut-il donc faire? Il faut venir dans la lumière. Et, que signifie «venir dans la lumière?» Cela signifie confesser ses péchés, les reconnaître ouvertement devant Dieu. Or, pour l'homme naturel, il s'agit-là de la chose la plus difficile à faire. La lumière semble si éblouissante. Vous pouvez penser: *«Oh, je ne pourrais pas y amener cette terrible chose, ce souvenir si horrible, ce secret si coupable, je ne pourrais pas l'exposer à la lumière.»* L'homme naturel s'y dérobe. Mais en vérité, lorsque les choses viennent à la lumière elles disparaissent, parce que c'est là que le sang les purifie. Cependant, si vous ne les amenez pas à la lumière, vous les conserverez. C'est un principe prodigieux. Le sang n'agit que dans la lumière.

Admettons que nous avons rempli la condition de marcher dans la lumière. Si tel est le cas, alors nous sommes en communion avec nos frères et soeurs croyants et sommes en droit d'en témoigner.

Merci Seigneur pour le sang de Jésus. Je proclame maintenant que j'amène à la lumière tout souvenir affreux ou péché caché (citez-les ici) et je les expose à la lumière de Jésus et à la purification de son sang. Le sang de Jésus-Christ, le Fils de Dieu, me purifie continuellement de tout péché. Amen.

Obéissance et vérité

Le sang de Jésus-Christ, le Fils de Dieu,
me purifie continuellement de tout péché.

La communion fraternelle représente le premier test pour voir si nous marchons dans la lumière. Si nous n'aimons pas être en communion avec nos frères et sœurs chrétiens et avec le Seigneur, alors nous ne sommes pas dans la lumière, et si nous ne sommes pas dans la lumière, le sang de Jésus ne nous purifie pas.

La question suivante concerne donc la manière dont nous marchons dans la lumière. La première condition c'est que nous devons marcher dans l'obéissance à la parole de Dieu. Le Psaume 119:105 dit: «*Ta parole est une lampe à mes pieds et une lumière sur mon sentier.*» La deuxième condition est résumée par Paul en Ephésiens 4:15 où il écrit: *«Au contraire, en exprimant la vérité dans l'amour, nous grandirons à tous égards vers celui qui est la tête: le Christ.»*

Dans ce passage, 'marcher dans la lumière' se définit par les liens que nous avons avec nos frères chrétiens, dans la vérité et dans l'amour. Nous devons vouloir agir selon la vérité dans nos relations les uns avec les autres, mais nous devons le faire dans l'amour.

Ainsi, marcher dans la lumière consiste en deux choses mises côte à côte: marcher dans l'obéissance à la parole de Dieu et marcher dans la vérité et dans l'amour avec nos frères chrétiens. C'est lorsque nous remplissons ces conditions que nous pouvons dire avec pleine assurance que le sang de Jésus nous purifie de tout péché.

De nos jours, nous sommes très conscients de la pollution organique présente dans l'atmosphère autour de nous, mais l'atmosphère spirituelle est également polluée par le péché, la corruption et l'impiété. Pour nous garder purs, nous avons besoin de la purification continuelle du sang de Jésus.

Merci Seigneur pour le sang de Jésus. Je proclame que je suis purifié par son sang, parce que je me suis engagé à marcher dans l'obéissance à sa Parole et à cultiver de bonnes relations avec les autres. Le sang de Jésus-Christ, le Fils de Dieu, me purifie continuellement de tout péché. Amen.

---

27 JANVIER

Le sang 'parle'

Le sang de Jésus-Christ, le Fils de Dieu, me purifie continuellement de tout péché

Il y a une autre chose précieuse que le sang de Jésus fait pour nous, une chose dont la plupart des chrétiens ne sont pas au courant. Hébreux 12:22,24 nous lisons: «*Vous* [tout vrai croyant] *vous êtes approchés de la montagne de Sion ...du sang de l'aspersion qui parle mieux que celui d'Abel.*»

Sur la montagne céleste de Sion, le sang de Jésus a été aspergé pour nous dans le Saint des Saints, devant Dieu en personne. Christ est entré en ce lieu comme notre précurseur, ayant obtenu notre rédemption éternelle par son sacrifice et il a aspergé la preuve de cette rédemption dans la présence même de Dieu le Père Tout Puissant.

Nous devrions remarquer un contraste important ici. Jadis dans l'histoire, Caïn, le fils aîné d'Adam et Eve, a tué son frère, Abel. Il a ensuite tenté de nier sa responsabilité, mais le Seigneur l'y a confronté et lui a dit:»tu n'as aucun moyen de dissimuler ta culpabilité, car le sang de ton frère, que tu as répandu sur terre, crie vengeance jusqu'à moi.» (Voir Genèse 4:1–15.) Par contraste, le sang que Jésus a aspergé dans les cieux crie non pas vengeance mais miséricorde. Le sang représente une plaidoirie continuelle dans la présence même de Dieu pour obtenir sa miséricorde.

Une fois que nous avons personnellement témoigné de la puissance du sang de Jésus, nous n'avons plus à répéter ces paroles toutes les cinq minutes, parce que le sang de Jésus parle sans arrêt en notre faveur dans la présence même de Dieu. Chaque fois que nous sommes troublés, tentés, craintifs ou anxieux, nous devrions nous souvenir de ceci: *le sang de Jésus parle pour moi dans la présence de Dieu en ce moment même.*

Merci Seigneur pour le sang de Jésus. Je proclame que son sang implore miséricorde pour moi dans la présence de Dieu, en ce moment même. Le sang de Jésus-Christ, le Fils de Dieu, me purifie continuellement de tout péché. Amen.

Des pierres polies

Le sang de Jésus-Christ, le Fils de Dieu,
me purifie continuellement de tout péché.

Le fait qu'une personne se soit repentie de ses péchés et ait revendiqué son salut en Christ ne signifie pas que toute sa personnalité ait été transformée instantanément. Il est clair qu'un processus vital de transformation a été amorcé, mais cela peut prendre des années avant que tous les domaines de la personnalité aient subi ce changement.

Lorsque David a eu besoin de galets bien lisses pour les insérer dans sa fronde et tuer Goliath, il est descendu dans la vallée, le modeste endroit de l'humilité. Là, dans le ruisseau, il a trouvé les galets dont il avait besoin. Par quoi avaient-ils polis? Par deux sortes d'actions, tout d'abord, l'eau qui leur passait dessus, ensuite, les heurts constants les uns contre les autres.

C'est ici une image de la formation du caractère d'un chrétien. Tout d'abord, il y a un bain continuel dans l'eau de la Parole, (voir Ephésiens 5:26). Ensuite, lorsque nous nous «heurtons» les uns aux autres au cours des relations personnelles, nos angles acérés s'érodent graduellement jusqu'à se lisser. Nous sommes des «pierres vivantes» qui nécessitent un polissage continuel. (Voir 1 Pierre 2:5.)

Laissez-moi vous dire en aparté que, lorsque Jésus a besoin de 'pierres vivantes' pour sa fronde, lui aussi descend dans la vallée, l'endroit de l'humilité. Là, il choisit des pierres qui ont été polies par l'action de la parole de Dieu et par la pression d'une communion fraternelle régulière. C'est un signe de maturité spirituelle que d'aimer sincèrement nos frères et sœurs en Christ, non seulement à cause de leur personnalité, mais pour ce qu'ils représentent pour Jésus, qui a donné sa vie et son sang pour chacun d'entre eux.

Merci Seigneur pour le sang de Jésus. Je proclame que je me soumets humblement au bain de la parole et que je m'engage à aimer mes frères et sœurs chrétiens avec sincérité. Le sang de Jésus-Christ, le Fils de Dieu, me purifie continuellement de tout péché. Amen.

5ème semaine:

Par le sang de Jésus, je suis justifié, rendu vertueux, comme si je n'avais jamais péché.

A plus forte raison donc, maintenant que nous sommes justifiés par son sang,
serons-nous sauvés par lui de la colère.

—Romains 5:9

Faim et soif de justice

Par le sang de Jésus, je suis justifié, rendu vertueux, comme si je n'avais jamais péché.

Le terme de justification est un terme théologique plutôt ennuyeux dont le sens est souvent obscur. Nous allons tout d'abord étudier le mot puis, ensuite, tenter d'en expliquer le sens. Le thème central de l'épître aux Romains est la justice. Plusieurs siècles auparavant, Job avait posé la question suivante: *«Comment l'homme serait-il juste devant Dieu?»* (Job 25:4). L'épître aux Romains présente la réponse de Dieu. Si nous sommes intéressés par la justice, l'épître aux Romains nous intéressera. Jésus a dit: *«Heureux ceux qui ont faim et soif de la justice, car ils seront rassasiés»* (Matthieu 5:6). Nous pouvons avoir faim et soif de guérison ou de prospérité sans être comblés. Mais lorsque nous aurons faim et soif de justice, nous serons rassasiés.

«A plus forte raison donc, maintenant que nous sommes justifiés par son sang, serons-nous sauvés par lui de la colère.» (Romains 5:9)

Remarquez que nous avons été justifiés par son sang. A la fois en hébreu et en grec, un seul mot est traduit par 'juste' ou 'vertueux'. En hébreu, le mot est *tsadaq*, et en grec, *dikaioō*. Mais peu importe sa traduction, il s'agit du même mot. En français, nous tendons à nous référer à *juste* en termes de légalité ou de loi et à *vertueux* plutôt en termes de caractère ou de conduite. Une telle distinction n'existe pas dans les langues bibliques. «Etre justifié par son sang» signifie la même chose qu'être «rendu vertueux par son sang.»

Merci Seigneur pour le sang de Jésus. Je proclame mon désir d'avoir faim et soif de justice et de justification par son sang. Par le sang de Jésus, je suis justifié, rendu vertueux, comme si je n'avais jamais péché. Amen.

Ce que signifie la justification

Par le sang de Jésus, je suis justifié, rendu vertueux, comme si je n'avais jamais péché.

A plus forte raison donc, maintenant que nous sommes justifiés par son sang, serons-nous sauvés par lui de la colère. (Romains 5:9)

Le mot traduit par 'justifié' possède un grand nombre de significations.

Premièrement, il a une signification légale. Légalement parlant, il signifie que nous sommes acquittés, absous de toute mauvaise action. Nous étions poursuivis en justice mais nous avons été acquittés. C'est une excellente nouvelle. Réfléchissez à ce qu'une personne jugée pour meurtre pourrait ressentir en apprenant qu'elle a été acquittée. Essayez seulement de l'imaginer. Nous aussi, nous devrions ressentir cette joie.

Deuxièmement, nous ne sommes pas coupables.

Troisièmement, nous sommes reconnus justes.

Beaucoup s'arrêtent là, mais je vous assure que la pleine signification de ce mot outrepasse ces limites. Nous sommes aussi rendus justes. Le sang de Jésus n'a pas uniquement pour effet de nous faire reconnaître justes, mais au sens propre, de nous *rendre* justes.

Puis, nous sommes justifiés. Cela signifie que c'est 'comme-si-je' n'avais jamais péché. Nous avons été rendus justes de la justice de Christ, sur qui ne pèse aucun passé désastreux ni aucune once de culpabilité, et contre qui satan ne peut rien faire dans le but de nous accuser. Nous sommes rendus justes de la justice de Jésus. C'est par la justice de Christ que nous sommes justifiés. Il n'y a aucune culpabilité ni aucun problème vis-à-vis du passé. Tout a été effacé.

Merci Seigneur pour le sang de Jésus. Je proclame que par son sang, je suis justifié, rendu juste, comme si je n'avais jamais péché. Amen.

Juste et vertueux

Par le sang de Jésus, je suis justifié, rendu vertueux, comme si je n'avais jamais péché.

A plus forte raison donc, maintenant que nous sommes justifiés par son sang, serons-nous sauvés par lui de la colère. (Romains 5:9)

Là où nous trouvons le mot «juste» dans la Bible, nous pouvons le remplacer par le mot «vertueux». C'est le cas à la fois dans l'Ancien Testament hébreu et dans le Nouveau Testament grec. Les traducteurs de la Bible King James (en anglais) l'ont traduit alternativement par «juste» ou «vertueux». Ils ont tendance à utiliser le mot «juste» dans le contexte légal et le mot «vertueux» dans le contexte de la vie pratique. Mais ce n'est qu'un seul et même mot.

Le problème arrive avec l'usage du mot 'justifié' qui est souvent confiné à une sorte de transaction légale dans les tribunaux célestes. Mais cette pratique revient à n'utiliser que la moitié de sa signification. Etre justifié, signifie être rendu juste ou vertueux. Le mot vertueux s'applique à l'endroit où nous vivons, nos maisons, notre travail ou nos relations personnelles. *Juste* nous ramène à une formalité légale exécutée dans une cour lointaine. L'Ecriture dit (et ceci est une traduction parfaitement légitime et correcte) que nous avons été rendus vertueux par le sang de Jésus. Nous ne pouvons pas nous considérer justifiés si nous n'avons pas été rendus vertueux. La justification est plus qu'une cérémonie légale ou qu'un changement d'étiquette. C'est un changement de caractère et de vie et c'est le sang de Jésus qui le produit. Nous avons été rendus vertueux d'une intégrité qui n'est pas la nôtre mais celle de Christ.

Merci Seigneur pour le sang de Jésus. Je proclame que par son sang, j'ai été rendu vertueux, d'une intégrité qui n'est pas la mienne. Par le sang de Jésus, je suis justifié, rendu vertueux, comme si je n'avais jamais péché. Amen.

Justifié gratuitement

Par le sang de Jésus, je suis justifié, rendu vertueux, comme si je n'avais jamais péché.

«Et ils sont gratuitement justifiés par sa grâce, par le moyen de la rédemption qui est en Jésus-Christ. C'est lui que Dieu a destiné, par son sang, à être, pour ceux qui croiraient victime propitiatoire, afin de montrer sa justice.» (Romains 3:24–25)

Je suis heureux de voir le terme 'gratuitement' dans ce passage. Le problème avec les gens religieux c'est qu'ils tentent toujours de gagner la rédemption et qu'ils n'y arrivent jamais. Ils ne sont jamais satisfaits ni tranquilles parce qu'ils pensent juste devoir en faire un peu plus pour arriver à être justes. Cela ne marchera jamais.

Nous ne sommes justifiés que par la foi dans le sang de Jésus. Lisons Romains 4:4: *«Or, à celui qui fait une œuvre* [l'homme religieux], *le salaire est imputé, non comme une grâce, mais comme une chose due.»*

Beaucoup de gens pensent que s'ils ont toujours vécu correctement et fait leur devoir, Dieu leur doit la justice ou la justification, que c'est un dû qui leur revient. Mais en réalité, Dieu ne doit rien à personne. Notez le verset 5: *«et à celui qui ne fait point d'œuvre, mais qui croit en celui qui justifie l'impie, sa foi lui est imputée à justice.»*

La première chose à faire c'est d'arrêter de tenter de se rendre juste soi-même. Arrêtez de vouloir devenir toujours un peu meilleur. Mettez fin à tout cela. Ce que nous devons faire c'est simplement croire. Autrement, nous n'y arriverons jamais.

Merci Seigneur pour le sang de Jésus. Je proclame que j'ai été justifié gratuitement par sa grâce. Je crois en celui qui me justifie et ma foi m'est imputée à justice. Par le sang de Jésus, je suis justifié, rendu vertueux, comme si je n'avais jamais péché. Amen.

L'assurance que produit la justice

Par le sang de Jésus, je suis justifié, rendu vertueux, comme si je n'avais jamais péché.

Dieu rend justes des gens injustes. Les Ecritures le disent, et j'y crois. Lisons un simple verset qui affirme ce principe: «*Celui qui n'a point connu le péché, il l'a fait devenir péché pour nous, afin que nous devenions en lui justice de Dieu.*» (2 Corinthiens 5:21).

Dans ce verset, j'aime bien insérer des noms à la place des pronoms: Car Dieu a fait devenir Jésus péché pour vous et moi, afin que nous devenions en Jésus justice de Dieu.» Un échange total a eu lieu: Jésus a été fait péché, en revêtant notre état de pécheur afin que nous puissions être rendus justes de la justice de Dieu. Cette justice nous est offerte par la foi en son sang.

La justice produit des résultats observables certains, immédiats et définitifs. Observons l'un de ces résultats comme le décrit la Parole. En réalité, notre façon de vivre, nos attitudes, nos relations et l'efficacité de notre vie chrétienne et de nos actes dans le service dépendront de notre capacité à réaliser à quel point nous avons été rendus justes. Nous lisons en Proverbes 28:1: *«Le méchant prend la fuite sans qu'on le poursuive, Le juste a de l'assurance comme un jeune lion.»*

De nos jours, beaucoup de chrétiens manquent d'assurance. Ils sont timides et penauds, ils ont tendance à céder lorsqu'ils sont confrontés au mal ou au diable. La cause réelle est cette incapacité à apprécier le fait qu'ils soient justes aux yeux de Dieu, autant que l'est Jésus lui-même. Si nous saisissons bien toute la mesure de ce principe, il nous donne de l'assurance.

Merci Seigneur pour le sang de Jésus. Je proclame que j'ai été rendu juste de sa justice et, par la foi, je m'empare de l'assurance qui découle de cette prise de conscience. Par le sang de Jésus, je suis justifié, rendu vertueux, comme si je n'avais jamais péché. Amen.

La paix et la sécurité

Par le sang de Jésus, je suis justifié, rendu vertueux comme si je n'avais jamais péché.

Dans le livre d'Esaïe, nous voyons un autre résultat de la justice dans la vie chrétienne: «*L'œuvre de la justice sera la paix, Et le fruit de la justice le repos et la sécurité pour toujours.*» (Esaïe 32:17).

Ce verset nous cite trois conséquences de la justice: la paix, le repos et la sécurité. Ils sont tous trois le produit de notre prise de conscience du fait que nous avons été rendus justes de la justice de Jésus-Christ.

Une autre de ces conséquences est décrite en Romains 14:17: *«Car le royaume de Dieu, ce n'est pas le manger et le boire, mais la justice, la paix et la joie, par le Saint-Esprit.»*

La méditation d'hier nous démontrait que la justice entraînait l'assurance, aujourd'hui nous y ajoutons la paix, le repos, la sécurité, la joie. Toutes ces choses sont le fruit de la justice. Tant que nous ne recevons pas la justice de Christ par la foi, nous nous débattrons en tentant d'atteindre tous ces autres attributs sans jamais y réussir. Il est pathétique de voir des chrétiens se forcer à paraître joyeux, sereins ou sûrs d'eux. Quelqu'un leur a dit que c'est ce qu'ils devraient être. Mais, selon ma propre expérience c'est lorsqu'ils ont réellement l'assurance du pardon des péchés et de la justice par la foi qu'ils se rendent compte que, tout simplement, ces choses coulent de source. La joie afflue naturellement. La paix vient sans effort. La sécurité est omniprésente. L'assurance s'exprime. La problématique de base c'est d'amener les gens à comprendre qu'ils ont été rendus justes de la justice de Jésus-Christ.

Merci Seigneur pour le sang de Jésus. Je proclame que j'ai été rendu juste de sa justice et je saisis par la foi la paix, la sécurité et la joie que procure cette prise de conscience. Par le sang de Jésus, je suis justifié, rendu vertueux, comme si je n'avais jamais péché. Amen.

Une bonne confession

Par le sang de Jésus, je suis justifié, rendu vertueux, comme si je n'avais jamais péché.

Les gens religieux pensent démontrer un bel esprit de sainteté en signalant à quel point ils sont pécheurs. La pensée générale est que nous paraissons prétentieux si nous nous vantons d'être justes et religieux si nous parlons sans cesse de nos manquements, de nos incohérences et du mal que nous avons commis.

Tous les dimanches, dans l'église où j'ai grandi, nous devions dire: «pardonne-nous, misérables pécheurs.» Mon sentiment était que je ne voulais pas être un misérable pécheur, mais lorsque je regardais les autres pécheurs, je ne pouvais qu'admettre que nous étions tous misérables. Finalement je me suis dit, *si tout ce qu'une religion peut faire c'est de me rendre misérable, je peux être un pécheur sans religion et me sentir moitié moins misérable.* Et c'est ce que je suis devenu, jusqu'à ce que je rencontre le Seigneur.

Le langage religieux proclame continuellement, «Nous sommes de misérables pécheurs, nous avons erré en nous écartant des voies de Dieu comme des brebis perdues, nous avons fait des choses que nous n'aurions pas dû faire et nous avons laissé en plan les choses que nous aurions dû faire.»

Je ne pourrais plus répéter ces paroles maintenant, je serais un hypocrite. En effet, comment pourrais-je prier pour la victoire sur le péché un lundi matin en sachant que le dimanche suivant je devrais dire que j'ai erré et me suis écarté du bon chemin, que j'ai fait ces choses que je n'aurais pas dû faire et délaissé les choses que j'aurais dû faire? Je minerais totalement les bases de ma foi. Même si ces paroles semblent si bonnes et si pieuses.

Faisons une confession en droite ligne de la parole de Dieu et croyons-y: Par le sang de Jésus, je suis justifié, rendu vertueux «comme-si» je n'avais jamais péché.

Merci Seigneur pour le sang de Jésus. J'aligne ma confession sur la parole de Dieu et je proclame: Par le sang de Jésus, je suis justifié, rendu vertueux, comme si je n'avais jamais péché. Amen.

6ème semaine:

Par le sang de Jésus, je suis sanctifié, rendu saint, mis à part pour Dieu.

C'est pour cela que Jésus aussi, afin de sanctifier le peuple par son propre sang, a souffert hors de la porte.

– Hébreux 13:12

Ce que signifie la sanctification

Par le sang de Jésus, je suis sanctifié,
rendu saint, mis à part pour Dieu.

La sanctification est un autre de ces termes théologiques à rallonge. Nous allons le décortiquer. Dans les langues bibliques sanctifier est directement lié au mot «saint.» Par conséquent, «sanctifier» signifie»rendre saint.» Le mot français sanctifier est issu du mot saint. La sanctification représente le processus pour faire une chose saintement ou la rendre sainte.

«C'est pour cela que Jésus aussi, afin de sanctifier le peuple par son propre sang, a souffert hors de la porte.» (Hébreux 13:12)

Jésus est allé hors de la ville en tant qu'offrande pour le péché. (Voir par exemple, Jean 19:16–20.) Nous apprenons dans l'Ancien Testament que les offrandes pour le péché ne pouvaient pas être faites dans l'enceinte où vivait le peuple de Dieu. (Voir par exemple, Exode 29:14.) La sanctification implique toujours la séparation.

Afin de nous rendre saints, nous devons rendre le bon témoignage: «Par le sang de Jésus, je suis sanctifié, rendu saint, mis à part pour Dieu, séparé de tout ce qui est mauvais. Entre le mal et moi se trouve le sang de Jésus.»

Celui qui est sanctifié se trouve dans un endroit où Dieu peut accéder à lui, mais pas le diable. Etre sanctifié signifie être retiré de la zone d'action et de la portée de satan et être placé dans une zone où nous sommes disponibles pour Dieu mais aux abonnés absents pour les appels de satan. Voilà ce que signifie être sanctifié, rendus saints et mis à part pour Dieu.

Merci Seigneur pour le sang de Jésus. Je proclame que par le sang de Jésus, je suis sanctifié, rendu saint, mis à part pour Dieu. Amen.

Du respect pour le sang

*Par le sang de Jésus, je suis sanctifié,
rendu saint, mis à part pour Dieu.*

Dans l'étude du pouvoir de sanctification du sang de Jésus, nous allons examiner un passage dans Hébreux qui parle des apostats (ceux qui se détournent de la foi chrétienne après l'avoir connue, dans un acte délibéré de reniement et de rejet du Seigneur Jésus-Christ. Ce passage parle de toutes les choses sacrées auxquelles ils renoncent et qu'en quelque sorte, ils profanent:

«De quel pire châtiment pensez-vous que sera jugé digne celui qui aura foulé aux pieds le Fils de Dieu, qui aura tenu pour profane le sang de l'alliance, par lequel il a été sanctifié, et qui aura outragé l'Esprit de la grâce?» (Hébreux 10:29)

Il est clair à partir de ce verset que nous sommes sanctifiés par le sang de l'alliance. Mais il s'agit-là d'une personne qui a été sanctifiée par le sang de la Nouvelle Alliance et s'en est détournée ensuite. Regardons d'un peu plus près ce que signifie fouler aux pieds le sang de Jésus. Cela fait référence à la cérémonie de la Pâque, lorsque le sang a été appliqué sur le linteau et les montants de la porte, mais jamais sur le seuil. Nous ne devons jamais être irrespectueux envers le sang de Jésus.

Merci Seigneur pour le sang de Jésus. Je proclame mon profond respect pour le sang de l'alliance, par lequel je suis sanctifié, rendu saint et mis à part pour Dieu. Amen.

Un transfert total

*Par le sang de Jésus, je suis sanctifié,
rendu saint, mis à part pour Dieu.*

Tout comme la justice, la sanctification ne vient pas par l'effort ou par la religion, mais seulement par la foi en le sang de Jésus. Etre sanctifié signifie être mis à part pour Dieu. A présent, nous appartenons à Dieu, nous sommes sous son contrôle et à sa disposition. Tout ce qui n'est pas de Dieu n'a pas le droit de s'approcher et est tenu à l'écart de nous par le sang.

«Rendez grâces au Père, qui vous a rendus capables d'avoir part à l'héritage des saints dans la lumière, qui nous a délivrés de la puissance des ténèbres et nous a transportés dans le royaume du Fils de son amour.» (Colossiens 1:12–13)

Par la foi en le sang de Jésus, nous avons été retirés de la sphère d'autorité de satan et transportés dans le royaume de Dieu. Le mot *«transportés»* (*«fait passer»* Semeur) signifie «transférés d'un endroit à un autre.» Dans la Bible, le mot est utilisé pour un transfert total. Dans l'Ancien Testament, il y a deux hommes, Enoch et Elie, qui ont été transportés de la terre dans les cieux. Et tous les deux y sont allés en intégralité. Tout ce qu'Elie a laissé était son manteau, mais son corps était parti.

Si ma compréhension de la Bible est bonne, c'est le cas pour nous aussi. Nous avons été totalement transférés. Nous *n'allons* pas *être* transférés, mais nous *l'avons été*, corps, âme et esprit. Nous ne sommes plus en territoire ennemi, ni assujettis à ses lois. Nous sommes sur le territoire du Fils de Dieu et sous sa loi.

Merci Seigneur pour le sang de Jésus. Je proclame que j'ai été rendu saint par le sang de Jésus, totalement transféré du territoire du malin dans le territoire du Fils de Dieu. Par le sang de Jésus, je suis sanctifié, rendu saint, mis à part pour Dieu. Amen.

Racheté en intégralité

Par le sang de Jésus, je suis sanctifié,
rendu saint, mis à part pour Dieu.

En Romains, il est question de deux royaumes dont les lois s'opposent. Celle du diable est celle du péché et de la mort, celle du royaume de Dieu est la loi de l'Esprit de vie en Christ Jésus. *«En effet, la loi de l'esprit de vie en Jésus-Christ m'a affranchi de la loi du péché et de la mort.»* (Romains 8:2).

Nous ne sommes plus sur le territoire du diable, ni sous sa loi. Son royaume n'a rien à voir avec nous parce que nous sommes dans un autre royaume. Nous avons été transférés, transportés, corps, âme et esprit. Et ce transfert s'est fait par le sang de Jésus, nous sommes sanctifiés, mis à part pour Dieu, par le sang de Jésus.

Considérons maintenant ce que cela implique pour le corps du croyant. Je peux dire par expérience que c'est là que tout commence, lorsque nous appliquons tout cela à notre corps physique. Examinez cela: *«Ne savez-vous pas que votre corps est le temple du Saint-Esprit qui est en vous, que vous avez reçu de Dieu, et que vous ne vous appartenez point à vous-mêmes? Car vous avez été rachetés à un grand prix. Glorifiez donc Dieu dans votre corps et dans votre esprit, qui appartiennent à Dieu.»*

(1 Corinthiens 6:19–20).

Les mots *«rachetés à un grand prix»* nous ramènent au thème de la rédemption. Nous sommes rachetés des mains du diable avec le sang de Jésus. Qu'est-ce qui a été racheté en nous? Juste notre esprit? Non, notre esprit et notre corps à la fois appartiennent à Dieu parce que Jésus a payé de son sang le prix total de la rédemption.

Merci Seigneur pour le sang de Jésus. Je proclame que j'ai été racheté totalement du royaume du diable et que j'ai été ramené dans le royaume de Dieu. Mon esprit et mon corps appartiennent à Dieu parce que Jésus a payé de son sang précieux le prix intégral de la rédemption. Par le sang de Jésus, je suis sanctifié, rendu saint, mis à part pour Dieu. Amen.

Son projet de nous rendre saint

Par le sang de Jésus, je suis sanctifié,
rendu saint, mis à part pour Dieu.

Nous savons que le mot sanctifier se réfère au mot saint et, dans les langues bibliques, il est directement lié au mot employé pour «sacré». Ainsi la sanctification signifie être rendu saint. Dieu a projeté de nous rendre saints.

La sainteté est un attribut divin unique parmi les autres. Dieu a beaucoup de merveilleux attributs, l'amour, la puissance, la sagesse et ainsi de suite, mais ils ont tous des vertus dont on pourrait distinguer des reflets en l'être humain. Nous voyons de l'amour chez les humains. Nous en connaissons certains qui sont puissants. Nous en avons rencontré certains ayant de la sagesse. Bien entendu, toutes ces qualités se perçoivent en l'homme à un degré incommensurablement moindre qu'en Dieu, mais au moins cela nous donne une idée de ce qu'elles sont. Cependant, lorsque nous parlons de sainteté, nous n'avons aucun élément de comparaison. Seul Dieu est saint.

La sainteté ne peut se trouver en dehors de Dieu. D'une certaine manière, vous pouvez réellement mesurer à quel point vous connaissez Dieu par rapport à ce que vous connaissez de la sainteté. Je le comprends de cette manière: nous remercions Dieu pour sa bonté, nous le louons pour sa grandeur, mais nous l'adorons pour sa sainteté. L'*adoration* est la réponse à la sainteté de Dieu.

Dans l'Ancien Testament, Dieu dit: *«vous serez saints, car je suis saint. «* (Lévitique 11:44), et, dans le Nouveau Testament, Pierre cite de nouveau les paroles du Seigneur en disant: *«Soyez saints, car je suis saint»* (1 Pierre 1:16). Cependant, il est fait référence à deux façons de parvenir à cette sainteté. Durant les jours suivants, je vais comparer ces façons, l'une se trouve dans l'Ancienne Alliance et l'autre dans la Nouvelle.

Merci Seigneur pour le sang de Jésus. Je proclame que Dieu est saint, qu'il mérite l'adoration, et que, par le sang de Jésus, je suis sanctifié, rendu saint, mis à part pour Dieu. Amen.

Ce n'est pas une série de règles

Par le sang de Jésus, je suis sanctifié,
rendu saint, mis à part pour Dieu.

Examinons la manière de parvenir à la sainteté selon l'Ancienne Alliance. Dieu dit:» *Vous serez saints car je suis saint*» (Lévitique 11:44). Tout le chapitre de Lévitique 11 énumère des règles compliquées sur ce qui peut être mangé, porté et ce qui rend une personne pure ou impure.

L'exigence de Dieu était «*la consécration*» (Lévitique 11:44). Mais vous verrez dans ce chapitre qu'il était très compliqué d'entretenir la sainteté. Il y avait toute une série de règles extrêmement complexes.

«Voici, parmi les animaux qui rampent sur la terre, ceux que vous regarderez comme impurs: la taupe, la souris et le lézard, selon leurs espèces; le hérisson, la grenouille, la tortue, le limaçon et le caméléon... quiconque les touchera morts sera impur jusqu'au soir.» (Lévitique 11:29–31)

Selon ces règles, par exemple, si une souris mourait et que quelqu'un la prenait par la queue, il était impur jusqu'au soir. Mais la Parole donne des instructions supplémentaires quant au récipient où la souris pourrait tomber et les vêtements qu'elle pourrait toucher, puis donne des instructions sur la façon de traiter l'impureté. Observer toutes ces règles représenterait un travail à plein temps.

Dieu disait que si vous arriviez à suivre toutes ces règles, vous seriez saint. Mais si vous deviez parvenir à la sainteté par l'observance de certaines règles, il faudrait les observer toutes à la fois. Il ne faudrait jamais en omettre une seule. Toutefois, remercions Dieu de nous avoir procuré une meilleure façon, parce qu'observer toutes ces règles est impossible pour un être humain pécheur.

Merci Seigneur pour le sang de Jésus. Je proclame que Dieu projette de me rendre saint, non par l'observance d'une succession de règles, mais par le sang de Jésus, par lequel je suis sanctifié, rendu saint et mis à part pour Dieu. Amen.

La sainteté par la foi

Par le sang de Jésus, je suis sanctifié,
rendu saint, mis à part pour Dieu.

Nous pouvons parler d'un renouveau authentique lorsque les gens démontrent plus d'intérêt à se rendre saints qu'à être guéris. Notre ordre de priorités est aberrant. Si nous voulions organiser une réunion de guérison, les gens afflueraient en masse mais si nous souhaitions enseigner la sainteté, le niveau d'assistance baisserait sensiblement. En réalité, la sainteté est bien plus importante que la guérison. La guérison est temporaire et ne vous sera utile que dans la vie ici-bas. Merci Seigneur pour cela. Mais la sainteté est éternelle, elle vous accompagnera pour toujours dans les cieux. La puissance du Saint-Esprit doit œuvrer pour transformer notre sens des valeurs.

«Et maintenant je vous recommande à Dieu et à la parole de sa grâce, à celui qui peut édifier et donner l'héritage avec tous les sanctifiés.» (Actes 20:32)

L'héritage est pour ceux qui ont été sanctifiés. Ce passage dit que la parole de Dieu peut vous amener dans cet héritage. Cependant, sous la Nouvelle Alliance, comment peut-on parvenir à la sainteté de la meilleure façon, selon Dieu? Jésus a mandaté Saul de Tarse (qui plus tard est devenu Paul), lorsqu'il s'est révélé à lui, il lui a dit:

«Je t'ai choisi du milieu de ce peuple et du milieu des païens, vers qui je t'envoie, afin que tu leur ouvres les yeux, pour qu'ils passent des ténèbres à la lumière et de la puissance de satan à Dieu, pour qu'ils reçoivent, par la foi en moi, le pardon des péchés et l'héritage avec les sanctifiés.» (Actes 26:17-18)

Nous pouvons être sanctifiés en observant toutes les règles de l'Ancien Testament, si nous les observons toutes à la fois. Encore une fois, cela est impossible à des êtres humains pécheurs. L'autre façon est totalement différente, il ne s'agit pas d'observer une multitude de règles mais d'avoir foi en Jésus.

Merci Seigneur pour le sang de Jésus. Je proclame ma foi en Jésus-Christ, en affirmant que par le sang de Jésus, je suis sanctifié, rendu saint et mis à part pour Dieu. Amen.

7ème semaine:

Mon corps est le temple du Saint-Esprit, racheté, purifié par le sang de Jésus.

Ne savez-vous pas que votre corps est le temple du Saint-Esprit qui est en vous, que vous avez reçu de Dieu,
et que vous ne vous appartenez point à vous-mêmes
—1 Corinthiens 6:19

Le Saint-Esprit en nous

Mon corps est le temple du Saint-Esprit
racheté, purifié par le sang de Jésus.

La capacité de parler est une marque tout à fait distinctive de la personne humaine. A la Pentecôte, lorsque le Saint-Esprit est descendu des cieux, il a parlé en «d'autres langues» (Actes 2:4) par le biais des disciples. Ce faisant, il a signifié qu'il était venu en tant que personne, pour élire domicile sur la terre. Il est depuis lors un représentant permanent de la divinité sur terre.

Depuis de la Pentecôte, chaque fois que le Saint-Esprit vient élire domicile en personne dans le corps d'un chrétien, il est pertinent qu'il manifeste sa présence en s'exprimant à travers lui par une nouvelle langue, impartie surnaturellement. En réalité, ce qu'il exprime c'est: «Maintenant, tu sais que je réside dans ton corps en personne.»

Pour cette raison, en 1 Corinthiens 6:19, Paul dit: *«Ne savez-vous pas que votre corps est le temple du Saint-Esprit?»* Il souligne que le fait de parler en langues n'est pas une simple et brève expérience surnaturelle. C'est un signe divin que le Saint-Esprit, en tant que personne, a élu domicile dans le corps du chrétien, faisant de lui un temple sacré. Ce principe place sur chaque croyant une obligation solennelle de conserver son corps dans une condition de sainteté convenable pour le temple de Dieu.

Merci Seigneur pour le sang de Jésus et l'œuvre de ton Saint-Esprit. Je proclame que mon corps est le temple du Saint-Esprit, racheté, purifié par le sang de Jésus.

Mon corps: Le temple du Seigneur

*Mon corps est le temple du Saint-Esprit
racheté, purifié par le sang de Jésus.*

«Mais le Très Haut n'habite pas dans ce qui est fait de main d'homme, comme dit le prophète: Le ciel est mon trône, Et la terre mon marchepied. Quelle maison me bâtirez-vous, dit le Seigneur, Ou quel sera le lieu de mon repos? N'est-ce pas ma main qui a fait toutes ces choses?...» (Actes 7:48–50)

Dieu demeure dans un temple qui n'est pas fait de main d'homme mais façonné par lui et selon ses objectifs divins. Ce temple est le corps du croyant, racheté par le sang de Jésus-Christ. Comme Paul l'a expliqué en 1 Corinthiens 6:13: «Les *aliments sont pour le ventre, et le ventre pour les aliments; et Dieu détruira l'un comme les autres. Mais le corps n'est pas pour l'impudicité. Il est pour le Seigneur, et le Seigneur pour le corps.»* Ce verset parle des aliments pour le ventre et inversement. En Proverbes, il est dit: *«Le juste mange et satisfait l'appétit de son âme»* (Proverbes 13:25 NdT, traduction de l'anglais). Nous qui sommes justes, nous ne mangeons pas avec excès. Quelle en est la raison? C'est que notre corps est le temple du Saint-Esprit et que nous ne devons pas le souiller par la gloutonnerie, l'abus d'alcool, l'immoralité ou toute autre forme d'usage impropre. Le corps est pour le Seigneur et le Seigneur est pour le corps. Si je présente mon corps au Seigneur, j'ai donc les droits du Seigneur sur lui.

Utilisons l'analogie suivante: si j'achète un bien immobilier, je deviens responsable de son entretien, mais si j'habite un bien que je loue, c'est le propriétaire qui en est responsable. Si nous ne donnons à Jésus que des droits temporaires sur notre corps, Il n'assume pas la responsabilité de son entretien. Mais s'il lui appartient, il sera responsable de l'entretenir. C'est cette relation qu'il désire avoir avec nous.

Merci Seigneur pour le sang de Jésus et l'œuvre de ton Saint-Esprit. Je proclame que mon corps est le temple du Saint-Esprit et que le Seigneur a tous les droits sur lui. Je ne le souillerai donc pas par la gloutonnerie, l'abus d'alcool, l'immoralité ni aucun autre usage inapproprié. Mon corps est le temple du Saint-Esprit, racheté, purifié par le sang de Jésus. Amen.

La propriété de Dieu

Mon corps est le temple du Saint-Esprit,
racheté, purifié par le sang de Jésus.

La Bible dit que nous devons glorifier Dieu à la foi dans notre corps et dans notre esprit (voir 1 Corinthiens 6:20), car les deux appartiennent à Dieu, les deux ont été rachetés de la main du diable par le sang de Jésus. Il n'est aucune partie de moi, corps, âme ou esprit, qui soit sous la domination de satan.

Laissez-moi vous dire clairement cependant que je n'ai pas un corps de résurrection mais un corps mortel. Pourtant, de toutes ses fibres, cellules et tissus, il est la propriété de Dieu et non celle du diable. Si le diable empiète sur ce territoire, c'est en tant qu'intrus. Si nous faisons usage de nos droits en Jésus, nous pouvons y planter une pancarte: 'ENTREE INTERDITE'. Légalement, notre corps n'appartient pas au diable mais à Jésus, qui a un plan particulier pour lui. Il est supposé être la résidence personnelle de la troisième personne de la divinité, le Saint-Esprit. Notre corps est sacré parce qu'il est le lieu sacré désigné pour être la demeure du Saint-Esprit.

La Bible dit clairement plusieurs fois que Dieu n'habite pas dans des temples faits de main d'homme (par exemple en Actes 7:48.) Il n'habite pas non plus dans les bâtiments d'une église, d'une chapelle, d'une synagogue ou d'un lieu de louanges. Il habite dans son peuple.

Merci Seigneur pour le sang de Jésus et l'œuvre de ton Saint-Esprit. Je proclame que mon corps est la propriété de Dieu et non celle du diable. Légalement, mon corps n'appartient pas au diable mais à Jésus, et celui-ci a un projet particulier pour lui. Mon corps est le temple du Saint-Esprit, racheté, purifié par le sang de Jésus. Amen.

Ecouter la voix de Dieu

Mon corps est le temple du Saint-Esprit
racheté purifié par le sang de Jésus.

Notre sort, qu'il soit bon ou mauvais, est fixé par la voix que nous choisissons d'écouter. Le fait d'écouter la voix du Seigneur et d'obéir à ce qu'il dit aura pour fruit des bénédictions. Le fait d'ignorer sa voix ouvrira la voie à de nombreuses malédictions. Il est impossible d'obéir à Dieu avant d'avoir préalablement entendu sa voix, parce que c'est elle qui nous informe de sa volonté.

Beaucoup de gens qui se professent chrétiens sont insensibles à la voix de Dieu. Nous pouvons mener nos activités et nos obligations religieuses, mais elles sont rituelles et théoriques, ne représentant qu'une structure que nous avons cultivée et qui est dénuée de constante sensibilité à la voix de Dieu. A travers toutes les dispensations, Dieu demande à son peuple d'écouter sa voix.

En Jérémie 7, Dieu explique ce qu'il a réellement exigé d'Israël lorsqu'il les a sortis d'Egypte. La première chose qu'il avait en tête n'était pas l'observation de la loi au travers d'offrandes et de sacrifices mais l'écoute de sa voix. C'était sa voix qui les aiderait à observer la loi et à rendre les sacrifices nécessaires. Le simple fait d'observer les aspects extrinsèques de sa loi n'avait aucune valeur s'il n'était pas le résultat d'avoir entendu la voix de Dieu. Son désir fondamental est que nous écoutions sa voix.

«Car je n'ai point parlé avec vos pères et je ne leur ai donné aucun ordre, Le jour où je les ai fait sortir du pays d'Égypte, Au sujet des holocaustes et des sacrifices. Mais voici l'ordre que je leur ai donné: Écoutez ma voix, Et je serai votre Dieu, Et vous serez mon peuple; Marchez dans toutes les voies que je vous prescris, Afin que vous soyez heureux.» (Jérémie 7:22–23)

La condition est simple: «Écoutez ma voix, Et je serai votre Dieu.»

Merci Seigneur pour le sang de Jésus et l'œuvre de ton Saint-Esprit. Je proclame que j'écoute la voix du Seigneur et que j'obéis à ce qu'il dit. Je proclame ce principe pour mon propre usage: «Ecoute ma voix et je serai ton Dieu.» Mon corps est le temple du Saint-Esprit, racheté, purifié par le sang de Jésus. Amen.

Son Saint-Esprit en nous

Mon corps est le temple du Saint-Esprit,
racheté purifié par le sang de Jésus.

«Si vous vivez selon la chair, vous mourrez; mais si par l'Esprit vous faites mourir les actions du corps, vous vivrez.» (Romains 8:13)

Paul dit aux «chrétiens spirituels» que s'ils vivent selon la chair, ils mourront, car ils alimentent ce qui est corruptible. Si l'on vit selon la chair, tout ce que l'on obtient c'est la corruption.

Il y a une opposition totale entre la chair et l'esprit et il n'y a pas de conciliation possible entre les deux. Le plan de rédemption de Dieu est de mettre à mort la vieille nature charnelle et d'amener à la vie une nature totalement nouvelle par son Saint-Esprit en nous. Même si Dieu a pourvu complètement à cette transformation nous devons la rendre effective dans nos vies. Nous devons mettre à mort les actions de notre corps. Dieu ne le fait pas pour nous, il nous en a légalement donné le droit, l'autorité et le pouvoir, mais nous devons les exercer.

La Bible dit *«Mais à tous ceux qui l'ont reçue* [Jésus], *à ceux qui croient en son nom, elle a donné le pouvoir* [l'autorité] *de devenir enfants de Dieu»* (Jean 1:12). Nous recevons l'autorité lorsque nous sommes nés de nouveau. Mais l'autorité est inutile si elle n'est pas exercée. La nouvelle naissance est juste un potentiel, l'opportunité d'évoluer en quelque chose de merveilleux si nous exerçons notre autorité. Si nous ne faisons pas la démarche d'exercer l'autorité, à la manière biblique, sur les problèmes et les péchés auxquels nous sommes confrontés et qui nous assaillent, nous ne ferons aucun progrès.

Nous devons passer d'une manière de penser, celle de la chair, à une autre, totalement différente. Nous avons besoin de l'aide du Saint-Esprit. *«Car tous [et seulement] ceux qui sont conduits par l'Esprit de Dieu sont fils de Dieu»* (Romains 8:14).

Merci Seigneur pour le sang de Jésus et l'œuvre de ton Saint-Esprit. Je proclame que par la foi, je mets à mort les actions de mon corps et que je m'ouvre à la nature totalement nouvelle que ton Saint-Esprit crée en moi. Mon corps est le temple du Saint-Esprit, racheté, purifié par le sang de Jésus. Amen.

Purification et régénération

Mon corps est le temple du Saint-Esprit,
racheté, purifié par le sang de Jésus.

Le processus du salut implique la purification et la régénération. *«Il* [Dieu] *nous a sauvés, non à cause des œuvres de justice que nous aurions faites, mais selon sa miséricorde, par le baptême de la régénération et le renouvellement du Saint-Esprit»* (Tite 3:5).

Examinons brièvement ce concept, en commençant par le baptême ou la purification. Le péché souille. Nous sommes souillés à l'intérieur et nous avons besoin de purification. Seul le sang du Seigneur Jésus-Christ peut purifier le pécheur du péché. Comment recevoir cette purification? *«Si nous confessons nos péchés, il est fidèle et juste pour nous les pardonner, et pour nous purifier de toute iniquité»* (1 Jean 1:9). Non seulement Dieu pardonne notre passé mais il nous purifie également de toute souillure de l'iniquité. Dans le même chapitre, Jean dit que c'est le sang de Jésus, le Fils de Dieu, qui nous purifie. (Voir verset 7.)

La seconde phase de ce processus est la régénération ou la nouvelle naissance. Jésus dit à Nicodème: *«En vérité, en vérité, je te le dis, si un homme ne naît de nouveau, il ne peut voir le royaume de Dieu.»* (Jean 3:3). C'est une naissance qui vient d'en haut, du royaume de Dieu. Un peu plus loin, Jésus dit: *«Ce qui est né de la chair est chair, et ce qui est né de l'Esprit est Esprit.»* (Jean 3:6).

Lorsque nous sommes nés de notre mère, il s'agissait de la naissance de notre corps physique et de notre nature charnelle. Ce n'est pas le genre de naissance qui amène le salut. Nous devons recevoir une vie totalement nouvelle que l'Esprit de Dieu fait naître en nous d'en haut. C'est une régénération, ou une renaissance.

Merci Seigneur pour le sang de Jésus et l'œuvre de ton Saint-Esprit. Je proclame que le Seigneur Jésus-Christ me purifie de tout péché par son sang et je reçois la régénération et la nouvelle naissance, une vie totalement nouvelle, éclose en moi par l'œuvre du Saint-Esprit de Dieu. Mon corps est le temple du Saint-Esprit, racheté, purifié par le sang de Jésus. Amen.

Le renouvellement par l'Esprit

Mon corps est le temple du Saint-Esprit,
racheté, purifié par le sang de Jésus.

Le processus du salut implique le renouveau. En Tite 3:5, nous lisons: «*Il* [Dieu] *nous a sauvés, non à cause des œuvres de justice que nous aurions accomplies, mais selon sa miséricorde, par le baptême de la régénération et le renouvellement du Saint-Esprit*».

Le dernier aspect que Paul mentionne dans ce verset est le renouvellement. Nous devons devenir de nouvelles créatures. Paul dit: «*Si quelqu'un est en Christ, il est une nouvelle créature. Les choses anciennes sont passées; voici, toutes choses sont devenues nouvelles!*» (2 Corinthiens 5:17).

Le terme de «*créature*» est important ici, car un seul crée: Dieu. L'homme peut fabriquer, réparer ou produire mais il ne peut pas créer. Notre cœur et tout notre être intérieur ont été tellement profanés et tordus par l'effet du péché que la réparation ou le rapiéçage ne sont pas suffisants. Seule une nouvelle créature ferait l'affaire.

Dans l'Ancien Testament, après que David soit tombé dans l'adultère, ait commis le meurtre et ait finalement été confronté à l'horrible condition de son propre cœur, il a crié à Dieu dans l'agonie: «*O Dieu! crée en moi un cœur pur.*» (Psaume 51:10). Il savait que cette création devait venir de Dieu, elle ne pouvait pas être le résultat d'un processus humain.

En Tite 3:5, nous avons vu trois aspects du processus du salut: la purification, la régénération ou la nouvelle naissance et le renouvellement ou la nouvelle créature. Dieu fait quelque chose qu'un homme ne peut absolument pas faire. Tout cela est le fruit de sa miséricorde, et non pas de sa justice. Ce n'est pas en rapport avec la justice de nos actes, celle-ci ne mène à rien. Le salut naît de la miséricorde souveraine de Dieu.

Merci Seigneur pour le sang de Jésus et l'œuvre de ton Saint-Esprit. Je proclame que je suis renouvelé par le Saint-Esprit. Je suis une nouvelle création, non grâce à la justice de mes actes mais par la souveraine miséricorde de Dieu envers moi. Mon corps est le temple du Saint-Esprit, racheté, purifié par le sang de Jésus. Amen.

8ème semaine:

Satan n'a aucune place en moi, aucun pouvoir sur moi ni aucune réclamation en suspens contre moi. Tout a été réglé par le sang de Jésus!

Qui accusera les élus de Dieu? C'est Dieu qui justifie! Qui les condamnera? Christ est mort; bien plus, il est ressuscité, il est à la droite de Dieu, et il intercède pour nous!

—Romains 8:33-34

Pardonner aux autres

Satan n'a aucune place en moi, aucun pouvoir sur moi ni aucune réclamation en suspens contre moi. Tout a été réglé par le sang de Jésus!

L'une des façons les plus communes dont les croyants accordent à satan un droit légal sur leur vie c'est en manquant de pardon les uns envers les autres. Jésus nous a enseigné que nous sommes pardonnés par Dieu dans la mesure selon laquelle nous avons pardonné aux autres. Il dit: *«Si vous pardonnez aux hommes leurs offenses, votre Père céleste vous pardonnera aussi; mais si vous ne pardonnez pas aux hommes, votre Père ne vous pardonnera pas non plus vos offenses.»* (Matthieu 6:14–15). Nous n'avons pas le droit de réclamer à Dieu un pardon plus grand que celui que nous accordons aux autres. S'il existe une personne à qui nous ne pardonnons pas, dans la même mesure, Dieu ne nous pardonne pas non plus. Ce qui signifie que le domaine du non pardon dans notre propre vie est celui que satan peut encore légalement revendiquer. Nous ne pourrons pas l'en déloger avant d'avoir pardonné à quiconque aurait besoin de notre pardon.

L'étendue de la rédemption s'assimile à celle du pardon des péchés. Si tous nos péchés sont pardonnés, nous possédons tous les droits à la rédemption. Satan ne conserve aucun droit légal à notre encontre. Mais, s'il subsiste un domaine de notre vie d'où le péché n'a pas été totalement éradiqué, satan y jouit encore de ses droits. Nous pouvons demander à tous les prédicateurs du monde de prêcher ou de prier pour nous, nous n'en expulserons pas satan parce qu'il sait qu'il est légalement dans son droit. Nous ne devons pas oublier que le diable est un expert en droit. Il le sait aussi. Toutefois, la parole de Dieu nous offre le pardon total des péchés. Il est crucial que nous le conservions en totalité et qu'il ne subsiste aucune offense que nous ayons négligé de pardonner.

Merci Seigneur, pour le sang de Jésus. Je demande à Dieu de pardonner tous mes péchés et je pardonne à toute personne à qui je dois pardonner (citez les noms). Ayant procédé de la sorte, je proclame que satan n'a aucune place en moi, aucun pouvoir sur moi ni aucune réclamation en suspens contre moi. Tout a été réglé par le sang de Jésus! Amen.

Dites-le encore!

Satan n'a aucune place en moi, aucun pouvoir sur moi ni aucune réclamation en suspens contre moi. Tout a été réglé par le sang de Jésus!

Je me souviens très bien de la première fois où j'ai prononcé ce genre de témoignage. Après cela, je me suis demandé où le diable porterait son prochain coup. Je connais beaucoup de gens qui ne profèrent pas de telles paroles parce qu'ils ont peur de ce qui pourrait se passer s'ils le faisaient, mais en agissant ainsi, ils ne font qu'entrer dans le jeu du diable. Gardez à l'esprit qu'agir ainsi vous empêche de faire ce qui pourrait vous placer hors de son atteinte. Ce n'est que par la parole de votre témoignage que vous tirerez les bénéfices du sang.

La première fois que vous le direz, il se peut que tout l'enfer se déchaîne! Bien, que le Seigneur soit loué! Dites-le encore. La Bible dit: *«demeurons fermes dans la foi que nous professons»* (Hébreux 4:14). Alors, lorsque vraiment tout se déchaînera, la Bible dit: *«Retenons fermement la profession de notre espérance, car celui qui a fait la promesse est fidèle.»* (Hébreux 10:23). Ne cessez pas de le dire. Cela ne dépend pas de nos sentiments, ni de notre situation, de nos symptômes ou de nos circonstances. C'est une vérité éternelle, tout comme la parole de Dieu est éternelle.

Pour toujours, la parole de Dieu subsiste dans les cieux. (Lire Psaume 119:89.) Satan n'a aucune place en nous, aucun pouvoir sur nous ni aucune plainte ouverte contre nous.

Merci Seigneur pour le sang de Jésus. je proclame que satan n'a aucune place en moi, aucun pouvoir sur moi ni aucune réclamation en suspens contre moi. Tout a été réglé par le sang de Jésus! Et j'ai l'intention de le proclamer encore et toujours. Amen.

Jésus, le libérateur

Satan n'a aucune place en moi, aucun pouvoir sur moi ni aucune réclamation en suspens contre moi. Tout a été réglé par le sang de Jésus!

Le même Christ qui est le seul Sauveur est aussi le seul libérateur. Seul Jésus peut briser la puissance des liens démoniaques sur la vie des gens et les en libérer. Je voudrais vous présenter le libérateur de la même manière.

Pour ceux d'entre nous qui désirent la délivrance, il faut entrer en contact direct et personnel avec Christ. Voici les quatre conditions que nous devons remplir:

-Soyons sûrs de nous être repentis. Ce qui signifie, soyons conscients de nous être détournés de toute forme de péché.

-Regardons à Jésus seul, lui seul est le libérateur.

-Basons nos requêtes uniquement sur ce que Jésus a fait pour nous par sa mort sur la croix, au lieu de prendre pour base nos propres «bonnes œuvres».

-Soyons sûrs que, par un acte de notre volonté, nous avons pardonné toute personne nous ayant jamais blessés ou causé du tort.

Lorsque j'ai personnellement reçu la délivrance d'un démon de dépression, j'ai reçu cette promesse: *«Quiconque invoquera le nom de l'Éternel sera sauvé»* (Joël 2:32). Je me suis aussi souvenu de ces paroles de Jésus: *«En mon nom, ils* [les disciples] *chasseront les démons»* (Marc 16:17). Dans le nom de Jésus, nous aussi avons l'autorité de chasser les démons.

Merci Seigneur pour le sang de Jésus. Je proclame que lui seul est mon libérateur et que «quiconque invoquera le nom du Seigneur sera sauvé.» Satan n'a aucune place en moi, aucun pouvoir sur moi ni aucune réclamation en suspens contre moi. Tout a été réglé par le sang de Jésus! Amen.

Comprendre où est le champ de bataille

Satan n'a aucune place en moi, aucun pouvoir sur moi ni aucune réclamation en suspens contre moi. Tout a été réglé par le sang de Jésus!

«Si nous marchons dans la chair, nous ne combattons pas selon la chair. Car les armes avec lesquelles nous combattons ne sont pas charnelles; mais elles sont puissantes, par la vertu de Dieu, pour renverser des forteresses. Nous renversons les raisonnements et toute hauteur qui s'élève contre la connaissance de Dieu, et nous amenons toute pensée captive à l'obéissance de Christ.» (2 Corinthiens 10:3–5)

Notre guerre contre satan se déroule dans le royaume spirituel, c'est pourquoi, les armes sont spirituelles et adaptées au contexte du combat.

Il est extrêmement important que nous comprenions où se déroule la bataille. Paul a employé plusieurs termes en 2 Corinthiens pour parler du champ de bataille et de nos objectifs. Dans différentes traductions nous trouvons différents termes comme: *«imaginations,» «raisonnements,» «spéculations,» «discussions,» «connaissance,»* et *«pensée.»* Remarquez que tous ces mots se réfèrent à la sphère de la pensée. Il nous faut absolument comprendre que le champ de bataille se situe dans nos pensées. Satan livre une guerre sans merci ayant pour but de captiver les pensées de la race humaine. Il y bâtit des forteresses et, en tant que représentants de Dieu, il en va de notre responsabilité d'utiliser nos armes spirituelles pour démolir ces forteresses afin de libérer nos pensées et de les amener dans la captivité de l'obéissance à Christ. Quelle tâche sidérante cela représente!

Satan bâtit des forteresses dans la pensée des gens de manière délibérée et systématique. Celles-ci résistent à la vérité de l'évangile, à la parole de Dieu et réduit notre capacité à recevoir le message de l'évangile.

Merci Seigneur pour le sang de Jésus. Je proclame que par son sang, je brise les forteresses que satan a érigées dans mes pensées. Je déclare que satan n'a aucune place en moi, aucun pouvoir sur moi ni aucune réclamation contre moi. Tout a été réglé par le sang de Jésus! Amen.

---

23 FEVRIER

La puissance du jeûne

Satan n'a aucune place en moi, aucun pouvoir sur moi ni aucune réclamation en suspens contre moi. Tout a été réglé par le sang de Jésus!

«Voici, le jour de votre jeûne, vous vous livrez à vos penchants, Et vous traitez durement tous vos mercenaires. Voici, vous jeûnez pour disputer et vous quereller, Pour frapper méchamment du poing; ...Est-ce là le jeûne auquel je prends plaisir, un jour où l'homme humilie son âme? Courber la tête comme un jonc?» (Esaïe 58:3–5)

Pour les gens décrits dans ce contexte, le jeûne faisait partie intégrante d'un rituel religieux; le genre de jeûne pratiqué par les pharisiens du temps de Jésus. Au lieu d'une réelle repentance ou humiliation personnelle, ils poursuivaient leurs affaires quotidiennes en conservant des attitudes d'avarice, d'égoïsme, d'orgueil et d'oppression.

A l'opposé, le type de jeûne qui plaît à Dieu est le produit de motivations et d'attitudes totalement différentes: *«Détache les chaînes de la méchanceté, dénoue les liens de la servitude, renvoie libres les opprimés, et que l'on rompe toute espèce de joug»* (verset 6). La Bible et l'expérience à la fois confirment qu'il existe beaucoup de liens qui ne peuvent être dénoués, des jougs qui ne peuvent être brisés et beaucoup d'opprimés qui ne seront jamais libérés si le peuple de Dieu, et particulièrement ses dirigeants, ne se plie pas à l'exigence de Dieu d'un jeûne et d'une prière authentiques.

Esaïe continue en décrivant les bonnes attitudes à tenir envers les pauvres et les opprimés: *«Partage ton pain avec celui qui a faim, Et fais entrer dans ta maison les malheureux sans asile; si tu vois un homme nu, couvre-le, et ne te détourne pas de ton semblable.»* (Verset 7). Le jeûne doit se conjuguer à une charité pratique et sincère envers notre entourage, particulièrement envers ceux qui ont besoin d'aide matérielle et financière.

Merci Seigneur pour le sang de Jésus. J'obéirai à l'appel de Dieu de jeûner lorsqu'il aura choisi cette façon pour dénouer les liens, ôter les fardeaux, libérer les opprimés et briser les jougs. Je proclame que satan n'a aucune place en moi, aucun pouvoir sur moi ni aucune réclamation en suspens contre moi. Tout a été réglé par le sang de Jésus! Amen.

La croix impitoyable

Satan n'a aucune place en moi, aucun pouvoir sur moi ni aucune réclamation en suspens contre moi. Tout a été réglé par le sang de Jésus!

Certains d'entre nous se débattent avec la crainte, la dépression, la solitude, la luxure ou la colère. Nous pouvons obtenir l'aide d'un conseiller mais, en dernier recours, la solution est entre nos mains, c'est la croix. Nous devons identifier cette nature en nous au moment et à l'endroit où elle se manifeste. Dans le ministère de délivrance, deux démons font office de portiers, ils entrebâillent la porte et laissent entrer le démon suivant. Ces portiers sont la pitié de soi et le ressentiment. La pitié de soi est un outil de satan très puissant et, personne ne peut se permettre se laisser aller au ressentiment.

A un moment donné, nous devons être impitoyables. La croix est absolument impitoyable, elle n'a rien de confortable, d'attirant ou d'agréable. Mais nous remercions Dieu pour elle, parce qu'elle représente la porte de sortie, la bienfaisance de Dieu.

La plupart d'entre nous abritent un «péché qui campe», un péché auquel nous sommes tellement habitués que nous pensons qu'il fait partie de nous. Nous le trouvons difficile à détester parce qu'il nous semblerait nous détester nous-mêmes. Il est intéressant de constater que mon «péché campeur» était le problème de mon père avant moi. Les enfants héritent beaucoup de choses de leurs parents et certaines trames de comportement sont déjà prédéfinies en nous. Je perçois en moi des comportements qui sont des reproductions directes de ceux de mon père.

Nous devons demander au Saint-Esprit d'identifier la nature de nos problèmes. Appelons-les par leurs vrais noms (qui ne seront probablement pas très brillants), peut-être sera-ce la luxure, le mensonge ou l'orgueil. Puis, disons: «En Jésus, ils ont été crucifiés. Je les porte à la croix. Je ne les laisserai pas me dominer. J'en suis libéré par la croix.»

Merci Seigneur pour le sang de Jésus. Je proclame qu'en Jésus, le péché qui campe dans ma vie (citez-le ici) a été crucifié. Je le dépose à la croix. Je ne le laisserai plus me dominer. Satan n'a aucune place en moi, aucun pouvoir sur moi ni aucune réclamation en suspens contre moi. Tout a été réglé par le sang de Jésus! Amen.

Redites-le sans cesse!

Satan n'a aucune place en moi, aucun pouvoir sur moi ni aucune réclamation en suspens contre moi. Tout a été réglé par le sang de Jésus!

La première fois que nous proclamerons cela, satan nous rira au nez. Nous devons le redire sans cesse. Satan est le tentateur, mais il est très méthodique et ne perd pas son temps. Il vous tentera tant qu'il trouvera un écho en vous. Lorsqu'il n'aura plus de prise, il ne se souciera plus de vous tenter.

Ainsi donc, par exemple, nous pouvons nous laisser tenter dans le domaine du ressentiment. Nous devons redire sans cesse: «Il a été crucifié, il n'a plus de prise sur moi, il n'a aucune place en moi.» Le diable dira: «Ce n'est pas tout à fait vrai, c'est le frère Prince qui affirme cela.» Mais nous le redirons sans cesse. Et après un moment, tout deviendra si réel que le diable ne s'épuisera plus à continuer de nous tenter.

Parmi les choses à faire, nous devons bâtir les murailles de notre personnalité. La Bible dit que la personne qui ne sait pas se dominer ressemble à une ville démantelée qui n'a plus de remparts. (Proverbes 25:28. version Semeur) Dans notre culture d'aujourd'hui, nombreux sont ceux dont les remparts sont détruits à cause de foyers déficients, de la drogue ou de mauvaises influences. Toute personne ayant profondément sombré dans la drogue ressemble sans aucun doute à une ville sans remparts pour la protéger. Nous érigeons des remparts en affermissant notre volonté et en affirmant nos droits acquis à la croix. Nous pouvons trouver ce processus douloureux. Cependant, nous n'avons pas conscience du bien qu'il nous fait, à la fin nous aurons construit une forte personnalité. Les dons sont temporaires, pour cette vie seulement, la personnalité est permanente, elle nous suit dans l'éternité. Dieu s'intéresse infiniment plus à votre personnalité qu'à vos dons.

Merci Seigneur pour le sang de Jésus. Je proclame que mon intention est d'affermir ma volonté et d'affirmer mes droits acquis à la croix en déclarant sans cesse: satan n'a aucune place en moi, aucune prise sur moi ni aucune réclamation en suspens contre moi. Tout a été réglé par le sang de Jésus! Amen.

9ème semaine:

Mon corps est un temple pour le Saint-Esprit, racheté, purifié et sanctifié par le sang de Jésus.

Ne savez-vous pas que votre corps est le temple du Saint-Esprit qui est en vous, que vous avez reçu de Dieu, et que vous ne vous appartenez point à vous-mêmes?

—1 Corinthiens 6:19

Glorifier Dieu dans mon corps

Mon corps est un temple pour le Saint-Esprit, racheté, purifié et sanctifié par le sang de Jésus.

«Ne savez-vous pas que votre corps est le temple du Saint-Esprit qui est en vous, que vous avez reçu de Dieu, et que vous ne vous appartenez point à vous-mêmes? Car vous avez été rachetés à un grand prix. Glorifiez donc Dieu dans votre corps et dans votre esprit, qui appartiennent à Dieu.» (1 Corinthiens 6:19–20)

Notre corps a différents usages. L'une de nos activités principales consiste à nous alimenter (manger et boire). Paul dit que nous devons mener nos activités de façon à rendre gloire à Dieu:

«Soit donc que vous mangiez, soit que vous buviez, soit que vous fassiez quelque autre chose, faites tout pour la gloire de Dieu.»

(1 Corinthiens 10:31)

Que signifie donc *«manger... pour la gloire de Dieu»*? Je vous laisse répondre à cette question. Certaines personnes ont du mal à s'imaginer qu'elles peuvent rendre gloire à Dieu dans leur façon de manger. Mais, Dieu a dit qu'il était un Dieu jaloux (par exemple, en Exode 34:14), et il veut être glorifié dans tous les aspects de la vie (et particulièrement dans notre ordinaire et nos activités courantes.)

Mais puis-je vous poser une autre question. Est-il possible de s'empiffrer pour la gloire de Dieu? Je ne pense pas que cela le soit étant donné que les excès de nourriture sont une forme d'auto complaisance. Proverbes 13:25 dit, *«Le juste mange et satisfait son appétit.»* Nous avons droit à la satisfaction mais si nous dépassons cette limite, nous devenons auto complaisants.

Merci Seigneur pour le sang de Jésus et pour l'œuvre de son Saint-Esprit. Je proclame que mon corps est le temple du Saint-Esprit, racheté, purifié et sanctifié par le sang de Jésus. Mon corps appartient à Dieu, et je veux en faire usage de manière à le glorifier (y compris le manger et le boire). Amen.

«En prodiges, je suis fait de merveilles» (Ndt: version Chouraqui)

Mon corps est un temple pour le Saint-Esprit,
racheté, purifié et sanctifié par le sang de Jésus.

Dans le Psaume 139:13–14, David parle à l'Eternel et dit:

«C'est toi qui as formé mes reins, qui m'as tissé dans le sein de ma mère. Je te loue de ce que je suis une créature si merveilleuse. Tes œuvres sont admirables, et mon âme le reconnaît bien.»

En d'autres termes, il disait à Dieu: «tu étais là lorsque j'étais encore dans le ventre de ma mère, tu me façonnais harmonieusement».

Je me demande si nous réalisons vraiment que nous sommes faits de merveilles et de prodiges. Lorsque je pense à ce qu'implique le fait que Dieu a créé mon corps et me l'a donné, je suis rempli de crainte et d'admiration. Je suis fait de prodiges et de merveilles et j'aurai des comptes à rendre à Dieu pour ce que j'aurai fait du corps qu'il m'a donné.

Nous sommes tellement férus d'ordinateurs de nos jours (il est vrai que ce sont des outils fantastiques), mais j'aimerais signaler que notre corps est de loin l'ordinateur le plus extraordinaire auquel nous n'aurons jamais à faire. Beaucoup de chrétiens apportent bien plus de soins à leur ordinateur qu'à leur propre corps. Après tout, si un ordinateur se casse, tombe en panne ou devient obsolète, nous pouvons toujours en acheter un autre, moyennant une petite somme supplémentaire. Mais, lorsque le corps humain tombe en panne, lorsque cet ordinateur se casse, c'est la fin. Il n'y a plus rien à faire.

Merci Seigneur pour le sang de Jésus et l'œuvre de ton Saint-Esprit. Je proclame avec crainte et ravissement que je suis fait de prodiges et de merveilles. Mon corps est le temple du Saint-Esprit, racheté, purifié et sanctifié par le sang de Jésus. Amen.

De l'importance de la diète

Mon corps est le temple du Saint-Esprit,
racheté purifié et sanctifié par le sang de Jésus.

La diète ou le régime quotidien représentent l'une des facettes vitales de notre vie. Tout le monde suit un régime, consciemment ou inconsciemment. Plusieurs méthodes sont préconisées pour gérer notre alimentation et parmi elles, le végétarisme. J'ai rencontré plusieurs personnes disposées à devenir végétariennes. Je le les critique pas, je les respecte. Cependant, je pense qu'il faut avoir à l'esprit quelques avertissements. Lisez ce que Paul a écrit:

«Faites accueil à celui qui est faible dans la foi, et ne discutez pas sur les opinions. Tel croit pouvoir manger de tout: tel autre, qui est faible, ne mange que des légumes. Que celui qui mange ne méprise point celui qui ne mange pas, et que celui qui ne mange pas ne juge point celui qui mange, car Dieu l'a accueilli.» (Romains 14:1–3)

Paul nous demande d'être attentifs à nos attitudes envers les autres. En ce qui concerne le végétarisme, il dit de celui qui ne mange que des légumes que sa foi est faible, parce qu'il évite la viande pour parvenir à être juste.

Et puis, il y a un autre genre de diète, préconisée et adoptée par beaucoup de gens, il s'agit de l'abstinence totale d'alcool. Pourtant la Bible dit que l'Eternel *«fait germer l'herbe pour le bétail, et les plantes pour les besoins de l'homme, Afin que la terre produise de la nourriture, le vin qui réjouit le cœur de l'homme, et fait plus que l'huile resplendir son visage, et le pain qui soutient le cœur de l'homme.»* (Psaume 104:14–15).

Dieu fait croître de la terre plusieurs choses pour notre consommation, et cela comprend la vigne qui produit le vin, qui *«réjouit le cœur de l'homme.»* Il semble évident que Dieu n'exige pas que nous soyons des buveurs de thé invétérés.

Merci Seigneur pour le sang de Jésus et l'œuvre de ton Saint-Esprit. Je glorifierai Dieu par mes repas et leur fréquence. Mon corps est le temple du Saint-Esprit, racheté, purifié et sanctifié par le sang de Jésus. Amen.

Coopérer avec l'Esprit

Mon corps est le temple du Saint-Esprit,
racheté, purifié et sanctifié par le sang de Jésus.

«Mais l'Esprit dit expressément que, dans les derniers temps, quelques-uns abandonneront la foi, pour s'attacher à des esprits séducteurs et à des doctrines de démons, par l'hypocrisie de faux docteurs portant la marque de la flétrissure dans leur propre conscience, prescrivant de ne pas se marier, et de s'abstenir d'aliments que Dieu a créés pour qu'ils soient pris avec actions de grâces par ceux qui sont fidèles et qui ont connu la vérité. Car tout ce que Dieu a créé est bon, et rien ne doit être rejeté, pourvu qu'on le prenne avec actions de grâces, parce que tout est sanctifié par la parole de Dieu et par la prière.»
(1 Timothée 4:1–5)

Dans ce passage, Paul disait tout d'abord que s'abstenir de se marier (donc, le célibat) n'était pas une clause intrinsèque de la sainteté, et que cela n'y mène pas nécessairement. En fait, si nous examinons dans l'histoire de l'Eglise, les cas où le clergé était tenu au célibat, il semble évident que celui-ci n'a pas toujours produit la sainteté.

En ce qui concerne les régimes, Paul disait ceci: «tout ce que ce Dieu a créé pour notre nourriture est bon.» Mais il ne faut pas oublier que la bonne nourriture que Dieu a créée peut être corrompue par ce que nous y mélangeons ou par la façon dont nous la préparons. Donc, prenez le temps et faites l'effort de distinguer les choses qui sont utiles de celles qui sont nuisibles. Coopérez avec le Saint-Esprit.

Merci Seigneur pour le sang de Jésus et l'œuvre de ton Saint-Esprit. Je proclame que je vais coopérer avec le Saint-Esprit pour distinguer ce qui est utile ou nuisible à mon corps, parce qu'il est le temple du Saint-Esprit, racheté, purifié et sanctifié par le sang de Jésus. Amen.

Prendre soin du temple

Mon corps est le temple du Saint-Esprit,
racheté, purifié et sanctifié par le sang de Jésus.

L'étude de la Bible m'a amené à tirer quelques conclusions pratiques en ce qui concerne mon corps. Je ne cherche pas à les imposer à qui que ce soit, mais j'ai consacré beaucoup d'attention et de prière à ce sujet et cela m'a préparé à opérer des changements radicaux dans ma manière de vivre, pourvu qu'ils reflètent la volonté de Dieu.

Ma première conclusion, sur laquelle sont basées toutes les autres, c'est que je dois traiter mon corps avec respect et sensibilité car c'est le temple du Saint-Esprit. Paul dit encore: *«Ne savez-vous pas que votre corps est le temple du Saint-Esprit?»* (1 Corinthiens 6:19). Si nous prenons ce passage au sérieux, nous allons traiter notre corps comme un temple, parce que c'est exactement ce qu'il est.

Supposez un instant que Dieu nous confie la charge d'un vrai temple, un édifice fait de pierres, de charpente et de verre. Si nous sommes quelque peu consciencieux, nous allons en prendre soin, le garder propre, le dépoussiérer, veiller à l'état des fenêtres et des canalisations. Nous ressentirons le besoin extrême de garantir sa conservation dans les meilleures conditions possibles. En tant que chrétiens, vous et moi, nous devons nous porter garants de la meilleure tenue possible de notre corps, qui est un temple du Saint-Esprit et nous devons être en quête de ce que cela implique pour nous.

Dans sa seconde lettre à Timothée, Paul écrit: *«Car ce n'est pas un esprit de timidité* [de crainte] *que Dieu nous a donné, mais un esprit de force, d'amour et de sagesse*-(Ndt, en anglais: d'auto discipline)» (2 Timothée 1:7). Nous voyons ici que le Saint-Esprit est un esprit d'auto discipline. Cependant, nuance subtile: il ne nous disciplinera pas si nous n'en avons pas le désir. Si nous recherchons l'aide du Saint-Esprit pour cultiver notre discipline, il nous l'accordera.

Merci Seigneur pour le sang de Jésus et l'œuvre de ton Saint-Esprit. Je rechercherai l'aide du Saint-Esprit pour cultiver l'auto discipline de conserver mon corps dans le meilleur état possible, car il est le temple du Saint-Esprit, racheté, purifié et sanctifié par le sang de Jésus. Amen.

L'obéissance radicale

Mon corps est le temple du Saint-Esprit,
racheté, purifié et sanctifié par le sang de Jésus.

Pour confesser cela, il est nécessaire d'être radical. Le christianisme est une religion radicale. Le terme radical, signifie «traité à la racine». Lorsque Jean Baptiste a présenté l'évangile et Jésus, il a dit: *«Attention: la hache est déjà sur le point d'attaquer les arbres à la racine. Tout arbre qui ne produit pas de bon fruit sera coupé et jeté au feu.»* (Matthieu 3:10) Dieu ne va pas se contenter d'émonder des branches ni même de scier le tronc. Il va aller directement à la racine. Il exige qu'un arbre porte de bons fruits. Si ce n'est pas le cas, Dieu le coupera.

Les jeunes de la nouvelle génération sont plutôt enclins à être radicaux. Je pense que cette tendance doit être encouragée, de la bonne manière. Si nous sommes honnêtes, en tant qu'ancienne génération, nous avons plutôt eu tendance aux compromis qu'à la radicalité. Nous avons besoin de coopérer avec le Saint-Esprit, qui souvent nous appelle à faire des choses aux allures radicales.

«Et si l'Esprit de celui qui a ressuscité Jésus d'entre les morts habite en vous, celui qui a ressuscité le Christ d'entre les morts rendra aussi la vie à vos corps mortels par son Esprit qui habite en vous.» (Romains 8:11)

Cette déclaration de Paul est remarquable. Il dit que c'est le Saint-Esprit, l'Esprit de Dieu, qui a ressuscité le corps mort de Jésus de la tombe. Et, si vous avez ce même Saint-Esprit en vous, il peut donc aussi bien faire en vous ce dont votre corps a besoin, par sa puissance. Radical ce principe, n'est-ce pas!

Merci Seigneur pour le sang de Jésus et l'œuvre de ton Saint-Esprit. Je proclame que je rechercherai l'obéissance radicale en coopération avec le Saint-Esprit, parce que mon corps est le temple du Saint-Esprit, racheté, purifié et sanctifié par le sang de Jésus. Amen.

Accomplir son œuvre

Mon corps est le temple du Saint-Esprit,
racheté, purifié et sanctifié par le sang de Jésus.

Voici quelques suggestions pour traiter notre corps comme un temple pour le Saint-Esprit.

Tout d'abord, avoir du respect pour son corps parce qu'il est le temple du Saint-Esprit, que nous respectons. Je trouve que parmi les chrétiens contemporains, il y a peu de respect du corps.

Deuxièmement, chercher l'aide du Saint-Esprit pour cultiver l'auto discipline. Troisièmement, prendre le temps et s'efforcer de faire la différence entre ce qui est bon ou mauvais.

Quatrièmement, désirer être radical, parce votre vie est en jeu.

Cinquièmement, chercher à coopérer avec le Saint-Esprit.

Je pourrais rajouter bien d'autres points à cette liste, mais ceux-ci sont ceux que j'ai acquis par expérience. Le Seigneur m'a invité à considérer si je menais une vie d'auto satisfaction. Il m'a mis au défi d'examiner les questions suivantes: Suis-je désireux de continuer à vivre? Suis-je désireux d'accomplir la tâche qui m'a été assignée? Jésus a dit à ses disciples: «*Ma nourriture est de faire la volonté de celui qui m'a envoyé, et d'accomplir son œuvre.*» (Jean 4:34).

Voilà le meilleur des régimes: faire la volonté de celui qui nous a envoyés, et accomplir son œuvre. Même après cinquante années passées au service du Seigneur, je pense qu'il reste certaines tâches qu'il m'a assignées que je n'ai pas encore accomplies. Je n'ai jamais considéré leur accomplissement comme allant de soi. J'ai toujours pris soin de mon corps, conscient de l'importance de me garder en bonne forme physique afin que ma vie ne soit pas écourtée et qu'elle ne se termine pas avant d'avoir accompli l'œuvre de Dieu.

Merci Seigneur pour le sang de Jésus et l'œuvre de ton Saint-Esprit. Je proclame que je vais coopérer avec le Saint-Esprit, en me gardant en bonne forme physique pour accomplir son œuvre. Mon corps est le temple du Saint-Esprit, racheté, purifié et sanctifié par le sang de Jésus. Amen.

10ème semaine:

Mes membres, les parties de mon corps, sont des instruments de justice, soumis à Dieu pour son service et pour sa gloire.

Ne livrez pas vos membres au péché, comme des instruments d'iniquité; mais donnez-vous vous-mêmes à Dieu, comme étant vivants de morts que vous étiez,
et offrez à Dieu vos membres,
comme des instruments de justice.
—Romains 6:13

Nous donner à Dieu

Mes membres, les parties de mon corps, sont des instruments de justice, soumis à Dieu pour son service et pour sa gloire.

La solution de Dieu pour régler le sort de notre vieille nature peut se résumer en un seul mot: l'exécution. L'exécution, c'est ce qui a eu lieu sur la croix, lorsque Jésus est mort et que notre vieil homme a été crucifié avec lui. Comment pouvons-nous l'appliquer à notre propre vie?

«Que le péché ne règne donc point dans votre corps mortel, et n'obéissez pas à ses convoitises. Ne livrez pas vos membres au péché, comme des instruments d'iniquité; mais donnez-vous vous-mêmes à Dieu, comme étant vivants de morts que vous étiez, et offrez à Dieu vos membres, comme des instruments de justice. Car le péché n'aura point de pouvoir sur vous, puisque vous êtes, non sous la loi, mais sous la grâce".» (Romains 6:12–14)

Ces instructions ne peuvent être suivies que par ceux qui ont mis leur foi en Jésus et accepté que son sacrifice se soit substitué au leur. Quelqu'un a dit un jour: «Si vous voulez vraiment aller au ciel, il faut apprendre à dire non.» C'est tout à fait vrai. Paul dit que nous devons nous décider et prendre fermement position contre le péché. Le péché et satan sont tous deux capables de savoir si nous ne disons que de paroles ou si nous sommes vraiment sérieux. Nous devons proclamer ces paroles avec conviction. Alors, par la foi en Jésus, notre volonté est libérée de la domination du péché. Il en va ensuite de notre responsabilité d'exercer notre volonté correctement. Dieu ne va pas le faire à notre place. Il faut donc reconnaître que nous sommes responsables de contrôler notre volonté.

Merci Jésus, pour ta victoire à la croix. Je prends position maintenant et je proclame que le péché et satan ne peuvent rien retenir contre moi. Je proclame que mes membres, les parties de mon corps, sont des instruments de justice, soumis à Dieu pour son service et pour sa gloire. Amen.

Libéré de mes tourments

Mes membres, les parties de mon corps, sont des instruments de justice, soumis à Dieu pour son service et pour sa gloire.

Pendant plusieurs années, lorsque j'étais pasteur à Londres, j'ai lutté éperdument contre la dépression, celle-ci s'abattait sur moi de tout son poids et me renfermait sur moi-même. Elle soulevait en moi un sentiment de désespoir et d'échec. Peut-être cela vous est-il familier? J'ai combattu cette situation de toutes les façons que je connaissais, mais rien n'y faisait. Puis, un jour j'ai lu Esaïe 61:3: *«Pour accorder aux affligés de Sion, pour leur donner ... Un vêtement de louange au lieu d'un esprit abattu.»*

Alors que je lisais ces paroles, le Saint-Esprit m'a montré: «c'est ça ton problème!» Ce fut comme si la lumière me submergeait d'un coup. J'ai pris conscience que je ne livrais pas un combat contre moi-même mais contre un autre être, un esprit mauvais qui me tourmentait et m'oppressait. Au moment où j'ai réalisé cela, j'avais probablement parcouru 80% du chemin vers la victoire. Tout ce dont j'avais encore besoin se trouvait dans un autre verset: *«Alors quiconque invoquera le nom de l'Éternel sera sauvé* [délivré].» (Joël 2:32).

Mettant ces deux versets côte à côte, j'ai prié: «Mon Dieu, tu m'as montré que j'étais oppressé par un esprit d'abattement. Je viens à toi maintenant en invoquant le nom du Seigneur Jésus. Délivre-moi.» Il a libéré ma pensée de cet esprit oppresseur.

A présent, c'était à moi de reprogrammer mon esprit. Machinalement, ma structure de pensée était négative et, comme Dieu me l'a montré, elle se révélait être une dénégation de ma foi en Jésus. Il était de mon ressort de rééduquer mon raisonnement. Sur une période de plusieurs années, chaque fois qu'une pensée négative ou pessimiste me traversait, je la rejetais et la remplaçais par une confession positive extraite de la Bible. Plusieurs années après, ma configuration intérieure avait complètement changé. J'étais devenu une personne totalement différente.

Merci Jésus, pour ta victoire sur la croix. Je proclame que j'ai été libéré de mes tourments et que mes membres, les parties de mon corps, sont des instruments de justice, soumis à Dieu pour son service et pour sa gloire. Amen.

Soumis à Dieu

Mes membres, les parties de mon corps, sont des instruments de justice, soumis à Dieu pour son service et pour sa gloire.

Paul dit: «*Que le péché ne règne donc point dans votre corps mortel, et n'obéissez pas à ses convoitises. Ne livrez pas vos membres au péché, comme des instruments d'iniquité; mais donnez-vous vous-mêmes à Dieu, comme étant vivants de morts que vous étiez, et offrez à Dieu vos membres, comme des instruments de justice.*» (Romains 6:12–13). Nous avons été libérés. Le péché ne doit pas contrôler nos mains, nos pieds ou notre langue. Au contraire, Paul dit que nous devons nous donner nous-mêmes à Dieu et offrir nos membres comme des instruments de justice pour Dieu. Il y a là une double soumission. Tout d'abord, nous soumettons notre volonté à Dieu en disant: «non pas ma volonté, mais la tienne.» Dans la prière du Seigneur, la deuxième requête est: «que ta volonté soit faite sur la terre comme au ciel.» (Matthieu 6:10) Lorsque nous prions «que ta volonté soit faite», cela commence par la volonté de celui qui prie, celle qui désire que la volonté de Dieu soit faite.

Après avoir soumis notre volonté, nous offrons ensuite nos membres à Dieu comme des instruments de justice. En grec, le mot «*instruments*» signifie littéralement «armes», ce qui implique un conflit spirituel. Ce ne sont pas des instruments ordinaires (comme une binette ou une charrue), ce sont des instruments de combat, comme l'épée.

Le baptême dans le Saint-Esprit est crucial parce qu'au cours de cette expérience, la première chose, c'est que nous soumettons notre volonté à Dieu, nous soumettons ensuite le membre indiscipliné que nous ne parvenons pas à contrôler, la langue. Lorsque nous sommes baptisés dans le Saint-Esprit, nous suivons en fait l'instruction d'offrir nos membres à Dieu comme des instruments (des armes) de justice. Il est certain que, lorsque la langue a été soumise à Dieu et reprise en mains par le Saint-Esprit, elle devient une arme, en prière, en témoignage et en prédication.

Merci Jésus pour ta victoire à la croix. Je soumets ma personne ainsi que ma volonté à Dieu, proclamant que mes membres, les parties de mon corps, sont des instruments de justice, soumis à Dieu pour son service et pour sa gloire. Amen.

---

8 MARS

Avancer

Mes membres, les parties de mon corps, sont des instruments de justice, soumis à Dieu pour son service et pour sa gloire.

Nous avons un choix à faire. Quelque chose va nous diriger. Sera-ce le péché ou la justice? Si nous répondons la justice, croyez-moi, nous allons être testés! Le diable n'abandonnera pas tant qu'il pensera avoir une chance de gagner.

Lorsqu'un individu est testé et tenté, le diable insistera jusqu'à ce que la tentation ne l'affecte plus. Il n'en nourrira même plus la pensée. Le diable est trop malin pour perdre son temps avec des gens comme ça. Mais s'il reste en nous une quelconque arrière-pensée, le diable l'exploitera. Nous devons prendre une décision ferme.

«Je parle à la manière des hommes, à cause de la faiblesse de votre chair. -De même donc que vous avez livré vos membres comme esclaves à l'impureté et à l'iniquité, pour arriver à plus d'iniquité.» (Romains 6:19)

Si nous choisissons l'iniquité, elle augmentera. Nous allons devenir de plus en plus iniques. Nous sommes plusieurs à pouvoir le constater dans notre propre vie.

Au lieu de devenir plus iniques, *«maintenant livrez vos membres comme esclaves à la justice, pour arriver à la sainteté.»* (Suite du verset 19).

Il est presque impossible de faire du sur-place dans la vie spirituelle. Soit nous avançons, soit nous reculons. Nous allons soit gagner en sainteté soit sombrer encore plus dans la rébellion.

Merci Jésus, pour ta victoire sur la croix. Je me livre comme esclave à la justice et je proclame que mes membres, les parties de mon corps, sont des instruments de justice, soumis à Dieu pour son service et pour sa gloire. Amen.

Choisir la grâce

Mes membres, les parties de mon corps, sont des instruments de justice, soumis à Dieu pour son service et pour sa gloire.

«Je vous exhorte donc, frères, par les compassions de Dieu, à offrir vos corps comme un sacrifice vivant, saint, agréable à Dieu, ce qui sera de votre part un culte raisonnable.» (Romains 12:1)

Il s'agit de détermination, puis de soumission, dans cet ordre. Si nous ne sommes pas déterminés, alors, par habitude, nous nous livrons à la mauvaise chose. Nous devons arrêter d'offrir notre corps, nos membres au péché. Lorsque nous étions encore incrédules, nous avons eu longtemps l'habitude de faire cela. Mais nous devons nous arrêter et dire: «c'est terminé!» Une fois que nous avons livré notre volonté à Dieu, nous n'avons plus à livrer nos membres à satan.

«Car le péché n'aura point de pouvoir sur vous, puisque vous êtes, non sous la loi, mais sous la grâce.» (Romains 6:14). Les implications de cette déclaration vont très loin. Paul dit que nous ne sommes plus sous la loi mais sous la grâce. Cela ne peut pas être les deux en même temps. C'est soit l'une soit l'autre. Si nous sommes sous la loi, nous ne sommes pas sous la grâce. Si nous sommes sous la grâce, nous ne sommes pas sous la loi.

De plus, Paul affirme que le péché n'aura pas de pouvoir sur nous, parce que nous ne sommes plus sous la loi. Ce que l'on peut en déduire c'est que, si nous sommes sous la loi, le péché *aura* du pouvoir sur nous. Pour beaucoup, il peut paraître choquant d'affirmer cela, cependant c'est en substance ce que la Bible dit.

Nous ne sommes pas gouvernés pas une série de règles. Nous sommes devenus enfants de Dieu et nous lui obéissons parce que nous l'aimons. A partir de maintenant, c'est l'amour et non la crainte qui motive notre obéissance. Dieu ne fait pas de nous des esclaves, la loi le fait. Dieu fait de nous des fils et des filles. Nous devons choisir, la loi ou la grâce de Dieu.

Merci Jésus, pour ta victoire sur la croix. Je choisis la grâce et je soumets ma volonté à Dieu, proclamant que mes membres, les parties de mon corps, sont des instruments de justice, soumis à Dieu pour son service et pour sa gloire. Amen.

Qui allons-nous servir?

Mes membres, les parties de mon corps, sont des instruments de justice, soumis à Dieu pour son service et pour sa gloire.

«Ne savez-vous pas qu'en vous livrant à quelqu'un comme esclaves pour lui obéir, vous êtes esclaves de celui à qui vous obéissez, soit du péché qui conduit à la mort, soit de l'obéissance qui conduit à la justice?» (Romains 6:16)

Paul dit que lorsque nous nous livrons à quelqu'un, nous devenons son esclave pour lui obéir. En supposant que nous nous livrions à l'immoralité, nous devenons donc son esclave. Nous ne pouvons pas nous livrer au péché sans devenir son esclave. Par conséquent, c'est à nous de décider à qui nous voulons nous livrer. Certains parmi nous n'aiment pas avoir à faire un choix, mais dans la vie spirituelle nous ne pouvons pas y couper.

A la fin de sa vie, Josué a mis Israël devant un choix:

«Maintenant, craignez l'Éternel, et servez-le avec intégrité et fidélité... Et si vous ne trouvez pas bon de servir l'Éternel, choisissez aujourd'hui qui vous voulez servir, ou les dieux que servaient vos pères au delà du fleuve, ou les dieux des Amoréens dans le pays desquels vous habitez. Moi et ma maison, nous servirons l'Éternel.» (Josué 24:14–15)

Josué a invité les Israélites à faire un choix et ce choix n'a pas changé depuis. Il ne s'agit pas de savoir si nous voulons servir, mais *qui* nous voulons servir. Nous allons servir, c'est un fait. Avant d'être rachetés, nous n'avions pas le choix. Nous ne pouvions pas tenir le péché éloigné de nous, nous n'avions d'autre ressource que d'être ses esclaves et serviteurs de satan. Cependant, après avoir connu la rédemption par la foi en Jésus-Christ, une autre possibilité s'offre à nous: Nous pouvons choisir de servir Dieu et d'être «esclaves» de la justice.

Merci Jésus, pour ta victoire sur la croix. Je choisis de servir le Seigneur et je proclame que mes membres, les parties de mon corps, sont des instruments de justice, soumis à Dieu pour son service et pour sa gloire. Amen.

Mon corps est pour le Seigneur

Mes membres, les parties de mon corps, sont des instruments de justice, soumis à Dieu pour son service et pour sa gloire.

«Donnez-vous vous-mêmes à Dieu, comme étant vivants de morts que vous étiez, et offrez à Dieu vos membres, comme des instruments de justice.» (Romains 6:13)

Nous offrons les membres de notre corps à Dieu en lui disant: «Mon Dieu, utilise-les.» Ensuite nous devons veiller à ce que le temple reste saint. Paul écrit: *«Mais le corps n'est pas pour l'impudicité. Il est pour le Seigneur, et le Seigneur pour le corps»* (1 Corinthiens 6:13). De nos jours l'impudicité est appelée «relations pré maritales.» Cependant, Dieu n'a pas modifié son évaluation du péché. Le corps n'est pas pour les relations pré maritales, le corps est pour le Seigneur. Puis, *«Le Seigneur est pour le corps»* également. N'est-ce pas merveilleux? Si nous donnons notre corps au Seigneur, alors le Seigneur est pour lui.

Paul était un homme très terre à terre qui parlait aux gens de choses qui les concernaient directement. Il continue: *«Fuyez l'impudicité. Quelque autre péché qu'un homme commette, ce péché est hors du corps; mais celui qui se livre à l'impudicité pèche contre son propre corps.»* (Verset 18).

Beaucoup de gens interprètent ce passage comme un avertissement contre les maladies sexuellement transmissibles, comme le SIDA, la gonorrhée ou la syphilis. Elles sont certes les conséquences de l'impudicité, mais l'enseignement de Paul va bien au-delà. Nous mettons notre corps en danger en commettant toutes sortes de choses immorales. Souvent, lorsque les chrétiens cherchent la guérison et ne la reçoivent pas, la racine du problème est l'immoralité. Dans la plupart des cas, Dieu exige que nous allions à la racine, que nous nous repentions et que nous réglions les choses avant de recevoir de lui la guérison.

Merci Jésus, pour ta victoire sur la croix. Je donne mon corps au Seigneur, en proclamant que mes membres, les parties de mon corps, sont des instruments de justice, soumis à Dieu pour son service et pour sa gloire. Amen.

11ème semaine:

Je suis vainqueur de satan par le sang de l'Agneau et par la parole de mon témoignage, et je n'aime pas ma vie jusqu'à craindre la mort.

Ils l'ont vaincu [satan] *à cause du sang de l'Agneau et à cause de la parole de leur témoignage*
et ils n'ont pas aimé leur vie jusqu'à craindre la mort.

– Apocalypse 12:11

La vie de résurrection

Je suis vainqueur de satan par le sang de l'Agneau et par la parole de mon témoignage, et je n'aime pas ma vie jusqu'à craindre la mort.

Lévitiques 17:11 dit: *«Car l'âme de la chair est dans le sang.»* Lorsque Jésus a versé son sang, c'est sa vie qu'il a versée. Selon ce que je comprends, la vie de Dieu a été libérée dans l'univers. Et aucune intelligence ne peut réellement saisir en profondeur ce que cela signifie.

«Jésus leur dit: En vérité, en vérité, je vous le dis[c'est de la plus haute importance], si vous ne mangez la chair du Fils de l'homme, et si vous ne buvez son sang, vous n'avez point la vie en vous-mêmes. Celui qui mange ma chair et qui boit mon sang a la vie éternelle; et je le ressusciterai au dernier jour.» (Jean 6:53–54)

N'oubliez pas que notre rédemption n'est pas complète jusqu'à la résurrection. En Philippiens 3:12, Paul dit: *«Ce n'est pas que j'aie déjà remporté le prix, ou que j'aie déjà atteint la perfection; mais je cours, pour tâcher de le saisir, puisque moi aussi j'ai été saisi par Jésus-Christ, c'est à dire «la résurrection d'entre les morts»* (verset 11).

Certaines personnes ont l'impression que leur corps n'est pas très important. Cependant Dieu dit qu'il l'est, c'est le temple du Saint-Esprit. *«En prodiges il est fait de merveilles»* (Psaume 139:14 version Chouraqui). Et Dieu ne va pas laisser notre corps en état de déchéance. Il va le ressusciter dans une gloire similaire à celle de Jésus. La rédemption représente le plein accomplissement du sacrifice de Jésus, et elle est consommée par la résurrection.

Merci Seigneur, pour le sang de l'Agneau. Comme Paul: «Je cours … pour saisir la résurrection d'entre les morts.» Je proclame que je suis vainqueur de satan par le sang de l'Agneau et par la parole de mon témoignage, et je n'aime pas ma vie jusqu'à craindre la mort. Amen.

La gloire qui sera révélée

Je suis vainqueur de satan par le sang de l'Agneau et par la parole de mon témoignage, et je n'aime pas ma vie jusqu'à craindre la mort.

«J'estime que les souffrances du temps présent ne sauraient être comparées à la gloire à venir qui sera révélée pour nous [à la résurrection.] *Aussi la création attend-elle avec un ardent désir la révélation des fils de Dieu.»* (Romains 8:18–19)

Nombreux sont les chrétiens qui ne semblent pas saisir l'importance de la résurrection de Christ pour eux. Les enfants de Dieu seront révélés à la résurrection; toute la création s'y attend avec espoir, comme haussée sur la pointe des pieds. Les arbres, les mers, les rivières et les montagnes sont tous dans l'expectative. Il est extraordinaire de voir à quel point la création est en émoi et combien peu l'est une grande partie de l'Eglise.

«Car la création a été soumise à la vanité, -non de son gré, mais à cause de celui qui l'y a soumise, - avec l'espérance qu'elle aussi sera affranchie de la servitude de la corruption, pour avoir part à la liberté de la gloire des enfants de Dieu.» (Versets 20–21)

La création entière a souffert à cause du péché de l'homme. Avant que l'homme ne pèche, il n'y avait ni épines ni chardons, rien même ne mourait ni ne pourrissait. Et puis, nous voyons que nous ne serons pas les seuls à avoir une résurrection glorieuse, il y aura aussi la création. Cependant, Dieu a établi une priorité: la création n'y entrera pas avant nous. Comme l'écrit Paul: *«Or, nous savons que, jusqu'à ce jour, la création tout entière soupire et souffre les douleurs de l'enfantement»* (verset 22).

Paul se sert souvent de cette expression: «nous savons», cependant, la plupart des chrétiens contemporains *ne savent pas*. Savons-nous que la création est dans les douleurs de l'enfantement, attendant la révélation des enfants de Dieu, la naissance d'un nouvel âge et la délivrance de la corruption?

Merci Seigneur, pour le sang de l'Agneau. Je proclame que j'entrerai dans la gloire destinée aux enfants de Dieu. Je suis vainqueur de satan par le sang de l'Agneau et par la parole de mon témoignage, et je n'aime pas ma vie jusqu'à craindre la mort. Amen.

Le sang de Jésus

Je suis vainqueur de satan par le sang de l'Agneau et par la parole de mon témoignage, et je n'aime pas ma vie jusqu'à craindre la mort.

En Jean 6, Jésus dit quatre fois, en faisant allusion au croyant: *«je le ressusciterai au dernier jour.»* (Voyez aux versets 39, 40, 44, et 54.) La résurrection fait partie du salut.

«Celui qui mange ma chair et qui boit mon sang a la vie éternelle; et je le ressusciterai au dernier jour. Car ma chair est vraiment une nourriture, et mon sang est vraiment un breuvage. Celui qui mange ma chair et qui boit mon sang demeure en moi, et je demeure en lui.» (Jean 6:54–56)

Les verbes, mange, boit et demeure sont conjugués au présent continu: «celui qui continuellement se nourrit de ma chair et se désaltère de mon sang, demeure continuellement en moi ainsi que moi en lui.»

Il est tout à fait clair que le Seigneur attache une immense importance au fait de manger sa chair et de boire son sang. Je ne prétends pas être l'ultime autorité en la matière mais je pense réellement qu'il se réfère au sacrement de la dernière Cène, ou de la communion.

Il fut un temps, j'ai vécu dans une ville arabe avec des chrétiens arabes. Lorsqu'ils prenaient la sainte Cène, ils disaient: «buvons le sang de Jésus.» A mon sens, ces chrétiens arabes avaient la bonne vision des choses. Communier, c'est boire le sang de Jésus.

La pensée peut nous traverser: «l'idée de boire du sang me répugne.» Je me souviens que cela m'a pris des années pour me faire à cette expression. Mais pour avoir la vie éternelle, nous devons boire le sang de Jésus et nous nourrir de sa chair.

Merci Seigneur, pour le sang de l'Agneau. Je prends part à sa vie éternelle en buvant son sang et en me nourrissant de sa chair, et je proclame que je suis vainqueur de satan par le sang de l'Agneau et par la parole de mon témoignage, et je n'aime pas ma vie jusqu'à craindre la mort. Amen.

L'importance de la communion

Je suis vainqueur de satan par le sang de l'Agneau et par la parole de mon témoignage, et je n'aime pas ma vie jusqu'à craindre la mort.

Nous avons bien enregistré que la vie est dans le sang. (Lévitique 17:11) Si nous voulons la vie, nous devons nous approprier le sang. Nous le faisons en prenant la sainte Cène et par la parole de notre témoignage.

Le fait de prendre la sainte Cène est devenu pour moi extrêmement important. Paul cite Jésus en 1 Corinthiens 11:25, en disant: *«faites ceci en mémoire de moi toutes les fois que vous en boirez.»* Beaucoup d'Eglises disent: «aussi rarement que vous en boirez.» Certains des plus beaux services auxquels j'ai assisté étaient des services liturgiques de sainte Cène, leur beauté venait du fait qu'ils tournaient autour de cet acte.

A un moment donné, mon épouse, Ruth, et moi en sommes arrivés à la conclusion que nous ne prenions pas la sainte Cène aussi souvent que nous le devrions. En tant que prêtre de notre foyer, j'ai décidé que nous la prendrions tous les matins lors de notre temps avec le Seigneur. Je ne dis pas que tous les chrétiens doivent faire cela mais je suis reconnaissant d'avoir pu le faire. Nous avions le sentiment qu'il nous manquait quelque chose lorsque nous omettions de le faire.

Chaque jour, lorsque nous prenions la Cène, nous pouvions dire: «nous recevons ce pain comme ta chair Seigneur, et ce vin comme ton sang.» Je le faisais de manière très simple et spécifique en disant: «Seigneur, nous faisons ceci en mémoire de toi, nous proclamons ta mort jusqu'à ce que tu viennes.» Lorsque nous prenons la Cène, nous n'avons de passé que la croix et d'avenir que la venue du Seigneur. Nous le faisons en souvenir de la croix jusqu'à ce que Jésus revienne. Puisse ceci nous pousser à nous demander si nous tirons vraiment profit de la vie qui est dans le sang.

Merci Seigneur, pour le sang de l'Agneau. Je mets à mon profit la vie contenue dans le sang par la communion et je proclame que je suis vainqueur de satan par le sang de l'Agneau et par la parole de mon témoignage, et je n'aime pas ma vie jusqu'à craindre la mort. Amen.

Donner notre vie

Je suis vainqueur de satan par le sang de l'Agneau et par la parole de mon témoignage, et je n'aime pas ma vie jusqu'à craindre la mort.

Dans le but d'expérimenter toute la portée du sang de Jésus, nous devons apprendre à nous approprier son sang. Le verset d'aujourd'hui et notre confession pour cette semaine se réfèrent à un grand conflit de la fin des temps qui englobe à la fois le ciel et la terre (les anges de Dieu, satan et les siens et le peuple fidèle de Dieu sur la terre.) Cette déclaration est faite par les anges de Dieu: *«Ils l'ont vaincu à cause du sang de l'Agneau et à cause de la parole de leur témoignage, et ils n'ont pas aimé leur vie jusqu'à craindre la mort»* (Apocalypse 12:11).

«Ils» étaient des gens comme vous et moi, des croyants en Jésus-Christ. *«l'(lui)»* se réfère à satan. Il y a un conflit direct entre nous et satan, il n'y a personne au milieu. Ce verset nous dit comment les croyants l'ont vaincu, en les décrivant plus loin comme engagés, pleinement engagés. Un chrétien engagé effraye satan. Lorsqu'il est dit: *«ils n'ont pas aimé leur vie jusqu'à craindre la mort»* cela signifie que le fait de rester en vie n'était pas leur première priorité. La première priorité était d'être fidèle au Seigneur et de faire sa volonté.

Lorsque nous parlons d'être des «soldats dans l'armée de l'Eternel» la plupart d'entre nous ont une idée vague et sentimentale de ce que cela signifie. Lorsque j'étais soldat dans l'Armée britannique, le commandant de l'armée ne m'a pas remis de certificat me garantissant que je ne perdrais pas ma vie. Tout soldat sait qu'il peut être tué, le service peut lui coûter la vie. Il en va de même dans l'armée de l'Eternel. Il n'est pas garanti que nous n'ayons pas à donner notre vie. Le peuple que satan craint sont ceux et celles qui n'ont pas peur de perdre leur vie. Après tout, la vie sur terre est brève comparée à la vie éternelle dans les cieux.

Merci Seigneur, pour le sang de l'Agneau. Je proclame que «rester en vie» n'est pas ma première priorité, et également que je suis vainqueur de satan par le sang de l'Agneau et par la parole de mon témoignage, et que je n'aime pas ma vie jusqu'à craindre la mort. Amen.

Nos armes de guerre

Je suis vainqueur de satan par le sang de l'Agneau et par la parole de mon témoignage, et je n'aime pas ma vie jusqu'à craindre la mort.

En Apocalypse 12:7–9, nous voyons que les cieux ont été purgés du dragon (satan) et de ses anges. Cieux réjouissez-vous, terre prend garde à toi! A présent, le diable est ici-bas, sur terre et il sait qu'il ne lui reste que quelques années pour comploter ses mauvais coups et causer des dommages. Il me paraît clair que cette période est intimement liée (en entier ou en partie) à la soixante-dixième semaine de Daniel (voir Daniel 9:21-24). C'est une période spécifique, que le diable connaît très bien car il scrute les prophéties. Et Jésus a dit que le nombre de ces jours serait écourté (comme en Matthieu 24:21–22.) Cependant, en théorie, la Bible parle de 3 ans et demi, il y aura donc au moins quelques «jours» de moins à la fin. Ensuite, le diable sera lié et jeté dans le puits sans fond.

Le diable veut nous empêcher de prendre conscience de ce fait, parce qu'aussi longtemps que nous sommes dans l'ignorance, nous ne pouvons pas faire ce que Dieu a arrêté. Mais, Dieu nous a donné les armes spirituelles pour chasser satan de sa place dans les cieux.

«Car les armes avec lesquelles nous combattons ne sont pas charnelles; mais elles sont puissantes, par la vertu de Dieu, pour renverser des forteresses. Nous renversons les raisonnements [imaginations, selon certaines versions] et toute hauteur qui s'élève contre la connaissance de Dieu, ...» (2 Corinthiens 10:4–5)

Les armes spirituelles qui nous sont données nous rendrons capables de renverser toute hauteur qui s'élèvera contre Dieu et son royaume. La dernière hauteur suprême à s'élever contre Dieu est le royaume de satan dans les lieux célestes. Les armes qui nous permettront de le vaincre nous sont confiées: le sang de Jésus et la parole de notre témoignage.

Merci Seigneur, pour le sang de l'Agneau. Je le prends comme une arme spirituelle, accompagné de la parole de mon témoignage, en proclamant que je suis vainqueur de satan par le sang de l'Agneau et par la parole de mon témoignage, et je n'aime pas ma vie jusqu'à craindre la mort. Amen.

---

18 MARS

Confesser notre foi

Je suis vainqueur de satan par le sang de l'Agneau et par la parole de mon témoignage, et je n'aime pas ma vie jusqu'à craindre la mort.

Le Seigneur m'a montré qu'en scrutant leur passé, beaucoup de chrétiens reconnaîtront qu'ils ont fait de nombreuses confessions négatives. Il se peut que vous ayez parlé de ce qu'il vous était impossible de faire ou de vos échecs ou de vos déceptions. Cependant, voyez-vous, ce que nous confessons détermine ce à quoi nous arrivons.

Nous trouvons un exemple frappant de ce principe dans l'histoire des douze espions de Moïse envoyés en Terre Promise. Deux d'entre eux sont revenus avec des confessions positives et dix avec des confessions négatives. La majorité des Israélites ont cru les confessions négatives, «nous ne pouvons pas». La confession positive est: «nous sommes tout à fait en mesure de». Tous les Israélites ont scellé leur destin par leur confession. Ceux qui ont dit qu'ils ne pouvaient pas, ne l'ont pas pu. Et ceux qui ont dit qu'ils pouvaient, l'ont pu.

Il se peut que vous ayez prononcé des paroles négatives, fait des déclarations qui ne glorifiaient pas Jésus ou que vous soyez restés sur des déceptions qui n'ont fait que vous enchaîner à l'impuissance ou à l'échec. Si nous confessons l'échec, l'échec sera notre lot. Si nous confessons la foi, Dieu sera notre lot. Confessez à Dieu: «Seigneur, je suis désolé, je t'ai lié les mains, à cause de mon incrédulité et de mes pensées négatives, j'ai limité ce que tu aurais pu faire dans ma vie.» la Bible dit: *«Si nous confessons nos péchés, il est fidèle et juste pour nous les pardonner, et pour nous purifier de toute iniquité.»* (1 Jean 1:9)

Lorsque vous aurez rejeté les confessions négatives, remerciez Dieu d'être sorti de la vallée sombre et profonde. Dites: «Je peux tout faire par Christ qui m'en a donné le pouvoir.» Ce qui est la traduction littérale de Philippiens 4:13.

Merci Seigneur, pour le sang de l'Agneau. Je proclame que «je peux tout faire par Christ qui m'en a donné la puissance» et que je suis vainqueur de satan par le sang de l'Agneau et par la parole de mon témoignage, et je n'aime pas ma vie jusqu'à craindre la mort. Amen.

12ème semaine:

Mon corps est pour le Seigneur, et le Seigneur est pour mon corps.

Les aliments sont pour le ventre, et le ventre pour les aliments; et Dieu détruira l'un comme les autres. Mais le corps n'est pas pour l'impudicité. Il est pour le Seigneur, et le Seigneur pour le corps.

—1 Corinthiens 6:13

Un Dieu personnel

Mon corps est pour le Seigneur, et le Seigneur est pour mon corps.

A une époque, j'ai été professeur au sein de la plus grande université britannique, et j'étais alors titulaire de plusieurs diplômes et distinctions académiques. Sous bien des aspects, j'étais assez sophistiqué (intellectuellement parlant). Cependant, d'un point de vue intellectuel, je ne me sens aucunement inférieur en disant que je crois au récit biblique de la création. Avant de croire en la Bible, j'ai étudié plusieurs autres sources qui tentaient d'expliquer les origines de l'homme, mais je ne les ai guère trouvées satisfaisantes. Dans la plupart des cas, elles se contredisaient les unes les autres. Je me suis ensuite tourné vers l'étude de la Bible, non pas comme un croyant mais comme un philosophe professionnel. Je me suis dit, *de toute façon, ce ne sera pas plus stupide que d'autres choses que j'ai déjà entendues*! A mon grand étonnement, j'ai découvert que la Bible contenait la réponse.

En Genèse, nous lisons cette simple et courte déclaration. Elle commence par: *«L'Eternel Dieu»*—ce qui signifie, «Jéhovah Dieu»—le nom personnel de Dieu. Ces termes nous indiquent qu'un Dieu personnel a formé un homme personnel pour entretenir avec lui une relation personnelle.

«L'Éternel Dieu forma l'homme de la poussière de la terre, il souffla dans ses narines un souffle de vie et l'homme devint un être [une âme].vivant[e]» (Genèse 2:7)

Nous voyons ici l'union entre le souffle divin et éternel de Dieu venu d'en haut et le corps de poussière venu d'en bas, façonné par les mains du créateur. L'union entre l'esprit d'en haut et la poussière d'en bas a produit une personne humaine vivante, qui pouvait entretenir une relation avec le Dieu vivant en personne.

Merci Seigneur de m'avoir donné mon corps. Je proclame qu'un Dieu personnel m'a créé pour une relation personnelle avec lui, et que mon corps est pour le Seigneur, et le Seigneur pour mon corps. Amen.

---

20 MARS

Une création miraculeuse

Mon corps est pour le Seigneur, et le Seigneur est pour mon corps.

Nous connaissons ce qui personnifie l'homme intérieurement, son âme et son esprit, mais ne fermons pas les yeux sur le fait que le corps de l'homme est également une création miraculeuse et merveilleuse de Dieu. Beaucoup de chrétiens ne prennent pas assez de soin ni ne portent une attention suffisante à leur propre corps. Avant que le souffle n'entre dans ce corps de poussière, il n'était que poussière, ni plus ni moins. Il est devenu un corps physique vivant et fonctionnel, avec toutes ses parties, organes et membres par une opération miraculeuse du Saint-Esprit.

Considérez l'œil humain. J'ai vu un jour un programme de télévision où la Société Américaine des Ophtalmologistes présentait des informations fascinantes. Si je me souviens bien, ils disaient que l'œil humain contenait plus de trois millions de particules fonctionnelles. Qui donc a amené cela à la vie? Le souffle de Dieu. Tous nos muscles, nos nerfs et nos glandes, toutes les fonctions physiologiques de notre corps, trouvent leur origine dans le souffle instillé par Dieu. C'est ce qui a transformé la poussière en un organisme physique fabuleux. Une fois que vous avez saisi cette vérité, le miracle de la guérison devient logique. Qui donc peut réparer, restaurer et, si besoin est, recréer le corps au mieux si ce n'est celui qui l'a formé initialement? L'Esprit de Dieu est créateur et guérisseur.

J'ai eu le privilège d'assister à des miracles créateurs de Dieu où des os manquants ont été restaurés. Un jour j'ai demandé la prière de la part d'une petite fille de San José, en Californie, dont la sœur aînée était née avec un os manquant dans la partie supérieure de chaque jambe. Le résultat de la prière fut que Dieu créa les os. Je ne prétends pas que cela soit simple, mais c'est tout à fait plausible lorsque l'on comprend les origines du corps humain. Il n'était qu'une forme faite de poussière avant que l'Esprit de Dieu se répande sur lui et en produise un organisme complexe que son créateur peut guérir.

Merci Seigneur de m'avoir donné mon corps. Je suis une création miraculeuse et merveilleuse de Dieu et je proclame que mon corps est pour le Seigneur, et que le Seigneur est pour mon corps. Amen.

Ensemble, tout entier

Mon corps est pour le Seigneur, et le Seigneur est pour mon corps.

En lisant le livre de Job, nous y trouvons d'incroyables révélations à propos du corps. Sous bien des aspects, il y a un extraordinaire parallèle entre le livre de la Genèse et celui de Job. Job 10:8–12 est une magnifique description de l'œuvre créatrice de Dieu dans notre corps. Le verset 8 dit: «tes mains m'ont façonné ensemble, tout entier.» (Version Semeur).

Tout comme en Genèse 2:7, où le mot «façonné» indique une œuvre pleine de talent dont on a pris beaucoup de soin, le livre de Job souligne l'incommensurable talent et le soin que Dieu a pris pour façonner le corps humain:

«C'est toi qui m'as créé, tes mains m'ont façonné ensemble, tout entier, et tu me détruirais! Oh, souviens-toi, je t'en supplie, que tu m'as façonné comme avec de l'argile. Voudrais-tu à présent me faire retourner dans la poussière? Tu m'as coulé comme du lait, puis fait cailler en fromage. Ensuite tu m'as revêtu de peau, de chair, tu m'as tissé d'os et de nerfs.»

(Job 10:8–11 Semeur)

Quelle description saisissante! Quelle superbe image de la parfaite corrélation entre les parties élémentaires du corps. Nous lisons au verset 12: *«C'est toi qui m'as donné la vie, tu m'as accordé ta faveur, et tes soins vigilants* [*«ta visitation»* KJV] *ont préservé mon souffle.»*

Plus avant en Job, nous découvrons un autre aspect, la part spirituelle de la nature humaine *«Mais, en réalité, en l'homme, c'est l'Esprit, l'inspiration du Tout-Puissant qui lui donne l'intelligence.»* (Job 32:8).

Ces paroles de Job sont en parfait accord avec celles de la Genèse. C'est l'union entre le souffle de Dieu venant d'en haut et l'argile d'en bas qui amène la personne humaine à exister dans son intégralité.

Merci Seigneur, de m'avoir donné mon corps. Je suis le fruit de l'union entre le souffle de Dieu venant d'en haut et l'argile d'en bas et je proclame que mon corps est pour le Seigneur, et que le Seigneur est pour mon corps. Amen.

Le modèle de Dieu

Mon corps est pour le Seigneur, et le Seigneur est pour mon corps.

«C'est toi qui as formé mes reins, qui m'as tissé dans le sein de ma mère. Je te loue de ce que je suis une créature si merveilleuse. Tes œuvres sont admirables, Et mon âme le reconnaît bien. Mon corps n'était point caché devant toi, Lorsque j'ai été fait dans un lieu secret, Tissé dans les profondeurs de la terre.» (Psaume 139:13–15)

Si je pense à ce qu'est mon corps, je suis rempli d'un sentiment d'admiration. La substance qui un jour est devenue mon corps a été conçue et formée par Dieu sur la terre bien avant d'entrer dans la composition de mon corps. Dieu avait déjà choisi la substance dont mon corps serait un jour constitué.

«Quand je n'étais qu'une masse informe, tes yeux me voyaient; Et sur ton livre étaient tous [mes membres, selon certaines versions] inscrits. les jours qui m'étaient destinés, avant qu'aucun d'eux existât.» (V. 16)

Dieu avait établi un modèle pour notre corps avant même qu'il n'existe. Comparez ce verset avec ce que dit Jésus en Luc 12:7: *«Et même les cheveux de votre tête sont tous comptés. Ne craignez donc point: vous valez plus que beaucoup de passereaux.»* Cette déclaration montre la profondeur de la préoccupation de Dieu pour notre corps, il a même dénombré les cheveux de notre tête. Si nous prenons conscience de cela, il nous faut reconnaître que Dieu a aussi un but pour cette merveilleuse création, il l'a révélé en 1 Corinthiens 6:19–20: *«Ne savez-vous pas que votre corps est le temple du Saint-Esprit qui est en vous, que vous avez reçu de Dieu, et que vous ne vous appartenez point à vous-mêmes? Car vous avez été rachetés à un grand prix. Glorifiez donc Dieu dans votre corps et dans votre esprit, qui appartiennent à Dieu.»*

Merci Seigneur, de m'avoir donné mon corps. Je glorifierai Dieu dans mon corps et je proclame que mon corps est pour le Seigneur, et que le Seigneur est pour mon corps. Amen.

Un sacrifice vivant

Mon corps est pour le Seigneur, et le Seigneur est pour mon corps.

Je vous exhorte donc, frères, par les compassions de Dieu, à offrir vos corps comme un sacrifice vivant, saint, agréable à Dieu, ce qui sera de votre part un culte raisonnable. (Romains 12:1)

Dans les premiers chapitres de l'épître aux Romains, nous sommes confrontés à une remarquable théologie. Son application commence par notre corps: nous devons présenter notre corps à Dieu comme un sacrifice vivant.

Il se peut que nous pensions: *le corps n'est pas si important, en réalité, c'est l'âme qui est importante.* Néanmoins, voyons une analogie pragmatique: si je demande un verre d'eau, j'obtiens à la fois le récipient et le contenu, je ne pourrais pas recevoir l'eau sans le verre. C'est ici ce que Dieu veut dire. Il veut le contenant, le corps, et le contenu, l'âme. Nous ne pouvons pas donner le contenu sans le contenant.

Que signifie offrir nos corps comme «*un sacrifice vivant*»? Les sacrifices de l'Ancien Testament étaient des animaux qui étaient tués, puis placés sur l'autel. Dieu dit: «Je veux ton corps de façon aussi entière que l'étaient les sacrifices de l'Ancien Testament, mais avec une différence. Je ne veux pas de ton corps mort mais vivant. Si j'ai ton corps, je t'ai toi.»

En Matthieu 23, Jésus parlait aux Pharisiens, en expliquant ce qui était réellement important dans leur service à Dieu. Il disait que l'offrande était plus importante que l'autel. Voici ses paroles: *«Aveugles! Lequel est le plus grand, l'offrande, ou l'autel qui sanctifie l'offrande?»* (Matthieu 23:19). L'autel sanctifie l'offrande qui est placée sur lui. L'offrande est rendue sainte en étant placée sur l'autel de Dieu. Il en va de même pour notre corps. Lorsque nous le plaçons sur l'autel de Dieu, il devient saint. Il est sanctifié, mis à part pour Dieu. C'est un acte que chacun de nous doit accomplir.

Merci Seigneur, de m'avoir donné mon corps. Je m'offre à Dieu comme un sacrifice vivant, et je proclame que mon corps est pour le Seigneur, et que le Seigneur est pour mon corps. Amen.

Un corps d'humiliation

Mon corps est pour le Seigneur, et le Seigneur est pour mon corps.

Lorsque l'homme s'est rebellé contre Dieu, toute sa personne s'en est trouvée affectée. Le terme utilisé dans la Bible pour décrire cela est *corrompu*. Toutes les sphères de l'être humain sont touchées, le spirituel, le moral et le physique. La mort est l'achèvement de la corruption physique. Paul dit: «*C'est pourquoi, comme par un seul homme le péché est entré dans le monde, et par le péché la mort, et qu'ainsi la mort s'est étendue sur tous les hommes, parce que tous ont péché*» (Romains 5:12). Par le péché, le poison de la corruption est entré en nous. 1 Corinthiens 15:56 nous dit: «*L'aiguillon de la mort, c'est le péché....*» Tout comme une abeille ou une guêpe introduit le poison dans un corps par son dard, satan introduit le poison de la corruption et de la mort par le dard du péché. Nous sommes tous devenus des créatures corrompues. En Philippiens 3:21, Paul appelle notre corps actuel «*le corps de notre humiliation*». Nous sommes dans «*l'humiliation*,» humiliés parce que nous nous sommes rebellés contre notre créateur. Peu importe à quel point nous sommes élégants, en bonne santé, forts, fortunés ou célèbres, nous vivons dans des corps d'humiliation. Nous pouvons nous nourrir des mets les plus fins et consommer les meilleures boissons, mais nous devrons toujours utiliser les toilettes. Nous pouvons être forts et en bonne santé, mais lorsque notre corps s'échauffe, indubitablement nous transpirons. Que nous soyons riches ou pauvres, la transpiration est notre lot à tous. Ces fonctions inhérentes à notre corps nous rappellent que nous sommes des rebelles et des transgresseurs, dont le corps est constamment sujet à la corruption.

J'ai passé cinq ans à former des enseignants africains et j'étais assez admiratif de leurs capacités athlétiques. Je disais à ces hommes jeunes et forts: «n'oubliez pas qu'en vous plantant sa trompe, un seul petit moustique anophèle peut vous transformer en un amas gisant de chair fiévreuse et tremblante.» Voilà le corps de notre humiliation. La bonne nouvelle c'est que Jésus est mort pour nous racheter, et pas seulement notre âme, mais l'homme tout entier, corps, âme et esprit.

Merci Seigneur, de m'avoir donné mon corps. Je proclame que Jésus est mort et ressuscité pour me racheter en totalité. C'est pourquoi, mon corps est pour le Seigneur, et le Seigneur est pour mon corps. Amen.

La guérison du corps

Mon corps est pour le Seigneur, et le Seigneur est pour mon corps.

La Bible dit de Jésus: *«lui qui a porté lui-même nos péchés en son corps sur le bois, afin que morts aux péchés nous vivions pour la justice; lui par les meurtrissures duquel vous avez été guéris»* (1 Pierre 2:24).

Sur la croix, Jésus a pris nos péchés en son propre corps, qui est devenu l'offrande pour le péché. Sur la croix, il a intégré dans son propre corps la malédiction que nous méritions afin que nous soyons libérés du péché. La Parole dit aussi: *«Il a pris nos infirmités, et il s'est chargé de nos maladies»* (Matthieu 8:17) dans son propre corps et, par ses meurtrissures nous pouvons être guéris. (1 Pierre 2:24) En ce qui concerne Dieu, notre libération du péché est déjà accomplie.

Il est intéressant de noter que le Nouveau Testament ne parle pas de la guérison au futur mais au passé. Nous avons été guéris le jour où Jésus est mort: *«lui par les meurtrissures duquel vous* ***avez été*** *guéris»*. La guérison a déjà été donnée. Les chrétiens me demandent parfois: «Comment puis-je savoir si c'est la volonté de Dieu de me guérir?» D'habitude je réponds: «Si vous êtes un chrétien engagé, racheté par le sang de Jésus, je pense que vous posez la mauvaise question. La question n'est pas de savoir si oui ou non c'est la volonté de Dieu que vous soyez guéris, mais de comment vous approprier la guérison que Dieu vous a déjà donnée. L'objectif de Dieu est de nous préserver en intégralité: corps, âme et esprit. Comme dit Paul: *«Que le Dieu de paix vous sanctifie lui-même tout entiers* [vous rende totalement saints], *et que tout votre être, l'esprit, l'âme et le corps, soit conservé irrépréhensible, lors de l'avènement de notre Seigneur Jésus-Christ!»* (1 Thessaloniciens 5:23)

Merci Seigneur, de m'avoir donné mon corps. Je proclame que par la mort de Jésus sur la croix, j'ai été pardonné et guéri et que Dieu a pour but de me préserver en intégralité, corps, âme et esprit. Mon corps est pour le Seigneur, et le Seigneur est pour mon corps. Amen.

13ème semaine:

Le Seigneur n'abandonnera pas son peuple.

L'Éternel n'abandonnera point son peuple, à cause de son grand nom, car l'Éternel a résolu de faire de vous son peuple.

—1 Samuel 12:22

Dieu est présent

Le Seigneur n'abandonnera pas son peuple.

Dieu a promis à Abraham et à Jacob que leurs descendants seraient aussi nombreux que les grains de sable sur la plage. Cette image est tellement représentative du peuple d'Israël tout au long de ces derniers deux mille ans d'histoire. Les vagues les ont continuellement malmenés. La rage des hommes et des démons (de satan lui-même) s'est déchaînée en d'innombrables assauts contre le peuple juif dans différents domaines et à des époques différentes. L'océan a chahuté, grondé, fait rouler ses déferlantes, qui ont pilonné le sable. Et, voyez-vous, le sable est toujours là. Pourquoi en est-il ainsi? Parce que Dieu en a décidé ainsi. C'est l'accomplissement de la parole de Dieu.

Il est tellement important de comprendre que ce ne sont pas les Juifs qui ont décidé d'être le peuple de Dieu. C'est l'Eternel qui les a choisis. Je crois que le choix que Dieu fait est toujours le bon. Peu importe si les apparences sont contraires, le Seigneur a fait ce qu'il fallait. Il n'abandonnera pas son peuple, non pas que celui-ci mérite sa fidélité, mais à cause de la grandeur de son nom. Dieu s'est engagé envers Israël, son honneur est en jeu. Dans le Nouveau Testament, Jésus lui-même nous donne la même assurance: *«Je ne te délaisserai point, et je ne t'abandonnerai point»* (Hébreux 13:5). Parfois, il se peut que nous ne soyons pas conscients de sa présence, mais il est avec nous par le Saint-Esprit. Peu importe où nous allons, Dieu est présent par son Esprit, invisible, souvent imperceptible et cependant, incontournable. Pour celui qui ne croit pas, cette pensée peut être terrible, mais pour celui qui croit, c'est une assurance réconfortante et revigorante.

Merci Seigneur de t'être engagé envers Israël. Je prie pour cette nation maintenant. Je proclame que le Seigneur agit envers moi de la même façon qu'envers Israël, et, le Seigneur n'abandonnera pas son peuple. Amen.

Dieu protégera

Le Seigneur n'abandonnera pas son peuple.

J'habitais Jérusalem lorsque l'état d'Israël est né. Je me souviens avoir vu le drapeau israélien flottant au centre de la ville. À l'époque, je me suis dit, *c'est sûrement une chose importante!*

«Nations, écoutez la parole de l'Éternel, Et publiez-la dans les îles lointaines! Dites: Celui qui a dispersé Israël le rassemblera, et il le gardera comme le berger garde son troupeau.» (Jérémie 31:10)

Il y a deux mille cinq cent ans, Dieu a ordonné que ce message particulier soit proclamé à toutes les nations de la terre. Il est en train de se réaliser sous nos yeux aujourd'hui. Nous pouvons dire à présent: *«celui qui a dispersé Israël le rassemble et veillera sur lui comme un berger sur son troupeau.»*

Nous vivons des temps où absolument aucun être humain au monde ne peut prévoir ce qui va se passer pour Israël demain. Une guerre pourrait éclater en vingt-quatre heures sans crier gare. Mais, au milieu de tout cela, Dieu protégera Israël comme un berger protège son troupeau. Il est garanti que, malgré les pressions politiques et la violence qui pourront surgir, Dieu protégera l'Israël rassemblé.

Le Seigneur nous fait la même promesse dans le Psaume 121:7-8: *«L'Éternel te gardera de tout mal, Il gardera ton âme; l'Éternel gardera ton départ et ton arrivée, Dès maintenant et à jamais»*. Il est si bon de savoir que Dieu est avec nous, non seulement lorsque l'on commence le voyage mais également lorsqu'il s'achève, non seulement lorsque l'on part au travail le matin, mais aussi lorsque l'on rentre le soir. Dieu est toujours avec nous et il nous protégera, nous gardera, cette fois-ci et les fois suivantes. Le créateur est notre gardien.

Merci Seigneur de t'être engagé envers Israël. J'intercède pour cette nation maintenant. Je proclame que, tout comme Dieu est le protecteur d'Israël, il est mon protecteur et mon gardien, et que le Seigneur n'abandonnera pas son peuple. Amen.

Le guérisseur des cœurs brisés

Le Seigneur n'abandonnera pas son peuple.

Dans le Psaume 147, versets 2–3, nous lisons: *«L'Éternel rebâtit Jérusalem, Il rassemble les exilés d'Israël; il guérit ceux qui ont le cœur brisé, et il panse leurs blessures».* Ces paroles sont magnifiques mais, le plus passionnant c'est qu'elles s'accomplissent dans cette génération, à l'époque que nous vivons.

J'ai vu l'accomplissement de ces paroles. Encore une fois, j'ai eu le privilège d'habiter dans la Jérusalem juive en mai 1948, lors de la renaissance de l'état d'Israël, après deux mille ans. Aujourd'hui, le Seigneur rebâtit Jérusalem. Il rassemble les exilés d'Israël. Il guérit les cœurs brisés et panse leurs blessures.

C'est une bonne nouvelle pour tous ceux qui vont se tourner vers Dieu. C'est une bonne nouvelle pour le peuple de Dieu, Israël. C'est aussi une bonne nouvelle pour l'Eglise de Jésus-Christ parce que le même Dieu qui rassemble Israël, rassemble l'Eglise autour de lui, nous amenant dans notre héritage, guérissant nos blessures et pansant nos cœurs brisés.

Il existe un ministère très particulier du Saint-Esprit, celui des cœurs brisés. C'est un ministère pour ceux dont le cœur est meurtri. Si vous souffrez d'une blessure intérieure, tournez-vous vers Dieu et dites: «Mon Dieu, ceci est un temps de restauration. C'est un temps de rassemblement. Tu guéris les cœurs brisés. Tu panses leurs blessures. Seigneur, tu connais la blessure que je porte depuis si longtemps dans mon cœur. Veux-tu me guérir?»

Et le doigt invisible de Dieu, le Saint-Esprit, s'enfouira profondément jusqu'à l'endroit qu'aucun chirurgien ne pourrait atteindre, pour toucher cette blessure dans votre vie afin d'y apporter la guérison et la restauration.

Merci Seigneur de t'être engagé envers Israël. J'intercède pour cette nation maintenant. Je proclame que, tout comme Dieu guérit les cœurs brisés et panse les blessures d'Israël, il apporte la guérison et la restauration dans ma vie, car le Seigneur n'abandonnera pas son peuple. Amen.

Montrer de la miséricorde pour Israël

Le Seigneur n'abandonnera pas son peuple.

Il est important pour nous tous de reconnaître la vérité dans ce que Jésus a dit à la Samaritaine près du puits: *«Le salut vient des Juifs»* (Jean 4:22). Sans les Juifs, nous n'aurions ni patriarche, ni prophète, ni apôtre, ni Bible, et aucun Sauveur! Sans eux tous, quel salut aurions-nous? Aucun! La Bible dit clairement que Dieu désire que les chrétiens de toutes les autres nations reconnaissent leur dette envers les Juifs et fassent ce qu'ils peuvent pour la rembourser. En Romains 11:30–31, Paul résume ce qu'il a dit à propos de la dette et de la responsabilité des chrétiens non-Juifs envers Israël.

«De même que vous [non-Juifs] *avez autrefois désobéi à Dieu et que par leur désobéissance* [celle d'Israël] *vous avez maintenant obtenu miséricorde, de même ils [les Israélites] ont maintenant désobéi, afin que, par la miséricorde qui vous a été faite* [à vous non-Juifs], *ils* [Israël] *obtiennent aussi miséricorde.»*

Autrement dit, à cause de la miséricorde de Dieu qui nous est accordée, à nous les chrétiens non-Juifs, à travers Israël, Dieu veut qu'à notre tour, nous montrions de la miséricorde envers Israël. Comment remplirions-nous cette obligation? Voici, à la suite, quatre manières dont nous pourrions le faire:

Tout d'abord, nous pouvons cultiver et exprimer une attitude d'amour sincère envers le peuple juif.

Deuxièmement, nous pouvons jouir de l'abondance des bénédictions de Dieu en Christ et en témoigner de manière à ce que les Juifs en soient jaloux et désirent posséder ce qu'ils nous voient posséder.

Troisièmement, nous pouvons rechercher le bien d'Israël à travers nos prières et nos requêtes, comme la Bible nous exhorte à le faire. (Romains 10:1.)

Quatrièmement, nous pouvons essayer de rembourser notre dette envers Israël par des actes pratiques de gentillesse et de miséricorde.

Merci Seigneur de t'être engagé envers Israël. J'intercède pour cette nation maintenant. Je reconnais ma dette envers les Juifs et je proclame que je vais les rembourser de manière pratique, tout en leur montrant de la miséricorde, car le Seigneur n'abandonnera pas son peuple. Amen.

La faveur sur Sion

Le Seigneur n'abandonnera pas son peuple.

Le Seigneur dit que le rassemblement d'Israël de nos jours est une bannière qu'il élève pour les nations. Les événements d'aujourd'hui en Israël et au Moyen-Orient sont au centre de l'attention mondiale et de la couverture médiatique. Cette période du rassemblement de la fin des temps était clairement indiquée sur le grand calendrier prophétique de Dieu il y a trois mille ans. Voici l'un des passages qui en parle:

«Tu te lèveras, tu auras pitié de Sion; car le temps d'avoir pitié d'elle, le temps fixé est à son terme; car tes serviteurs en aiment les pierres, ils en chérissent la poussière. Alors les nations craindront le nom de l'Éternel, et tous les rois de la terre ta gloire. Oui, l'Éternel rebâtira Sion, il se montrera dans sa gloire. .... Que cela soit écrit pour la génération future, et que le peuple qui sera créé célèbre l'Éternel! (Psaume 102:13–16, 18)

Le temps de la miséricorde et la faveur de Dieu envers Sion est arrivé. Il ne s'agit pas d'une chose que Sion ou les Juifs auraient méritée, mais de ce qui est issu de la grâce et de la miséricorde souveraine de Dieu. L'un des objectifs principaux du travail actuel de Dieu est d'élever la gloire de son nom à la vue et au su de toutes les nations, en accomplissant ses promesses envers Israël. Le rétablissement de Sion est l'un des grands signes bibliques annonçant que le temps est proche où le Seigneur apparaîtra dans sa gloire. Nous avons le grand privilège de vivre au temps que le psalmiste a prédit dans ce passage. Je pense que nous sommes ceux qui ont été créés en réponse à ce que Dieu entreprend en vue de son objectif suprême: Célébrer l'Eternel.

Merci Seigneur de t'être engagé envers Israël. J'intercède pour cette nation maintenant. Je proclame que Dieu donne gloire à son nom en accomplissant ses promesses envers Israël, car le Seigneur n'abandonnera pas son peuple. Amen.

Un Dieu d'alliance

Le Seigneur n'abandonnera pas son peuple.

Dans le Psaume 89:34, Dieu dit: *«Je ne violerai point mon alliance et je ne changerai pas ce qui est sorti de mes lèvres.»* Il est d'une importance capitale que nous comprenions bien que, lorsque Dieu fait une alliance, il ne la rompra jamais. Nous devons savoir cela.

Notre Bible consiste en deux alliances: l'ancienne et la nouvelle. Par conséquent, l'essence de la révélation divine est axée sur le principe de l'alliance. Si Dieu devait briser son alliance, nous n'aurions aucun espoir. J'ai la conviction personnelle que si Dieu devait briser son alliance avec Israël, nous n'aurions aucune raison de croire qu'il ne briserait pas celle qu'il a avec l'Eglise. Vous pouvez dire: «Oui, mais Israël a trahi Dieu» Cela ne fait aucun doute. Mais, honnêtement, pourriez-vous dire que l'Eglise n'a pas trahi Dieu?

Je suis incapable de me placer du point de vue de Dieu, mais selon ma compréhension limitée, je vois Israël recevoir une alliance et échouer lamentablement. Je vois l'Eglise recevoir une alliance et échouer encore plus piteusement qu'Israël. Que nous dit Dieu sur la restauration d'Israël? Je pense qu'il dit au moins quatre choses, toutes aussi extrêmement actuelles, appropriées et importantes pour l'Eglise de Jésus-Christ.

Premièrement, Dieu dit que la Bible est un livre véridique, pertinent et contemporain.

Deuxièmement, Dieu dit qu'il garde son alliance.

Troisièmement, Dieu nous dit qu'il est souverain.

La quatrième chose que le Seigneur dit, c'est qu'il ramène les Israélites dans leur pays, Dieu a posé le décor pour le dernier acte de la pièce de notre temps. Toute prophétie se rapportant à la fin de ces temps est édifiée sur un facteur important: la présence d'Israël en tant que nation souveraine dans ses propres frontières.

Merci Seigneur de t'être engagé envers Israël. J'intercède pour cette nation maintenant. Je proclame que Dieu garde ses alliances, car le Seigneur n'abandonnera pas son peuple. Amen.

Dieu exige une réaction

Le Seigneur n'abandonnera pas son peuple.

Je pense que Dieu demande à ceux qui croient en lui d'avoir du répondant par rapport à ce qu'il fait en Israël et au Moyen-Orient. Nous ne pouvons pas nous permettre de rester neutres, apathiques ou indifférents. Dieu nous demande de réagir. Dans le livre de Jérémie, le prophète nous dit ce que Dieu nous commande de faire:

«Poussez des cris de joie sur Jacob, Éclatez d'allégresse à la tête des nations! Élevez vos voix, chantez des louanges, et dites: Éternel, délivre ton peuple, le reste d'Israël!» (Jérémie 31:7)

Dans la version Bible de Jérusalem nous lisons, *«Criez, acclamez, faites–vous entendre! Louez! Proclamez!»* (verset 7). En combinant ces deux versions, je trouve ici cinq réactions que Dieu attend de nous. Dans un sens, elles sont toutes vocales: chanter, pousser des cris, louer, proclamer et dire (ou prier).

A quoi devons-nous réagir? Au rassemblement du reste de Jacob. A qui ce commandement est-il adressé? A l'Eglise, à nous qui croyons que la Bible est la parole de Dieu, et nous devons lui obéir.

Dieu nous demande d'intercéder pour Israël. Il dit: «je restaure mon peuple, je le rassemble et je vous demande de vous joindre à moi et à mes desseins par la prière.» Je pense que nous devons appréhender cela comme l'un des mystères de Dieu: lorsqu'il veut faire quelque chose, il dit à son peuple: «priez, et je vais le faire.» En d'autres termes, il dit «ceci est mon intention, mais cela n'arrivera pas si vous ne priez pas.»

En tant que chrétiens, nous avons l'immense responsabilité de nous engager totalement dans l'accomplissement des desseins de Dieu pour l'histoire.

Merci Seigneur de t'être engagé envers Israël. J'intercède pour cette nation maintenant. Je proclame que le Seigneur est en train de restaurer et de rassembler son peuple et je joins mes prières à celles d'autres croyants. Le Seigneur n'abandonnera pas son peuple. Amen.

14ème semaine:

Jésus a été puni afin que nous soyons pardonnés.

Cependant, ce sont nos souffrances qu'il a portées, c'est de nos douleurs qu'il s'est chargé; et nous l'avons considéré comme puni, frappé de Dieu, et humilié. Mais il était blessé pour nos péchés, brisé pour nos iniquités; le châtiment qui nous donne la paix est tombé sur lui, et c'est par ses meurtrissures que nous sommes guéris.

—Esaïe 53:4–5

Puni pour notre paix

Jésus a été puni afin que nous soyons pardonnés.

Je me souviens avoir un jour parlé à un Juif, qui m'a expliqué pourquoi il ne croyait pas que Jésus soit le Messie: «Il ne pouvait pas être un homme bon, Dieu ne l'aurait jamais laissé souffrir ainsi.» Et c'est exactement ce qu'a dit le prophète Esaïe: *«nous l'avons considéré comme puni, frappé de Dieu, et humilié»* (Esaïe 53:4). Mais le verset 5 dit, *«Mais il était blessé pour nos péchés, brisé* [meurtri] *pour nos iniquités; le châtiment* [la punition] *qui nous donne la paix est tombé sur lui, et c'est par ses meurtrissures* [ses blessures] *que nous sommes guéris.»*

Ces versets énoncent deux transactions principales. Le châtiment dû à nos mauvaises actions est tombé sur Jésus afin que nous soyons pardonnés et que nous ayons la paix. Avant que le châtiment ait été infligé, il n'y avait aucun moyen d'avoir la paix. Lisons un autre passage en Ephésiens où Paul parle de ce qui s'est passé à la croix:

*«**Car il est notre paix,** lui qui des deux* [Juifs et non Juifs] *n'en a fait qu'un, et qui a renversé le mur de séparation, l'inimitié, ayant anéanti par sa chair la loi des ordonnances dans ses prescriptions, afin de créer en lui-même avec les deux un seul homme nouveau, en établissant la paix, et de les réconcilier, l'un et l'autre en un seul corps, avec Dieu par la croix, en détruisant par elle l'inimitié. Il est venu annoncer la paix à vous qui étiez loin, et la paix à ceux qui étaient près».* (Ephésiens 2:14–17)

Remarquez l'insistance sur le mot *«paix.»* Il ne peut y avoir de paix pour le pécheur s'il ne sait pas que ses péchés sont pardonnés. Jésus a été puni afin que nous puissions avoir la paix avec Dieu à travers le pardon. (Lire aussi Colossiens 1:19–20.)

Merci Jésus d'être mort pour moi sur la croix. Je proclame que Jésus a été puni afin que je puisse avoir la paix avec Dieu en étant pardonné. Amen.

Racheté!

Jésus a été châtié afin que nous soyons pardonnés.

Sur la croix, Jésus a été identifié à tout le mal que nous avons fait. En retour, nous avons totalement été pardonnés et délivrés du pouvoir du mal.

«En lui [Jésus] *nous avons la rédemption par son sang, la rémission des péchés, selon la richesse de sa grâce»* (Ephésiens 1:7). Lorsque nous avons le pardon des péchés, nous avons la rédemption, nous avons été rachetés. *Racheter* signifie le «rachat» ou le «paiement en échange d'une rançon». En payant de son sang, offert en sacrifice à notre place, Jésus nous a rachetés à satan pour Dieu.

En Romains 7, Paul dit une chose qui n'est pas toujours claire pour ceux qui ne sont pas familiarisés avec le contexte culturel de son temps: *«moi, je suis charnel, vendu au péché.»* (Verset 14). Sachez que cette expression *«vendu au péché»* se place dans le contexte du marché aux esclaves romain. Quelqu'un qui était vendu comme esclave devait se tenir sur une sorte d'estrade avec une lance étendue au-dessus de sa tête, fichée dans un poteau derrière lui. Ainsi, ce que Paul dit c'est: «je suis charnel, vendu sous la lance de mon péché, qui est étendue au-dessus de moi. Je n'ai pas le choix, je suis à vendre.»

Lorsqu'une personne est esclave, elle n'a pas le choix. Encore une fois, de deux femmes vendues sur le même marché, le propriétaire peut faire de l'une une cuisinière et de l'autre une prostituée. Ceci est également vrai pour nous pécheurs. Il se peut que nous soyons des pécheurs bons et respectables et que nous regardions de haut les prostituées ou les drogués. Mais le détenteur de l'esclave est celui qui détermine son usage.

La bonne nouvelle, c'est que Jésus est entré dans le marché aux esclaves et a dit: «je rachète celle-ci, je rachète celui-là. Satan, j'en ai payé le prix. Ceux-ci sont maintenant mes fils et mes filles.» C'est cela, la rédemption et elle ne vient que par le pardon des péchés.

Merci Jésus d'être mort pour moi sur la croix. Je proclame que Jésus m'a racheté des mains de satan pour Dieu. Il a été puni afin que nous soyons pardonnés. Amen.

Notre besoin de pardon

Jésus a été puni afin que nous soyons pardonnés.

Ce qui rend la notion de pardon si belle et particulière? Eh bien, réfléchissez à certains des résultats qui en découlent: la réconciliation, la paix, l'harmonie, la compréhension, la communion fraternelle. Ou bien, considérez les conséquences qui découlent de notre manque de pardon: l'amertume, la discorde, la désharmonie, la haine, la guerre. Parfois, il semble que l'humanité est en danger d'être submergée par ces forces négatives et mauvaises. Nous ne pouvons échapper à ce terrible sort que si nous apprenons et appliquons les principes du pardon.

Souvenons-nous que la Bible nous présente le pardon comme ayant deux directions. Elles sont bien représentées par le symbole de notre foi chrétienne, la croix, qui est composée de deux morceaux de bois, l'un à la verticale et l'autre à l'horizontale. Ces bois symbolisent les deux directions du pardon: le vertical représente le pardon que nous recevons de Dieu et l'horizontal celui que nous devons recevoir des autres et donner aux autres. La grâce qui rend possible cette forme de pardon ne découle que de la croix.

Le genre de pardon dont nous avons besoin et que nous pouvons recevoir de Dieu est dépeint de manière magnifique dans le Psaume 32:1-2, où David dit: *«Heureux celui à qui la transgression est remise, à qui le péché est pardonné! Heureux l'homme à qui l'Éternel n'impute pas d'iniquité, et dans l'esprit duquel il n'y a point de fraude».*

Encore une fois, la Bible ne parle pas d'un homme qui n'a pas besoin de pardon. Elle indique clairement que nous avons tous besoin du pardon de Dieu. Il n'y a pas d'exception. D'autres Psaumes nous disent qu'il n'existe aucun homme sans péché. (Par exemple, dans les Psaumes 14:1–3; 53:1–3.) Nous avons tous péché. Par conséquent, nous avons tous besoin de pardon.

Merci Jésus d'être mort pour moi sur la croix. J'admets mon propre besoin de pardon et je proclame que Jésus a été puni afin que nous soyons pardonnés Amen.

La guérison par le pardon

Jésus a été puni afin que nous soyons pardonnés.

«Heureux l'homme à qui l'Éternel n'impute pas d'iniquité, Et dans l'esprit duquel il n'y a point de fraude.» (Psaume 32:2)

Pour recevoir le pardon, nous devons être absolument honnêtes envers Dieu, ne pas couvrir ni excuser nos péchés, ni retenir quoi que ce soit. En référence à la reconnaissance de sa culpabilité pour avoir commis l'adultère et le meurtre dans l'affaire de Bethsabée, David continue son Psaume:

«Tant que je me suis tu, mes os se consumaient, je gémissais toute la journée; car nuit et jour ta main s'appesantissait sur moi, ma vigueur n'était plus que sécheresse, comme celle de l'été. Je t'ai fait connaître mon péché, je n'ai pas caché mon iniquité; j'ai dit: J'avouerai mes transgressions à l'Éternel! Et tu as effacé la peine de mon péché.» (Versets 3–5)

Comme beaucoup de monde, David avait refusé d'admettre son péché et avait tenté, en le dissimulant, de prétendre qu'il n'avait jamais eu lieu. Cependant, il se sentait constamment comme brûlant de fièvre. Sa *«vigueur n'était plus que sécheresse»* et ses *«os se consumaient.»* Le péché non pardonné peut avoir des effets psychiques.

Un psychiatre m'a raconté cette histoire. Un jour qu'il faisait des visites dans un hôpital, il a vu une femme dont la condition était désespérée. Ses reins avaient cessé de fonctionner, sa peau était décolorée et elle était dans le coma, attendant simplement de mourir. Un jour, le Saint-Esprit le poussa à dire: «Au nom du Seigneur Jésus-Christ, je vous pardonne vos péchés.» Environ une semaine plus tard, il fut abasourdi de voir cette femme marcher dans la rue, complètement guérie. Le péché non pardonné avait causé son délabrement physique. Lorsque ses péchés ont été pardonnés à travers l'intercession de cet homme, son esprit en a été dégagé devant Dieu et elle a été en mesure de recevoir la guérison.

Merci Jésus d'être mort pour moi sur la croix. Je demande la guérison physique qui découle du pardon et je proclame que Jésus a été puni afin que nous soyons pardonnés. Amen.

Pardonnés comme nous pardonnons

Jésus a été puni afin que nous soyons pardonnés.

Dans le Sermon sur la montagne, Jésus nous a appris à prier: *«pardonne-nous nos offenses,* [nos abus], *comme nous aussi nous pardonnons à ceux qui nous ont offensés* [ceux qui nous ont abusés]» (Matthieu 6:12). Autrement dit, cette pétition signifie: «pardonne-nous comme nous pardonnons.» Rappelez-vous que Dieu vous pardonnera dans les mêmes proportions où vous pardonnez aux autres. Si vous pardonnez entièrement aux autres, Dieu vous pardonnera entièrement. Mais si vous ne pardonnez qu'en partie, Dieu ne vous pardonnera qu'en partie.

L'une des raisons majeures pour lesquelles beaucoup de chrétiens ne reçoivent pas de réponse à leur prière est leur manque de pardon envers les autres, souvent une personne en particulier. Au cours de mon expérience de conseiller, j'ai compris que le manque de pardon était une source de blocage tout à fait commune dans leur vie spirituelle. Un jour j'ai demandé à une femme que je conseillais: «Y a-t-il quelqu'un à qui vous n'avez pas pardonné?» Elle a répondu «Oui» et m'a spécifié le nom d'une personne distinguée, travaillant à la cour de justice des Etats-Unis. Je lui ai dit: «Si vous voulez être libérée, vous devez lui pardonner, il n'y a pas d'alternative. Si vous ne pardonnez pas, Dieu ne vous pardonnera pas.»

Sommes-nous désireux de pardonner? Nous pouvons penser, *je ne sais pas si je peux.* Dieu aussi pourrait dire: «je ne sais pas si je peux.» Il vaut mieux que nous changions d'attitude. Le pardon n'est pas une émotion, c'est une décision. J'appellerai cela «apurer les arriérés.» Quelqu'un peut vous devoir un millier de dollars, mais nous pouvons devoir à Dieu six millions de dollars. Si nous voulons qu'il apure notre dette, il vaudrait mieux que nous apurions d'abord celle qui nous est due. C'est une loi invariable de Dieu. Elle est établie dans la prière du Seigneur. Et la dernière requête stipulée dans cette prière est celle d'être délivré du mal, de satan. Nous n'avons pas le droit de prier pour la délivrance avant d'avoir pardonné aux autres comme nous aimerions que Dieu nous pardonne.

Merci Jésus d'être mort pour moi sur la croix. Je déclare ma volonté de pardonner aux autres et je proclame que Jésus a été puni afin que nous soyons pardonnés. Amen.

Se souvenir de ses bienfaits

Jésus a été puni afin que nous soyons pardonnés.

«Mon âme, bénis l'Éternel! Que tout ce qui est en moi bénisse son saint nom! Mon âme, bénis l'Éternel, Et n'oublie aucun de ses bienfaits!» (Psaume 103:1–2)

Nous voyons ici que l'esprit de David dit à son âme ce qu'elle doit faire. L'esprit de David savait ce qu'il fallait faire, mais il ne le pouvait pas sans que son âme coopère avec lui pour relever le défi.

Enumérons brièvement les bienfaits que nous ne devons pas oublier. Beaucoup de chrétiens ne jouissent pas de ces bienfaits parce qu'ils ne s'en souviennent plus. Dans les versets suivants, on trouve une liste de six bienfaits de Dieu:

«C'est lui qui pardonne toutes tes iniquités ; qui guérit toutes tes infirmités; qui retire ta vie de la fosse; qui te couronne de bonté et de compassion; qui rassasie ta bouche de biens, tellement que ta jeunesse est renouvelée comme celle de l'aigle.» (Versets 3–5, version Ostervald)

Dieu pardonne nos iniquités, guérit nos maladies, délivre notre vie de la destruction, nous couronne de bonté et de miséricorde, nous rassasie notre bouche de biens et nous fait rajeunir comme l'aigle. A mon avis, il y a un proche parallèle entre avoir la bouche remplie de biens et rajeunir comme l'aigle.

Je suis convaincu que la volonté de Dieu pour son peuple n'est pas qu'il vieillisse de la manière dont le monde vieillit. Je ne veux pas dire que la vieillesse n'occasionnera pas en nous des changements, mais plutôt qu'elle n'est pas nécessairement une période de défaillances, de misères et de maladies.

Merci Jésus d'être mort pour moi sur la croix. Je veux me souvenir de tes bienfaits et je proclame que Jésus a été puni afin que nous soyons pardonnés. Amen.

Echapper à la malédiction

Jésus a été puni afin que nous soyons pardonnés.

Si vous cherchez à être libérés d'une malédiction, l'une des nécessités principales est de confesser tout péché afférent dont vous ayez connaissance, commis par vous-mêmes ou vos ancêtres, car, en tant que leur descendant, il se peut que ce soit le péché de vos ancêtres qui vous a exposé à la malédiction. Cependant, vous ne portez pas la *culpabilité* de leur péché, vous *souffrez de ses conséquences.* Afin d'échapper à la malédiction, vous devez vous occuper du péché qui vous y a exposés, vous ou vos ancêtres. Vous y procéderez en confessant le péché en question et en demandant à Dieu de le pardonner et de l'effacer. Proverbes 28:13 dit: *«Celui qui cache ses transgressions ne prospère point, Mais celui qui les avoue et les délaisse obtient miséricorde.»* Si vous cachez votre péché, vous ne prospérerez pas ni ne serez bénis. Cependant, si vous confessez votre péché et l'abandonnez, alors vous obtiendrez miséricorde et rédemption pour ce péché. De nouveau, vous devez pardonner à toute autre personne. Jésus a dit:

«Et, lorsque vous êtes debout faisant votre prière, si vous avez quelque chose contre quelqu'un, pardonnez, afin que votre Père qui est dans les cieux vous pardonne aussi vos offenses.» (Marc 11:25)

Ceci est très important. Jésus dit clairement que, lorsque nous prions, si nous gardons dans nos cœurs du non pardon, de l'amertume ou du ressentiment, nous érigeons des barrières entre notre prière et sa réponse. Cela nous maintient sous la malédiction. Lorsque nous prions, nous devons prendre volontairement la décision d'abandonner toutes sortes de ressentiment, d'amertume et de non pardon envers tout un chacun. Dans la mesure où nous pardonnons à d'autres, Dieu nous pardonnera. Si nous désirons le pardon total de Dieu, nous devons offrir notre pardon total aux autres. Nous ne serons pas super spirituels pour autant, le fait de pardonner aux autres c'est faire montre de ce que j'appellerai «un intérêt personnel éclairé».

Merci Jésus d'être mort pour moi sur la croix. Je proclame qu'en suivant ces étapes, je suis libéré de toute malédiction, parce que Jésus a été puni afin que nous soyons pardonnés. Amen.

15ème semaine:

Jésus a été blessé afin que nous soyons guéris.

Mais il était blessé pour nos péchés, brisé pour nos iniquités; le châtiment qui nous donne la paix est tombé sur lui, et c'est par ses meurtrissures que nous sommes guéris.

—Esaïe 53:5

Le salut total

Jésus a été blessé afin que nous soyons guéris.

La nouvelle naissance est une expérience dont l'importance est unique en son genre. Si vous n'êtes pas nés de nouveau, vous ne pouvez pas voir le royaume de Dieu, ni y entrer. (Voir Jean 3:3–5.) Néanmoins, il ne s'agit pas d'une expérience unique et momentanée, le salut est plutôt un processus continu. Le baptême fait partie du salut. Je ne veux pas soulever la controverse, mais vous pouvez être nés de nouveau sans être baptisés. Si vous voulez être sauvés cependant, le baptême fait clairement partie du processus, car: *«Celui qui croira et qui sera baptisé sera sauvé»* (Marc 16:16).

Etre sauvé signifie bien plus que simplement préparer son âme pour le ciel. Quelqu'un a dit un jour: «le concept évangélique du salut c'est le pré conditionnement de l'âme pour le ciel.» On pourrait dire cela, dans une certaine mesure, mais le salut implique bien plus que les préparatifs en prévision du ciel.

Je voudrais examiner le passage du Nouveau Testament dans lequel l'auteur a utilisé le mot grec pour «sauver», qui est *sozo.* Si nous cherchons les endroits où ce mot apparaît dans la Bible, cela nous donnera une idée de ce que contient le salut.

L'évangile de Matthieu parle du ministère de Jésus envers les malades, il est dit: *«Les gens de ce lieu, ayant reconnu Jésus, envoyèrent des messagers dans tous les environs, et on lui amena tous les malades. Ils le prièrent de leur permettre seulement de toucher le bord de son vêtement. Et tous ceux qui le touchèrent furent guéris»* (Matthieu 14:35–36). Le verbe utilisé pour «guéris» est sozo, mais il est précédé de la préposition grecque qui signifie «complètement» Etre «complètement sauvé» c'est être parfaitement guéri. Ce passage ne parle pas seulement de la condition de l'âme, il parle aussi de ceux qui sont malades. Et, tous ceux qui touchaient Jésus étaient totalement sauvés. Jusqu'à quel point notre salut est-il total?

Merci Jésus, pour ton œuvre sur la croix. Je proclame que pour moi, être complètement sauvé c'est être parfaitement guéri et que Jésus a été blessé afin que nous soyons guéris. Amen.

La guérison et le salut

Jésus a été blessé afin que nous soyons guéris.

Regardons quelques passages bibliques où le terme grec de *sozo* est utilisé dans le sens de «salut.» Dans l'évangile de Marc, Jésus a rencontré un aveugle nommé Bartimée, sur la route de Jéricho. (Lire Marc 10:46–52.) *«Jésus, prenant la parole, lui dit: Que veux-tu que je te fasse? Rabbouni, lui répondit l'aveugle, que je recouvre la vue.»* (Marc 10:51).

Bartimée, le mendiant aveugle, n'avait qu'une idée en tête. Tout ce qu'il voulait c'était recouvrer la vue, et ce fut le cas. «Et Jésus lui dit, Va, ta foi t'a guéri; et aussitôt il recouvra la vue, et il le suivit dans le chemin.» (verset 52, Darby). La traduction grecque littérale des paroles de Jésus est: 'ta foi t'a sauvé'. Voilà le salut.

En Luc 8:43–48, nous lisons l'histoire de la femme affligée de pertes de sang qui avait suivi et touché Jésus. Elle ne voulait pas être reconnue, cependant, parce que la loi juive disait que toute personne ayant des pertes de sang était impure et n'avait aucun droit de toucher quiconque. Cette femme était embarrassée, mais elle avait si désespérément besoin de guérison qu'elle a défié la loi.

«Et la femme, voyant qu'elle n'était pas cachée, vint en tremblant, et, se jetant devant lui, déclara devant tout le peuple pour quelle raison elle l'avait touché, et comment elle avait été guérie instantanément. Et il lui dit, Aie bon courage, ma fille ; ta foi t'a guérie. [sozo] *; va–t'en en paix.»* (Versets 47–48, Darby)

Quelle merveille! Etre guéri de cécité ou de pertes de sang faisait partie du salut.

Merci Jésus, pour ton œuvre sur la croix et parce que ma guérison fait partie du salut. Je proclame que Jésus a été blessé afin que nous soyons guéris. Amen.

Rendre grâces

Jésus a été blessé afin que nous soyons guéris.

Le fait de rendre grâces contient un immense potentiel. Non seulement, cela libère la puissance miraculeuse de Dieu, mais quand celle-ci s'est manifestée, les actions de grâces scellent les bénédictions reçues.

«Et comme il entrait dans un village, dix hommes lépreux le rencontrèrent ; et ils s'arrêtèrent de loin ; et ils élevèrent la voix, disant, Jésus, maître, aie pitié de nous ! Et les voyant, il leur dit, Allez, montrez–vous aux sacrificateurs. Et il arriva qu'en s'en allant ils furent rendus nets. Or l'un d'entre eux, voyant qu'il était guéri, revint sur ses pas, glorifiant Dieu à haute voix ; et ils se jeta sur sa face aux pieds de Jésus, lui rendant grâces. Et c'était un Samaritain. Et Jésus, répondant, dit, Les dix n'ont–ils pas été rendus nets ? Et les neuf, où sont–ils ? Il ne s'en est point trouvé qui soient revenus pour donner gloire à Dieu, si ce n'est cet étranger. Et il lui dit, Lève–toi, et t'en va ; ta foi t'a guéri.» (Luc 17:12–19, Darby)

Les dix lépreux ont été physiquement guéris. Mais, il s'est passé quelque chose de plus pour ceux qui sont revenus rendre grâces. Jésus a dit: *«Lève–toi, et t'en va ; ta foi t'a guéri»*. Le mot pour «guéri» en grec est *sozo*, ce qui veut dire «sauver». Encore une fois, cela indique presque toujours quelque chose de plus que la simple provision physique ou temporaire de Dieu. Il s'agit du mot global pour le salut.

Il y avait une différence importante entre les lépreux. Neuf d'entre eux ont été guéris dans un sens exclusivement physique. Le dixième, qui est revenu pour rendre grâces à Dieu, a été guéri non seulement physiquement mais spirituellement, son âme a été sauvée. Il a été mis en relation personnelle et éternelle avec Dieu. Les neuf autres on reçu une bénédiction partielle et temporaire, le dixième a eu une bénédiction totale et permanente. La différence se situait dans les actions de grâces.

Merci Jésus, pour ton œuvre sur la croix. Je proclame que les actions de grâces amènent la bénédiction permanente et totale et que Jésus a été blessé afin que nous soyons guéris. Amen.

Il a porté nos maladies

Jésus a été blessé afin que nous soyons guéris.

«Cependant, ce sont nos souffrances qu'il a portées, c'est de nos douleurs qu'il s'est chargé; et nous l'avons considéré comme puni, frappé de Dieu, et humilié. Mais il était blessé pour nos péchés, brisé pour nos iniquités; le châtiment qui nous donne la paix est tombé sur lui, et c'est par ses meurtrissures que nous sommes guéri.» (Esaïe 53:4–5)

Cette traduction n'est pas littérale et par conséquent, des millions de croyants anglophones ont été lésés de leurs droits physiques en Christ. Cependant, le sens correct de ces paroles ne fait aucun doute *«Souffrances»* devrait se traduire par «maladies»; *«douleurs»* devrait se traduire par «souffrances.» Ce sont des termes hébreux de base ayant la même signification aujourd'hui que du temps de Moïse. La Bible est claire sur le sujet:

«Il [Jésus chassa] *les esprits par sa parole, et il guérit tous les malades, afin que s'accomplît ce qui avait été annoncé par Ésaïe, le prophète: il a pris nos infirmités, et il s'est chargé de nos maladies.»* (Matthieu 8:16–17)

«Lui qui a porté lui-même nos péchés en son corps sur le bois, afin que morts aux péchés nous vivions pour la justice; lui par les meurtrissures duquel vous avez été guéris.» (1 Pierre 2:24)

Nous voyons que Matthieu et Pierre, tous deux Juifs, connaissant l'hébreu et inspirés par le Saint-Esprit, ont donné une interprétation correcte de ces paroles d'Esaïe. Si l'on combine ces passages de Matthieu et Pierre, on trouve trois déclarations tirées d'Esaïe 53:4–5 concernant les domaines physiques et spirituels. Le domaine physique: Il a pris nos infirmités; il s'est chargé de nos maladies; nous sommes guéris. Le domaine spirituel: Mais il était blessé pour nos péchés, brisé pour nos iniquités; le châtiment qui nous donne la paix est tombé sur lui.

Merci Jésus, pour ton œuvre sur la croix. Jésus a pris mes infirmités, (mes maladies) et m'a guéri. Jésus a été blessé afin que nous soyons guéris. Amen.

Ôter les barrières à la guérison

Jésus a été blessé afin que nous soyons guéris.

Souvent, les problèmes dans le cœur et la vie des enfants de Dieu font barrage à la guérison. Nous pouvons citer sept d'entre eux: (1) l'ignorance de la parole de Dieu (Voir Esaïe 5:13; Osée 4:6); (2) l'incrédulité (Hébreux 3:12–13); (3) le péché non confessé (Proverbes 28:13); (4) le ressentiment et le non pardon envers les autres (Marc 11:25–26); (5) les incursions dans l'occultisme (Exode 23:24–26); (6) les alliances anti-bibliques, comme par ex. la Franc-maçonnerie (Exode 23:31–33); et (7) les effets d'une malédiction (Deutéronome 28:15–68). Parfois, les maladies sont dues ou associées à la présence de mauvais esprits. Regardons un exemple tiré de l'évangile de Luc.

«Après le couché du soleil, tous ceux qui avaient des malades atteints de diverses maladies les lui amenèrent. Il imposa les mains à chacun d'eux, et il les guérit. Des démons [mauvais esprits] *aussi sortirent de beaucoup de personnes, en criant...»* (Luc 4:40–41)

Lorsque la puissance surnaturelle de Dieu se met à l'œuvre, les mauvais esprits ne peuvent le supporter, ils doivent sortir.

Les mauvais esprits peuvent être associés aux maladies de différentes manières. Il y a des esprits d'infirmité, de douleur, d'invalidité et de mort, pour n'en citer que quatre. Jésus a rencontré une femme qui était pliée en deux et ne pouvait pas se redresser. Plutôt que de considérer sa condition comme une pure altération physique, il lui a dit qu'elle était liée par un esprit d'infirmité depuis dix-huit ans. Puis, il l'a libérée de cet esprit et elle s'est immédiatement redressée. (Lire Luc 13:11–13.)

Merci Jésus, pour ton œuvre sur la croix. Je proclame que lorsque la puissance surnaturelle de Dieu se met à l'œuvre, toutes les barrières à la guérison tombent parce que Jésus a été blessé afin que nous soyons guéris. Amen.

La guérison pour tous

Jésus a été blessé afin que nous soyons guéris.

«Le soir, on amena auprès de Jésus plusieurs démoniaques. Il chassa les esprits par sa parole, et il guérit tous les malades, afin que s'accomplît ce qui avait été annoncé par Ésaïe, le prophète: Il a pris nos infirmités, et il s'est chargé de nos maladies.» (Matthieu 8:16–17)

Matthieu a employé deux termes pour décrire les problèmes physiques: *«infirmités»* et *«maladies.»* Pour faire la distinction entre les deux, nous pourrions définir les *infirmités* comme des faiblesses, des choses qui peuvent nous affecter, comme les réactions allergiques ou les piqûres d'abeilles; les *maladies* seraient en fait des maux tels que le choléra ou la grippe.

Matthieu écrit que le ministère de guérison de Jésus était l'accomplissement d'Esaïe 53, en précisant que Jésus a *«guéri tous les malades»*. Pourquoi cela? Car, devant le conseil éternel de Dieu, il avait déjà porté nos maladies et s'était chargé de nos douleurs. Voilà une bonne nouvelle! Si l'Eglise y croyait vraiment, l'évangélisation serait plutôt facile.

Mon voyage au Pakistan a été une expérience révélatrice, parce que 98 % de la population y est musulmane. Nous avions près de 16.000 personnes à chaque réunion sans faire beaucoup de publicité. Pourquoi cela? Parce que nous priions pour les malades, et ils étaient guéris. Pas tous, plutôt un petit nombre d'entre eux. Les aveugles voyaient, les sourds entendaient et les boiteux marchaient. Croyez-moi, il n'y a aucun problème à attirer les foules lorsqu'il y a des guérisons. Dans le Nouveau Testament, c'était la méthode numéro un pour attirer les gens.

Merci Jésus, pour ton œuvre sur la croix. Je proclame que par le sacrifice de Jésus, la guérison de Dieu est à la disposition de tous, parce que Jésus a été blessé afin que nous soyons guéris. Amen.

Nous approprier la guérison

Jésus a été blessé afin que nous soyons guéris.

En 1943, j'étais malade et j'ai passé plusieurs mois à l'hôpital. Une femme de l'Armée du Salut venait me voir et priait pour moi. A cette époque-là, j'ai reçu de Dieu cette parole: «Considère l'œuvre du Calvaire, une œuvre parfaite, dans tous ses aspects.» Depuis, je peux dire que j'ai beaucoup réfléchi à cette déclaration et que je n'ai compris qu'en périphérie ce qui s'est passé sur la croix. C'est une œuvre parfaite. Quel que soit l'angle sous lequel on considère la croix, elle est achevée. Quel que soit le genre d'aide dont nous avons besoin, il est fourni à la croix pour toujours.

«Cela semble facile,» pourriez-vous dire, «mais comment nous l'approprier?» S'agissant de guérison, nombreux sont ceux qui se demandent, *comment puis-je savoir que c'est la volonté de Dieu de guérir*?

Si nous sommes enfants de Dieu, nous posons la mauvaise question. La guérison est le pain des enfants. Jésus a dit: «*Il n'est pas bien de prendre le pain des enfants, et de le jeter aux petits chiens.* [Non-croyants]» (Matthieu 15:26). La femme syro-phénicienne a eu la bonne réaction: «Seigneur, je n'ai pas besoin d'un morceau entier. Donne-moi quelques miettes et je chasserai le démon qui est en ma fille.» Cette femme avait vraiment la foi, bien plus que les enfants qui avaient les morceaux et qui étaient toujours malades! Un père peut ne pas avoir les moyens d'offrir à ses enfants de la glace ou des côtelettes, mais tout père a l'obligation de fournir le pain. Dieu le Père a mis le pain des enfants sur la table, le vôtre et le mien.

Je reformulerais la question dans ce sens: «Comment m'approprier la guérison qui m'est déjà fournie?» Pour un chrétien, la guérison et la rédemption ne sont jamais au futur. C'est à nous de nous approprier notre héritage maintenant. Le testament nous lègue tout, la volonté de Dieu est scellée par la mort de Jésus.

Merci Jésus, pour ton œuvre sur la croix. Je proclame que je m'approprie maintenant l'œuvre parfaite de Jésus au Calvaire, car Jésus a été blessé afin que nous soyons guéris. Amen.

16ème semaine:

Jésus a été fait péché à cause de notre iniquité afin que nous soyons rendus justes de sa justice.

Celui qui n'a point connu le péché, il l'a fait devenir péché pour nous, afin que nous devenions en lui justice de Dieu.

—2 Corinthiens 5:21

Un échange évident

Jésus a été fait péché à cause de notre iniquité afin que nous soyons rendus justes de sa justice.

«Il [Dieu] *l'a fait* [Jésus] *devenir péché pour nous, afin que nous devenions en lui justice de Dieu.»* (2 Corinthiens 5:21)

Dieu a fait péché Jésus, qui ne connaissait pas le péché, afin que nous soyons rendus justes de la justice de Dieu à travers lui. L'échange est limpide ici: Jésus a été fait péché afin que nous devenions justice. Vous remarquerez que ce n'est pas de notre propre justice que nous sommes rendus justes, mais de celle de Dieu. En Matthieu 6:33: Jésus dit: *«Cherchez premièrement le royaume et la justice de Dieu; et toutes ces choses vous seront données par-dessus.»*

La seule justice acceptable dans les cieux c'est celle de Dieu, reçue par la foi en Jésus-Christ. En Esaïe 64:6 nous lisons: *«Nous sommes tous comme des impurs, et toute notre justice est comme un vêtement souillé.»* Ce verset ne dit pas que ce sont tous nos *péchés* qui sont comme un vêtement souillé, mais notre *justice*. Même les plus gros efforts que nous faisons pour être religieux, pour plaire à Dieu et pour le servir de nos propres forces, ne sont qu'un vêtement souillé. Ce vêtement n'est pas approprié dans les tribunaux célestes. Dieu voudrait que nous ôtions ces vêtements souillés de notre propre justice. Nous devons cesser de nous reposer sur nos propres bonnes œuvres et nos activités religieuses, en reconnaissant que nous sommes pécheurs. Nous devons croire que Jésus a été fait péché de notre propre état de pécheur, sur la croix, afin qu'en retour, nous puissions être rendus justes de *sa* justice.

Merci Jésus, pour ton œuvre sur la croix. Je proclame que je me débarrasse de ma propre justice et que je recherche la justice de Dieu à la place, parce que Jésus a été fait péché à partir de notre iniquité afin que nous soyons rendus justes de sa justice. Amen.

La décision du Seigneur

Jésus a été fait péché à cause de notre iniquité afin que nous soyons rendus justes de sa justice.

«Il a plu à l'Éternel de le [Jésus] *briser par la souffrance».* (Esaïe 53:10)

Je n'ai rien à reprocher à cette traduction mais, en l'occurrence, l'usage du terme 'plaire' ne reflète pas précisément le sens que nous lui donnons aujourd'hui. Il signifie que c'était la décision du Seigneur, ou son objectif. Par exemple, en Grande Bretagne, un criminel est condamné par le juge à être détenu pour «le plaisir de la Reine». Non que la Reine prenne plaisir à la détention d'un criminel, mais elle le considère comme nécessaire. Historiquement, cette expression remonte à l'époque élisabéthaine en Angleterre. Ainsi, lorsque la Bible dit qu'il a «plu à l'Eternel», cela ne signifie pas que Dieu a pris plaisir à briser son Fils, mais plutôt que c'était sa décision, son dessein. Il a trouvé bon de le faire, il l'a considéré nécessaire.

L'hébreu est tellement concis qu'il est presque impossible de le traduire de manière extensive et précise dans une autre langue. Les deux premières lignes de ce verset ne sont formées que de quatre mots hébreux. Là où il est dit: *«Il a plu à l'Éternel de le briser par la souffrance»* la meilleure traduction qui me vienne à l'esprit serait «par la maladie» ou»de le faire maladie en le brisant.» Le mot traduit par «la souffrance» *(chalah)*, se retrouve aussi en Michée 6:13. Dieu parlait à un Israël rebelle et borné en disant: *«moi aussi, je te rendrai malade* (chalah*) en te frappant, je te rendrai désolée à cause de tes péchés.»* Cette version Darby le traduit par 'maladie', de manière correcte et littérale.

Merci Jésus, pour ton œuvre sur la croix. Je proclame que le Seigneur a fait Jésus maladie en le punissant et que celui-ci a été fait péché à partir de notre iniquité afin que nous soyons rendus justes de sa justice Amen.

L'offrande parfaite

Jésus a été fait péché à cause de notre iniquité
afin que nous soyons rendus justes de sa justice.

Il a «plu» à l'Eternel de rendre Jésus malade ou de «le faire maladie en le brisant.» Jésus a été brisé par la maladie, physiquement. Son corps a été broyé, tailladé, mutilé, quel que soit le terme que vous voudrez employer. Il est totalement devenu maladie sur la croix.

«Après avoir livré sa vie en sacrifice pour le péché, il verra une postérité....» (Esaïe 53:10)

Là où le français dit *«un sacrifice pour le péché,»* l'hébreu n'utilise qu'un seul mot *asham*, qui signifie «culpabilité» ou «péché» ou «sacrifice pour le péché.» Dans le langage de l'Ancien Testament, le même terme était utilisé à la fois pour 'culpabilité' ou 'sacrifice de péché'. La raison en est que, sous la loi lévitique, lorsque les animaux étaient amenés en sacrifice, l'homme dont le péché devait être expié posait ses mains sur la tête de l'animal et confessait ses péchés au-dessus de lui, ce faisant, il transférait symboliquement son péché sur l'animal. De cette manière, le sacrifice pour le péché est devenu péché à cause du péché de l'homme. Puis, on se chargeait de l'animal, au lieu de tuer l'homme, on le tuait lui.

Il est clair que tout cela est une représentation de la mort de Christ. L'auteur d'Hébreux disait qu'il était impossible pour le sang de taureaux ou de béliers d'ôter les péchés (voir Hébreux 10:4). Le système sacrificiel n'était qu'une image qui ramenait à la transaction accomplie sur la croix. Cependant ici, se rapportant à cet événement particulier, la Bible dit que Dieu a fait que la vie de Jésus *soit* péché. Voilà la réelle signification de *«livrer sa vie en sacrifice pour le péché.»* L'apôtre Paul a confirmé ce point lorsqu'il a cité Esaïe 53:10 dans le passage suivant: *«Celui qui n'a point connu le péché, il l'a fait devenir péché pour nous, afin que nous devenions en lui justice de Dieu.»* (2 Corinthiens 5:21).

Merci Jésus, pour ton œuvre sur la croix. Je proclame que Jésus a été fait péché à partir de notre iniquité afin que nous soyons rendus justes de sa justice. Amen.

Une complète provision

Jésus a été fait péché à cause de notre iniquité
afin que nous soyons rendus justes de sa justice.

A travers la croix, Dieu a liquidé le problème de la culpabilité. Il a soldé le passé en totalité: *«il nous a fait grâce pour toutes nos offenses»* (Colossiens 2:13). A travers la mort de Jésus à notre place, lui qui nous représente, lui qui a porté nos péchés et en a payé le prix, Dieu est capable de pardonner chacun de nos actes pécheurs sans compromettre pour autant sa propre justice, étant donné que celle-ci a été satisfaite par la mort de Christ. Nous devons comprendre que tous nos actes pécheurs passés, aussi nombreux ou graves soient-ils, ont été pardonnés au moment où nous avons mis notre foi en Jésus.

Non seulement Dieu a complètement apuré notre passé, mais il s'est également occupé de notre avenir: «il a effacé l'acte dont les ordonnances nous condamnaient et qui subsistait contre nous, et il l'a détruit en le clouant à la croix» (verse 14).

L'acte en question est la loi de Moïse. Sur la croix, Jésus a évincé la loi de Moïse comme un moyen d'obtenir justice devant Dieu. Tant que la loi était la condition pour parvenir à la justice, la plus petite infraction nous rendait coupables devant Dieu. Mais, lorsque la loi a été écartée, nous avons reçu la possibilité de vivre libres du péché, parce que maintenant notre foi nous tient lieu de justice. Comme l'écrit Paul: *«car Christ est la fin de la loi, pour la justification de tous ceux qui croient»* (Romains 10:4). Christ est la fin de la loi pour la justification de toute personne qui croit: Juif ou non-Juif, catholique, protestant, cela ne fait aucune différence. Il est la fin de la loi en tant que moyen de parvenir à la justice devant Dieu. Nous ne sommes pas obligés d'obéir à la loi pour devenir justes.

Merci Jésus, pour ton œuvre sur la croix. Je proclame que Dieu a complètement apuré mes péchés passés, présents et à venir, parce que Jésus a été fait péché à partir de notre iniquité afin que nous soyons rendus justes de sa justice. Amen.

La «Recette de Romains»

Jésus a été fait péché à cause de notre iniquité
afin que nous soyons rendus justes de sa justice.

Jetons un œil à la «Recette de Romains» de Romains 6. Le terme de recette évoque l'image d'un livre de cuisine. Si nous, chrétiens, utilisions la Bible de la même manière, simple et pratique, dont les cuisiniers se servent d'un livre de cuisine, nous constaterions que les recettes de Dieu fonctionnent toujours. La recette des Romains est la manière dont Dieu fait fonctionner les principes de l'évangile dans notre vie.

«Que dirons-nous donc? Demeurerions-nous dans le péché, afin que la grâce abonde? Loin de là! Nous qui sommes morts au péché, comment vivrions-nous encore dans le péché? Ignorez-vous que nous tous qui avons été baptisés en Jésus-Christ, c'est en sa mort que nous avons été baptisés? Nous avons donc été ensevelis avec lui par le baptême en sa mort, afin que, comme Christ est ressuscité des morts par la gloire du Père, de même nous aussi nous marchions en nouveauté de vie. En effet, si nous sommes devenus une même plante avec lui par la conformité à sa mort, nous le serons aussi par la conformité à sa résurrection, sachant que notre vieil homme a été crucifié avec lui, afin que le corps du péché fût détruit, pour que nous ne soyons plus esclaves du péché; car celui qui est mort est libre du péché. Or, si nous sommes morts avec Christ, nous croyons que nous vivrons aussi avec lui, sachant que Christ ressuscité des morts ne meurt plus; la mort n'a plus de pouvoir sur lui. Car il est mort, et c'est pour le péché qu'il est mort une fois pour toutes; il est revenu à la vie, et c'est pour Dieu qu'il vit.» (Romains 6:1–10)

Le résultat de cette «recette» est extraordinaire: *«nous ne sommes plus esclaves du péché»*: le péché ne nous contrôlera ni ne nous dominera plus. La délivrance du péché et toutes ses mauvaises conséquences survient à travers notre identification avec Jésus-Christ dans sa mort, son ensevelissement, sa résurrection et son ascension.

Merci Jésus, pour ton œuvre sur la croix. Je proclame que le péché ne me dominera plus, parce que Jésus a été fait péché à partir de notre iniquité afin que nous soyons rendus justes de sa justice. Amen.

Entrer dans la vie

Jésus a été fait péché à cause de notre iniquité afin que nous soyons rendus justes de sa justice.

Aujourd'hui, nous allons examiner d'un peu plus près les ingrédients de «la Recette de Romains.» Romains 6 présente les étapes successives de notre identification. Tout d'abord: «nous sommes morts au péché» (verset 1) lorsque Jésus est mort et, nous nous identifions à sa mort. Lorsque Jésus a été crucifié, notre «vieil homme» (verset 6), la nature rebelle que nous avons héritée d'Adam a également été crucifiée. Deuxièmement, «nous avons été ensevelis avec lui» (verset 4). Par le baptême en sa mort, nous sommes morts et avons été ensevelis avec lui. Troisièmement, nous sommes «en conformité avec lui par sa résurrection» (verset 5). En le suivant dans sa mort et son ensevelissement, nous passons à sa vie de résurrection, en partageant sa vie. Les conséquences sont les suivantes:

1. *«le corps du péché fût [est] détruit»* (verset 6). La nature corrompue et mauvaise dont nous étions esclaves et qui nous faisait faire le mal même quand nous désirions faire le bien est devenue impuissante, mise à mort.

2. Par conséquent, nous ne sommes plus *«esclaves du péché»* (verset 6). Le péché ne nous oblige plus à faire des choses nuisibles et destructrices qui finiront par nous mener au désastre, sur la terre et dans l'éternité.

3. Ensuite, nous sommes *«libérés du péché»* (verset 7). Nous sommes littéralement justifiés, ou acquittés. Jésus a payé le prix ultime de notre péché, il ne reste plus rien à payer. Ayant été libérés de la puissance et de la culpabilité du péché, nous avons à présent bonne conscience et pouvons nous tenir devant le trône du Dieu Tout-Puissant, sans aucune crainte.

4. Finalement, *«nous vivrons aussi avec lui* [Christ]» (verset 8). Quelle promesse extraordinaire! Nous allons partager sa vie éternelle de résurrection. Il est mort au péché une fois. Il ne peut plus mourir. Il vit pour toujours avec Dieu et nous entrons dans sa vie éternelle.

Merci Jésus, pour ton œuvre sur la croix. Je proclame que, par mon identification avec Jésus, je ne suis plus esclave du péché. Jésus a été fait péché à partir de notre iniquité afin que nous soyons rendus justes de sa justice. Amen.

Nous serons délivrés

Jésus a été fait péché à cause de notre iniquité afin que nous soyons rendus justes de sa justice.

La suite de la Recette de Romains, le guide pratique, se trouve en Romains 6:11–13. Tout d'abord, *«regardez-vous comme mort»* (verset 11). La Bible dit que nous sommes morts, croyez-le! Paul a dit: *«J'ai été crucifié avec Christ; et si je vis, ce n'est plus moi qui vis, c'est Christ qui vit en moi»* (Galates 2:20). Paul a considéré la crucifixion et la mort de Christ comme les siennes. Il pensait et parlait en conséquence, considérant que c'était la vérité. Nous devons faire de même. Les étapes deux et trois sont des avertissements à la forme négative: *«Que le péché ne règne donc point dans votre corps mortel»* (verset 12) et *«Ne livrez pas vos membres au péché»* (verset 13). Autrefois, nous ne pouvions empêcher le fait d'être soumis au péché, maintenant, nous avons le choix. Il y a une puissance en nous qui est plus grande que le péché. Nous avons été libérés, justifiés. Cependant, nous devons exercer notre volonté. Lorsque la tentation survient, nous nous devons d'être fermes et catégoriques: «Non, je ne vais pas soumettre mon corps ni mes membres! Je ne me soumets pas à toi satan, j'appartiens à Jésus.»

La quatrième étape est à la forme affirmative: *«donnez-vous vous-mêmes à Dieu,»* (verset 13). Nous ne pouvons pas être des agents indépendants et rester libre du péché. Nous devons choisir de servir Dieu plutôt que satan, nous donnant en sacrifice à Dieu, offrant tout ce que nous sommes et ce que nous avons, et ne retenant rien. Puis, Paul dit: *«offrez à Dieu vos membres»* (verset 13). Soumettez chaque membre à Dieu pour qu'il puisse les utiliser comme il le souhaite pour sa gloire. Le résultat en sera que *«le péché n'aura point de pouvoir sur vous»* (verset 14). Nous sommes libres de la honte, de la dégradation, de l'agonie, et de tout ce que le péché amène de mauvais. Si nous suivons la Recette de Romains, qui agit par le biais de notre identification avec Jésus, dans la mort, l'ensevelissement et la résurrection, nous serons délivrés.

Merci Jésus, pour ton œuvre sur la croix. Je proclame que par mon identification à Jésus, je serai délivré, parce que Jésus a été fait péché à partir de mon iniquité afin que je sois rendu juste de sa justice. Amen.

17ème semaine:

Jésus a souffert notre mort afin que nous recevions sa vie.

Mais celui qui a été abaissé pour un peu de temps au-dessous des anges, Jésus, nous le voyons couronné de gloire et d'honneur à cause de la mort qu'il a soufferte, afin que, par la grâce de Dieu, il souffrît la mort pour tous.

—Hébreux 2:9

L'expiation: le moyeu

Jésus a souffert notre mort afin que nous recevions sa vie.

Pour illustrer le rôle de l'expiation dans le contexte global de l'évangile, imaginez la structure d'une roue, composée de trois éléments de base: le cercle extérieur, les rayons et le moyeu. Dans cette image, le cercle extérieur représente de la part de Dieu la couverture complète de nos besoins dans tous les domaines de notre vie: le spirituel, le physique et le financier, aujourd'hui et pour l'éternité. Les rayons qui soutiennent le cercle en question sont les voies que Dieu utilise pour pourvoir à ces besoins. Par exemple, il pourvoit par le biais du pardon (la paix), de la guérison (la santé), de la délivrance (la liberté), de la sanctification (la sainteté) et ainsi de suite. Maintenant, sans le moyeu central, les rayons n'auraient rien pour les tenir ensemble. En outre, le moyeu transmet aussi la force motrice pour faire tourner la roue. Dans la provision de Dieu, l'expiation est le moyeu central, véhiculant la force motrice dans la vie chrétienne.

A partir d'Hébreux 2:9, nous apprenons que, par la grâce de Dieu, Jésus a éprouvé la mort pour tous. Il a pris notre place afin que ce qui nous était imputable retombe sur lui. Esaïe 53:6 dit: *«Nous étions tous errants comme des brebis, chacun suivait sa propre voie; et l'Éternel a fait retomber sur lui l'iniquité de nous tous.»*

«L'iniquité» signifie également «la rébellion.» La rébellion de l'humanité entière tient dans ce mot. Nous avons tourné le dos à Dieu et suivi nos propres voies, établi nos propres règles, visant notre propre plaisir; nous avons vécu pour nous-mêmes. Nous avons été rebelles, mais l'Eternel a placé sur Jésus notre rébellion à tous, elle a été entièrement concentrée sur lui: la maladie, le rejet, la souffrance, l'agonie et finalement, la mort. Cependant, il n'est pas mort pour lui-même. Il a souffert notre mort, il l'a éprouvée à la place de chacun de nous.

Merci Jésus, pour ton œuvre sur la croix. Je proclame que je me détourne de ma rébellion, et que Jésus a éprouvé la mort à ma place, c'est parce que Jésus a souffert ma mort que je peux recevoir sa vie. Amen.

Sa souffrance pour nous

Jésus a souffert notre mort afin que nous recevions sa vie.

Esaïe 53 nous donne une description prophétique détaillée des souffrances de Jésus, écrite sept cent ans avant qu'elles n'aient lieu.

«Il a été maltraité et opprimé, Et il n'a point ouvert la bouche, semblable à un agneau qu'on mène à la boucherie, à une brebis muette devant ceux qui la tondent; il n'a point ouvert la bouche. Il a été enlevé par l'angoisse et le châtiment; et parmi ceux de sa génération, qui a cru qu'il était retranché de la terre des vivants et frappé pour les péchés de mon peuple? On a mis son sépulcre parmi les méchants, son tombeau avec le riche, quoiqu'il n'eût point commis de violence et qu'il n'y eût point de fraude dans sa bouche.» (Esaïe 53:7–9)

Ces détails se sont accomplis de manière précise dans les souffrances et la mort de Jésus. Tout d'abord, les évangiles soulignent plusieurs fois que Jésus n'a pas tenté de répondre à ses accusateurs, pour se justifier lui-même, ou plaider sa propre cause. (Lisez par exemple, Marc 15:3–5.) Les accusations et le jugement injustes ont mené à sa mort et il a été «*retranché du monde des vivants.*»

Les détails de son ensevelissement sont aussi incroyablement précis: *«On a mis son sépulcre parmi les méchants, son tombeau avec le riche.»* Nous passons du pluriel de *«méchants»* au singulier de «*le riche*». Historiquement, nous voyons que Jésus a été mené à l'ensevelissement avec les deux voleurs qui avaient été pendus à la croix à ses côtés, mais plus tard, il fut placé dans la tombe d'un homme riche, celle de Joseph d'Arimathée.

Esaïe souligne que ce n'était pas pour son propre péché ou sa propre faute que Jésus est mort. Il était totalement innocent, et cependant, il a subi la mort d'un criminel.

Merci Jésus, pour ton œuvre sur la croix. Je proclame que tu as souffert et que tu es mort pour moi, que Jésus a souffert ma mort afin que je puisse recevoir sa vie. Amen.

Notre extraordinaire représentant

Jésus a souffert notre mort afin que nous recevions sa vie.

Lisons quelques versets qui nous expriment comment Christ s'est identifié à la race humaine et a expié ses fautes.

«Ainsi donc, puisque les enfants participent au sang et à la chair, il y a également participé lui-même, afin que, par la mort, il anéantît celui qui a la puissance de la mort, c'est à dire le diable, et qu'il délivrât tous ceux qui, par crainte de la mort, étaient toute leur vie retenus dans la servitude.» (Hébreux 2:14–15)

Lorsque Adam s'est rebellé, de roi il est passé à esclave, lié par satan, par la mort et la corruption. Il a perdu sa liberté. Toutefois, dans le but de délivrer les êtres humains de cet esclavage, Jésus a pris sur lui la forme de l'humanité, la nature adamique. Il a pris sur lui, une chair et un sang semblables aux nôtres afin que par sa mort, il puisse détruire celui qui détient la puissance de la mort, c'est-à-dire le diable, et libérer tous ceux d'entre nous qui ont été esclaves de la crainte de la mort toute leur vie. Sur la croix, Jésus a pris sur lui la nature déchue de l'homme ainsi que ses péchés. Ceci est également énoncé en 1 Pierre 2:24: *«lui qui a porté lui-même nos péchés en son corps sur le bois, afin que morts aux péchés nous vivions pour la justice; lui par les meurtrissures duquel vous avez été guéris.»*

Sur la croix, Jésus s'est complètement identifié à notre péché et à notre culpabilité. Il est devenu le dernier grand sacrifice qui a ôté le péché de l'humanité. Il a porté notre péché et notre punition. Nos meurtrissures sont devenues les siennes et il a souffert notre mort. Il a expié ce péché de rébellion en nous représentant, le dernier Adam, pendu à la croix, versant son sang de vie et se donnant totalement pour nous racheter.

Merci Jésus, pour ton œuvre sur la croix. Je proclame que tu t'es donné totalement pour me racheter et que Jésus a souffert ma mort afin que je puisse recevoir sa vie. Amen.

S'identifier à Jésus

Jésus a souffert notre mort afin que nous recevions sa vie.

En regardant au-delà de l'identification de Christ avec nous, nous voyons qu'à notre tour, par la foi et la repentance, nous pouvons nous identifier à lui, non seulement dans sa mort, mais également dans l'élévation qui l'a suivie.

«Mais Dieu, qui est riche en miséricorde, à cause du grand amour dont il nous a aimés, nous qui étions morts par nos offenses, nous a rendus à la vie avec Christ (c'est par grâce que vous êtes sauvés); il nous a ressuscités ensemble, et nous a fait asseoir ensemble dans les lieux célestes, en Jésus-Christ.» (Ephésiens 2:4–6)

C'est ici l'autre face de l'identification. Tout d'abord, Jésus lui-même s'est identifié à nous, la race déchue. Il a pris notre place, payé notre dette et souffert notre mort. Il a expié notre faute. Ensuite, lorsque que nous nous identifions à lui et à sa mort par la foi, nous sommes aussi identifiés à lui dans tout ce qui a suivi sa mort. Ephésiens 2:4-6 décrit trois grandes étapes de notre identification à Jésus. Tout d'abord: *«Dieu... nous a rendus à la vie avec Christ.»* Deuxièmement: *«il nous a ressuscités ensemble.»* Il nous a ressuscités avec Christ. Mais cela ne s'arrête pas là. Troisièmement: *«Dieu... nous a fait asseoir ensemble dans les lieux célestes.»* Dieu nous a fait asseoir avec Christ sur son trône. Il nous a intronisés en Christ.

Vous noterez les trois étapes ascensionnelles de notre identification avec Jésus: nous sommes rendus à la vie avec lui, ressuscités avec lui et intronisés avec lui. Pour monter, il faut descendre; du plus bas nous allons vers le plus haut. Dieu élève la plus basse position vers la plus haute et ce principe est celui qui régit toute la Bible. Il ne s'agit pas seulement d'histoire, mais de la mise en œuvre d'une loi universelle: Quiconque s'élèvera sera abaissé, et quiconque s'abaissera sera élevé. (Voir Matthieu 23:12.)

Merci Jésus, pour ton œuvre sur la croix. Je proclame que je m'abaisse devant Dieu, en m'identifiant à Jésus je suis rendu à la vie avec lui, ressuscité avec lui et intronisé avec lui, parce que Jésus a souffert ma mort afin que je puisse recevoir sa vie. Amen.

Cachés en Christ

Jésus a souffert notre mort afin que nous recevions sa vie.

Lorsque nous sommes confrontés à la croix pour la première fois, nous tendons à avoir un mouvement de recul. Cependant, la croix de Jésus est la porte vers un endroit secret qu'aucun animal ne peut trouver, qu'aucun oiseau ne peut voir et que le reste de la création ne connaît pas. (Lire Job 28:7–8.) Il se trouve dans le royaume spirituel. Paul dit: *«Si donc vous êtes ressuscités avec Christ, cherchez les choses d'en haut, où Christ est assis à la droite de Dieu. Affectionnez-vous aux choses d'en haut, et non à celles qui sont sur la terre. Car vous êtes morts, et votre vie est cachée avec Christ en Dieu. Quand Christ, votre vie, paraîtra, alors vous paraîtrez aussi avec lui dans la gloire.» (Colossiens 3:1–4)*

La phrase cruciale *«votre vie est cachée avec Christ en Dieu»* ne se réfère pas au monde d'après, mais à ici et maintenant. Etre caché avec Christ en Dieu, signifie se trouver dans le lieu secret. Le secret c'est que, lorsque Jésus est mort, il n'est pas mort pour lui-même, il est mort pour nous en nous représentant, prenant sur lui notre culpabilité et notre condamnation.

Sur ce que nous comprenons par la foi en la Parole, nous savons que lorsque Jésus est mort et ressuscité, nous sommes morts et ressuscités. A travers la mort, nous sommes passés dans un royaume que les sens ne peuvent discerner et qu'aucune créature ne perçoit. Nous sommes avec Christ et nous sommes en Dieu, rien ne peut nous atteindre si ce n'est à travers Dieu ou à travers Christ. Nous sommes présents, en chair et en os, mais notre vie ne fait pas partie de ce monde visible. Il se peut que nous traversions et subissions beaucoup de difficultés et de pressions dans ces vases d'argiles, mais nous possédons une vie qui est éternelle, incorruptible et indestructible. C'est une absolue sécurité. Peu importe ce qui vient, en Christ nous sommes dans le lieu secret du Très-Haut, protégés de tout mal et de tout danger. (Lire Psaume 91:1–2.) Et la porte vers ce lieu secret, c'est la croix.

Merci Jésus, pour ton œuvre sur la croix. Je proclame que, par la croix, je suis entré dans le lieu secret du Très-haut. Je suis protégé de tout mal et de tout danger, parce que Jésus a souffert ma mort afin que je puisse recevoir sa vie. Amen.

La vie éternelle et abondante

Jésus a souffert notre mort afin que nous recevions sa vie.

Jésus s'est qualifié lui-même de «bon berger» (Jean 10:11, 14). Comme l'illustre le Psaume 23, la provision du berger peut se synthétiser en une expression extraordinaire: la sécurité totale. Mais n'oubliez pas que toute provision se mesure à notre engagement. Si notre engagement est total, notre sécurité est totale. Si nous posons des limites à notre engagement, nous ne pourrons pas jouir de la totale sécurité que Jésus offre.

Nous pouvons renforcer cette illustration de l'Ancien Testament en lisant les paroles de Jésus dans le Nouveau Testament: *«Le voleur ne vient que pour dérober, égorger et détruire; moi, je suis venu afin que les brebis aient la vie, et qu'elles soient dans l'abondance.»* (Jean 10:10). Jésus nous explique la raison pour laquelle il est venu sur terre. Il la résume en une simple expression: que nous «ayons la vie.» Non pas une petite vie limitée, mais une vie «dans l'abondance.» Une vie qui déborde. La vie pour chaque partie de notre être. Une vie plus que suffisante pour faire face à tous les défis et à toutes les pressions qui pourraient s'élever contre nous.

Puis un peu plus loin, Jésus se sert de l'expression suivante, *«la vie éternelle»*:

« Mes brebis entendent ma voix; je les connais, et elles me suivent. Je leur donne la vie éternelle; et elles ne périront jamais, et personne ne les ravira de ma main.» (Jean 10:27–28)

Observez la phrase centrale: *«Je leur donne la vie éternelle; et elles ne périront jamais.»* Par ce passage, nous voyons que Jésus est venu afin que nous ayons la vie éternelle, une vie qui s'étend au-delà de ce monde. Une vie qui va au-delà de la tombe. Une vie qui durera pour l'éternité. Un jour, j'ai entendu quelqu'un faire ce commentaire très perspicace: «Je crois que je vivrais aussi longtemps que Dieu vivra parce qu'il est devenu ma vie.» Voilà la vie que Jésus est venu nous offrir. Sa vie, éternellement.

Merci Jésus, pour ton œuvre sur la croix. Par ta mort, j'ai la vie éternelle et abondante, Jésus a souffert ma mort afin que je puisse recevoir sa vie. Amen.

Un échange total

Jésus a souffert notre mort afin que nous recevions sa vie.

Nous étions tous errants comme des brebis, chacun suivait sa propre voie. (Esaïe 53:6)

Ce passage peut être synthétisé en un seul mot: la rébellion. C'est le péché commun à toute l'humanité. Le prophète continue: «*Et l'Éternel a fait retomber sur lui* [Jésus] *l'iniquité de nous tous*» (verset 6). Le mot iniquité (en hébreu, avon) signifie «rébellion,» «Le châtiment pour la rébellion» et «toutes les mauvaises conséquences de la rébellion.» Sur la croix, Jésus (notre substitut, le dernier Adam) est devenu rebelle de notre rébellion, et a enduré toutes les mauvaises conséquences de la rébellion.

Ceci est la porte qui ouvre la maison aux trésors de Dieu, si tant est que nous le comprenions. Voici l'échange: tout le mal que notre rébellion méritait est venu sur Jésus afin que tout le bien que lui méritait (à cause de sa parfaite obéissance) puisse nous être donné. Quel que soit l'angle duquel nous considérons cet échange, il a été absolu. Jésus a été puni afin que nous puissions être pardonnés. Il a été meurtri afin que nous puissions être guéris. Il a porté nos péchés afin que nous puissions partager sa justice. Il a souffert notre mort afin que nous puissions partager sa vie. Il a été fait malédiction afin que nous recevions la bénédiction. Il a enduré notre pauvreté afin que nous recevions l'abondance. Il a porté notre honte, afin que nous puissions jouir de sa gloire. Il a supporté le rejet dont nous étions l'objet afin que nous soyons acceptés comme lui.

Imaginez simplement le rebelle sur la croix, et sachez que c'est vous (oui, vous devriez être pendu là-bas.) Mais Jésus a pris votre place. Non seulement il a porté votre rébellion mais il a également porté ses mauvaises conséquences afin que vous puissiez entrer dans toutes les bénédictions dues à sa parfaite obéissance. C'est l'œuvre de la grâce. Vous ne pouvez pas la gagner, vous ne la méritiez pas et vous n'aviez aucun droit de la revendiquer. Il n'y a qu'une manière de la recevoir, et c'est par la foi. Croyez simplement.

Merci Jésus, pour ton œuvre sur la croix. Je proclame que Jésus a souffert ma mort afin que je puisse recevoir sa vie. Amen.

18ème semaine:

Jésus a été fait malédiction afin que nous puissions entrer dans la bénédiction.

Christ nous a rachetés de la malédiction de la loi, étant devenu malédiction pour nous, car il est écrit: Maudit est quiconque est pendu au bois.

Galates 3:13

La réalité des malédictions et des bénédictions

Jésus a été fait malédiction afin que nous puissions entrer dans la bénédiction.

Christ est devenu malédiction sur la croix afin que nous puissions être qualifiés pour recevoir la bénédiction. Afin de pouvoir recevoir ce don de Dieu, nous devons comprendre la nature des bénédictions et des malédictions. Si nous ne comprenons pas ces deux concepts, nous serons dans l'incapacité de nous prévaloir de ce que Dieu nous offre.

La bénédiction et la malédiction représentent toutes deux des thèmes majeurs dans les Saintes Ecritures. Le mot *«bénir»* ou *«bénédiction»* apparaît plus de 410 fois tout au long de la Bible, le mot *«malédiction»* apparaît environ 160 fois. En d'autres termes, la Bible a beaucoup à communiquer sur ces deux concepts. Les deux sont absolument réels, tellement réels que Jésus a dû devenir malédiction afin que nous puissions en être rachetés et recevoir la bénédiction.

Certaines personnes tendent à penser que les bénédictions sont réelles mais que les malédictions sont imaginaires ou hypothétiques. Cela semble illogique. Réfléchissons aux paires antinomiques, il tombe sous le sens que si une partie est réelle, sa contrepartie doit l'être aussi. Prenez le jour et la nuit par exemple. Si le jour est réel, la nuit l'est donc aussi. Le froid et le chaud, si le froid existe, le chaud existe également. Le bien et le mal, si le bien est une réalité, le mal en est une aussi. Nous ne pouvons accepter l'un et ignorer l'autre. Il en va de même pour les bénédictions et les malédictions. Les bénédictions sont une réalité et les malédictions également.

La Bible a beaucoup à nous enseigner sur la nature des bénédictions et des malédictions, sur la manière dont elles opèrent, sur comment reconnaître une malédiction à l'œuvre dans votre vie et sur la façon d'en être délivrés. Si nous restons dans l'ignorance, ce sera à nos propres dépens. Si nous n'arrivons pas à comprendre son échange de la bénédiction contre la malédiction, nous passerons à côté d'une grande partie de ce don total que Dieu nous fait à travers la mort sacrificielle de Jésus sur la croix.

Merci Jésus, pour ton œuvre sur la croix. Je proclame ma croyance en la réalité des bénédictions et des malédictions, elles sont si réelles que Jésus a été fait malédiction afin que je puisse entrer dans la bénédiction. Amen.

Racheté de la malédiction

Jésus a été fait malédiction afin que nous puissions entrer dans la bénédiction.

Réfléchissons à la nature et à la portée de notre rédemption en Christ. Notre passage du jour se trouve en Galates 3:13–14:

«Christ nous a rachetés de la malédiction de la loi, étant devenu malédiction pour nous, car il est écrit: MAUDIT EST QUICONQUE EST PENDU AU BOIS, afin que la bénédiction d'Abraham eût pour les païens son accomplissement en Jésus-Christ, et que nous reçussions par la foi l'Esprit qui avait été promis.»

Par cette phrase, Paul faisait allusion à la loi de Moïse, détaillée en Deutéronome, là où Dieu dit que tous ceux qui sont pendus au bois sont sous une malédiction. (Le mot bois, se réfère également à la poutre en bois destinée à la fabrication d'une croix.) La preuve que cette personne est sous une malédiction c'est qu'elle est pendue à un morceau de bois à la vue de tous.

Pour nous racheter de la malédiction de la loi, Christ est devenu malédiction pour nous. Cela a été démontré à la vue de tous, lorsqu'il a été mis en croix. Il était nécessaire qu'il en soit ainsi parce que la malédiction de Dieu est la conséquence de tout péché ou désobéissance contre lui.

Le secret de ce qui s'est passé sur la croix, c'est qu'un échange divinement décrété a eu lieu, une chose qui ne pouvait être perçue par l'œil humain mais seulement par la révélation de Dieu, à travers le Saint-Esprit et les Ecritures. Christ est devenu malédiction, il a pris sur lui la malédiction conséquente à notre péché et à notre désobéissance, afin qu'en retour, par la foi en lui, nous puissions avoir accès aux bénédictions qui étaient imputables à son obéissance exempte de péché.

Merci Jésus, pour ton œuvre sur la croix. Je proclame qu'afin de nous racheter de la malédiction de la loi, Christ est devenu malédiction pour moi. Jésus a été fait malédiction afin que je puisse entrer dans la bénédiction. Amen.

Les manifestations courantes d'une malédiction

Jésus a été fait malédiction afin que nous puissions entrer dans la bénédiction.

J'ai répertorié sept manifestations courantes de la malédiction. Dans la plupart des cas, une malédiction ne s'applique pas à un individu en exclusivité, elles s'appliquent plus généralement à des familles ou à des communautés d'individus plus larges. Le trait principal qui caractérise à la fois les bénédictions et les malédictions dans la Bible, c'est qu'elles se transmettent de génération en génération, sauf si quelque chose survient pour les briser. Au fil de mes expériences, j'ai eu à faire à des personnes dont les problèmes remontaient à des centaines d'années auparavant dans l'histoire familiale.

Suivant mes observations personnelles, voici sept manifestations indiquant la présence d'une malédiction dans votre vie ou dans votre famille. Si vous n'en constatez qu'une seule, je ne dirais pas, à priori, qu'il s'agit d'une malédiction. Mais si vous constatez plusieurs d'entre elles dans votre famille, dans différents domaines et sur plusieurs générations, il s'agit presque sûrement d'une malédiction. Voici ces manifestations: (1) des perturbations émotionnelles et mentales; (2) des maladies chroniques ou à répétition, tout particulièrement si elles sont héréditaires; (3) des fausses couches répétées ou des problèmes féminins du même acabit; (4) des ruptures de mariages et des séparations familiales, spécialement s'il y a un historique familial derrière; (5) la pénurie financière, si elle est persistante; (6) être connu pour sa «prédisposition aux accidents»; et (7) un historique familial de suicides ou de morts non naturelles.

Nous ne nous éterniserons pas sur le problème, mais nous allons prôner sa solution. *Jésus a été fait malédiction afin que nous puissions entrer dans la bénédiction.*

Merci Jésus, pour ton œuvre sur la croix. Je proclame que pour toute manifestation d'une malédiction dans ma vie, la mort de Jésus était la solution, car Jésus a été fait malédiction afin que je puisse entrer dans la bénédiction. Amen.

Des bénédictions dans tous les domaines

Jésus a été fait malédiction afin que nous puissions entrer dans la bénédiction.

Je voudrais revisiter Galates 3:13–14 parce que j'aimerais vous en voir absorber la substance.

«Christ nous a rachetés de la malédiction de la loi...afin que la bénédiction d'Abraham puisse se propager aux non-Juifs en Christ Jésus, et que nous puissions recevoir la promesse du Saint-Esprit, par la foi.»

Mais, en quoi consistait la *«bénédiction d'Abraham»*? Nous n'avons pas besoin de spéculer sur le sujet, parce la Bible le révèle de manière spécifique.

Abraham était vieux, avancé en âge; et l'Éternel avait béni Abraham en toute chose. (Genèse 24:1)

Ce verset pourrait vous donner l'impression qu'Abraham se déplaçait avec sa canne, clopin-clopant, mais il est juste dit qu'il était «avancé en âge.» Il me semble assez évident qu'il ne clopinait pas appuyé sur sa canne, parce qu'un certain nombre d'années plus tard, il a fait un long voyage vers le Mont Morija et en est revenu.

Donc, en quoi consistait la *«bénédiction d'Abraham»*? Abraham a été béni *«en toute chose,»* donc, la bénédiction couvre *toute chose*. C'est par rapport à cela que Paul nous dit que nous devons recevoir la promesse du Saint-Esprit par la foi. Je crois que nous ne pouvons recevoir la bénédiction qu'en recevant le Saint-Esprit. Il est l'administrateur de tout notre héritage de bénédictions.

Merci Jésus, pour ton œuvre sur la croix. Je proclame que je reçois par la foi la promesse du Saint-Esprit, la «bénédiction d'Abraham», couvrant tous les domaines de ma vie, parce que Jésus a été fait malédiction afin que je puisse entrer dans la bénédiction. Amen.

L'administrateur des bénédictions

Jésus a été fait malédiction afin que nous puissions entrer dans la bénédiction.

Le Saint-Esprit est l'administrateur de tout notre héritage de «la bénédiction d'Abraham» (Galates 3:14). En Genèse 24, nous lisons une magnifique histoire qui illustre ce principe. L'histoire nous raconte comment Abraham a obtenu une épouse pour son fils Isaac. C'est une parabole simple mais sublime qui présente quatre personnages principaux, en voici trois: Abraham, qui représente Dieu le Père, Isaac, le fils d'Abraham, qui représente le Fils unique de Dieu, Jésus, et Rebecca, l'épouse qui représente l'Eglise, (l'épouse de Christ). Il y a encore un personnage, et c'est à mon sens le personnage principal. Il s'agit du serviteur (dont le nom n'est pas cité) qui représente le Saint-Esprit. Si nous lisons le chapitre en nous figurant ces personnages, il nous révélera des principes à peu de choses près, incommensurables.

Vous remarquerez qu'au début du chapitre, il est dit que tout ce qui appartenait à Abraham était sous la férule du serviteur. Il était l'administrateur de tous les biens d'Abraham, le père, et d'Isaac, le fils. Ceci est valable pour le Saint-Esprit également, il est l'administrateur de tous les biens divins. Nous sommes héritiers de Dieu et cohéritiers de Jésus-Christ. Cependant, l'administrateur de notre héritage est le Saint-Esprit. Sans le Saint-Esprit, nous ne pouvons ni recevoir notre héritage ni en jouir.

Lorsque la Bible parle de notre héritage en tant que fils d'Abraham, il se réfère particulièrement à recevoir la promesse du Saint-Esprit, qui seul peut nous faire entrer dans toutes les bénédictions qui sont notre héritage. La bénédiction d'Abraham est *«en toute chose»* (Genèse 24:1), mais l'administrateur de cette bénédiction est le Saint-Esprit. D'où la mention spécifique de Paul en Galates, de recevoir la promesse du Saint-Esprit.

Merci Jésus, pour ton œuvre sur la croix. Je proclame que l'administrateur de mon héritage est le Saint-Esprit et je reçois la promesse du Saint-Esprit par la foi, «la bénédiction d'Abraham» en toute chose, parce que Jésus a été fait malédiction afin que je puisse entrer dans la bénédiction. Amen.

«Ce que mon Père a promis»

Jésus a été fait malédiction afin que nous puissions entrer dans la bénédiction.

Le fait qu'un chrétien puisse recevoir le don du Saint-Esprit ou non ne dépend pas de ses propres mérites, mais uniquement de la toute-suffisance de l'expiation de Christ. C'est par la foi et non par les œuvres que *«nous recevons par la foi l'Esprit qui avait été promis»* (Galates 3:14).

Ce concept est en accord avec la dernière instruction de Jésus à ses disciples, juste avant son ascension: *«Et voici, j'enverrai sur vous ce que mon Père a promis; mais vous, restez dans la ville jusqu'à ce que vous soyez revêtus de la puissance d'en haut.»* (Luc 24:49). Jésus se référait au baptême du Saint-Esprit que les disciples allaient recevoir à la Pentecôte.

L'expression *«ce que mon Père a promis»* nous donne un fantastique aperçu de la pensée et du dessein de Dieu le Père concernant le don du Saint-Esprit. Quelqu'un a un jour estimé que la Bible contenait sept mille promesses distinctes de la part de Dieu à son peuple qui croit en lui. Cependant, parmi elles, Jésus en a extraite une comme étant unique par rapport à tout le reste: la promesse de l'Esprit.

Paul a appelé cela *«la bénédiction d'Abraham»* (Galates 3:14), l'associant donc au dessein suprême que Dieu avait en se choisissant Abraham pour lui-même. Au début, lorsque Dieu a appelé Abraham à quitter Ur, il a dit: *«je te bénirai ...; et tu seras une source de bénédictions... et toutes les familles de la terre seront bénies en toi «* (Genèse 12:2–3). Dans les relations ultérieures que Dieu a entretenues avec Abraham, il a réaffirmé son dessein plusieurs fois: *«je te bénirai .... Toutes les nations de la terre seront bénies en ta postérité»* (Genèse 22:17–18). C'est vers toutes ces promesses de Dieu que convergeaient les paroles de Paul: *«l'Esprit qui avait été promis»* (Galates 3:14). Jésus a versé son sang à la croix pour acheter ces bénédictions, promises à la postérité d'Abraham.

Merci Jésus, pour ton œuvre sur la croix. Je proclame que Jésus a versé son sang sur la croix afin d'acheter la bénédiction d'Abraham, ce qu'il appelait «ce que le Père à promis», et je reçois la promesse bénie du Saint-Esprit, parce que Jésus a été fait malédiction afin que je puisse entrer dans la bénédiction. Amen.

Comblés de bénédictions

Jésus a été fait malédiction afin que nous puissions entrer dans la bénédiction.

Une fois, il y avait un garçon de six ans à qui ses parents avaient donné quelques pommes de terre à planter. Il les a plantées et une semaine plus tard, il est sorti pour vérifier qu'elles poussaient bien. Il n'y avait aucun signe de croissance. Deux semaines plus tard, comme il ne voyait toujours rien, il les a déterrées pour voir si au moins elles avaient germé. A la fin, il les avait déterrées trois ou quatre fois, et elles n'ont jamais rien donné! Certains chrétiens sont comme ce petit garçon. Ils plantent leurs pommes de terre de foi, puis ils les déterrent pour voir si elles poussent. L'essence même de la foi c'est de laisser Dieu nous faire grandir. Nous remplissons les conditions, mais Dieu accomplit la promesse et nous bénit. Deutéronome 28:2 dit à ceux qui remplissent les conditions exigées par Dieu: *«Voici toutes les bénédictions qui viendront sur toi et qui t'atteindront, lorsque tu obéiras à la voix de l'Éternel, ton Dieu.»* (SER) J'aime l'expression *«et qui t'atteindront»* Ce n'est pas nous qui courons après les bénédictions mais elles après nous. Nous pouvons aller nous coucher le soir et méditer sur les bénédictions qui nous auront atteints au moment où nous nous réveillerons le matin! De la même manière, Matthieu 6:33 nous dit: *«Cherchez premièrement le royaume et la justice de Dieu; et toutes ces choses vous seront données par-dessus.»* Nous ne cherchons pas les «choses»; nous cherchons le royaume. Puis, Dieu y ajoute les choses dont nous avons besoin.

Voilà donc les conditions pour recevoir l'abondance de Dieu: 1) notre motivation et notre attitude doivent être bonnes, 2) nous devons exercer notre foi, 3) nous devons honorer Dieu, nos parents et les ministres de Dieu par nos dons, 4) nous devons penser, parler et agir avec droiture, et cinquièmement, nous devons laisser Dieu nous donner par-dessus, en son temps et à sa manière. Si nous remplissons ces conditions, nous pouvons être certains d'être comblés de bénédictions abondantes. C'est une façon d'entrer dans la bénédiction de Dieu.

Merci Jésus, pour ton œuvre sur la croix. Je proclame que je chercherai d'abord le royaume de Dieu et que ce faisant, ses bénédictions abondantes se répandront sur moi, car Jésus a été fait malédiction afin que je puisse entrer dans la bénédiction. Amen.

19ème semaine:

Jésus a enduré notre pauvreté afin que nous puissions partager son abondance.

Car vous connaissez la grâce de notre Seigneur Jésus-Christ, qui pour vous s'est fait pauvre, de riche qu'il était, afin que par sa pauvreté vous fussiez enrichis.

– 2 Corinthiens 8:9

Jusqu'au bout de la malédiction

Jésus a enduré notre pauvreté afin que nous puissions partager son abondance.

Jésus a porté la malédiction de la pauvreté, qui nous est présentée sous sa forme la plus absolue en Deutéronome 28:48: *«tu serviras, au milieu de la faim, de la soif, de la nudité et de la disette de toutes choses, tes ennemis que l'Éternel enverra contre toi. Il mettra un joug de fer sur ton cou, jusqu'à ce qu'il t'ait détruit.»*

Il y a plusieurs années, alors que je prêchais sur le thème de la provision financière de Dieu, j'ai reçu de la part du Saint-Esprit une révélation qui dépassait les limites du sermon que j'avais préparé. Pendant que je me tenais devant les gens et que je leur parlais, j'avais une vision mentale de Jésus sur la croix. Je le voyais là, dans toute l'âpre réalité que décrivent les Ecritures. Le Saint-Esprit a fait défiler devant moi, un par un, les quatre traits distinctifs de la malédiction de la pauvreté en me montrant que Jésus était allé au bout de la malédiction dans tous ses aspects.

1) il a eu faim (lorsqu'il a été pris pour être crucifié, il n'avait pas mangé depuis presque 24 heures. 2) il a eu soif («j'ai soif» fut un de ses derniers murmures). 3) il était nu (les soldats romains l'avait dépouillé de ses vêtements et se les étaient partagés). 4) il était dans le besoin de tout (il n'avait plus de quoi être vêtu lorsqu'il est mort et ne possédait pas non plus de tombe pour que son corps y soit enterré après sa mort.)

Jésus ne possédait plus rien. Pourquoi? Parce que selon le dessein de Dieu, il est allé au bout de la malédiction de la pauvreté à notre place. Tout d'abord, je n'ai pas réalisé toutes les implications de ce que le Saint-Esprit était en train de me montrer. En y repensant, néanmoins, force me serait de dire que cette révélation a posé les bases de ma foi en la prospérité. La finalité suprême de cet échange c'est que Jésus a pris sur lui la malédiction de la pauvreté afin que nous puissions recevoir la bénédiction d'Abraham, (celui que Dieu a béni *«en toute chose»* (Genèse 24:1), qui est administrée par le Saint-Esprit.

Merci Jésus, pour ton œuvre sur la croix. Je proclame que tu as totalement apuré la malédiction de la pauvreté pour moi, dans tous ses aspects, parce que Jésus a enduré ma pauvreté afin que je puisse partager son abondance. Amen.

Son abondance

Jésus a enduré notre pauvreté afin que nous puissions partager son abondance.

Plusieurs passages de la Bible étayent le fait que Jésus a porté la malédiction de la pauvreté. Nous allons en examiner deux en particulier, en commençant par 2 Corinthiens 8:9: *«Car vous connaissez la grâce de notre Seigneur Jésus-Christ, qui pour vous s'est fait pauvre, de riche qu'il était, afin que par sa pauvreté vous fussiez enrichis.»* J'avais l'habitude de citer la fin de ce verset comme suit «afin que … vous deveniez riches»! Mais le Saint-Esprit m'a montré que cela signifiait plutôt «que vous puissiez *être* riches». Nous pouvons devenir riches puis pauvres à nouveau, mais le fait «d'être» riche indique un état permanent. Jésus a pris sur lui le mal (la pauvreté) afin que nous puissions jouir de sa fortune.

Certains disent que Jésus était pauvre durant son ministère sur terre, mais je ne peux pas accepter cette idée comme juste. Nous devons garder à l'esprit la différence entre *richesse et abondance.* Jésus n'était pas riche dans le sens d'avoir un gros compte en banque, ou de grandes possessions matérielles, mais il possédait l'abondance, avec certitude. Un homme capable de nourrir une foule de cinq mille hommes (en y ajoutant femmes et enfants) n'est pas un indigent! En fait, après avoir nourri environ douze mille personnes, Jésus avait des restes plus abondants que ce qu'il avait au début. (Lire Matthieu 14:15–21.) Quelle belle image de l'abondance!

Qui plus est, Jésus a transmis cette abondance à ses disciples. Lorsqu'il les a envoyés pour répandre la Bonne Nouvelle, il leur a dit de ne rien prendre avec eux de superflu. Cependant, ils rendent témoignage plus tard qu'ils n'ont jamais manqué de rien. (Lire Luc 22:35.) Il n'est pas question de pauvreté!

Jésus n'était jamais inquiet ni perplexe. Il contrôlait chaque situation dans le calme et à la perfection. Il n'a jamais mis en doute la bonté de son Père qui allait lui procurer tout ce dont il avait besoin. Et le Père ne lui a jamais failli.

Merci Jésus, pour ton œuvre sur la croix. Je proclame que tu as porté la malédiction de la pauvreté pour moi afin que je puisse jouir de tes biens parce que, Jésus a enduré ma pauvreté afin que je puisse partager son abondance. Amen.

Toutes sortes de grâce: Suffisamment et plus encore

Jésus a enduré notre pauvreté afin que nous puissions partager son abondance.

Etre dans la pauvreté signifie «la faim,...la soif,...la nudité,...et la disette en toute chose» (Deutéronome 28:48). Quand exactement Jésus est-il devenu pauvre? Il l'est devenu au moment où il a été identifié à nos péchés. A partir de ce moment, il s'est enfoncé dans la pauvreté toujours plus profondément, jusqu'à ce que, sur la croix, il ait représenté la pauvreté absolue décrite plus haut.

Comprenez bien que sur la croix, sa pauvreté n'a pas été seulement spirituelle. C'est aussi physiquement et matériellement qu'il a été pauvre. Ce fait étant établi, selon toute logique, notre fortune ne sera pas seulement spirituelle non plus. Jésus est devenu foncièrement pauvre dans le sens physique et matériel du terme, afin que nous devenions riches, que tous nos besoins matériels et physiques soient comblés et que nous ayons un surplus à partager avec d'autres gens.

2 Corinthiens 9:8 est le deuxième verset particulier que nous allons étudier qui sous-tend le fait que Jésus a porté la malédiction de la pauvreté: *«Dieu peut vous combler de toutes sortes de grâces, afin que, possédant toujours en toutes choses de quoi satisfaire à tous vos besoins, vous ayez encore en abondance pour toute bonne œuvre.»* Dieu n'est pas avare. Il ne se contente pas de donner juste assez. Il donne suffisamment et plus encore. Voilà l'abondance, dans le verset ci-dessus, il y a deux termes évoquant l'abondance et le mot «tout» est décliné quatre fois. Impossible à ce langage d'être plus clair. Et que décrit-il? La grâce de Dieu.

Remarquez qu'en 2 Corinthiens 8 et 9, deux chapitres qui traitent de l'argent, le mot clé est *grâce*. Il apparaît sept fois dans le chapitre 8 et deux fois dans le chapitre 9. C'est la grâce qui opère dans le domaine de l'argent. Cependant, J'ai parfois constaté que ceux qui parlent le plus de la grâce sont souvent ceux qui la comprennent le moins.

Merci Jésus, pour ton œuvre sur la croix. Je proclame que Jésus est devenu pauvre jusque dans l'absolu afin que la grâce de Dieu puisse abonder pour moi, même dans le domaine de l'argent, parce que Jésus a enduré ma pauvreté afin que je puisse partager son abondance. Amen.

La grâce de Dieu dans les finances

Jésus a enduré notre pauvreté afin que nous puissions partager son abondance.

L'opération de la grâce de Dieu est gouvernée par trois principes de base. Premièrement, nous ne pouvons pas gagner la grâce, et inversement, tout ce que nous pouvons gagner n'est pas grâce:

«Or, si c'est par grâce, ce n'est plus par les œuvres; autrement la grâce n'est plus une grâce. Et si c'est par les œuvres, ce n'est plus une grâce; autrement l'œuvre n'est plus une œuvre.» (Romains 11:6)

Ce principe exclut la plupart des gens «religieux» de la grâce de Dieu, parce qu'ils pensent pouvoir la gagner.

Deuxièmement, il n'y a qu'un seul canal de la grâce. *«Car, la loi a été donnée par Moïse, la grâce et la vérité sont venues par Jésus-Christ»* (Jean 1:17). Toute forme de grâce qui nous est faite ne vient que par Jésus-Christ.

Troisièmement, il n'y a qu'un seul moyen de se l'approprier et c'est par la foi. Ce principe est résumé en trois expressions successives en Ephésiens 2:8–9: *«Car c'est par la grâce que vous êtes sauvés, par le moyen de la foi.... Ce n'est point par les œuvres,* [ce que nous gagnons].*»*

Peu de chrétiens réalisent que ce principe s'applique autant au domaine financier et matériel qu'à tout autre nous concernant. La Bible nous avertit notamment contre l'irresponsabilité (Proverbes 10:4), la paresse (Proverbes 24:30–34), et la malhonnêteté (Ephésiens 4:28). Aussi longtemps que nous serons coupables de l'un ou de l'autre de ces comportements, nous n'aurons aucun droit de nous attendre à la grâce de Dieu dans nos finances. C'est pourquoi, en tant que chrétiens, il nous appartient d'être honnêtes, responsables et de travailler dur.

Merci Jésus, pour ton œuvre sur la croix. Je proclame que sur la croix, Jésus a pris ma pauvreté et a libéré la grâce de Dieu pour moi dans le domaine financier et matériel, parce que Jésus a enduré ma pauvreté afin que je puisse partager son abondance. Amen.

Répondre aux conditions de Dieu

Jésus a enduré notre pauvreté afin que nous puissions partager son abondance.

Il y a une distinction importante à faire entre gagner la grâce de Dieu, ce qui est impossible, et répondre à ses conditions, ce qui est obligatoire. Nous ne pouvons pas mériter l'abondance de Dieu, qui vient seulement par grâce, cependant nous devons remplir certaines conditions que Dieu a établies pour recevoir son abondance par la foi. Si nous ne les remplissons pas, notre foi n'aura pas de fondations bibliques. En réalité, elle ne sera que présomption. Pour répondre aux conditions de Dieu, nos attitudes et nos motivations doivent être justes. Nous ferions tous bien d'examiner à la loupe nos motivations, tout spécialement concernant le gain d'argent. Parmi les motivations impures concernant l'argent il y a: (1) idolâtrer la fortune (*«La cupidité...est une idolâtrie»* [Colossiens 3:5]; *«l'amour de l'argent est une racine de tous les maux»* [1 Timothée 6:10]); (2) rechercher la fortune par des moyens illicites (*«Comme une perdrix qui couve des œufs qu'elle n'a point pondus, Tel est celui qui acquiert des richesses injustement»* [Jérémie 17:11]; [lisez aussi Proverbes 28:8]); (3) baser sa sécurité et son bien-être sur les biens matériels (*«Celui qui se confie dans ses richesses tombera»* [Proverbes 11:28]; *«Que le riche ne se glorifie pas de sa richesse»* [Jérémie 9:23]); (4) user de ses biens pour son propre bénéfice et des intérêts égoïstes. (*«Tel, qui épargne à l'excès, ne fait que s'appauvrir»* [Proverbes 11:24]).

En Luc 12:16–21, Jésus relate la parabole du riche qui a bâti de plus grands greniers pour les remplir de ses récoltes. Mais Dieu lui dit: *«Insensé! cette nuit même ton âme te sera redemandée; et ce que tu as préparé, pour qui cela sera-t-il?»* (Verset 20). Jésus ajoute ensuite, *«Il en est ainsi de celui qui amasse des trésors pour lui-même, et qui n'est pas riche pour Dieu»* (verset 21). La première direction vers laquelle nous devons tendre pour être riches c'est Dieu, en lui donnant nos dîmes et nos offrandes pour l'établissement de son royaume.

Merci Jésus, pour ton œuvre sur la croix. Je proclame que je reçois l'abondance de Dieu pour moi par la foi lorsque je remplis ses conditions, parce que Jésus a enduré ma pauvreté afin que je puisse partager son abondance. Amen.

Prendre soin des pauvres

Jésus a enduré notre pauvreté afin que nous puissions partager son abondance.

Hier, nous avons examiné quatre mauvaises attitudes vis à vis de l'argent. Il y a cependant autre chose que nous devons soigneusement éviter, c'est la mauvaise attitude envers les pauvres. La Bible nous avertit à maintes reprises de ne pas mépriser ni exploiter le pauvre.

Il y a toute une série de versets bibliques sur le sujet, mais nous allons en examiner quelques-uns tirés des proverbes:

«Celui qui méprise son prochain commet un péché, mais heureux celui qui a pitié des misérables!» (Proverbes 14:21)

«Celui qui a pitié du pauvre prête à l'Éternel, qui lui rendra selon son œuvre.» (Proverbes 19:17)

«Celui qui ferme son oreille au cri du pauvre Criera lui-même et n'aura point de réponse.» (Proverbes 21:13)

«Celui qui donne au pauvre n'éprouve pas la disette, mais celui qui ferme les yeux est chargé de malédictions.» (Proverbes 28:27)

«Le juste connaît la cause des pauvres, mais le méchant ne comprend pas la science.» (Proverbes 29:7)

Ces versets, ainsi que d'autres similaires, placent sur nous l'immense responsabilité de nous sentir concernés par les besoins des pauvres. L'un des traits qui caractérisent la justice c'est de prendre en considération la cause des pauvres. Inversement, l'un des traits marquants de la méchanceté est précisément de détourner les yeux de leur détresse. De surcroît, il y a une promesse de récompense associée aux soins portés aux pauvres. Lorsque nous donnons aux pauvres, nous dit Salomon, nous prêtons au Seigneur. Lorsque le Seigneur rembourse ses dettes, il n'oublie jamais les intérêts!

Merci Jésus, pour ton œuvre sur la croix. Je proclame que je vais m'intéresser aux besoins des pauvres et que je vais m'en occuper, car Jésus a enduré ma pauvreté afin que je puisse partager son abondance. Amen.

---

13 MAI

Jouir de la bénédiction

Jésus a enduré notre pauvreté afin que nous puissions partager son abondance.

Examinons la liste des malédictions exposée en Deutéronome 28. Lisez ce chapitre entier par vous-mêmes et voyez si vous jouissez de la bénédiction ou si vous endurez une malédiction. Si nous sommes des enfants de Dieu rachetés, les malédictions ne nous concernent pas, mais les bénédictions sont pour nous. Concentrons-nous particulièrement sur les bénédictions et les malédictions liées à la fortune et à la pauvreté:

«Si tu n'obéis point à la voix de l'Éternel, ton Dieu, si tu n'observes pas et ne mets pas en pratique tous ses commandements et toutes ses lois que je te prescris aujourd'hui, voici toutes les malédictions qui viendront sur toi et qui seront ton partage:.... Ta corbeille et ta huche seront maudites... tu tâtonneras en plein midi comme l'aveugle dans l'obscurité, tu n'auras point de succès dans tes entreprises .... Pour n'avoir pas, au milieu de l'abondance de toutes choses, servi l'Éternel, ton Dieu, avec joie et de bon cœur, tu serviras, au milieu de la faim, de la soif, de la nudité et de la disette de toutes choses, tes ennemis que l'Éternel enverra contre toi. Il mettra un joug de fer sur ton cou, jusqu'à ce qu'il t'ait détruit.» (Deutéronome 28:15, 17, 29, 47–48)

La volonté de Dieu est exprimée au verset 47 (*que nous servions l'Eternel notre Dieu avec joie et de bon cœur au milieu de l'abondance de toutes choses*) L'abondance est un terme magnifique qui apparaît souvent dans la Bible. En substance, il signifie que tous vos besoins sont couverts et que vous avez de quoi bénir les autres avec le surplus. La volonté de Dieu est que nous, son peuple, le servions avec joie et de bon cœur à cause de l'abondance de toutes les choses qu'il nous donne.

Merci Jésus, pour ton œuvre sur la croix. Je proclame que je vais te servir dans la joie et de bon cœur grâce à l'abondance de toutes choses, car Jésus a enduré ma pauvreté afin que je puisse partager son abondance. Amen.

20ème semaine:

Jésus a porté notre honte afin que nous puissions partager sa gloire.

Ayant les regards sur Jésus, le chef et le consommateur de la foi, qui, en vue de la joie qui lui était réservée, a souffert la croix, méprisé l'ignominie, et s'est assis à la droite du trône de Dieu.

– Hébreux 12:2

Libérés de la honte

Jésus a porté notre ignominie afin que nous puissions partager sa gloire.

La honte est un sentiment cruel et terrible et il touche même les chrétiens. Elle est souvent le résultat d'un abus sexuel ou émotionnel, comme par exemple le fait d'avoir été ridiculisé à l'école. Un jour, j'ai lu une histoire à propos d'un professeur qui avait pointé du doigt un garçon en lui disant de se lever, puis il avait dit devant toute la classe: «Tout le monde à réussi son examen sauf lui.» Comment ce jeune homme aurait-il pu ressentir autre chose que de la honte? De nombreuses choses expérimentées durant l'enfance peuvent engendrer la honte. Les plus anciennes sont parfois les plus difficiles à déraciner. Ce qui est entré le plus tôt est souvent le dernier à sortir.

Dans notre civilisation occidentale, la source de honte peut-être la plus commune est l'abus sexuel (même par des gens se disant chrétiens) Je me suis occupé de quantité de victimes de ce genre. Ce n'est qu'en venant à la croix qu'ils sont libérés de cette honte.

Cette parole prophétique décrit ce que Jésus a fait pour nous:

«Le Seigneur, l'Éternel, m'a ouvert l'oreille, et je (Jésus) *n'ai point résisté, je ne me suis point retiré en arrière. J'ai livré mon dos à ceux qui me frappaient, Et mes joues à ceux qui m'arrachaient la barbe; je n'ai pas dérobé mon visage Aux ignominies et aux crachats.»* (Esaïe 50:5–6)

Jésus a dit, «J'ai livré mon dos.» Il aurait pu se sauver lui-même, il aurait pu faire appel à des légions d'anges pour le sauver. (Lire Matthieu 26:53) Mais, il ne l'a pas fait. Il a livré son dos. Les représentations que nous avons des coups de fouet que Jésus a reçus n'ont pas grand-chose à voir avec ce que nous voyons d'habitude. La scène était horrible à voir parce que les lanières des fouets étaient incrustées de petits morceaux de métal ou d'os. Lorsqu'elles s'abattaient sur le corps d'un homme, elles déchiraient la peau et mettaient la chair à nu. Voilà ce que Jésus a enduré pour nous. Et il n'a pas détourné son visage de la honte et des crachats. Sur la croix, Jésus a porté notre honte.

Merci Jésus, pour ton œuvre sur la croix. Je proclame que sur la croix, Jésus m'a libéré de la honte, parce qu'il a porté mon ignominie afin que je puisse partager sa gloire. Amen.

«Mépriser l'ignominie»

Jésus a porté notre ignominie afin que nous puissions partager sa gloire.

Voici un bref récit de ce qui s'est passé après l'arrestation de Jésus dans le jardin de Géthsémané. Ponce Pilate avait remis Jésus entre les mains des soldats pour qu'ils l'amènent sur son lieu d'exécution.

«Les soldats du gouverneur conduisirent Jésus dans le prétoire, et ils assemblèrent autour de lui toute la cohorte. Ils lui ôtèrent ses vêtements, et le couvrirent d'un manteau écarlate. Ils tressèrent une couronne d'épines, qu'ils posèrent sur sa tête, et ils lui mirent un roseau dans la main droite; puis, s'agenouillant devant lui, ils le raillaient, en disant: Salut, roi des Juifs! Et ils crachaient contre lui, prenaient le roseau, et frappaient sur sa tête. Après s'être ainsi moqués de lui, ils lui ôtèrent le manteau, lui remirent ses vêtements, et l'emmenèrent pour le crucifier....Après l'avoir crucifié, ils se partagèrent ses vêtements, en tirant au sort, afin que s'accomplît ce qui avait été annoncé par le prophète: Ils se sont partagé mes vêtements, et ils ont tiré au sort ma tunique. Puis ils s'assirent, et le gardèrent.» (Matthieu 27:27–31, 35–36)

En réalité, Jésus a été exposé nu par deux fois lors de ces événements. Et ils se sont assis pour le regarder sur la croix pendant trois heures. La plupart des représentations de Jésus sur la croix, le montrent vêtu d'un vague pagne. Mais il n'y avait pas de pagne, il a été exposé nu. Sa honte était exposée à la vue de tous les passants, qui se moquaient.

L'épître aux Hébreux souligne ce principe: *«Jésus, le chef et le consommateur de la foi, qui, en vue de la joie qui lui était réservée, a souffert la croix, méprisé l'ignominie....»* (Hébreux 12:2).

Merci Jésus, pour ton œuvre sur la croix. Je proclame que Jésus a été exposé à la honte à ma place, qu'il a enduré la croix et méprisé l'ignominie, car, il a porté mon ignominie afin que je puisse partager sa gloire. Amen.

---

16 MAI

Partager sa gloire

Jésus a porté notre ignominie afin que nous puissions partager sa gloire.

Quel est le contraire de la honte? Je pense que sa plus proche antithèse est la gloire. *«Il convenait, en effet, que celui pour qui et par qui sont toutes choses, et qui voulait conduire à la gloire beaucoup de fils, élevât à la perfection par les souffrances le Prince de leur salut.» (Hébreux 2:10)*

Vous remarquerez que Jésus a conduit beaucoup de fils à la *gloire*. Il a porté notre honte afin que nous puissions partager sa gloire. Certains d'entre nous ont un passé honteux, rempli de choses que nous n'avons pas totalement surmontées, d'événements qui nous hantent et qui nous perturbent. Ces pensées négatives et ces souvenirs douloureux sont des obstacles dans les moments de louange et d'adoration. N'oublions donc pas Jésus, exposé nu sur la croix pendant trois heures, portant notre honte jusqu'au bout afin que nous puissions partager sa gloire pleinement.

Un jour, lors d'une conférence en Hollande, j'ai parlé de Jésus portant notre honte et une dame hollandaise m'a envoyé son témoignage en guise de réponse. Dans son jeune âge, elle avait été abusée sexuellement, (violée par une bande de jeunes garçons), et elle avait aussi souffert de maltraitances sexuelles par la suite. Plus tard, elle s'est mariée, mais son mariage n'était pas heureux. À cause de l'amertume profonde que son cœur abritait contre les hommes. Elle ne pouvait se débarrasser de la honte de ce qu'elle avait enduré. Puis, le Seigneur avait fait quelque chose de merveilleux.

Assise toute seule dans sa chambre, elle avait eu une vision de Jésus sur la croix, complètement nu. Elle avait pris conscience de deux choses: la première c'est qu'il avait porté sa honte, et la deuxième, qu'il était un homme. Malgré son amertume contre les hommes, elle avait réalisé que c'était un homme qui avait payé le prix de sa honte. N'est-ce pas magnifique! N'oubliez pas que Jésus, nu sur la croix, était exposé aux quolibets et aux railleries des passants. C'était le but premier d'une crucifixion, et Jésus l'a enduré pleinement.

Merci Jésus, pour ton œuvre sur la croix. Je proclame que Jésus a payé le prix de notre honte, car, il a porté mon ignominie afin que je puisse partager sa gloire. Amen.

La joie qui lui était réservée

Jésus a porté notre ignominie afin que nous puissions partager sa gloire.

Hébreux 12:2 appelle Jésus le *«consommateur de notre foi.»* Le même verset dans d'autres versions se réfère à Jésus comme celui qui *«mène à la perfection»* notre foi.

Laissez-moi vous encourager avec ces paroles. Tout ce que Jésus commence, il l'achèvera. S'il a commencé une œuvre en vous, il ira jusqu'au bout. Il s'agit de sa fidélité, et non de notre intelligence.

Hébreux 12:2 continue en disant que Jésus, *«en vue de la joie qui lui était réservée, a souffert la croix, méprisé l'ignominie, et s'est assis à la droite du trône de Dieu.»* Sur la croix, Jésus a enduré l'ignominie, mais il ne l'a pas laissée le décourager. Car il avait en vue la joie qui lui était réservée, il n'a pas considéré l'ignominie comme une raison valable pour se détourner de son but. Quelle était donc cette *«joie qui lui était réservée»*? Celle de conduire beaucoup de fils dans la gloire. C'est pour nous conduire, vous et moi (ainsi que des millions d'autres semblables à nous) à la gloire, que Jésus a enduré l'ignominie sur la croix.

Il n'existe pas de mort plus ignominieuse que la crucifixion. Elle est ignominieuse parce qu'elle représente la forme la plus dégradante de châtiment, réservée aux criminels les plus dépravés. Elle est ignominieuse à cause de la façon dont la mort survient. Les Ecritures expliquent clairement que les soldats romains avaient dépouillé Jésus de tous ses vêtements. Il a été pendu à la croix, nu à la vue de tous, pendant trois heures ou plus. Les gens passaient devant lui et le raillaient. Comment vous sentiriez-vous dans cette situation? En un mot, vous vous sentiriez honteux. Jésus a enduré la honte parce qu'il voyait qu'à travers cela, il pouvait nous amener à la gloire.

Merci Jésus, pour ton œuvre sur la croix. Je proclame que Jésus a enduré l'ignominie afin de conduire beaucoup de fils à la gloire. En vue de la joie qui lui était réservée, Jésus a porté mon ignominie afin que je puisse partager sa gloire. Amen.

Aider les élus de Dieu

Jésus a porté notre ignominie afin que nous puissions partager sa gloire.

Mon épouse et moi avons un jour porté secours à deux femmes juives qui s'étaient échappées de Russie soviétique. En un sens, ces deux femmes s'étaient livrées à notre merci. Nous sommes passés par beaucoup de souffrances et de difficultés pour leur venir en aide, et, par la grâce de Dieu, nous y sommes finalement parvenus. Un jour, je maugréais intérieurement en grimpant péniblement pour elles une colline très pentue, à Haïfa. Il faisait très chaud et, même si ces femmes étaient toujours très reconnaissantes, je trouvais que c'était une terrible épreuve à traverser pour leur compte. Puis, Dieu me donna ce verset, je ne savais pas où il se trouvait dans la Bible, mais les paroles me sont venues comme ça:

«C'est pourquoi je supporte tout à cause des élus, afin qu'eux aussi obtiennent le salut qui est en Jésus-Christ, avec la gloire éternelle.» (2 Timothée 2:10)

En réfléchissant à la situation, j'ai réalisé que mon attitude était loin de ressembler à celle de Jésus sur la croix. Les inconvénients que j'étais en train d'endurer étaient si infimes en comparaison. Mais, le but était d'aider les élus de Dieu à obtenir le salut avec la gloire éternelle.

Nous devrions tous prendre plus de temps pour réfléchir à ce mot *gloire*, parce qu'il représente notre destinée. S'il y a un prix à payer pour la gloire, croyez-moi, cela en vaut la peine. Parfois, nous pouvons être appelés à abandonner ces deux idoles que sont le confort et la commodité. Si nous pouvions seulement avoir une vision de ce peuvent produire notre inconfort et notre sacrifice, nous verrions un jour les gens dans la gloire, s'y trouvant grâce à ce que nous avons fait.

C'était ce qui motivait Jésus. Il ne l'a pas fait pour lui-même, mais pour conduire beaucoup de fils dans la gloire.

Merci Jésus, pour ton œuvre sur la croix. Je proclame que je vais abandonner ces deux idoles que sont le confort et la commodité, comme Jésus l'a fait, afin d'aider à apporter le salut aux élus de Dieu. Jésus a porté mon ignominie afin que je puisse partager sa gloire. Amen.

Se glorifier de la croix

Jésus a porté notre ignominie afin que nous puissions partager sa gloire.

Un jour, le Saint-Esprit m'a parlé à travers le don des langues et son interprétation: «Considère l'œuvre du Calvaire, une œuvre parfaite, à tous points de vue et dans tous ses aspects.» Dieu m'a montré que si je pouvais comprendre parfaitement l'œuvre de Jésus à la croix du Calvaire, je me rendrais compte de sa perfection et de sa plénitude. Il n'y a rien à y ajouter ni rien à en retrancher. Tous les besoins ont été couverts. Cela a augmenté mon désir d'en savoir plus sur la croix. A travers les années, le Saint-Esprit m'a graduellement, et toujours plus distinctement, ouvert les yeux sur les Ecritures.

«Pour ce qui me concerne, loin de moi la pensée de me glorifier d'autre chose que de la croix de notre Seigneur Jésus-Christ, par qui le monde est crucifié pour moi, comme je le suis pour le monde!» (Galatians 6:14)

Paul n'avait qu'une chose dont il pouvait se glorifier, la croix de notre Seigneur Jésus-Christ. Cette déclaration est surprenante si l'on considère qu'à l'époque de Paul, la croix était l'incarnation absolue de tout ce qui était honteux et répugnant.

Dans son livre *Un Docteur au Calvaire*, Pierre Barbet, un chirurgien catholique, a tenté d'identifier et de décrire l'expérience physique d'une personne crucifiée. Le problème, c'est qu'il n'existe aucun point de référence, parce qu'au cours des deux derniers siècles, personne n'a jamais vu de crucifixion. Cela m'a fait réaliser à quel point la croix est lointaine pour nous en tant qu'instrument de torture et de honte.

Paul ne s'est pas glorifié de sa lignée juive ni des Eglises qu'il a fondées ni des miracles qu'il a vus. Il s'est glorifié uniquement de la croix. Puisse ce même esprit nous habiter, un esprit désirant se vider de toute glorification charnelle, d'orgueil et d'autosuffisance, afin que nous puissions humblement reconnaître la croix de Jésus-Christ.

Merci Jésus, pour ton œuvre sur la croix. Je proclame que je me glorifierai de la croix de Jésus-Christ, car Jésus a porté mon ignominie afin que je puisse partager sa gloire. Amen.

Prédestinés à la gloire

Jésus a porté notre honte afin que nous puissions partager sa gloire.

«Car ceux qu'il a connus d'avance, il les a aussi prédestinés à être semblables à l'image de son Fils, afin que son Fils fût le premier-né entre plusieurs frères. Et ceux qu'il a prédestinés, il les a aussi appelés; et ceux qu'il a appelés, il les a aussi justifiés; et ceux qu'il a justifiés, il les a aussi glorifiés. Que dirons-nous donc à l'égard de ces choses? Si Dieu est pour nous, qui sera contre nous? Lui, qui n'a point épargné son propre Fils, mais qui l'a livré pour nous tous, comment ne nous donnera-t-il pas aussi toutes choses avec lui?» (Romains 8:29–32)

Nous sommes identifiés à Jésus dans sa mort, nous entrons dans son héritage d'abondance. Nous devenons héritiers de Dieu et cohéritiers de Jésus-Christ. Cependant, il y a un processus. Paul en a fait ressortir cinq étapes, toutes citées au passé. Les deux premières étapes ont eu lieu dans l'éternité avant le début des temps. Dieu nous a *connus d'avance* et *prédestinés*. Puis, il nous a *appelés*, par la prédication de l'évangile. Lorsque nous avons répondu à son appel, il nous a ensuite *justifiés*. Mais, il ne s'est pas arrêté là, il nous a aussi *glorifiés*. Il nous a élevés pour partager la gloire avec Jésus dans les cieux en tant que rois et sacrificateurs. Non pas dans l'avenir, mais dans le passé.

«Si donc vous êtes ressuscités avec Christ, cherchez les choses d'en haut, où Christ est assis à la droite de Dieu. Affectionnez-vous aux choses d'en haut, et non à celles qui sont sur la terre. Car vous êtes morts, et votre vie est cachée avec Christ en Dieu. Quand Christ, votre vie, paraîtra, alors vous paraîtrez aussi avec lui dans la gloire.» (Colossiens 3:1–4)

Nous partageons déjà la gloire de Christ, mais c'est dans le monde invisible. Là où se trouve Jésus, nous y sommes aussi.

Merci Jésus, pour ton œuvre sur la croix. Je proclame que Dieu m'a connu d'avance, m'a prédestiné, m'a appelé, m'a justifié et m'a glorifié. Jésus a porté ma honte afin que je puisse partager sa gloire. Amen.

21ème semaine:

Jésus a enduré le rejet à notre place afin que nous soyons comme lui, accueillis auprès du Père.

Nous ayant prédestinés dans son amour à être ses enfants d'adoption par Jésus-Christ, selon le bon plaisir de sa volonté, à la louange de la gloire de sa grâce qu'il nous a accordée en son bien-aimé.

—Ephésiens 1:5–6

Nous sommes acceptés!

Jésus a enduré le rejet à notre place afin que nous soyons, comme lui, accueillis auprès du Père.

Par simple définition, le rejet est le sentiment de ne pas être désiré ou bien de ne pas être aimé, malgré votre désir de l'être. Ou encore, cela peut être le désir d'appartenir à un groupe duquel vous vous sentez exclus, il vous semble être toujours en dehors du cercle, sans pouvoir y pénétrer. L'une des raisons pour lesquelles tant de gens semblent souffrir d'un problème de rejet aujourd'hui est la forme de notre société et les pressions qu'elle engendre, particulièrement celles qui causent les déchirures familiales.

Quel est l'opposé du rejet? L'acceptation. J'aime la dernière partie d'Ephésiens 1:6, qui dit *«Sa grâce qu'il* [Dieu] *nous a accordée en son bien-aimé.»* Jésus, le véritable et unique Fils de Dieu a été rejeté afin que nous, indignes rebelles, soyons acceptés comme lui par le Père. Le remède le plus sûr à nos problèmes est de croire que Jésus a porté notre rejet afin que nous soyons accueillis auprès du Père, tout comme lui.

La famille de Dieu est la meilleure famille qui soit. Elle est sans pareille. Même si votre famille n'a pas eu soin de vous – peut-être vous avez été rejeté par votre père, ou votre mère n'avait jamais du temps pour vous - Dieu veut toujours de vous. Vous êtes acceptés. Vous êtes l'objet de son attention et de ses soins particuliers. Tout ce qu'il fait dans l'univers tourne autour de vous.

Lorsque Dieu dit que nous sommes acceptés, il ne veut pas dire que nous sommes juste tolérés. Nous ne prenons jamais trop de son temps. La seule chose qui le chagrine c'est quand nous restons éloignés trop longtemps. Il ne nous repousse pas dans un coin en disant: «attends, je suis trop occupé, je n'ai pas le temps pour toi.» Mais, il dit plutôt: «je m'intéresse à toi. Je veux de toi. Tu es le bienvenu. Entre, je t'en prie. Je t'attends depuis longtemps.»

Merci Jésus, pour ton œuvre sur la croix. Je proclame que «Dieu m'a rendu acceptable par le Bien-aimé,» et il m'accueille. Jésus a enduré le rejet à ma place pour me permettre d'être, comme lui, accueilli auprès du Père. Amen.

Le remède au rejet

Jésus a enduré le rejet à notre place afin que nous soyons, comme lui, accueillis auprès du Père.

Je pense que le premier résultat du rejet est l'incapacité de recevoir ou de communiquer l'amour. Aucun de nous ne peut communiquer l'amour s'il ne l'a pas tout d'abord reçu. Jean expose ce concept dans le Nouveau Testament, lorsqu'il écrit: *«Quant à nous, nous aimons parce que Dieu nous a aimés le premier»* (Version Semeur: 1 Jean 4:19). Je pense que personne ne peut aimer s'il n'a pas été aimé auparavant. Ainsi donc, une personne qui n'a jamais été aimée est incapable de transmettre de l'amour.

Parmi les résultats secondaires du rejet, il y a trois types de réactions communément constatées: Premièrement, il y a ceux qui capitulent, deuxièmement, ceux qui tentent de rester impassibles et troisièmement, ceux qui rendent coup pour coup. Ces trois manières de réagir au rejet ont une chose en commun. Elles sont toutes les trois défensives et font office de méthodes pour occulter la blessure. Aucune d'entre elles ne fournit de solution positive. Cependant, Dieu possède une solution positive.

En Esaïe 61:1, nous trouvons une promesse qui a été accomplie par la venue de Jésus, le Messie: «*L'esprit du Seigneur, l'Éternel, est sur moi, car l'Éternel m'a oint pour porter de bonnes nouvelles aux malheureux; il m'a envoyé pour guérir ceux qui ont le cœur brisé, pour proclamer aux captifs la liberté, Et aux prisonniers la délivrance.*»

Dans l'accomplissement de cette promesse, Dieu nous a procuré un remède contre le rejet, celui-ci nous est donné à travers Jésus et la croix. Le dessein éternel de Dieu, même avant la création, était que nous puissions devenir ses enfants, ses fils et ses filles. Lorsque Jésus a porté notre péché et souffert le rejet à notre place, il a ouvert la voie pour que nous soyons acceptés par l'unique personne dont l'acceptation compte vraiment.

Merci Jésus, pour ton œuvre sur la croix. Je proclame que je renonce aux résultats du rejet, en recevant à la place le remède que Dieu m'a procuré en Jésus-Christ, le Messie. Je proclame que Jésus a enduré le rejet à ma place pour me permettre d'être, comme Lui, accueilli auprès du Père. Amen.

La sonde du Saint-Esprit

Jésus a enduré le rejet à notre place afin que nous soyons, comme lui, accueillis auprès du Père.

Le premier pas pour vaincre le rejet est de reconnaître le problème. Une fois que vous le reconnaissez, vous pouvez le traiter. Vous n'êtes pas la seule personne dans ce problème, Dieu vous aidera à le reconnaître. Permettez-moi une illustration pratique.

Pendant la Deuxième Guerre mondiale, j'ai été aide-soignant dans le désert de l'Afrique du Nord et j'ai travaillé aux côtés d'un brillant docteur. Un jour, l'un de nos soldats a été touché par un éclat de shrapnel. Il est arrivé à la station médicale avec ce petit trou noirci dans son épaule. Je me suis mis à l'ouvrage pour le soigner ai demandé au docteur: «Dois-je préparer un pansement pour cette blessure?»

Celui-ci m'a répondu: «Non, passez-moi la sonde.» Je lui ai donc passé la tige de métal argenté et il l'a introduite dans la blessure en la remuant doucement de tous les côtés. Aucun résultat pendant les premiers instants, mais soudain la sonde a touché le petit morceau de shrapnel à l'intérieur et le patient a laissé échapper une plainte. Le docteur a su qu'il avait trouvé l'origine du problème.

Lorsque je lui ai redemandé si je pouvais m'occuper du pansement, le médecin a répliqué: «Non, apportez-moi les forceps.» Il a introduit les forceps dans la blessure et en a retiré le morceau de shrapnel. Ce n'est qu'alors que j'ai pu appliquer le pansement.

Peut-être appliquez-vous un petit pansement religieux sur une blessure qui ne peut se guérir parce qu'il y a quelque chose à l'intérieur qui fait suppurer la plaie. Cependant, si vous ouvrez votre cœur au Saint-Esprit, il va vous révéler la source du problème. Si la sonde du Saint-Esprit touche un petit éclat de shrapnel, laissez échapper un cri si nécessaire, mais ne résistez pas! Demandez-lui d'utiliser ses forceps pour retirer le problème. Puis, Dieu peut appliquer quelque chose qui va réellement guérir la blessure, au lieu de la panser temporairement.

Merci Jésus, pour ton œuvre sur la croix. Je proclame que j'ouvre mon cœur à la sonde du Saint-Esprit afin qu'il me révèle la source de mon problème. Jésus a enduré le rejet à ma place pour me permettre d'être, comme lui, accueilli auprès du Père. Amen.

---

24 MAI

Vivre son acceptation

Jésus a enduré le rejet à notre place afin que nous soyons, comme lui, accueillis auprès du Père.

Afin de pouvoir recevoir de Dieu la solution au rejet, il vous faut comprendre deux faits essentiels. Premièrement, Dieu n'a pas émis tout un tas de solutions différentes pour faire face à chacun des nombreux problèmes de l'humanité. Au lieu de cela, il a pourvu à une seule et unique solution qui répond en bloc à tous les besoins des gens du monde entier. Cette solution 'tout-en-un' est la mort sacrificielle de Jésus sur la croix.

Deuxièmement, ce qui a eu lieu sur la croix était un échange planifié par Dieu lui-même. Toutes les mauvaises conséquences de nos péchés sont tombées sur Jésus afin qu'en retour, tous les bénéfices de l'obéissance sans péché de Jésus soient à mis à notre disposition. En ce qui nous concerne, nous n'avons rien fait pour mériter cela et nous n'avons ni mérite ni droit de le réclamer. Tout est entièrement issu de l'amour insondable de Dieu.

Il est donc futile de s'approcher Dieu sur base d'un quelconque mérite ou d'une quelconque vertu que nous imaginons posséder. Rien de ce que nous avons à offrir ne peut se comparer au mérite du sacrifice que Jésus a offert à notre place.

Christ a porté notre rejet sur la croix, avec notre honte, notre trahison, notre agonie et nos peines de cœur. En réalité, c'est un cœur brisé qui est à l'origine de sa mort. Nous sommes acceptés à cause de son rejet. Nous sommes acceptés dans le Bien-aimé. C'était un échange. Jésus a porté le mal afin que nous puissions recevoir le bien. Il a porté nos soucis afin que nous puissions avoir sa joie. Le chemin est ouvert pour que l'homme vienne à Dieu sans honte, sans culpabilité, sans crainte. Jésus a porté notre rejet afin que nous puissions vivre son acceptation.

Merci Jésus, pour ton œuvre sur la croix. Je proclame la vérité de l'échange auquel Jésus a procédé pour moi: Je suis accepté à cause de son rejet. Je reçois le bien parce qu'il a porté le mal. J'ai sa joie parce qu'il a porté mes peines. Je proclame que Jésus a enduré le rejet à ma place pour me permettre d'être, comme lui, accueilli auprès du Père. Amen.

---

25 MAI

Les étapes de l'acceptation

Jésus a enduré le rejet à notre place afin que nous soyons, comme lui, accueillis auprès du Père.

Il y a quatre étapes à suivre si vous voulez vivre l'acceptation de Dieu. La première chose c'est de pardonner à quiconque vous a rejeté ou fait du mal d'une quelconque manière. Jésus nous a instruits: *«Et, lorsque vous êtes debout faisant votre prière, si vous avez quelque chose contre quelqu'un, pardonnez, afin que votre Père qui est dans les cieux vous pardonne aussi vos offenses.»* (Marc 11:25)

Cette affirmation englobe tout à la fois: si vous avez quoi que ce soit contre quelqu'un, pardonnez, ensuite Dieu vous pardonnera. Mais si vous ne pardonnez pas aux autres, Dieu ne vous pardonne pas. Ce principe s'applique particulièrement à nos attitudes envers nos parents, qui sont le plus communément à l'origine du problème de rejet. Les vies changent à partir du moment où les gens réalisent qu'ils ont l'obligation scripturaire d'honorer leurs parents. Ephésiens 6:2 dit: *«Honore ton père et ta mère (c'est le premier commandement avec une promesse)»*. Ce qui ne veut pas dire que vous ignoriez leurs fautes dans l'absolu, mais vous devez leur pardonner et décider de les honorer autant qu'il vous est possible. Je n'ai jamais rencontré de personne ayant une mauvaise relation avec ses parents qui soit vraiment bénie et prospère. Deuxièmement, il vous faut renoncer à tous les mauvais fruits du rejet: l'amertume, le ressentiment, la haine et la rébellion. Ces attitudes sont empoisonnées, elles vont infecter votre vie entière. Elles vont causer des problèmes émotionnels profonds et probablement aussi des problèmes physiques. Vous ne pouvez pas vous permettre d'entretenir ce genre de pensées. Repoussez-les loin de vous, par une ferme décision de votre volonté. Dites avec conviction: «Je renonce à l'amertume, au ressentiment, à la haine et à la rébellion.» On dit souvent aux gens qui se relèvent de l'alcoolisme «le ressentiment est un luxe que vous ne pouvez plus vous permettre.» C'est une vérité. Aucun d'entre nous ne peut se permettre d'abriter du ressentiment. Son effet est toxique.

Merci Jésus, pour ton œuvre sur la croix. Je pardonne toute personne m'ayant rejeté, et j'abandonne l'amertume, le ressentiment, la haine et la rébellion. Je proclame que Jésus a enduré le rejet à ma place pour me permettre d'être, comme lui, accueilli auprès du Père. Amen.

S'accepter soi-même

Jésus a enduré le rejet à notre place afin que nous soyons, comme lui, accueillis auprès du Père.

Par un acte de foi, vous devez croire ce que Dieu dit dans la Bible: que vous êtes acceptés en Christ. La Bible nous dit que le but de Dieu, de toute éternité, était de faire de nous ses enfants et il a accompli ce plan, il l'a rendu possible, à travers la mort de Jésus sur la croix à notre place. (Voir Ephésiens 1:4–6.) Lorsque vous venez à Dieu à travers Jésus, Dieu vous accepte. Il ne se détournera pas de vous.

Dans le but de franchir le pas vers l'acceptation, vous devez vous accepter vous-mêmes. Souvent, c'est pour nous la chose la plus difficile à faire. Nous regardons en arrière, à tout l'historique de nos manquements et de nos faux départs, peut-être aussi à la façon dont nous avons failli envers d'autres. Vous pouvez vous cataloguer vous-mêmes comme un «échec» mais l'étiquette que Dieu vous appose c'est «mon fils» ou «ma fille». Nous devons nous accepter parce que Dieu nous a acceptés.

Lorsque vous venez à Dieu par Jésus, vous êtes une nouvelle créature: «Si quelqu'un est en Christ, il est une nouvelle créature. Les choses anciennes sont passées; voici, toutes choses sont devenues nouvelles. Et tout cela vient de Dieu, qui nous a réconciliés avec lui par Christ, et qui nous a donné le ministère de la réconciliation.» (2 Corinthiens 5:17–18). C'est cela la nouvelle créature. Ne regardez plus à ce que vous étiez avant de venir à Christ, parce que vous êtes devenu une nouvelle créature.

Prions ensemble: «Dieu, je te remercie de ton amour pour moi, et parce que tu as donné Jésus, ton Fils, afin qu'il meure à ma place. Je te remercie parce qu'il a porté mes péchés, pris sur lui mon rejet et payé le prix à ma place. Et, c'est parce que je viens à toi à travers lui, je ne suis plus rejeté ni non désiré ni exclu. Tu m'aimes vraiment. Je suis réellement ton enfant. Tu es mon vrai Père. J'appartiens à ta famille. Le ciel est ma demeure. Merci mon Dieu. Amen.»

Merci Jésus, pour ton œuvre sur la croix. Je crois ce que Dieu dit, que je suis accepté en Christ, et je m'accepte également. Je proclame que Jésus a enduré le rejet à ma place pour me permettre d'être, comme lui, accueilli auprès du Père. Amen.

Trouver votre place

Jésus a enduré le rejet à notre place afin que nous soyons, comme lui, accueillis auprès du Père.

Il y a une autre étape importante pour que l'acceptation soit complète, c'est qu'elle soit également validée par le peuple de Dieu. Ce qui signifie: trouver votre place dans le corps de Christ.

Voyez-vous, en tant que chrétiens, nous ne sommes plus jamais des individus isolés. Nous sommes mis en relation avec nos frères et sœurs chrétiens. Cette relation est l'une des façons par lesquelles notre acceptation s'applique à notre quotidien. Il ne suffit pas d'être accepté par le Père dans les cieux. Ce n'est que la première étape et bien entendu, la plus importante. Mais, après cela, l'acceptation doit se refléter dans nos relations avec nos frères et sœurs.

Les chrétiens constituent collectivement un seul corps, chaque personne représentant un membre de ce corps. Il n'est personne qui puisse dire à ses frères chrétiens: «je n'ai pas besoin de toi.» Nous avons tous besoin les uns des autres. Dieu a créé le corps de manière à ce que les membres soient interdépendants. Aucun d'entre eux ne peut fonctionner efficacement par lui-même. Ce principe s'applique à chacun de nous. Il s'applique à vous. Vous devez trouver votre place dans le corps de Christ. Vous avez besoin des autres membres et ils ont besoin de vous. Trouver votre place fait de votre acceptation une expérience réelle et quotidienne.

Si dans votre cœur vous aspirez désespérément à vous impliquer de cette manière, je suggère que vous fassiez cette prière: «Seigneur, je rêve d'habiter dans ta demeure, de faire partie d'une famille spirituelle de chrétiens engagés. S'il y a en moi de quelconques barrières, je te demande de les enlever. Guide-moi vers un groupe au sein duquel cette aspiration peut être comblée et aide-moi à prendre les engagements nécessaires dans ce groupe. Dans le nom de Jésus, Amen.»

Merci Jésus, pour ton œuvre sur la croix. Je proclame que je suis prêt à trouver ma place dans le corps de Christ, comme je viens de le prier. Je proclame que Jésus a enduré le rejet à ma place pour me permettre d'être, comme lui, accueilli auprès du Père. Amen.

22ème semaine:

Jésus a été retranché par la mort afin que nous puissions être attachés à Dieu éternellement.

Il était retranché de la terre des vivants et frappé pour les péchés de mon peuple.

—Esaïe 53:8

Mais celui qui s'attache au Seigneur est avec lui un seul esprit.

—1 Corinthiens 6:17

La vie spirituelle: la communion avec Dieu

Jésus a été retranché par la mort
afin que nous puissions être attachés à Dieu éternellement.

Lorsque Pierre a tiré son épée pour défendre Jésus, afin que celui-ci ne soit pas arrêté dans le jardin de Géthsémané, Jésus lui a dit: *«Remets ton épée dans le fourreau. Ne boirai-je pas la coupe que le Père m'a donnée à boire?»* (Jean 18:11). Jésus a bu la coupe jusqu'à la lie. Voyez-vous, l'œuvre de Jésus ne s'est pas achevée juste après sa mort à la croix. La lie la plus amère était à boire après la mort physique. Jésus a apuré la coupe dans tous les sens du terme. Premièrement, il y a eu la mort spirituelle, deuxièmement, la mort physique, et troisièmement le bannissement spirituel, loin de Dieu.

Jésus a subi la mort pour chacun de nous, afin que nous ayons la vie. Et nous avons cette vie dans chacun de ses trois aspects auxquels Jésus a renoncé. Le parallèle est parfait.

Premièrement, nous avons la vie spirituelle, nous sommes amenés à l'union et à la communion avec Dieu, dans cette vie, ici et maintenant, par la foi en Jésus-Christ. Jésus était uni à l'Eternel, il vivait de la vie du Père. Il a dit: *«Moi et le Père nous sommes un»* (Jean 10:30). Et cela a été le cas jusqu'à ce qu'il ait pris sur lui notre iniquité et ait été séparé du Père. Il a été retranché afin que nous puissions être attachés, unis à lui. Par la foi en Jésus, nous pouvons, vous et moi, être attachés à l'Eternel dans l'Esprit et marcher en union avec Dieu dans cette vie, tout comme Jésus a marché en union avec le Père par le Saint-Esprit, au cours de sa vie. C'est là le but ultime de l'évangile.

1 Jean 1:3 déclare: *«ce que nous avons vu et entendu, nous vous l'annonçons, à vous aussi, afin que vous aussi vous soyez en communion avec nous. Or, notre communion est avec le Père et avec son Fils Jésus-Christ.»* Jésus a renoncé à la communion afin que nous puissions y entrer.

Merci Jésus, pour ton œuvre sur la croix. Je proclame que Jésus a subi la mort afin que je puisse recevoir la vie, qu'il a été retranché afin que je puisse être attaché, qu'il a renoncé à la communion afin que nous puissions y entrer. Je proclame que Jésus a été retranché par la mort afin que je puisse être attaché à Dieu éternellement. Amen.

---

29 MAI

La vie naturelle: la vie de résurrection

Jésus a été retranché par la mort
afin que nous puissions être attachés à Dieu éternellement.

ésus a subi la mort sous tous ses aspects pour chaque personne afin que nous ayons la vie dans chacun de ses aspects. Nous avons parlé hier du premier aspect, qui est la vie spirituelle. Aujourd'hui, nous examinerons le second aspect, qui est la vie naturelle. Cette vie arrive en deux phases successives. Premièrement, nous avons la vie dans notre corps matériel maintenant. Cependant, notre corps est mortel, ainsi, deuxièmement, à la résurrection, notre corps sera transformé en un corps immortel.

«Et si l'Esprit de celui qui a ressuscité Jésus d'entre les morts habite en vous (cela veut dire 'habite en vous maintenant, non pas après la résurrection), *celui qui a ressuscité Christ d'entre les morts rendra aussi la vie à vos corps mortels par son Esprit qui habite en vous.»* (Romains 8:11)

Nous avons tous un corps mortel abritant une vie de résurrection. La chair mortelle, un corps mortel, mais en lui, une vie de résurrection manifeste. Non seulement agissante en lui, mais manifeste en lui. Si ce verset ne se réfère pas à la guérison divine, à la force et à la vitalité physiques divines, alors c'est que je ne comprends pas ces paroles! Mais ce n'est pas cela le couronnement de tout. Le couronnement de tout est un corps transformé. Paul écrit à propos de ce corps transformé:

«Voici, je vous dis un mystère: nous ne mourrons pas tous, mais tous nous serons changés, en un instant, en un clin d'œil, à la dernière trompette. La trompette sonnera, et les morts ressusciteront incorruptibles, et nous, nous serons changés.» (1 Corinthiens 15:51–54)

Merci Jésus, pour ton œuvre sur la croix. Je proclame que parce que Jésus a subi la mort pour moi, j'ai la vie, une vie de résurrection maintenant et la vie éternelle. Je proclame que Jésus a été retranché par la mort afin que je puisse être attaché à Dieu éternellement. Amen.

L'éternité avec Dieu

Jésus a été retranché par la mort
afin que nous puissions être attachés à Dieu éternellement.

Le troisième aspect de la vie que nous avons en Christ, c'est la consommation de l'œuvre de Jésus dans l'éternité, une éternité passée dans la présence de Dieu plutôt que dans le bannissement de l'enfer.

«Car le Seigneur lui-même, à un signal donné, à la voix d'un archange, et au son de la trompette de Dieu, descendra du ciel, et les morts en Christ ressusciteront premièrement. Ensuite, nous les vivants, qui seront restés, nous serons tous ensemble enlevés avec eux sur des nuées, à la rencontre du Seigneur dans les airs, et ainsi nous serons toujours avec le Seigneur.» (1 Thessaloniciens 4:16–17)

La consommation de la rédemption est l'éternité passée dans la présence de Dieu. Les deux derniers chapitres de l'Apocalypse décrivent notre éternité dans la présence de Dieu:

«Puis je vis un nouveau ciel et une nouvelle terre; car le premier ciel et la première terre avaient disparu, et la mer n'était plus. Et je vis descendre du ciel, d'auprès de Dieu, la ville sainte, la nouvelle Jérusalem, préparée comme une épouse qui s'est parée pour son époux.» (Apocalypse 21:1–2)

Je crois que la Nouvelle Jérusalem est l'Eglise qui descend des cieux. Et elle représente la demeure permanente de Dieu. L'un des desseins suprêmes de Dieu dans l'Eglise, c'est d'avoir un endroit pour y demeurer en permanence. Le verset 3 dit, *«Et j'entendis du trône une forte voix qui disait: Voici le tabernacle de Dieu avec les hommes! Il habitera avec eux, et ils seront son peuple, et Dieu lui-même sera avec eux.»*

Merci Jésus, pour ton œuvre sur la croix. Je proclame que je vivrai l'éternité dans la présence de Dieu au lieu du bannissement, parce que Jésus a été retranché par la mort afin que je puisse être attaché à Dieu éternellement. Amen.

L'union avec Christ

Jésus a été retranché par la mort
afin que nous puissions être attachés à Dieu éternellement.

Mais celui qui s'attache au Seigneur est avec lui un seul esprit.

(1 Corinthiens 6:17)

Le terme *«s'attache»* n'est pas conjugué au passé mais au présent continu. En d'autres termes: «Celui qui s'attache continuellement au Seigneur est avec lui un seul esprit.» Avec Dieu, il y a une union spirituelle parallèle à l'union naturelle entre un homme et une femme. C'est ce que dit la Bible. C'est tellement réel, tellement intime, que le chrétien peut s'attacher (littéralement 'coller') à Dieu afin de ne faire qu'un avec lui.

Tout comme Jésus est un avec le Père, le chrétien peut être un avec le fils: *«Celui qui s'attache au Seigneur est avec lui un seul esprit.»* Je voudrais souligner encore une fois qu'il ne s'agit pas d'un événement décrit au passé. C'est un présent continu: «Celui qui s'attache continuellement au Seigneur.» Jésus a vécu en union continuelle avec le Père. Si jamais cette union avait été brisée, ce qui n'est jamais arrivé avant la croix, il aurait renoncé à la vie. Et, en tant que chrétiens, vous et moi ne vivons que dans la mesure où nous sommes en union continuelle avec le Fils, Jésus-Christ. En vivant unis à lui, nous sommes un seul esprit.

L'activité première de l'esprit humain est l'union avec Dieu. C'est la seule partie de l'homme qui peut être directement unie à lui. Le grand privilège que nous avons en esprit c'est l'union et la communion avec Dieu.

Le chrétien doit vivre de son union avec Christ, tout comme Christ vit de son union avec le père. Nous sommes dépendants à vie, jour après jour, de notre union avec Christ. Ne vous appuyez jamais sur votre expérience d'hier pour votre vie d'aujourd'hui.

Merci Jésus, pour ton œuvre sur la croix. Je proclame que je vis en union avec Christ, et que nous sommes un seul esprit. Jésus a été retranché par la mort afin que je puisse être attaché à Dieu éternellement. Amen.

La communion avec le Créateur

Jésus a été retranché par la mort
afin que nous puissions être attachés à Dieu éternellement.

En 1 Thessaloniciens 5:23, Paul prie: «*Que le Dieu de paix vous sanctifie lui-même tout entiers, et que tout votre être, l'esprit, l'âme et le corps, soit conservé irrépréhensible, ...*» Ici, Paul rassemble les trois éléments qui forment la personne humaine au complet, il les énumère dans l'ordre décroissant, du plus grand au plus petit, tout d'abord l'esprit, ensuite l'âme puis le corps.

L'esprit est la part de l'être humain qui a été directement insufflée par Dieu en l'homme au jour de sa création. Il est par conséquent capable d'union et de communion directes avec le Créateur. En 1 Corinthiens 6:17, Paul dit: *«Mais celui qui s'attache au Seigneur est avec lui un seul esprit.»* Il ne serait pas correct de dire: «une seule *âme* avec lui.» Seul l'esprit de l'homme est capable d'union directe avec Dieu. Dans le modèle originel de la création, l'esprit de l'homme est relié à Dieu, son Créateur par le haut et par le bas à son âme. Dieu communique directement avec l'esprit de l'homme et, par celui-ci, avec son âme. L'esprit de l'homme et son âme s'expriment ensemble par l'intermédiaire de son corps.

Laissez-moi vous donner trois définitions des fonctions de l'esprit de l'âme et du corps, des définitions simples mais non moins utiles. L'esprit est conscient de Dieu, l'âme est consciente d'elle-même et le corps est conscient du monde. Par l'esprit nous avons conscience de l'existence de Dieu. Dans notre âme, nous avons conscience de nous-mêmes. Et par notre corps et ses sens, nous sommes reliés au monde autour de nous.

Lorsque l'esprit de l'homme est ramené dans son union avec Dieu, il est ranimé pour devenir une lampe. Le Saint-Esprit vient et inonde cette lampe, illuminant tout l'être intérieur de l'homme. (Lire Proverbes 20:27.)

Merci Jésus, pour ton œuvre sur la croix. Je proclame que je suis en union directe et en communion avec mon Créateur, parce que Jésus a été retranché par la mort afin que je puisse être attaché à Dieu éternellement. Amen.

---

2 JUIN

Une relation maritale avec le Seigneur

Jésus a été retranché par la mort
afin que nous puissions être attachés à Dieu éternellement.

En Romains 7, Paul dit que, sous la loi nous étions mariés. La loi était comme une alliance maritale et ce pour la vie. A qui (ou à quoi) étions-nous mariés? A notre nature charnelle. L'essence même de la loi consiste en notre capacité à l'observer. Cette observance dépend de notre nature charnelle, ce qui explique pourquoi cela ne fonctionne jamais.

Se mettre sous la loi ressemble à prendre part à une cérémonie de mariage durant laquelle vous épousez votre nature charnelle. Tant que celle-ci restera en vie, vous devez rester mariés avec elle, vous ne pouvez pas divorcer et épouser quelqu'un d'autre. La bonne nouvelle, c'est que cette première épouse est morte. Et quand est-elle morte? Lorsque Jésus est mort sur la croix. Notre vieil homme a été crucifié avec lui. Si vous arrivez à en saisir le sens, vous direz: «Loué soit Dieu, je suis libre. Je n'ai plus à suivre cette horrible épouse que j'avais qui me rendait la vie impossible, ne m'apportait aucune bénédiction, ni de paix ni de justice. Je ne suis plus lié à cette vile épouse. Je peux épouser quelqu'un d'autre.»

L'alternative, c'est d'être marié à l'unique qui est ressuscité des morts, le Christ ressuscité et glorifié. Il peut devenir votre époux que vous soyez un homme ou une femme. Ce dont nous parlons c'est d'une relation en esprit. En 1 Corinthiens 6:15-16, Paul a donné l'image d'une union sexuelle entre un homme et une prostituée. Il a utilisé cette image pour aider les gens à envisager un autre type d'union qu'ils pourraient avoir, une union avec le Seigneur. Elle n'est pas sexuelle, elle est spirituelle, c'est-à-dire une relation maritale avec le Seigneur. *«Celui qui s'attache au Seigneur est avec lui un seul esprit»* (1 Corinthiens 6:17) non pas d'âme ou de corps, mais une relation d'esprit.

Merci Jésus, pour ton œuvre sur la croix. Je proclame que je suis marié en esprit à l'unique qui soit ressuscité des morts, le Christ ressuscité et glorifié. Je proclame que Jésus a été retranché par la mort afin que je puisse être attaché à Dieu éternellement. Amen.

L'adoration: la consommation

Jésus a été retranché par la mort
afin que nous puissions être attachés à Dieu éternellement.

En Jean 4:23–24, Jésus dit que le père recherche ceux qui sont prêts à l'adorer en esprit et en vérité. L'adoration est une fonction de l'esprit. Par quel acte sommes-nous attachés au Seigneur comme un seul esprit? Par l'adoration. C'est pourquoi elle représente l'activité la plus importante pour un être humain.

Lorsque nous sommes unis au Seigneur dans l'adoration, nous commençons à produire ou à laisser surgir les choses que Dieu veut faire naître en nous. La louange n'est pas une sorte d'appendice à la vie chrétienne, ce n'est pas une arrière-pensée, un simple 'plus' à nos cultes. L'adoration est le point culminant, elle est la confirmation. Si je puis dire cela sans offenser personne, l'adoration est la consommation de notre mariage avec le Seigneur. Elle nous unit à lui en un seul esprit. Lorsque nous vivons cette union du mariage, c'est toujours dans le but de procréer. Ce qui signifie que lorsque nous procréons, nous produisons du fruit spirituel. Par «fruit spirituel,» je me réfère aux fruits de l'esprit, comme énumérés en Galates 5:22-23: *« l'amour, la joie, la paix, la patience, la bonté, la bénignité, la fidélité, la douceur, la tempérance.»*

Les gens qui produisent le genre de fruits cités dans ce passage n'ont plus besoin d'être gouvernés par la loi. Ils ne sont plus sous la loi. Ils sont sortis de leur mariage charnel sous la loi et ils sont libres d'épouser Christ ressuscité par le Saint-Esprit et de produire le fruit conséquent à ce genre d'union. La clé de la vie chrétienne n'est pas l'effort, c'est l'union.

Merci Jésus, pour ton œuvre sur la croix. Je proclame que lorsque j'adore le Seigneur, je suis uni(e) à lui en un seul esprit. Je proclame que Jésus a été retranché par la mort afin que je puisse être attaché à Dieu éternellement. Amen.

Semaine 23:

J'ai été pardonné et libéré de mes péchés.

Lui [Jésus-Christ] en qui nous avons la rédemption,
la rémission des péchés.

—Colossiens 1:14

Un casier vierge

J'ai été pardonné et libéré de mes péchés.

L'un des aspects les plus miraculeux de la nature de Dieu, c'est que lorsqu'il nous pardonne, il ne le fait pas à moitié. Il le fait totalement. Michée décrit ce fait superbement:

«Quel Dieu est semblable à toi, qui pardonnes l'iniquité, qui oublies les péchés du reste de ton héritage? Il ne garde pas sa colère à toujours, car il prend plaisir à la miséricorde. Il aura encore compassion de nous, il mettra sous ses pieds nos iniquités; tu jetteras au fond de la mer tous leurs péchés.» (Michée 7:18–19)

N'est-ce pas magnifique? Quoi que nous ayons fait, tout ce qui pourrait nous faire sentir coupables, toute accusation de l'ennemi contre nous, Dieu la met sous ses pieds et la jette au fond de la mer.

Quelqu'un a remarqué un jour que lorsque Dieu jette nos péchés à la mer, il place une pancarte de «PECHE INTERDITE!» au-dessus. N'essayez jamais de revenir exhumer ce que Dieu a inhumé. Si Dieu vous a pardonné, c'est que vous l'êtes vraiment. Rien n'est remis en question. Le pardon de Dieu est total. En Esaïe, Dieu s'adresse à son peuple en disant:

«C'est moi, moi qui efface tes transgressions pour l'amour de moi, et je ne me souviendrai plus de tes péchés.» (Esaïe 43:25)

Lorsque Dieu pardonne, il efface l'ardoise. Le casier est vierge. C'est comme si ce qui a été pardonné n'avait jamais eu lieu. Non seulement il en efface l'ardoise, mais il l'efface aussi de sa propre mémoire. Il dit qu'il ne se souviendra plus jamais de nos péchés.

Dieu n'a pas mauvaise mémoire, mais il a la capacité d'oublier. Et lorsqu'il pardonne, il oublie!

Merci Seigneur, pour ton pardon. Je proclame que le pardon de Dieu est total: il a effacé mon ardoise et mon casier est vierge. J'ai été pardonné et libéré de mes péchés. Amen.

Rien ne pourra nous nuire

J'ai été pardonné et libéré de mes péchés.

«[Dieu] qui nous a délivrés de la puissance des ténèbres et nous a transportés dans le royaume du Fils de son amour, en qui nous avons la rédemption, la rémission des péchés.» (Colossiens 1:13–14)

Par notre foi en Jésus et sa mort sacrificielle, Dieu nous a délivrés de la puissance des ténèbres. Retenez ce terme de *puissance*. Le grec original dit autorité. Satan a l'autorité sur celui qui désobéit, qui ne croit pas et qui n'est pas sauvé. Cependant, à travers Jésus, Dieu nous a délivrés de cette puissance des ténèbres et nous a transportés dans le Royaume du Fils de son amour, en qui nous avons la rédemption.

Notez bien ce terme central de *rédemption*. Nous avons été rachetés. Nous ne sommes plus sous le pouvoir de la malédiction, grâce à la mort rédemptrice et au sang versé de Jésus.

«Celui qui pèche est du diable, car le diable pèche dès le commencement. Le Fils de Dieu a paru afin de détruire les œuvres du diable.» (1 Jean 3:8)

Pour quelle raison Jésus est-il venu? Pour détruire les œuvres du diable. Dont la malédiction fait partie!

«Voici, je vous ai donné le pouvoir de marcher sur les serpents et les scorpions, et sur toute la puissance de l'ennemi; et rien ne pourra vous nuire.» (Luc 10:19)

Satan peut avoir de la puissance, mais Jésus nous a donné une puissance au-dessus de celle de satan, afin que: *«rien ne puisse nous nuire.»*

Merci Seigneur, pour ton pardon. Je proclame que Jésus m'a délivré de la puissance des ténèbres et qu'il m'a donné une puissance supérieure à celle de satan, afin que «rien ne puisse me nuire». J'ai été pardonné et libéré de mes péchés. Amen.

Remplacer le vieil homme pécheur

J'ai été pardonné et libéré de mes péchés.

Afin que la délivrance de la tyrannie du péché soit complète, Dieu a dû faire un triple don. Premièrement, il a dû se charger de nos péchés (les actes pécheurs que nous avons commis.) C'est parce que Jésus a payé le prix total de nos péchés sur la croix que Dieu peut nous pardonner sans compromettre sa propre justice. Son premier don est donc le pardon.

Puis, Dieu a également dû se charger de cette nature corrompue en nous qui nous poussait à commettre ces actes pécheurs. Son don ici a été l'exécution, la mise à mort de cette nature. La bonne nouvelle, c'est que cette exécution a eu lieu il y a plus de 19 siècles, lorsque Jésus est mort sur la croix.

Ce n'est pas fini, cependant. Le dessein de Dieu est de remplacer le vieil homme pécheur par un homme nouveau, créé par lui. Paul explique ce don dans l'épître aux Ephésiens, en disant:

«C'est en lui que vous avez été instruits à vous dépouiller, eu égard à votre vie passée, du vieil homme qui se corrompt par les convoitises trompeuses, à être renouvelés dans l'esprit de votre intelligence, et à revêtir l'homme nouveau, créé selon Dieu dans une justice et une sainteté que produit la vérité.» (Ephésiens 4:22–24)

Cependant, ne partons pas du principe que ce vieil homme acceptera docilement la sentence d'exécution. Au contraire, il luttera, farouchement parfois, afin de reprendre le contrôle sur nous. Ce qui explique les paroles de Paul en Colossiens 3:3, lorsqu'il dit, *«Car vous êtes morts...»* Puis, au verset 5, il continue, *«Faites donc mourir les membres qui sont sur la terre,...»* Nous devons tenir par la foi jusqu'à ce que la mort de notre vieil homme soit un fait accompli et résister activement à ses tentatives de reprendre le contrôle sur nous.

Merci Seigneur, pour ton pardon. Je proclame que, sur la croix, Jésus a mis à mort ma nature pécheresse et l'a remplacée par une nouvelle nature. Je résiste activement aux tentatives de mon vieil homme de reprendre le contrôle sur moi en proclamant que j'ai été pardonné et libéré de mes péchés. Amen.

La victoire permanente et totale

J'ai été pardonné et libéré de mes péchés.

La mort sacrificielle de Jésus sur la croix est l'unique moyen par lequel Dieu peut pourvoir à tous les besoins de l'humanité. Plutôt que d'engager des actions différentes, à différents moments, la Bible dit: *«Car, par une seule offrande, il a amené à la perfection pour toujours ceux qui sont sanctifiés».* (Hébreux 10:14).

L'auteur d'Hébreux explique qu'après que Jésus eût procédé à cet unique sacrifice, il *«s'est assis pour toujours à la droite de Dieu»* (verset 12). Pourquoi s'est-il assis pour toujours? Parce qu'il n'allait plus jamais avoir à le refaire.

Par son œuvre sur la croix, Jésus a administré à satan et à son royaume une défaite totale, permanente et irréversible. Il n'aura plus jamais à accomplir cette œuvre. Satan a été vaincu. Vous et moi n'avons pas à le vaincre, mais nous devons appliquer la victoire que Jésus a déjà remportée et y marcher.

Nous lisons en Colossiens 1:12, *«Rendez grâces au Père, qui vous a rendus capables d'avoir part à l'héritage des saints dans la lumière.»* Notre héritage est dans la lumière et il n'y a aucunes ténèbres en lui. Tout est dans la lumière. Et comment a-t-il obtenu ce résultat?

«Il nous a délivrés de la puissance [Je préfère dire le domaine] *des ténèbres et nous a transportés dans le royaume du Fils de son amour, en qui nous avons la rédemption, la rémission des péchés.»* (Versets 13–14)

Par la rédemption à travers le sang de Jésus, nous avons été délivrés du champ d'action des ténèbres et transportés dans le royaume du Fils de son amour.

Merci Seigneur, pour ton pardon. Je proclame qu'à travers la croix, Jésus a administré à satan et à son royaume une défaite totale, permanente et irréversible. J'applique la victoire que Jésus a remportée et j'y marche, car j'ai été pardonné et libéré de mes péchés. Amen.

Libres du légalisme

J'ai été pardonné et libéré de mes péchés.

En Romains 8:15, Paul s'adressait aux chrétiens baptisés dans le Saint-Esprit en disant: *«Et vous n'avez point reçu un esprit de servitude, pour être encore dans la crainte»*.

Esprit de servitude signifie esclavage. Paul avertissait les chrétiens de ne pas laisser le diable les reprendre en esclavage. Et il suggère très clairement que la forme d'esclavage sous laquelle ils seraient tentés de retourner serait la religiosité (l'asservissement à la loi dont ils avaient été délivrés lorsque Jésus est mort sur la croix).

Toute l'épître aux Galates traite de cette question essentielle de ne plus se laisser asservir par le légalisme religieux après avoir été libérés par l'évangile et par la puissance du Saint-Esprit. En fait, Paul a traité ce problème comme une chose bien plus grave et dangereuse même que les péchés sexuels, comme la fornication ou l'adultère. Ce qui est assez remarquable, c'est que l'épître aux Galates est la seule parmi ses épîtres que Paul ne débute pas en remerciant Dieu pour les gens à qui il écrit. Il était tellement contrarié par leurs actes qu'il a abordé le sujet sans détour: *«Je m'étonne que vous vous détourniez si promptement de celui qui vous a appelés par la grâce de Christ, pour passer à un autre Évangile.»* (Galates 1:6).

Ceci est une allusion claire aux démons religieux qui ramènent les gens dans l'esclavage du légalisme. Soyons attentifs à l'avertissement sur lequel Paul insiste: *«Ne vous laissez pas mettre de nouveau sous le joug de la servitude* [esclavage].*»* (Galates 5:1)

Merci Seigneur, pour ton pardon. Je proclame que je ne me laisserai pas asservir par le légalisme religieux après avoir été libéré par l'évangile et par la puissance du Saint-Esprit. J'ai été pardonné et libéré de mes péchés. Amen.

«Aucune condamnation»

J'ai été pardonné et libéré de mes péchés.

«Il n'y a donc maintenant aucune condamnation pour ceux qui sont en Jésus-Christ..... Car, chose impossible à la loi, parce que la chair la rendait sans force, -Dieu a condamné le péché dans la chair, en envoyant, à cause du péché, son propre Fils dans une chair semblable à celle du péché.» (Romains 8:1, 3)

Il existe deux sortes de cafés: le café filtre et l'instantané. Le café filtre prend plus de temps parce qu'il doit passer par le processus du filtrage. L'épître aux Romains ressemble au café filtre. Nous ne pouvons pas extraire du café instantané du chapitre 8. Nous devons passer par le filtre des sept chapitres précédents. Ils font office de percolateur. Toutefois, le résultat est bien plus riche. Ce n'est qu'après être passés par ces chapitres que nous arrivons à ce *«donc.»* Les chapitres qui précèdent traitent de l'état de péché total dans lequel se trouve toute l'humanité, ainsi que de l'échec de la religion à changer la nature pécheresse de l'homme. En utilisant les exemples d'Abraham et de David (voir chapitre 4) et en les comparant à Adam et au Christ (voir chapitre 5), Paul en arrive, au chapitre 6, à révéler la solution de Dieu pour le vieil homme: l'exécution. Dieu ne répare par le vieil homme. Il ne le reforme pas. Il l'exécute! La bonne nouvelle, c'est que cette exécution a eu lieu lorsque Jésus est mort sur la croix.

Romains 7 traite de notre rapport à la loi. J'ai toujours pensé, *Pourquoi en revenir à la loi après tout cela?* Mais, j'ai appris que le dernier obstacle à franchir, la dernière étape du percolateur, c'est notre rapport à la loi. Sans le percolateur, nous ne pouvons pas vivre Romains 8, à cause de cette condition essentielle: *«aucune condamnation.»* Le moment où nous revenons sous la condamnation est celui où nous sortons de la vie contrôlée par l'Esprit de Romains 8. L'objectif principal du diable est de nous ramener sous la condamnation. L'objectif de la parole de Dieu, particulièrement en Romains, est de nous en libérer.

Merci Seigneur, pour ton pardon. Je suis libre de l'effort du diable pour me ramener sous la condamnation, et il n'y en a aucune pour moi parce que je suis en Christ Jésus. J'ai été pardonné et libéré de mes péchés. Amen.

---

10 JUIN

Tout à lui

J'ai été pardonné et libéré de mes péchés.

Il était une fois un garçon qui vivait dans un village côtier. Il était sculpteur sur bois, très doué et intelligent, et un jour, il se fabriqua un petit bateau en bois. Lorsqu'il lui ajouta des voiles, celui-ci naviguait vraiment. Un jour, il l'amena sur la côte et le fit naviguer un peu en bordure de côte, mais la marée changea de direction et emporta son bateau vers la haute mer, il ne put jamais le récupérer. Il rentra donc à la maison, les mains vides.

Au changement suivant de marée et de vent, le bateau revint sur la côte. Un homme, marchant le long de la plage, le trouva, le ramassa et trouva que c'était une jolie petite œuvre d'art. Il l'apporta à un magasin et le vendit. Le propriétaire du magasin le nettoya et le mit en vitrine au prix de 35 dollars.

Quelques instants plus tard, le garçon passa devant le magasin, regarda la vitrine et vit son bateau à vendre pour 35 dollars. Il savait cependant qu'il n'avait aucun moyen de prouver que le bateau était le sien. S'il voulait le récupérer, il ne lui restait qu'une chose à faire, le racheter.

Il se mit à l'œuvre, acceptant toutes sortes de travaux afin de gagner l'argent qui lui permettrait de récupérer son bateau. Une fois l'argent réuni, il entra dans le magasin et annonça: «je voudrais acheter ce bateau.» Il le paya et, après qu'on lui eut remis son acquisition, il sortit du magasin et s'arrêta sur le trottoir. Il serra le bateau contre sa poitrine et dit: «Tu es à moi maintenant, je t'ai fait et je t'ai acheté.» C'est ça la rédemption. En premier, le Seigneur nous a fait, mais nous avons été mis en vente sur le marché aux esclaves de satan. Puis, il nous a achetés. Nous sommes doublement à lui. Comprenez-vous votre valeur aux yeux du Seigneur? Pensez un instant à vous-même comme à ce bateau. Peut-être vous sentez-vous tellement insignifiant et inutile. Vous vous demandez si Dieu tient vraiment à vous. Essayez de croire que vous êtes ce bateau dans les bras du Seigneur et qu'il est en train de vous dire: «Maintenant tu es à moi. Je t'ai fait et je t'ai acheté, tu m'appartiens, tu es tout à moi.»

Merci Seigneur, pour ton pardon. Je proclame que je suis dans les bras du Seigneur et qu'il a déclaré que je suis à lui. Il m'a fait et m'a acheté, il m'aime, je suis tout(e) à lui. J'ai été pardonné et libéré de mes péchés. Amen.

24ème semaine:

Je suis enfant de Dieu.

Mais à tous ceux qui l'ont reçue, à ceux qui croient en son nom, elle a donné le pouvoir de devenir enfants de Dieu.

—Jean 1:12

Une véritable identité

Je suis enfant de Dieu.

La raison pour laquelle Jésus est venu sur cette terre était (et est) de nous ramener à Dieu. Si notre esprit n'atteint pas la pleine compréhension de cette révélation de la part de Dieu, nous n'arriverons pas non plus à comprendre le but de l'œuvre complète et suprême de la rédemption. Lorsque nous saisissons la plénitude de cette révélation et que nous entrons en relation directe avec Dieu en tant que père, cela apporte des éléments qui manquent visiblement dans la vie émotionnelle de nombreuses personnes de notre culture. Les trois choses qui découlent de cette révélation et de cette relation sont l'identité, l'estime de soi et la sécurité.

L'identité est un réel problème pour les gens d'aujourd'hui. Le succès du livre et de la série télévisée *Racines* en représente une illustration intéressante. En résumé, l'histoire est celle d'un homme à la recherche de ses racines, ou de ses origines, pour renforcer son sentiment d'appartenance identitaire. Toute l'humanité est plongée dans une recherche identique. Les hommes et les femmes veulent savoir d'où ils viennent, qui les a précédés, comment tout a commencé et qui ils sont. La Bible et la psychologie s'accordent à dire que personne ne trouve réellement de réponse à la question «qui suis-je» s'il ne sait pas qui est son père.

De nos jours, les relations humaines entre parents et enfants se brisent et se fragmentent de plus en plus et tout cela résulte en une vaste crise d'identité. Le christianisme répond à cette crise en amenant les hommes et les femmes dans une relation directe et personnelle avec Dieu le père, à travers Jésus-Christ le fils. Les gens qui connaissent réellement Dieu comme leur père n'ont plus ce problème d'identité. Ils savent qui ils sont, ils sont enfants de Dieu. Leur père a créé l'univers, il les aime et il se soucie d'eux.

Merci Jésus de m'avoir racheté. Je proclame qu'à cause de ma relation avec Dieu le père, à travers Jésus, je sais qui je suis. Je proclame que je suis enfant de Dieu. Amen.

Une réelle estime de soi

Je suis enfant de Dieu.

Je ne compte plus les gens dont je me suis occupé et dont le plus grand problème était l'incapacité à s'apprécier eux-mêmes suffisamment. L'estime de soi leur faisait grandement défaut, ce qui les plongeait dans de nombreuses agonies spirituelles et émotionnelles.

1 Jean 3:1 dit, *«Voyez quel amour le Père nous a témoigné, pour que nous soyons appelés enfants de Dieu! Et nous le sommes»*. Une fois que nous comprenons réellement que nous sommes des enfants de Dieu, aimés de manière intime et personnelle, à qui il s'intéresse, pour qui il n'est jamais trop occupé et avec qui il désire une relation personnelle directe, notre propre estime remonte sérieusement.

Un jour, alors que je me rendais à une réunion, je suis littéralement entré en collision avec une dame qui marchait à toute vitesse dans le sens contraire. Le choc passé, elle reprit ses esprits et me dit: «Mr. Prince, J'ai prié Dieu que nous nous rencontrions s'il désirait que vous me parliez.»

«Eh bien,» ai-je dit, «Nous nous sommes rencontrés. Mais je ne peux vous accorder que quelques minutes, je suis très occupé.» Elle a commencé à me raconter son problème et, après un moment, je l'ai interrompue en disant: «Je suis désolé, il ne me reste qu'une minute .... Mais je pense savoir quel est votre problème. Voudriez-vous bien me suivre dans cette prière?» Je l'ai conduite dans une prière dans laquelle elle a remercié Dieu parce qu'il était son père et qu'elle était son enfant, parce qu'il l'aimait et s'intéressait à elle, qu'elle était spéciale et qu'elle appartenait à la meilleure famille de l'univers. Puis, nous sommes partis chacun de notre côté.

Environ un mois plus tard, j'ai reçu une lettre de cette même dame, dans laquelle elle écrivait: «Je voulais juste vous dire que le fait d'avoir fait cette prière avec vous a totalement changé mon attitude envers la vie. Pour la première fois, j'ai réellement eu le sentiment de ma propre valeur.»

Merci Jésus de m'avoir racheté. Je proclame que c'est ma relation directe et personnelle avec le Seigneur qui me donne le sens de ma propre valeur. Je proclame que je suis enfant de Dieu. Amen.

Venir au Père

Je suis enfant de Dieu.

Lorsque Jésus est venu sur terre, son but ultime était d'amener au Père ceux qui voudraient bien se tourner vers lui. La Bible expose ce principe en de nombreux endroits, comme par exemple le passage suivant:

«Christ aussi a souffert une fois pour les péchés, lui juste pour des injustes, afin de nous amener à Dieu,» (1 Pierre 3:18)

Pourquoi Jésus est-il mort? «Afin de nous amener à Dieu.» Jésus n'était pas la fin, il était le chemin. Il l'a dit lui-même de manière assez catégorique en Jean 14:6:

«Jésus lui dit: Je suis le chemin, la vérité, et la vie. Nul ne vient au Père que par moi.»

Jésus est le chemin, mais le Père est la destination. Je pense que souvent dans notre foi chrétienne, nous passons vraiment à côté du dessein de Dieu. Nous parlons beaucoup du Seigneur Jésus comme de notre Sauveur, celui qui intercède pour nous, notre médiateur, etc. Tous ces termes sont magnifiques et authentiques, mais ils n'atteignent pas le dessein de Dieu. Ce dessein n'est pas simplement que nous venions au fils, mais également qu'à travers lui, nous venions au Père.

Merci Jésus de m'avoir racheté. Je proclame qu'à travers le Fils, je viens au Père. Je proclame que je suis enfant de Dieu. Amen.

Adopté!

Je suis enfant de Dieu.

J'aime la traduction Semeur d'Ephésiens 1:5 à cause d'un mot en particulier: «adopter». *«Puisqu'il nous a aimés, il nous a destinés d'avance à être ses enfants qu'il voulait adopter par Jésus–Christ. Voilà ce que, dans sa bonté, il a voulu pour nous afin que nous célébrions la gloire de sa grâce qu'il nous a accordée en son Fils bien–aimé.»*.

Encore une fois, lorsque Dieu dit que nous sommes adoptés, cela ne signifie pas que nous sommes juste tolérés, mais que nous sommes très favorisés. Nous sommes l'objet de son attention personnelle et de ses soins aimants. Nous sommes numéro Un sur sa liste de choses à faire dans l'univers. Il ne nous repousse pas dans un coin en disant: «Attend, je suis occupé,» ou «je n'ai pas le temps pour toi maintenant,» ou «Ne fais pas de bruit, papa dort.» Il dit: «Je m'intéresse à toi, je te veux. Tu es le bienvenu, j'ai attendu longtemps que tu viennes.»

C'est comme le père dans l'histoire du fils prodigue. Il attendait dehors que son fils revienne. Les autres n'ont pas eu besoin de dire: «Tu sais, ton fils revient à la maison.» Le premier à le savoir a été le père. Il l'a su avant le reste de la famille. L'attitude de Dieu envers nous à travers Christ est pareille. Nous ne sommes pas des rejetés. Nous ne sommes pas des citoyens de seconde zone. Et nous ne sommes pas des serviteurs.

Lorsque le fils prodigue est revenu, il voulait être un serviteur. Il a dit: «Père, traite-moi comme l'un de tes mercenaires». Mais si vous lisez l'histoire attentivement, vous remarquerez que lorsque le fils a confessé ses péchés, le père l'a interrompu, il ne lui a pas permis de finir. Il ne l'a pas autorisé à redire: «Père, traite-moi comme l'un de tes mercenaires.» Au contraire, il a dit: *«Apportez vite la plus belle robe, et l'en revêtez; mettez-lui un anneau au doigt, et des souliers aux pieds. Amenez le veau gras, et tuez-le. Mangeons et réjouissons-nous; car mon fils que voici était mort, et il est revenu à la vie; il était perdu, et il est retrouvé.»* (Luc 15:22–24). Loué soit Dieu!

Merci Jésus de m'avoir racheté. Je proclame que par la grâce de Dieu, je suis «adopté en le bien-aimé.» Je proclame que je suis enfant de Dieu. Amen.

Dans les bras du Père

Je suis enfant de Dieu.

Imaginez un petit enfant solidement serré dans les bras de son père, son visage pressé contre son épaule. Il peut y avoir une grande confusion ou une grande détresse autour de lui. Le monde peut s'écrouler. Mais le petit enfant est totalement tranquille, pas du tout inquiet des événements qui se déroulent autour de lui. Il est en sécurité dans les bras de son père.

Nous aussi, nous sommes solidement serrés dans les bras de notre père. Jésus nous a assurés que notre père est plus grand que tout ce qui nous entoure et que personne ne peut nous arracher de sa main.

Jésus a également donné cette assurance à ses disciples: *«Ne crains point, petit troupeau; car votre Père a trouvé bon de vous donner le royaume»* (Luc 12:32). Nous ne sommes peut-être qu'un petit troupeau, environné de bêtes sauvages de toutes sortes. Mais, si notre Père s'est engagé à nous donner le royaume, aucune puissance dans l'univers ne peut nous le retirer.

Merci Jésus de m'avoir racheté. Je proclame que je suis en sécurité dans les bras du Père. Je suis enfant de Dieu. Amen.

Plaire au Père

Je suis enfant de Dieu.

En Philippiens 2:3, Paul nous avertit, nous serviteurs de l'Eternel: «Ne faites rien par esprit de parti ou par vaine gloire.»

Au cours des années, j'ai observé que l'un des problèmes persistants et insidieux de l'Eglise est l'ambition personnelle et la compétition parmi les leaders, et tout particulièrement les pasteurs. Au cas où je vous paraîtrais trop catégorique, laissez-moi vous dire que j'ai observé cette tendance premièrement dans ma propre vie.

Nous faisons souvent l'erreur de mettre en équation la sécurité et la réussite. Nous pensons, si je bâtis la plus grande église ou si je tiens les plus grandes réunions ou si je rassemble le plus grand nombre de noms sur ma liste, je serai en sécurité. Mais c'est une illusion. En fait, plus nous tendons vers une réussite personnelle, moins nous sommes en sécurité. Nous sommes continuellement menacés par la possibilité que quelqu'un puisse avoir une plus grande église ou organiser de plus grandes réunions ou avoir une plus grande liste de contacts.

En ce qui me concerne, j'ai trouvé mon modèle parfait en Jésus, qui a dit: *«Celui qui m'a envoyé est avec moi; il ne m'a pas laissé seul, parce que je fais toujours ce qui lui est agréable.»* (Jean 8:29). Je ne suis plus motivé par l'ambition personnelle. J'ai découvert une motivation plus douce, plus pure: celle de simplement plaire au Père.

Je m'entraîne à aborder chaque situation et chaque décision avec une simple et unique question: *Comment puis-je plaire à mon Père?* Lors de périodes de frustration et d'échec apparent, je cherche à me recentrer sur une attitude qui plaise au Père plutôt que de m'acharner à résoudre le problème. En tant que serviteurs de Christ, il n'y aura pas de compétition entre nous si nous sommes motivés par le simple désir de plaire à notre Père. L'harmonie et la préoccupation les uns des autres remplaceront l'acharnement et l'égoïsme.

Merci Jésus de m'avoir racheté. Je proclame que ma motivation dans la vie est de plaire au Père, (parce que je suis enfant de Dieu). Amen.

Notre véritable foyer

Je suis enfant de Dieu.

Un jour, où j'étais réellement préoccupé par mon état spirituel, j'ai demandé à Dieu de rendre le ciel plus réel pour moi. Je crois que le ciel est le foyer de tout enfant de Dieu.

Je n'ai jamais rencontré d'enfant qui n'avait pas une claire conception de son foyer. Un enfant peut ne pas connaître le monde extérieur, mais il connaît son foyer. Je pense que l'un de nos traits caractéristiques en tant qu'enfants de Dieu, c'est que le ciel représente notre chez nous. La terre est magnifique, la vie est intéressante. Mais, ce monde n'est pas notre dernière demeure.

Les grands saints de Dieu regardaient en avant, au-delà du temps, dans l'éternité, et ils entrapercevaient ce qui était à venir. La mort physique ne représentait pas le grand saut dans l'inconnu. Ils avaient une claire révélation de ce à quoi s'attendre. Je me réjouis d'avance pour le temple. J'anticipe avec joie la rencontre avec les anges. Et je jubile à l'idée de connaître les quatre êtres vivants. Je me réjouis tellement, à l'idée de tant de choses. Je me figure la mer de verre, semblable à du cristal comme une chose très exaltante. (Lire, par exemple en Apocalypse 3:5; 4:6–8; 7:15.) Rien ne sera monotone au ciel.

Merci Jésus de nous avoir rachetés. Je proclame que le ciel est le véritable foyer de tout enfant de Dieu, et pour moi, car je suis enfant de Dieu. Amen.

25ème semaine:

Je suis l'ami de Christ.

Je ne vous appelle plus serviteurs, parce que le serviteur ne sait pas ce que fait son maître; mais je vous ai appelés amis, parce que je vous ai fait connaître
tout ce que j'ai appris de mon Père.

—Jean 15:15

Le modèle d'amitié de Dieu

Je suis l'ami de Christ.

Malheureusement, de nos jours le terme d'ami a été édulcoré. Il a perdu de sa valeur, et le concept d'amitié peut vraiment être inconsistant. Cependant, je voudrais que vous sachiez que le modèle d'amitié de Dieu n'a pas changé. Pour Dieu, l'amitié est un engagement basé sur une alliance. C'est en s'engageant dans une alliance qu'Abraham est devenu ami de Dieu. Sous la nouvelle alliance, Jésus veut nous amener avec lui (en tant que ses amis) dans le même type de relation que celle qu'Abraham a connue sous l'ancienne alliance.

En Jean 15:15, Jésus a dit à ses disciples,

«Je ne vous appelle plus serviteurs,... mais je vous ai appelés amis.»

C'est une promotion que de passer d'esclave à ami. Cependant, nous devons comprendre que, tout comme cela a été le cas pour Abraham, cette amitié n'est pas bon marché. Etre ami de Jésus a un prix. Pour nous, le fondement de l'amitié avec Jésus est identique à celui d'Abraham. C'est un contrat d'alliance. Jésus était sur le point de donner sa vie lorsqu'il a dit: *«Il n'y a pas de plus grand amour que de donner sa vie pour ses amis»* (Jean 15:13). Donc, n'oubliez pas, si nous sommes les amis de Jésus, nous devons donner nos vies pour lui. C'est un engagement mutuel.

Merci Jésus de m'avoir racheté. Je proclame que parce que Jésus a donné sa vie pour moi je donnerai la mienne pour lui, car je suis l'ami de Christ. Amen.

La communion parfaite

Je suis l'ami de Christ.

Dans sa première épître, Jean dit:

«Ce que nous avons vu et entendu, nous vous l'annonçons, à vous aussi, afin que vous aussi vous soyez en communion avec nous. Or, notre communion est avec le Père et avec son Fils Jésus-Christ.» (1 Jean 1:3)

En d'autres termes, l'évangile est une invitation de Dieu à partager la communion que le Fils a avec le Père. Le terme grec pour *communion* est *koinonia.* C'est un terme important dans le Nouveau Testament qui signifie littéralement: «partage commun.» Ainsi donc, la communion est un partage commun. Nous sommes invités à partager avec Dieu le Père la relation qu'il a avec Dieu le Fils. Une chose est claire concernant cette relation: Dieu le père et Dieu le Fils ont tout en commun. Aucun des deux ne soustrait quoi que ce soit à l'autre.

En Jean 17:10, Jésus a dit à son Père,

«Et tout ce qui est à moi est à toi, et ce qui est à toi est à moi;...»

C'est la parfaite *koinonia*, la parfaite communion (le parfait partage de toutes choses). C'est le modèle parfait de relation dans laquelle Dieu veut nous amener.

Merci Jésus de m'avoir racheté. Je proclame que j'ai été invité à partager la même relation que le Père et le Fils ont ensemble. J'entre dans la parfaite communion, parce que je suis l'ami de Christ. Amen.

Le prix de l'amitié

Je suis l'ami de Christ.

Souvent, la mesure de l'engagement de Dieu envers vous est déterminée par la mesure de votre engagement envers lui. Dieu ne prend jamais d'engagement partiel et il n'en veut pas. Il a établi le prix d'une relation avec lui. Il s'agit de *tout ce que vous possédez. «Donc, quiconque d'entre vous ne renonce pas à tout ce qu'il possède ne peut être mon disciple»* (Luc 14:33).

Vous pouvez dire: «cela me paraît difficile.» Cependant, c'est tout à fait réaliste. Je vais vous dire deux choses à propos du royaume de Dieu. Tout d'abord, Dieu ne fait jamais de soldes. Il ne réduit jamais le prix d'aucune chose. Si vous voulez le type de relation que Pierre, Paul et Jean avaient avec le Seigneur, il faut payer le prix qu'ils ont payé. Dieu n'a pas fait de rabais.

La deuxième chose est une bonne nouvelle: Dans le royaume de Dieu, il n'y a pas d'inflation. Le prix n'a jamais augmenté et il n'a jamais baissé. Il est toujours le même.

Le fruit d'un engagement avec Dieu est la paix, la sécurité, et la joie. Est-ce ce que vous voulez? Vous devez prendre une décision. Jésus a dit:

«Voici, je me tiens à la porte, et je frappe. Si quelqu'un entend ma voix et ouvre la porte, j'entrerai chez lui, je souperai avec lui, et lui avec moi.» (Apocalypse 3:20)

Observez bien l'ordre que Jésus a établi dans ce verset. Tout d'abord, Jésus partagera votre repas, puis vous partagerez le sien. Comme Jésus a dit à son Père: *« tout ce qui est à moi est à toi, et ce qui est à toi est à moi «* (Jean 17:10). Désirez-vous prendre ce type d'engagement avec Dieu?

Merci Jésus de m'avoir racheté. Je proclame que je désire payer le prix d'un engagement total envers cette relation, car je suis l'ami de Christ. Amen.

Se repaître de Dieu

Je suis l'ami de Christ.

Tout au début de l'histoire humaine, lorsque l'homme est entré en relation avec Dieu pour la première fois, tout était tellement simple. Il n'y avait pas tout cet attirail de rituels et d'accoutrements religieux. Enoch a simplement *«marché avec Dieu»* (lire Genèse 5:22, 24). Si nous continuons dans la Bible, nous arrivons à l'éminent père de la foi, Abraham, avec son titre des plus honorables, celui d' *«ami de Dieu»* (Jacques 2:23). Dieu et lui ont simplement joui de la compagnie l'un de l'autre.

Il y a des moments où j'aspire à m'éloigner de toutes ces formalités théologiques et religieuses et à me repaître de la simple relation d'amitié avec Dieu, à marcher avec lui et à savourer sa compagnie. Je pense réellement que Dieu prend plaisir à être avec son peuple.

Nous sommes parfois tellement soucieux de méthodologie, de théologie et de doctrine que nous perdons Dieu de vue au milieu de tout ça. Nous arrivons au milieu de la forêt où tout ce que nous pouvons voir, ce sont les arbres. Nous avons perdu la vision d'ensemble. Par conséquent, il nous faudrait sortir de la forêt, jeter un coup d'œil circulaire et penser à réajuster nos priorités.

Merci Jésus de m'avoir racheté. Je proclame mon désir de marcher avec Dieu et de savourer sa compagnie, car je suis l'ami de Christ. Amen.

La mesure de l'engagement

Je suis l'ami de Christ.

Dieu a conclu une alliance avec Abraham, comme le raconte Genèse 15. Les deux personnes en jeu, Dieu et Abraham, ont pris un engagement total. A un moment donné, Dieu a demandé à Abraham d'honorer son engagement et d'offrir son fils, Isaac, en sacrifice. Cependant, l'engagement de Dieu était aussi total que celui d'Abraham. Ainsi, deux mille ans plus tard, l'accomplissement de l'autre partie de l'engagement a été requis: Dieu a donné son Fils unique, le Seigneur Jésus-Christ.

N'oubliez pas que la mesure de l'engagement que vous prenez envers Dieu détermine la mesure de son engagement envers vous. Un engagement total envers Dieu a pour effet un engagement total de sa part. C'est là l'essence même d'une alliance. Cependant, l'alliance d'Abraham avec Dieu a eu un autre effet pratique sur leur relation personnelle. Dans son épître, Jacques parle de ce qu'Abraham a fait lorsqu'il a sacrifié Isaac et du résultat de sa détermination à le faire:

«Abraham, notre père, ne fut-il pas justifié par les œuvres, lorsqu'il offrit son fils Isaac sur l'autel? Tu vois que la foi agissait avec ses œuvres, et que par les œuvres la foi fut rendue parfaite. Ainsi s'accomplit ce que dit l'Écriture: Abraham crut à Dieu, et cela lui fut imputé à justice; et il fut appelé ami de Dieu.» (Jacques 2:21–23)

Par cette alliance et sa manifestation dans le sacrifice d'Isaac, Abraham a été reconnu ami de Dieu. Ce titre est très significatif et très honorable. La leçon est la suivante: l'alliance est la porte de la véritable amitié. Lorsque deux individus contractent une alliance et en exécutent les termes, la véritable amitié est à l'œuvre.

Merci Jésus de m'avoir racheté. Je proclame mon engagement total envers Dieu et le sien envers moi (notre alliance est la porte de la véritable amitié). Je proclame que je suis l'ami de Christ. Amen.

Se soumettre à l'instruction de Dieu

Je suis l'ami de Christ.

Lorsque Dieu entreprend d'enseigner, il choisit ses étudiants sur la base de leur caractère et non sur celle de leurs capacités intellectuelles, de leurs diplômes académiques ou de leur statut social. Il recherche une attitude intérieure de cœur envers lui, une attitude de soumission respectueuse et de révérence. En outre, c'est lui qui établit le programme. Il enseigne ces individus *«dans la voie qu'il* [Dieu] *doit choisir»* (Psaume 25:12). Souvent, la voie que Dieu choisit n'est pas celle que nous-mêmes choisirions pour nous. Nous serions plus enclins à viser la prophétie ou la révélation, qui semblent être des choses profondes, tandis que le programme de Dieu peut se focaliser sur ce qui est humble et terre-à-terre: le service, le sacrifice et la fidélité.

Pour ceux qui se soumettent à l'instruction de Dieu, il y a une merveilleuse récompense: *«Les secrets du SEIGNEUR sont pour ceux qui le craignent, pour leur faire connaître son alliance.»* (Psaume 25:14, NBS). Dans les relations humaines, nous ne partageons nos secrets qu'avec ceux en qui nous avons confiance. De la même façon, lorsque Dieu partage ses secrets avec nous, c'est la preuve que nous avons gagné sa confiance. C'est l'attestation du diplôme passé dans son école.

Ce principe est magnifiquement illustré dans la relation de Jésus avec ses disciples. Après leur avoir fait vivre trois années de discipline rigoureuse, il leur a dit: *«Je ne vous appelle plus serviteurs, parce que le serviteur ne sait pas ce que fait son maître; mais je vous ai appelés amis, parce que je vous ai fait connaître tout ce que j'ai appris de mon Père»* (Jean 15:15). Tout d'abord, Jésus lui-même a appris du Père à travers la parfaite soumission. Puis, à son tour, il a transmis tout ce qu'il avait appris du Père à tous ceux qui se soumettaient à lui dans la même proportion.

Dieu choisit toujours ses étudiants sur cette base. Ses critères et son programme n'ont pas changé.

Merci Jésus de m'avoir racheté. Je proclame mon désir de me soumettre totalement à l'instruction du Seigneur et de devenir son ami par ce biais, car je suis l'ami de Christ. Amen.

Un partenariat intelligent avec Dieu

Je suis l'ami de Christ.

Le premier homme, Adam, n'était pas un esclave, parce que Dieu l'a invité à un partenariat intelligent. Lorsqu'il a voulu que les animaux soient nommés, il a dit: «Adam, vient voir ces animaux. Dis-moi comment tu les appellerais.» En hébreu, un nom est toujours indicatif de la nature de quelqu'un. Par conséquent, en nommant les animaux, Adam devait comprendre leur nature et la cohérence des relations entre eux. Le nom qu'Adam donnait à un animal lui était réellement attribué. Dieu n'a pas nommé les animaux, il a dit à Adam de le faire. Cependant, il a donné à Adam la perspicacité et la sagesse dont il avait besoin pour accomplir cette tâche. De la même façon, dans notre nouvelle relation avec Dieu en Jésus-Christ, nous ne sommes pas des esclaves, mais plutôt des partenaires intelligents.

Jean 15:15 est une déclaration surprenante:

«Je ne vous appelle plus serviteurs, parce que le serviteur ne sait pas ce que fait son maître; mais je vous ai appelés amis, parce que je vous ai fait connaître tout ce que j'ai appris de mon Père.»

Jésus n'a rien gardé pour lui. S'il y des choses que nous ne savons pas, c'est parce que nous n'avons pas su en mettre à profit la révélation. La vraie question, cependant, réside dans le fait d'appliquer que nous savons déjà. Jésus s'est conformé à tout ce que le père lui a montré, si nous agissions de même, nous obtiendrions le même degré de révélation.

Merci Jésus de m'avoir racheté. Je proclame que je veux mettre à profit tout ce que le Seigneur révèle et appliquer ce que je sais déjà jusqu'au bout. Je proclame que je suis l'ami de Christ. Amen.

26ème semaine:

J'ai été rendu juste par la foi.

Étant donc justifiés par la foi, nous avons la paix avec Dieu par notre Seigneur Jésus-Christ.

—Romains 5:1

Rendu juste

J'ai été rendu juste par la foi.

Nous sommes justifiés par la foi en le sang de Jésus. Lisons ce que Paul écrit sur le sujet en Romains:

«Or, à celui qui fait une œuvre, le salaire est imputé, non comme une grâce, mais comme une chose due; et à celui qui ne fait point d'œuvre, mais qui croit en celui qui justifie l'impie, sa foi lui est imputée à justice.» (Romains 4:4–5)

Remarquez le verset 5. La première chose à faire, c'est d'arrêter de vouloir vous rendre justes. Arrêtez d'essayer d'être toujours un peu meilleurs. Criez halte à tout cela. *«À celui qui ne fait point d'œuvre.»* Que faut-il donc faire? Lisons à nouveau la fin du passage: *«à celui qui ne fait point d'*œuvre*, mais qui croit en celui qui justifie l'impie, sa foi lui est imputée à justice»* (verset 5). Contentez-vous de croire. Est-ce aussi simple que cela? Si ce ne l'était pas, nous n'y arriverions pas. Dieu rend justes les injustes (c'est ce que dit le verset, et je le crois).

«Celui qui n'a point connu le péché, il l'a fait devenir péché pour nous, afin que nous devenions en lui justice de Dieu.» (2 Corinthiens 5:21)

J'aime changer l'ordre des mots dans ce passage, en substituant aux pronoms des noms spécifiques. «Car Dieu a fait devenir Jésus péché pour nous, lui qui n'a pas connu le péché, afin que nous devenions en Jésus, justice de Dieu.» Voilà l'échange au complet. *Jésus a été rendu péché de notre péché afin que nous soyons rendus justes de sa justice.* Cette justice nous est ouverte par la foi en son sang. Nous sommes rendus justes par la foi en le sang de Jésus-Christ.

Merci Jésus, pour ton sacrifice. Je proclame que la justice m'est ouverte par la foi en ton sang. J'ai été rendu juste par la foi. Amen.

Un acte unique d'obéissance

J'ai été rendu juste par la foi.

«Car, comme par la désobéissance d'un seul homme beaucoup ont été rendus pécheurs, de même par l'obéissance d'un seul beaucoup seront rendus justes.» (Romains 5:19)

Par l'acte unique de désobéissance d'Adam, beaucoup (ce qui veut dire tous) de ses descendants ont été rendus pécheurs. Mais, par l'acte unique d'obéissance de Jésus, tous ceux qui croient en lui sont rendus justes.

Le parallèle est important parce que les gens qui ont été rendus pécheurs à cause du péché d'Adam, ce qui nous inclut vous et moi, ne l'étaient pas seulement par étiquette, ils étaient pécheurs par nature et par le fait.

Dans la même proportion, lorsque nous sommes rendus justes par la foi en Jésus, ce n'est pas que Dieu nous mette une nouvelle étiquette, en décollant celle de «pécheur» pour la remplacer par celle de «juste.» En réalité, nous sommes plutôt rendus justes par nature et par le fait.

Ainsi, si la désobéissance d'Adam nous a fatalement rendus pécheurs, l'obéissance de Christ peut nous rendre justes exactement de la même manière. Non seulement en théorie ou en théologie, mais dans notre façon de vivre (dans notre nature profonde).

Merci Jésus, pour ton sacrifice. Je proclame que par un acte unique d'obéissance de ta part, j'ai été rendu juste par la foi. Amen.

Les fruits de la justice

J'ai été rendu juste par la foi.

La justice produit immédiatement certains résultats, observables et définis. Notre vie dans son ensemble, y compris nos attitudes, nos relations et l'efficacité de nos actes de service chrétiens, dépendront du point auquel nous aurons pris conscience du fait d'avoir été rendus justes. Nous lisons en Proverbes 28:1: *«Le méchant prend la fuite sans qu'on le poursuive, Le juste a de l'assurance comme un jeune lion.»* Peu de chrétiens aujourd'hui sont audacieux. La plupart sont timides et contrits, ils reculent dès qu'ils sont confrontés au mal. La raison profonde est qu'ils n'ont pas compris qu'ils sont justes aux yeux de Dieu (justes comme Jésus lui-même). Lorsque nous reconnaissons ce fait et que nous l'apprécions à sa juste mesure, nous devenons audacieux.

Observons d'autres résultats de la justice. Esaïe 32:17 dit: *«L'œuvre de la justice sera la paix, et le fruit de la justice le repos et la sécurité pour toujours.»* Ce passage parle des trois fruits de la justice: la paix, le repos et la sécurité, qui découlent du fait de réaliser que nous avons été rendus justes de la justice de Christ. Romains 14:17 nous dit: *«Car le royaume de Dieu, ce n'est pas le manger et le boire, mais la justice, la paix et la joie, par le Saint-Esprit.»* La paix, la joie et la sécurité sont des fruits de la justice. Si nous ne recevons pas la justice par la foi, nous pourrons lutter pour avoir ces fruits, mais en vain. Il est pathétique de voir des chrétiens essayer d'être joyeux, d'avoir la paix et de paraître tranquilles et assurés, juste parce que quelqu'un leur a dit qu'ils devraient le faire. De ma propre expérience, lorsque des chrétiens reçoivent réellement l'assurance du pardon de leurs péchés et la justice par la foi, les fruits de cette justice suivent automatiquement. Il est capital d'amener les gens à comprendre qu'ils ont été rendus justes de la justice de Jésus-Christ.

Merci Jésus, pour ton sacrifice. Je proclame que la justice de Jésus produit l'audace, la paix, le repos et la sécurité, que je reçois parce que j'ai été rendu juste par la foi. Amen.

Le don de la justice

J'ai été rendu juste par la foi.

Jésus a dit en Matthieu 6:33, *«Cherchez premièrement le royaume et la justice de Dieu; et toutes ces choses vous seront données par-dessus»*. Toute autre justice que nous pourrions tenter de rechercher serait d'un niveau trop bas. La seule justice qui nous fera admettre au ciel est celle de Dieu, et elle ne vient que par la foi en Jésus-Christ. Elle est reçue par la foi comme un don. La première manifestation de la grâce de Dieu dans la vie de ceux qui viennent à lui à travers Jésus-Christ, c'est la justice. Dieu ne peut rien faire pour nous avant de nous avoir rendus justes, et c'est la première chose qu'il fait lorsque nous nous approchons de lui.

Vous admettrez probablement que la majorité des chrétiens n'ont pas saisi ce principe. En fait, je pense que vous vous rendrez compte que de nombreuses choses dans la liturgie (y compris dans la louange et dans nos hymnes) sont conçues pour que nous ne perdions pas conscience du péché. Dans beaucoup de cas, nous ressentons presque comme de la présomption de nous considérer autrement que pécheurs. C'est assez remarquable.

Il y a une chose que le diable combat plus férocement que toute autre, c'est la prise de conscience en chacun de ce que signifie être rendu juste par la foi. Par tous les moyens, satan vous gardera sous une certaine mesure de condamnation et de culpabilité et il vous fera également vous sentir très religieux sur le sujet.

Beaucoup de gens se sentiraient embarrassés ou présomptueux de se qualifier eux-mêmes de «justes», car ils pensent qu'ils doivent gagner la justice. La Bible souligne cependant, qu'au lieu d'être une chose que nous pouvons mériter, la justice est un don que personne ne mérite. C'est un don immérité et gratuit. Soit vous le recevez comme tel, soit vous vivez sans. Le choix vous appartient.

Merci Jésus, pour ton sacrifice. Je proclame que je reçois la justice de Dieu par la foi en Jésus-Christ comme un don immérité et gratuit. Je proclame que j'ai été rendu juste par la foi. Amen.

La vie dans le Fils

J'ai été rendu juste par la foi.

C'est en basant notre foi sur la mort sacrificielle de Jésus à notre place, en le laissant porter la culpabilité de notre péché et en recevant, par la foi, sa justice, qui nous est imputée, que nous sommes justifiés. Dans cette justice, je peux faire face à Dieu, à la mort et à l'éternité sans craintes ni tremblements.

«Et voici ce témoignage, c'est que Dieu nous a donné la vie éternelle, et que cette vie est dans son Fils. Celui qui a le Fils a la vie; celui qui n'a pas le Fils de Dieu n'a pas la vie. Je vous ai écrit ces choses, afin que vous sachiez que vous avez la vie éternelle, vous qui croyez au nom du Fils de Dieu.» (1 Jean 5:11–13)

Dieu a rendu témoignage à toute l'humanité de son offre de vie éternelle. Cette vie se trouve en la personne de son Fils Jésus-Christ. Si nous recevons Jésus-Christ, nous aurons reçu en lui la vie éternelle.

Vous remarquerez que tout est au présent: *«Celui qui a le Fils **a** la vie.»* Il ne s'agit pas d'une chose qui aura lieu après la mort. C'est maintenant qu'elle a lieu, dans l'espace temps de ce monde. Si vous attendez la mort pour accepter sa vie, vous aurez attendu trop longtemps, ce sera trop tard. Réglez cette affaire maintenant! Celui qui a le Fils a la vie. Assurez-vous d'avoir la vie, vous aussi!

Merci Jésus, pour ton sacrifice. Je proclame que j'ai la vie maintenant, parce que j'ai le Fils. Je proclame que j'ai été rendu juste par la foi. Amen.

La vie du cep

J'ai été rendu juste par la foi.

Afin d'expliquer au peuple l'importance de l'avoir lui dans leur vie, Jésus a employé l'analogie du cep et des sarments (lire Jean 15:1–8.) Jésus a dit, «*Je suis le cep et vous êtes les sarments*» (verset 5). Il était très spécifique. Il nous a donné une orientation pour interpréter tout le tableau. Jésus lui-même est le cep.

Pour qu'un cep vive et porte du fruit, il faut de la sève (une source de nutriments qui monte des racines, passe par le pied de vigne et irrigue les sarments). Si la sève n'arrive pas aux sarments cependant, ceux-ci se dessécheront et ne porteront aucun fruit. L'élément vital du cep est la sève, qui représente le Saint-Esprit. En Romains 8:10, Paul dit:

«Et si Christ est en vous, le corps, il est vrai, est mort à cause du péché, mais l'esprit est vie à cause de la justice.»

Nous avons expérimenté la mort de Christ à cause de nos péchés. Mais, ayant expérimenté sa mort, nous entrons dans sa vie à cause de sa justice qui nous est imputée par la foi. (Lire Romains 6:6–8.) Puis, en ayant sa justice, nous prenons part à sa vie qui monte des racines, passe par le pied de vigne et se répand dans les sarments. Paul nous a dit en Romains 8:10 que la vie est le Saint-Esprit. L'Esprit est vie.

Merci Jésus, pour ton sacrifice. Je proclame que la vie du cep, qui est le Saint-Esprit, coule en moi. J'ai été rendu juste par la foi. Amen.

La justice imputée et mise en œuvre

J'ai été rendu juste par la foi.

«Réjouissons-nous et soyons dans l'allégresse, et donnons-lui gloire; car les noces de l'agneau sont venues, et son épouse s'est préparée, et il lui a été donné de se revêtir d'un fin lin, éclatant, pur. Car le fin lin, ce sont les œuvres justes des saints.» (Apocalypse 19:7–8)

En grec, il y a deux mots qui signifient «justice.» L'un est *dikaiosune*, et l'autre *dikaioma. Dikaiosune* représente la justice au sens abstrait. *Dikaioma* est la justice manifestée en actes ou un acte de justice. Lorsque vous et moi croyons en Jésus-Christ, sa justice *(dikaiosune)* nous est imputée. Nous sommes rendus justes de sa justice. Lorsque nous vivons notre foi, nous exprimons cette justice imputée en *dikaioma*, qui représente la justice mise en œuvre, ou une œuvre juste.

Il est intéressant de noter que le terme utilisé ici en Apocalypse est la forme plurielle de *dikaioma, dikaiomata.* Le fin lin représente les œuvres de justice des saints. C'est tout à fait subtil. *«Son épouse s'est préparée.»* Elle y a procédé par ses œuvres justes.

Toutes les cultures que j'ai connues ont adopté une règle commune en ce qui concerne les cérémonies de mariage. Ce n'est pas le futur marié qui prépare la mariée, en fait, c'est plutôt la mariée qui se prépare. La responsabilité lui en incombe à elle seule. La Bible dit que l'épouse de Christ, l'Eglise, s'est préparée par ses œuvres justes. La justice imputée de Christ ne servira à rien pour la fête des noces. Ce devra être la justice mise en œuvre, les actes que nous accomplirons nous, en tant que croyants à cause du don de justice de Christ, qui nous est librement offert.

Merci Jésus, pour ton sacrifice. Je proclame que je vis ma foi qui exprime la justice imputée et que j'agis selon ma foi, en exprimant la justice imputée. Je proclame que j'ai été rendu juste par la foi. Amen.

27ème semaine:

J'ai été attaché à Dieu et suis devenu avec lui un seul esprit.

Mais celui qui s'attache au Seigneur est avec lui un seul esprit.

—1 Corinthiens 6:17

Attaché à Dieu

J'ai été attaché à Dieu et suis devenu avec lui un seul esprit.

Il est tellement important de faire la distinction entre l'esprit et l'âme au niveau humain. Ce n'est pas l'âme qui est attachée à Dieu, mais c'est l'esprit (car il a été créé pour l'union avec Dieu, d'ailleurs, il ne peut vivre en dehors de cette union). Par le fait de la régénération, l'esprit du chrétien né de nouveau est capable de s'unir à Dieu.

Passons en revue les orientations cardinales de l'esprit, de l'âme et du corps. L'esprit est conscient de Dieu. L'âme est consciente de l'être lui-même. Le corps est conscient du monde.

A travers notre esprit, nous sommes conscients de Dieu. Dans notre âme, nous avons conscience de nous-mêmes. Et par le biais de notre corps et de nos sens, nous sommes reliés au monde qui nous entoure.

Lorsque l'esprit de l'homme est réuni avec Dieu, il se réactive et devient une lampe. Rempli du Saint-Esprit, il illumine l'intérieur de notre nature d'homme qui auparavant était sombre et étrangère à Dieu. N'oublions pas que du temps où la Bible a été écrite, le combustible des lampes était l'huile d'olive et que celle-ci a toujours été un type ou un symbole du Saint-Esprit.

«Le souffle de l'homme est une lampe de l'Éternel; il pénètre jusqu'au fond des entrailles.» (Proverbes 20:27)

Lorsque l'esprit de l'homme est rendu à son union avec Dieu et que le Saint-Esprit vient le remplir, alors cette lampe à l'intérieur de l'homme, (son esprit), est illuminée, et elle répand sa lumière dans tout l'être intérieur. Celui-ci sort des ténèbres.

Merci Seigneur de m'attacher à toi. Je proclame que je suis en union avec le Seigneur, par l'illumination du Saint-Esprit. Je ne suis plus dans les ténèbres. Je proclame que j'ai été attaché à Dieu et suis devenu avec lui un seul esprit. Amen.

Attaché au Seigneur

J'ai été attaché à Dieu et suis devenu avec lui un seul esprit.

Si la Bible ne vous a jamais choqués, il est fort probable que vous ne l'avez jamais réellement lue, parce certaines des choses qu'elle dit sont extrêmement crues. Prenez 1 Corinthiens 6:16, par exemple: «*Loin de là! Ne savez-vous pas que celui qui s'attache à la prostituée est un seul corps avec elle? Car, est-il dit, les deux deviendront une seule chair.*» Nous comprenons tous la teneur de ce verset, il s'agit d'immoralité sexuelle, de fornication et d'union physique avec une prostituée. En ayant ce contexte à l'esprit, lisons ce que Paul dit à la suite: «*Mais celui qui s'attache au Seigneur est avec lui un seul esprit*» (verset 17). Ce verset ne peut pas être sorti de son contexte. Comme nous l'avons vu, au verset 17 Paul parle d'une union qui est aussi réelle que l'union sexuelle, non seulement physique, mais spirituelle. C'est ce que signifie le fait d'être marié à celui qui est ressuscité des morts. Il ne s'agit pas de l'attachement de notre âme avec le Seigneur mais plutôt de celui de notre esprit, car «*celui qui s'attache au Seigneur est avec lui un seul esprit.*»

Votre âme est capable de théologie et il est probable qu'elle en soit surchargée, mais votre esprit connaît Dieu. L'esprit est la part de Dieu insufflée à l'homme. C'est ce qui a amené l'homme à l'existence en tout premier dans le jardin d'Eden. L'Eternel a insufflé l'esprit de vie dans les narines de l'homme (Lire Genèse 2:7.) Et cette partie de l'homme ne trouve pas le repos avant d'être réunie avec Dieu. Vous pouvez courir après tous les plaisirs et toutes les philosophies du monde, mais votre esprit ne s'y intéresse pas. Votre esprit recherche uniquement Dieu et il est le seul qui peut lui être attaché tout aussi réellement que le corps d'un homme peut être attaché au corps d'une prostituée. Ne séparez jamais ces deux versets. Ils sont totalement différents mais leur analogie est tout à fait conforme et nous aide à comprendre leur relation.

Merci Seigneur de m'attacher à toi. Je proclame que «celui qui s'attache au Seigneur est avec lui un seul esprit»—et que ce principe s'applique à moi. J'ai été attaché à Dieu et suis devenu avec lui un seul esprit. Amen.

D'esprit à Esprit

J'ai été attaché à Dieu et suis devenu avec lui un seul esprit.

Il y a plusieurs facettes aux principes du tabernacle de Dieu dans l'Ancien Testament. L'un des faits essentiels et fondamentaux est qu'il était une structure à triple fonctionnalité. Autrement dit, il était trois en un. Il représentait un lieu unique, réparti en trois zones: le parvis, le lieu saint et le saint des saints.

Dans cette trinité, nous trouvons plusieurs références au principe éternel. Par exemple, Dieu est trois en un, le Père, le Fils et le Saint-Esprit, trois personnes en un seul Dieu. L'homme est semblablement trinitaire, son être entier est fait de corps d'âme et d'esprit. A mon avis, le ciel est trinitaire également. Il y a trois cieux, le visible, que nous pouvons voir, le ciel intermédiaire, quartier général du royaume de satan et un troisième ciel, qui est la demeure de Dieu et qui est le lieu actuel du paradis.

Je pense aussi que les trois parties du tabernacle correspondent aux trois parties l'être humain. Le parvis, avec sa lumière naturelle venant du soleil, de la lune et des étoiles, correspond à notre corps physique dont les sens sont la source de la compréhension ou de la perception. Le lieu saint correspond à l'âme de l'homme et évoque la vérité révélée. Le saint des saints correspond à l'esprit de l'homme et évoque la vérité perçue directement. Cette vérité s'appréhende uniquement par notre contact direct et personnel avec Dieu, car c'est son esprit uniquement qui lie l'homme à Dieu. *« Celui qui s'attache au Seigneur est avec lui un seul esprit «* (1 Corinthiens 6:17) (Non pas une seule âme, ni un seul corps, mais un seul esprit.) Le contact direct avec Dieu se fait d'esprit à Esprit, c'est de là que découle la révélation directe.

Merci Seigneur de m'attacher à toi. Je proclame que mon contact direct et personnel avec Dieu se fait d'esprit à Esprit. Je proclame que j'ai été attaché à Dieu et suis devenu avec lui un seul esprit. Amen.

La communion avec Dieu

J'ai été attaché à Dieu et suis devenu avec lui un seul esprit.

Examinons ensemble quelques unes des fonctions de l'esprit en relation avec l'âme et le corps. Nous avons vu que l'esprit était conscient de Dieu, l'âme consciente d'elle-même et le corps conscient du monde extérieur. Il est très important de comprendre que l'âme représente la conscience de soi. Lorsque les gens sont centrés sur eux-mêmes, sur leurs propres problèmes et leurs besoins, ils se meuvent dans le monde de l'âme.

L'activité principale de l'esprit est l'union avec Dieu. Il est la seule partie de l'homme à être en lien direct avec Dieu. En 1 Corinthiens 6:17, Paul dit: *«celui qui s'attache au Seigneur est avec lui un seul esprit»* (non pas une seule âme, non pas un seul corps, mais un seul esprit.) Le grand privilège de notre esprit c'est l'union et la communion avec Dieu. L'activité la plus transcendante de l'esprit de l'homme est l'adoration.

L'âme de l'homme contient ces trois éléments: la volonté, l'intellect et les émotions. La volonté est la part de moi qui dit: «je veux»; l'intellect dit: «je pense»; et les émotions reflètent cette part qui dit: «je ressens.» Ensemble, ces trois composants forment l'âme.

Le corps est conscient du monde extérieur; à travers les sens, le corps entre en contact avec le monde spatio-temporel alentour. Le dessein originel de Dieu était que l'esprit de l'homme dirige son âme et que celle-ci dirige le corps. L'esprit ne peut diriger le corps que par le biais de l'âme. Il n'existe qu'une exception à cela et c'est le parler en langues. C'est ce qui fait du parler en langues une expérience aussi unique. Lorsque nous parlons en langues, notre esprit contrôle un membre physique, la langue, sans l'intervention de l'âme. C'est pourquoi cette expérience est aussi extraordinairement importante.

Merci Seigneur de m'attacher à toi. Je proclame que j'ai été attaché à Dieu et suis devenu avec lui un seul esprit. Amen.

Adorer en esprit

J'ai été attaché à Dieu et suis devenu avec lui un seul esprit.

Lorsque nous remplissons les conditions requises par Dieu pour notre corps et notre âme, notre esprit est libéré pour entrer en communion avec lui, une communion encore plus merveilleuse que celle que nous avons perdue à travers la chute. Paul dit en 1 Corinthiens 6:17: «*Mais celui qui s'attache au Seigneur est avec lui un seul esprit.*» L'incidence est claire. L'esprit racheté peut maintenant jouir avec Dieu d'une union rapprochée et intime. Seul l'esprit, cependant (non pas l'âme ou le corps) peut vivre cette union directe d'intimité avec Dieu.

Notre esprit entre dans cette union avec Dieu principalement à travers l'acte d'adoration. En Jean 4:23–24, Jésus dit: «l*es vrais adorateurs adoreront le Père en esprit et en vérité.... Dieu est Esprit, et il faut que ceux qui l'adorent, l'adorent en esprit et en vérité.*» Jésus énonce clairement que la véritable adoration doit être une action de notre esprit.

Dans l'Eglise contemporaine, nous avons une piètre compréhension de la nature de l'adoration, principalement parce que nous ne faisons pas le distinguo entre l'esprit et l'âme. L'adoration n'est pas un divertissement, celui-ci convient au théâtre et non à l'Eglise. L'adoration n'est pas non plus de la louange. Nous louons Dieu avec notre âme et il est juste d'agir ainsi. Par nos louanges, nous avons accès à la présence de Dieu. Mais une fois en sa présence, c'est à travers l'adoration que nous jouissons d'une véritable union spirituelle avec lui. La capacité d'adorer Dieu de cette manière est le but du salut (tout d'abord sur la terre et ensuite dans les cieux.) C'est l'activité la plus élevée et la plus sainte dont l'être humain est capable. Cependant, l'adoration n'est possible que lorsque l'âme et le corps se soumettent à l'esprit et se mettent en harmonie avec lui. Une telle adoration est souvent trop profonde pour être exprimée. Elle se mue en une union intense et silencieuse avec Dieu.

Merci Seigneur de m'attacher à toi. Je proclame que mon activité la plus élevée est l'union avec Dieu, l'adoration en esprit et en vérité. J'ai été attaché à Dieu et suis devenu avec lui un seul esprit. Amen.

Le fruit spirituel

J'ai été attaché à Dieu et suis devenu avec lui un seul esprit.

L'adoration est l'acte par lequel nous sommes attachés au Seigneur comme un seul esprit. C'est pourquoi elle représente l'activité la plus élevée de l'être humain. Encore une fois, lorsque nous sommes attachés au Seigneur dans l'adoration, nous commençons à laisser surgir (ou naître) les choses que Dieu veut faire surgir.

L'adoration n'est pas une annexe de la vie chrétienne, elle ne constitue pas un petit supplément ajouté au service. Elle est le point culminant. La confirmation. Permettez-moi une fois encore de l'exprimer de cette façon, sans vouloir offenser personne: elle est la consommation de notre mariage avec le Seigneur. Nous sommes unis avec lui en un seul esprit, et lorsque nous expérimentons cette union maritale, c'est toujours dans le but de la procréation. C'est à ce moment là que le fruit spirituel fait son apparition dans notre vie.

Il vous faut connaître l'identité du mari auquel vous êtes unis. Paul écrit en Galates 5:19–21, «*Or, les œuvres de la chair sont manifestes, ce sont l'impudicité, l'impureté, la dissolution, l'idolâtrie, la magie, les inimitiés, les querelles, les jalousies, les animosités, les disputes, les divisions, les sectes, l'envie, l'ivrognerie, les excès de table, et les choses semblables.*» Les œuvres de la chair sont toutes aussi évidentes les unes que les autres. Vous pouvez dire que vous êtes spirituels, mais si vous êtes vraiment charnels, cela se verra. Permettez-moi de vous poser une question: Voudriez-vous que vos enfants agissent comme il est décrit dans le passage de Galates? Car, ce que la chair engendre, c'est cela. Impossible de trouver une seule bonne chose dans toute cette liste. La chair ne peut rien produire d'acceptable pour Dieu. Elle est corrompue. Jésus dit qu'un mauvais arbre ne peut pas porter de bons fruits. (Lire Matthieu 7:18.) C'est totalement exclu.

Merci Seigneur de m'attacher à toi. Je proclame que le but de mon union avec Dieu est de produire du fruit spirituel. Je proclame que j'ai été attaché à Dieu et suis devenu avec lui un seul esprit. Amen.

Des canaux de vie spirituelle

J'ai été attaché à Dieu et suis devenu avec lui un seul esprit.

«Le souffle de l'homme est une lampe de l'Éternel; il pénètre jusqu'au fond des entrailles.» (Proverbes 20:27)

Rappelons-nous que lorsque l'esprit de l'homme est ramené dans son union avec Dieu, et que le Saint-Esprit arrive et remplit cette lampe, alors, celle-ci s'illumine en l'homme et répand sa lumière dans tout son être intérieur. Il n'est plus dans les ténèbres. En outre, l'esprit né de nouveau devient un canal par lequel le Saint-Esprit peut couler dans ce monde. Jésus a dit:

«Celui qui croit en moi, des fleuves d'eau vive couleront de son sein, comme dit l'Écriture. Il dit cela de l'Esprit que devaient recevoir ceux qui croiraient en lui; car l'Esprit n'était pas encore, parce que Jésus n'avait pas encore été glorifié.» (Jean 7:38–39)

Après que le Saint-Esprit ait été déversé au jour de la Pentecôte, l'esprit régénéré de l'homme est devenu un canal ou un lit par lequel les rivières de la vie spirituelle peuvent couler dans ce monde. C'est une merveilleuse transformation, car, juste avant de prononcer les paroles ci-dessus, Jésus a dit: *«Si quelqu'un a soif, qu'il vienne à moi, et qu'il boive»* (verset 37). Ainsi, cette métamorphose due à la régénération et au déversement du Saint-Esprit donne lieu à une magnifique mutation, un homme qui avait soif, et qui n'avait même pas assez pour lui-même, devient à présent un canal à travers lequel les eaux de la vie spirituelle peuvent couler vers le monde alentour qui en a besoin.

Merci Seigneur de m'attacher à toi. Je proclame que je serai un canal par lequel le Saint-Esprit et les eaux de la vie spirituelle peuvent couler pour toucher un monde dans le besoin. Je proclame que j'ai été attaché à Dieu et que je suis devenu avec lui un seul esprit. Amen.

28ème semaine:

J'ai été racheté à un grand prix; j'appartiens à Dieu.

Ne savez-vous pas que votre corps est le temple du Saint-Esprit qui est en vous, que vous avez reçu de Dieu, et que vous ne vous appartenez point à vous-mêmes? Car vous avez été rachetés à un grand prix. Glorifiez donc Dieu dans votre corps et dans votre esprit, qui appartiennent à Dieu.

—1 Corinthiens 6:19–20

Appartenir à Jésus

J'ai été racheté à un grand prix; j'appartiens à Dieu.

«Ne savez-vous pas que votre corps est le temple du Saint-Esprit qui est en vous, que vous avez reçu de Dieu, et que vous ne vous appartenez point à vous-mêmes?» (1 Corinthiens 6:19)

Pour quelle raison ne vous appartenez-vous pas? Parce que quelqu'un vous a racheté. Lorsque vous avez été rachetés par quelqu'un d'autre, vous ne vous appartenez plus.

Qui vous a rachetés? Jésus. Comment a-t-il payé? Avec son sang. Ainsi, si vous avez été rachetés par Jésus, souvenez-vous, vous ne vous appartenez plus. Si vous vous appartenez, c'est que vous n'avez pas été rachetés par le sang de Jésus. Je le répète, vous ne pouvez pas à la fois vous appartenir à vous-mêmes et appartenir au Seigneur. Le Seigneur vous veut pour lui. Il en a payé le prix de son sang précieux. Si vous voulez vous accrocher à votre vie, gardez cela en mémoire, vous n'avez pas été rachetés à un grand prix. Vous ne pouvez pas avoir les deux. Si vous appartenez à Dieu, vous ne vous appartenez pas à vous-mêmes. Si vous vous appartenez, vous n'appartenez pas à Dieu.

«Car vous avez été rachetés à un grand prix [le sang précieux de Jésus]. *Glorifiez* [honorez] *donc* [à cause du prix qui a été payé pour vous] *Dieu dans votre corps et dans votre esprit, qui appartiennent à Dieu.»* (verset 20)

Lorsque Jésus est mort sur la croix, il a payé un prix global pour une rédemption globale. Il n'a pas seulement racheté une partie de vous. Il vous a racheté en totalité, corps, âme et esprit. Jésus est mort pour vous racheter. Si vous avez accepté la rédemption par son sang, alors vous ne vous appartenez plus, vous lui appartenez à présent. Votre esprit et votre corps sont à Dieu, parce que Jésus payé de son sang le droit de vous posséder.

Merci Seigneur, de m'avoir acheté. Je proclame que Jésus a payé le prix total de ma rédemption. J'ai été racheté à un grand prix; j'appartiens à Dieu. Amen.

Des instruments utilisés par Dieu

J'ai été racheté à un grand prix; j'appartiens à Dieu.

La Bible enseigne que le corps physique est le temple du Saint-Esprit et que lorsque Jésus est mort sur la croix et a versé son sang, il a racheté notre corps en plus de notre esprit et de notre âme. Nous lui appartenons entièrement, corps, âme et esprit.

Dieu porte un intérêt sincère à notre corps et a un but spécifique pour lui. Le corps est le temple du Saint-Esprit. (Lire 1 Corinthiens 6:19.) Chez l'homme, il doit être le lieu où demeure le Saint-Esprit. La Bible nous dit que Dieu ne demeure pas dans des temples faits de main d'homme. (Lire Actes 7:48.) Nous pouvons lui bâtir autant d'églises, de synagogues ou de tabernacles que nous voulons, mais Dieu n'y demeurera pas. Dieu a choisi de demeurer dans le corps physique de celui qui croit en lui. Ainsi donc, le corps du chrétien remplit l'importante fonction de résidence du Saint-Esprit.

En outre, Paul explique au sujet de nos membres: «*Ne livrez pas vos membres au péché, comme des instruments d'iniquité; mais donnez-vous vous-mêmes à Dieu, comme étant vivants de morts que vous étiez, et offrez à Dieu vos membres, comme des instruments de justice*» (Romains 6:13). Les membres de notre corps sont destinés à être des instruments (ou des armes) que Dieu peut utiliser. Ils ne nous appartiennent pas, c'est à lui qu'ils appartiennent. Nous devons les lui soumettre.

Il semble logique et évident que Dieu veut que ses «armes» soient en bon état, non pas fragiles ou brisées. Il veut que notre corps soit sain et que nos membres soient forts, efficaces et actifs, parce qu'ils sont les membres de Christ. Dans un certain sens, Christ n'a pas de corps sur terre excepté le nôtre. Notre corps est l'instrument dont Dieu se sert pour mettre en œuvre sa volonté sur terre. J'en suis venu à me convaincre que Dieu attend de nous que nous conservions notre corps aussi fort et aussi sain que nous le pouvons.

Merci Seigneur, de m'avoir acheté. Je proclame que les membres de mon corps physique sont des instruments que Dieu peut utiliser, et je les lui soumets. J'ai été racheté à un grand prix; j'appartiens à Dieu. Amen.

La perle de grand prix

J'ai été racheté à un grand prix; j'appartiens à Dieu.

En Matthieu 13:45–46, Jésus expose une parabole qui, à mon avis, décrit merveilleusement bien le miracle de notre rédemption:

«Le royaume des cieux est encore semblable à un marchand qui cherche de belles perles. Il a trouvé une perle de grand prix; et il est allé vendre tout ce qu'il avait, et l'a achetée.»

Pour moi, cette parabole dépeint la rédemption de l'âme humaine. Jésus est le marchand (non pas un touriste ou un voyageur, mais un homme qui a marchandé des perles toute sa vie) et il connaît l'exacte valeur de chaque spécimen. La perle qu'il a achetée est simplement une âme humaine (la vôtre ou la mienne). Elle lui coûte tout ce qu'il a, tout ce qu'il possède.

Si je l'adapte à notre culture contemporaine, je pourrais imaginer la scène avec un marchand qui annonce la nouvelle à sa femme.

«Chérie, j'ai vendu la voiture.»

«Notre voiture! Bon, au moins nous avons toujours un toit sur la tête.»

«Non, j'ai aussi vendu la maison!»

«Mais, qu'est-ce qui a bien pu te passer par la tête?»

«J'ai trouvé la plus merveilleuse perle que j'aie jamais vue. J'ai passé ma vie à la chercher. Elle me coûte tout ce que j'ai. Attend de la voir!»

Qu'est-ce que cela peut représenter pour vous et moi? Chacun de nous peut s'imaginer être cette perle de prix unique qui vaut tout ce que Jésus possède, même son propre sang.

Merci Seigneur, de m'avoir acheté. Je proclame que je suis cette perle de grand prix achetée par Dieu. J'ai été racheté à un grand prix; j'appartiens à Dieu. Amen.

A lui pour toujours!

J'ai été racheté à un grand prix; j'appartiens à Dieu.

Souvenez-vous, il en a coûté à Jésus tout ce qu'il possédait pour vous racheter pour son compte. Bien qu'il ait été le Seigneur de l'univers entier, il a mis de côté son autorité et sa puissance pour mourir dans l'absolue pauvreté. Il n'avait rien à lui. Le linceul et la tombe dans lesquels il a été enseveli étaient tous deux empruntés.

«Car vous connaissez la grâce de notre Seigneur Jésus-Christ, qui pour vous s'est fait pauvre, de riche qu'il était, afin que par sa pauvreté vous fussiez enrichis.» (2 Corinthiens 8:9)

Vous ne vous êtes peut-être jamais considérés comme ayant une telle importance. Vous avez peut-être une image déplorable ou une piètre estime de vous-même. Peut-être regardez-vous en arrière à une vie de douleur et de déceptions (une vie de privations, une enfance malheureuse, un mariage qui s'est terminé en divorce, une carrière qui ne s'est jamais réalisée ou des années perdues dans la drogue et l'alcool. Votre passé et votre avenir vous renvoient tous deux le même message: tu es un RATE!

Mais pas pour Jésus! Il vous a tant aimé qu'il a tout abandonné pour vous racheter pour lui-même. Répétez les magnifiques paroles de l'apôtre Paul, et faites les vôtres: *«Le Fils de Dieu, ... m'a aimé et ... s'est livré lui-même pour moi»* (Galates 2:20). Dites-le encore: «Dieu m'a aimé et s'est livré lui-même pour moi.» Et encore: «Le Fils de Dieu m'a aimé et s'est livré lui-même pour moi.»

Considérez-vous comme cette perle serrée dans la main percée par les clous de Jésus. Entendez-le vous dire: «Tu es tellement magnifique! Tu m'as coûté tout ce que j'avais, mais je ne le regrette pas. Tu es maintenant à moi pour toujours!»

Vous ne pouvez rien faire pour mériter cela. Vous ne pouvez pas vous transformer ni vous rendre bon vous-mêmes. Tout ce que vous pouvez faire, c'est accepter ce que Jésus a fait pour vous et l'en remercier! Vous lui appartenez pour toujours!

Merci Seigneur, de m'avoir acheté. Je proclame que Jésus m'a aimé et s'est donné lui-même pour moi, et je lui appartiens pour toujours! J'ai été racheté à un grand prix; j'appartiens à Dieu. Amen.

Le prix du rachat

J'ai été racheté à un grand prix; j'appartiens à Dieu.

Considérez le prix que Jésus a payé. Ce prix est cité très clairement dans plusieurs passages du Nouveau Testament. En Actes 20:28, Paul s'adresse aux anciens de l'église d'Ephèse en disant: *«Prenez donc garde à vous-mêmes, et à tout le troupeau sur lequel le Saint-Esprit vous a établis évêques, pour paître l'Eglise du Seigneur, qu'il s'est acquise par son propre sang.»*

Remarquez que Paul a donné à Jésus le titre spécifique de «Seigneur.» Il dit: *«le **Seigneur**...a acquis* [l'Eglise] *par **son** propre sang.»* Le prix du rachat était le sang de Jésus. Puis, en 1 Pierre 1:17, nous lisons: *«Et si vous invoquez comme Père celui qui juge selon l'œuvre de chacun, sans acception de personnes, conduisez-vous avec crainte pendant le temps de votre pèlerinage.»* Il ne se référait pas à une crainte servile, mais plutôt à un sens profond de la responsabilité, considéré comme un dû eu égard au prix que Jésus a payé pour nous. Nous ne devons jamais nous considérer comme ayant peu de valeur. Lorsque nous prenons conscience que c'est le sang de Jésus qui nous a rachetés, nous ne pouvons pas nous permettre d'être sans valeur.

«Sachant que ce n'est pas par des choses périssables, par de l'argent ou de l'or, que vous avez été rachetés de la vaine manière de vivre que vous avez héritée de vos pères, mais par le sang précieux de Christ, comme d'un agneau sans défaut et sans tache.» (Versets 18–19)

Le prix que Jésus a payé pour nous racheter était son sang précieux. Il est appelé l'Agneau de Dieu, sans défaut et sans tache. Un défaut est une chose qu'une créature porte à la naissance. Une tache est une chose qui viendrait l'altérer ou la ternir par la suite. Jésus est sans défaut, ce qui signifie qu'il est né exempt du péché originel, et il est sans tache, ce qui veut dire qu'il n'a pas non plus de péché personnel. C'est son sang parfait qui nous rachète.

Merci Seigneur, de m'avoir acheté. Je proclame que j'ai été racheté par le précieux sang de Jésus. J'ai été racheté à un grand prix, j'appartiens à Dieu. Amen.

Offrir notre corps

J'ai été racheté à un grand prix; j'appartiens à Dieu.

Il est important de bien saisir que Jésus a racheté la personne entière: corps, âme et esprit. L'une des raisons de la rédemption du corps c'est qu'il puisse devenir un temple du Seigneur. Le Seigneur ne demeurera pas dans un temple qui n'a pas été racheté, et qui appartient toujours à satan. Il ne l'habitera pas. Notre corps a été racheté afin que Dieu l'habite par son Saint-Esprit. Il a été racheté par le sang de Jésus.

Comment Dieu s'attend-il à ce que nous réagissions? C'est ici que nous arrivons à la mise en pratique élémentaire et il est important que nous la comprenions. Paul dit:

«Je vous exhorte donc, frères, par les compassions de Dieu, à offrir vos corps comme un sacrifice vivant, saint, agréable à Dieu, ce qui sera de votre part un culte raisonnable.» (Romains 12:1)

Etant donné tout ce que Dieu a fait pour nous à travers la mort de Jésus sur la croix, que sommes-nous censés faire en retour? Nous devons offrir notre corps comme un sacrifice vivant. Pourquoi «vivant»? Paul fait contraster le sacrifice vivant avec les sacrifices de l'Ancien Testament, qui se composaient de corps d'animaux tués et placés sur l'autel de Dieu, comme une offrande censée effacer le péché et la culpabilité. Ce que Paul dit c'est: «Placez votre corps sur l'autel de Dieu, mais ne le tuez pas. Mettez le sur l'autel, comme un sacrifice *vivant.*» Une fois que vous avez placé votre corps sur l'autel, il ne vous appartient plus. Il appartient à Dieu. Tout ce qui était offert en sacrifice sur l'autel de Dieu devenait sien.

C'est exactement ce que Dieu nous demande de faire, de lui offrir notre corps comme un sacrifice vivant, de renoncer à en être le propriétaire et de le placer entre les mains de Dieu.

Merci Seigneur, de m'avoir acheté. Je proclame que j'offre mon corps, comme un sacrifice vivant. J'ai été racheté à un grand prix; j'appartiens à Dieu. Amen.

Sanctifié, mis à part, transféré

J'ai été racheté à un grand prix; j'appartiens à Dieu.

«C'est pour cela que Jésus aussi, afin de sanctifier le peuple par son propre sang, a souffert hors de la porte.» (Hébreux 13:12)

Le sang de Jésus sanctifie tout croyant. Encore une fois, *sanctifier* est un terme religieux, et nombreux sont ceux qui en confondent la signification. Ce terme est tiré de *saint* et est en lien direct avec son utilisation dans le langage biblique originel. Ainsi, *sanctifier* signifie «rendre plein de sainteté,» ou «rendre saint.» La sainteté comprend l'aspect de la mise à part pour Dieu. Celui qui est sanctifié se trouve dans un endroit où Dieu a accès à lui mais pas satan. Etre sanctifié c'est être mis hors d'atteinte de satan et placé dans un endroit où nous sommes disponibles pour Dieu. C'est cela être sanctifié, mis à part pour Dieu, rendu saint. Tout comme la justice, la sanctification ne vient pas par les œuvres, par les efforts ou par la religion. Elle ne vient que par la foi dans le sang de Jésus. Vous appartenez à Dieu, vous êtes sous son contrôle et à sa disposition. En dehors de Dieu, rien n'a le droit de s'approcher de vous, tout est tenu à distance par le sang.

En Colossiens 1:12–13, Paul écrit: «*Rendez grâces au Père, qui vous a rendus capables d'avoir part à l'héritage des saints dans la lumière, qui nous a délivrés de la puissance des ténèbres et nous a transportés dans le royaume du Fils de son amour.*» Par la foi en le sang de Jésus, nous avons été retirés du domaine régit par l'autorité de satan et transférés dans le royaume de Dieu. Nous avons été transférés en totalité. Ce n'est pas que nous allions être transférés, mais que nous l'avons déjà été, corps, âme et esprit. Nous ne sommes pas sur le territoire du diable. Nous ne sommes pas sous sa loi. Nous sommes dans le territoire du Fils de Dieu, et nous sommes sous sa loi.

Merci Seigneur, de m'avoir acheté. Je proclame que j'ai été sanctifié, mis à part pour Dieu, et transféré dans le royaume de Dieu. J'ai été racheté à un grand prix; j'appartiens à Dieu. Amen.

29ème semaine:

Je suis membre du corps de Christ.

Vous êtes le corps de Christ, et vous êtes ses membres chacun pour sa part.

—1 Corinthiens 12:27

Trouver sa place

Je suis membre du corps de Christ.

Proverbes 27:8 dit: «*Comme l'oiseau qui erre loin de son nid, Ainsi est l'homme qui erre loin de son lieu.*» Avez-vous déjà vu un oiseau qui une fois sorti de son nid n'a pas pu y revenir? Il n'y a rien de plus faible et pitoyable au monde. Cette image illustre pertinemment le sens de ne pas être à sa place. J'ai conseillé plusieurs personnes à qui j'ai simplement eu à dire: «L'un de vos problèmes, c'est que vous n'êtes pas géographiquement à votre place. Ce lieu n'est pas celui où vous devez être. Vous ne vous épanouirez pas avant d'avoir trouvé votre place.»

Cependant, «votre place» n'est pas essentiellement un lieu géographique, c'est un endroit en Dieu, une place dans le corps de Christ. La Bible dit que nous devons tous être un membre du corps. En tant que membre, chacun de nous doit s'emboîter au bon endroit pour fonctionner. Une main à l'air ridicule au bout d'une jambe. Un pied à l'air tout aussi ridicule au bout d'un bras. Trouvez d'abord quel genre de membre vous êtes, afin de vous articuler à l'endroit pertinent.

«Dieu ... nous a sauvés, et nous a adressé [Ndt: nous a appelés à] *une sainte vocation, non à cause de nos œuvres, mais selon son propre dessein, et selon la grâce qui nous a été donnée en Jésus-Christ avant les temps éternels.»* (2 Timothée 1:9)

En voilà un passage incroyable, presque insondable tant il est profond. Il dit que Dieu *«nous a sauvés,»* mais ne s'arrête pas là. Il n'y pas de ponctuation, il continue immédiatement, *«et nous a appelés»*. Etre sauvé, c'est être appelé. Personne n'est sauvé sans être appelé.

Une multitude de chrétiens sont sauvés et ne connaissent pas leur appel. Ce qui ne signifie pas qu'ils ne sont pas appelés. Lorsque vous êtes sauvés, vous l'êtes pour un appel. Vous vous sentirez frustrés et inaccomplis tant que vous n'aurez pas trouvé votre appel et que vous n'y aurez pas répondu.

Merci Jésus, de m'avoir rendu membre de ton corps. Je proclame que je trouve ma place et mon appel en toi. Je suis membre du corps de Christ. Amen.

Nous avons besoin les uns des autres

Je suis membre du corps de Christ.

En Ephésiens 1:22–23, Paul fournit une image du peuple de Dieu ici sur terre. Il dit: *«L'Eglise…est son corps* [celui de Christ].» Paul développe ce thème en 1 Corinthiens, en disant, *« Vous êtes le corps de Christ, et vous êtes ses membres, chacun pour sa part «* (1 Corinthiens 12:27). Il a utilisé plusieurs exemples du corps physique pour souligner le fait qu'en tant que chrétiens, nous sommes tous interdépendants, nous avons tous besoin les uns des autres.

L'image de l'Eglise en tant que corps de Christ la plus complète et la plus soutenue est donnée en Ephésiens. Par conséquent, il est des plus éloquents que dans cette épître Paul parle systématiquement des chrétiens au pluriel. Il ne s'occupe quasiment pas du chrétien en tant qu'individu, ni ne lui adresse aucun message. (Lire Ephésiens 1:3–12.) Une lecture avertie du reste de l'épître aux Ephésiens confirmera que c'est là son message du début à la fin. Il ne contient aucune promesse ni prière s'adressant à l'individu, à une brève exception près dans les six derniers versets, où Paul termine en demandant la prière tout spécialement pour lui.

Cette concentration sur le corps de Christ en tant que collectivité culmine en Ephésiens 6:10–18, où Paul parle de notre guerre spirituelle. Au verset 12; tous les mots-clés sont au pluriel (à la fois ceux qui se réfèrent au peuple de Dieu et ceux qui se réfèrent aux puissances opposées: *nous* luttons *contre les dominations, contre les autorités, contre les princes de ce monde de ténèbres, contre les esprits méchants dans les lieux célestes*.)

Ainsi décrite, la guerre spirituelle n'est pas un conflit de personnes mais une vaste guerre opposant deux armées ennemies. Il n'y a pas de place ici pour des individus poursuivant leur propre but. La victoire exigera une action contrôlée et concertée du peuple de Dieu, travaillant ensemble comme les membres d'un seul corps. Cela exigera d'être discipliné et prêt à se soumettre à l'autorité de la Parole.

Merci Jésus, de m'avoir rendu membre de ton corps. Je proclame que je ne suis pas tout seul, mais je me tiendrai aux côtés du reste du corps de Christ, car je suis membre du corps de Christ. Amen.

Ma place particulière

Je suis membre du corps de Christ.

Jésus dit que si nous avons «*de la foi comme un grain de moutarde*,» nous pourrons déplacer des montagnes. (Lire Matthieu 17:20.) Il ne s'agit pas de la quantité de notre foi, mais plutôt de sa qualité. La foi est donnée à ceux qui sont réalistes et humbles.

Pourquoi Dieu vous donne-t-il une mesure de fois spécifique? (Lire Romains 12:3.) Parce qu'il y a une place spécifique pour vous dans le corps de Christ. Il vous a ordonné de servir dans une fonction spécifique en tant que membre du corps de Christ. La foi qu'il vous a donnée est conçue pour s'adapter à cette fonction. Si Dieu veut que vous soyez une main, il vous donnera une foi de «main». S'il veut que vous soyez une oreille, il vous donnera une foi d'«oreille». S'il veut que vous soyez un doigt de pied, il vous donnera une foi de «doigt de pied». Mais, si vous êtes un doigt de pied et que vous tentiez d'être un nez, il y aura un total déséquilibre entre ce que vous essayez de faire et la mesure de foi que vous avez. La raison n'en sera pas que vous n'avez pas assez de foi, mais que vous tentez de l'appliquer à une chose pour laquelle elle n'est pas faite. Elle a été donnée pour le travail et l'endroit particuliers qui vous sont attribués dans le corps des chrétiens.

Ma main se comporte superbement en tant que main. Elle ouvre ma Bible, et tourne les pages. Elle fait presque tout ce que je lui demande. Toutefois, si j'essayais de faire ce qu'elle fait avec mon pied, je serai bien embêté.

Si vous vous débattez constamment avec un problème de foi, il est probable que vous essayiez d'accomplir une tâche inappropriée. Vous êtes une main qui tente d'être un pied, ou un pied qui tente d'être une main. C'est la façon que Dieu emploie pour vous guider vers la bonne place.

Merci Jésus, de m'avoir rendu membre de ton corps. Je proclame que Dieu me guide vers ma place spécifique car je suis membre du corps de Christ. Amen.

Soudés ensemble

Je suis membre du corps de Christ.

En 1 Corinthiens 12, Paul indique que chaque membre dépend de l'autre. Aucun d'entre eux n'est indépendant des autres. L'œil ne peut pas dire à la main: «je n'ai pas besoin de toi.» La tête ne peut pas dire au pied: «je n'ai pas besoin de toi.» Même le plus faible des membres peut en fait s'avérer être le plus important.

Aucun membre du corps humain n'est plus vulnérable ni plus sensible que l'œil. Cependant, peu d'entre eux (sinon aucun) peuvent se targuer d'être plus importants. Remarquez combien la nature a protégé le contour de l'œil. La fonction principale de plusieurs autres parties du visage est de le protéger. Cependant, l'œil ne reçoit pas toute cette protection et cet honneur parce qu'il est fort, mais parce qu'il est faible. C'est de cette manière que le corps doit être soudé ensemble. Le plus fort doit protéger le faible. Nous ne pouvons pas ignorer ni mépriser un membre du corps de Christ quel qu'il soit, grand ou petit, fort ou faible.

Ce principe est vrai pour les membres du corps de Christ. Nous avons besoin les uns des autres, nous dépendons les uns des autres. Nous devons nous honorer les uns les autres. Lorsqu'un membre souffre, les autres souffrent avec lui. Lorsqu'un membre est honoré, les autres le sont avec lui. (Lire 1 Corinthiens 12:26.) C'est ici la nature du corps universel de Christ, l'Eglise.

Merci Jésus, de m'avoir rendu membre de ton corps. Je proclame que je suis soudé à d'autres membres (et que je les honore) car je suis membre du corps de Christ. Amen.

Travailler ensemble

Je suis membre du corps de Christ.

«Par la grâce qui m'a été donnée, je dis à chacun de vous de n'avoir pas de lui-même une trop haute opinion, mais de revêtir des sentiments modestes, selon la mesure de foi que Dieu a départie à chacun. Car, comme nous avons plusieurs membres dans un seul corps, et que tous les membres n'ont pas la même fonction, ainsi, nous qui sommes plusieurs, nous formons un seul corps en Christ, et nous sommes tous membres les uns des autres.» (Romains 12:3–5)

L'intelligence renouvelée nous dirige vers la place qui nous revient dans le corps. Nous réalisons que nous sommes chacun un membre incomplet tant qu'il est seul, incapable de fonctionner isolément selon ce que Dieu a planifié pour lui. Pour être complet et pour fonctionner en osmose avec les desseins et les plans de Dieu, chacun de nous doit devenir un membre dans le corps. Nous devons être liés à d'autres membres par une sorte d'engagement qui nous permette de travailler ensemble, et non pas en tant qu'individus isolés.

Lorsque que nous voyageons en avion, je suis souvent émerveillé lorsque le système de navigation se règle sur celui d'un aéroport en particulier et que tous deux se verrouillent sur leurs données respectives. L'avion descend exactement au bon endroit et à la bonne vitesse pour effectuer un atterrissage en douceur. Je vous suggère de comparer notre intelligence renouvelée au système de navigation d'un avion. Lorsque vous vous synchronisez avec l'esprit de Dieu, votre intelligence renouvelée vous amène à vous poser exactement au bon endroit dans le corps (vous devenez un membre du corps de Dieu, le corps de Christ, l'Eglise.

Merci Jésus, de m'avoir rendu membre de ton corps. Je proclame que le Seigneur m'amène exactement au bon endroit dans son corps, parce que je suis membre du corps de Christ. Amen.

Agir correctement les uns envers les autres

Je suis membre du corps de Christ.

Le monde est rempli de toutes sortes de gens. Lorsque vous voyez l'aspect extérieur d'une personne, vous vous dites peut-être: «Je ne vois là rien de bien excitant.» Vous pouvez vous regarder dans le miroir et peut-être penser la même chose de vous-même. Mais nous devons regarder sous la surface et voir nos frères et nos sœurs comme des membres du corps de Christ (des gens pour qui il a versé son sang et est mort).

Si nous négligeons d'apprécier et d'honorer d'autres personnes, nous blessons le cœur du Seigneur, parce qu'il aime chaque personne assez pour mourir pour elle. Son cœur est amèrement meurtri lorsque nous avons une mauvaise attitude envers un membre de son corps, si nous avons du dédain pour les autres et faisons fi de leur valeur.

Je pense que c'était le problème des habitants de Corinthe, à qui Paul s'est adressé en deux épîtres. Il y avait beaucoup de mauvaises relations entre eux. Ils ne discernaient pas le corps de Christ les uns chez les autres (Lire 1 Corinthiens 11:29), Et Paul dit: «*C'est pour cela qu'il y a parmi vous beaucoup d'infirmes et de malades, et qu'un grand nombre sont morts*» (verset 30). Je suppose que cette raison pourrait bien être la cause principale de maladie parmi les chrétiens d'aujourd'hui. Je dois dire avec beaucoup de regret que beaucoup de chrétiens ne se traitent pas les uns les autres comme des membres communs du corps de Christ.

Merci Jésus, de m'avoir rendu membre de ton corps. Je proclame que, par ta grâce, je vais honorer d'autres membres, en les considérant comme des individus pour qui Christ est mort, car je suis membre du corps de Christ. Amen.

Dieu nous a placés

Je suis membre du corps de Christ.

«Car, comme le corps est un et a plusieurs membres, et comme tous les membres du corps, malgré leur nombre, ne forment qu'un seul corps, ainsi en est-il de Christ....Ainsi le corps n'est pas un seul membre, mais il est formé de plusieurs membres. Si le pied disait: Parce que je ne suis pas une main, je ne suis pas du corps, ne serait-il pas du corps pour cela? Et si l'oreille disait: Parce que je ne suis pas un œil, je ne suis pas du corps, -ne serait-elle pas du corps pour cela? Si tout le corps était œil, où serait l'ouïe? S'il était tout ouïe, où serait l'odorat? Maintenant Dieu a placé chacun des membres dans le corps comme il a voulu.» (1 Corinthiens 12:12, 14–18)

Il y a trois choses à distinguer dans cette déclaration de Paul. Tout d'abord, que le choix de l'endroit où nous devons nous tenir dans le corps de Christ et la fonction que nous devons y exercer ne nous appartient pas, il appartient à Dieu. Dieu a disposé les membres de son corps et leur assigné des fonctions. Il ne nous appartient pas de décider, Dieu décide pour nous et nous révèle ses décisions.

Ensuite, lorsque cela s'accomplit dans notre vie, nous nous mêlons à une entité plus large, le corps (mais nous ne perdons pas notre individualité). C'est comme un petit doigt qui trouve sa place sur une main, à côté des quatre autres, et est ainsi connecté à la vie entière du corps et à sa fonctionnalité. En tant que chrétiens, nous ne perdons jamais notre identité individuelle, mais nous faisons partie d'un groupe commun plus large, tout en étant les membres particuliers que Dieu a ordonné que nous soyons.

Troisièmement, en tant que corps commun, nous sommes à même de représenter Christ pour le monde dans sa plénitude. Aucun d'entre nous ne peut représenter Christ de manière adéquate à lui tout seul, mais lorsque nous sommes unis à un corps, celui-ci peut totalement, communément et pleinement présenter Jésus-Christ à notre monde.

Merci Jésus, de m'avoir rendu membre de ton corps. Je proclame que Dieu m'a placé, avec une identité individuelle, comme faisant partie du tout, représentant Christ dans sa plénitude au monde. Je suis membre du corps de Christ. Amen.

30ème semaine:

Je suis saint.

En lui Dieu nous a élus avant la fondation du monde, pour que nous soyons saints et irrépréhensibles devant lui.

–Ephésiens 1:4

Qu'est-ce que la sainteté?

Je suis saint.

Il existe une énorme confusion à propos de la sainteté. Plusieurs chrétiens tentent d'atteindre la sainteté en s'abstenant de faire des choses. Ils pensent, *si je ne fais pas ceci ou cela, alors je suis saint.* Mais, cela n'a rien à voir avec la sainteté. Il y a des choses que vous ne pouvez pas faire si vous êtes saint, mais il n'est pas correct de suggérer que la sainteté signifie éliminer un certain nombre des choses dont vous étiez coutumiers. La sainteté n'est pas négative. Paul écrit en Colossiens 2:20: *«Si vous êtes morts avec Christ aux rudiments du monde, pourquoi, comme si vous viviez dans le monde, vous impose-t-on ces préceptes:...?»* Il s'agit-là de la vision la plus commune de la sainteté (se soumettre à des préceptes.) Paul continue en donnant une liste de préceptes que certaines personnes suivent dans leur tentative d'atteindre la sainteté:

«Ne prends pas! ne goûte pas! ne touche pas!,» préceptes qui tous deviennent pernicieux par l'abus, et qui ne sont fondés que sur les ordonnances et les doctrines des hommes.... Ils ont, à la vérité, une apparence de sagesse, en ce qu'ils indiquent un culte volontaire, de l'humilité, et le mépris du corps, mais ils sont sans aucun mérite et contribuent à la satisfaction de la chair.» (Versets 21–23)

En d'autres termes, vous abstenir de certaines choses ne vous rend pas saint, ce n'est pas la sainteté selon Dieu. En Matthieu 5:16, Jésus explique la relation entre la sainteté et nos actes: *«Que votre lumière luise ainsi devant les hommes, afin qu'ils voient vos bonnes œuvres, et qu'ils glorifient votre Père qui est dans les cieux.»* Que *«votre lumière luise»* signifie faire de bonnes œuvres afin que d'autres personnes puissent voir Dieu. Ce n'est en aucun cas l'observance d'une série de préceptes négatifs. Il s'agit d'une force positive et puissante. En fait, je pense que la sainteté est la force la plus puissante à l'œuvre dans notre univers. Se retirer dans un style de vie négatif et l'appeler «sainteté» est une illusion personnelle. Ce n'est pas du tout ce que Dieu appelle sainteté.

Merci Seigneur, de m'avoir appelé. Je proclame que je vais faire «luire ma lumière» comme une force positive et puissante, car je suis saint. Amen.

Appelés saints

Je suis saint.

Paul décrit les chrétiens romains comme des: «bien-aimés de Dieu, appelés à être saints» (Romans 1:7). Le terme de «saints» se réfère simplement à l'authentique «sainteté.» L'expression «à être» a en fait été rajoutée par les traducteurs. En grec, il est dit littéralement: «appelés saints.»

Souvenez-vous que la sainteté n'est pas une sorte de qualification extraordinaire que seuls certains croyants peuvent acquérir, c'est plutôt une chose à laquelle on s'attend de la part de tous les chrétiens. Paul ne concevait pas qu'il puisse y avoir une sorte de «super catégorie» de chrétiens fonctionnant dans une sphère élevée, inaccessible au reste d'entre nous. Il supposait que tous les chrétiens deviendraient saints.

Lorsque vous acceptez l'invitation de l'évangile à la foi en Jésus-Christ, Dieu vous appelle un saint. Vous êtes l'un de ceux qui sont mis à part, prêts à se soumettre au Saint-Esprit et à la justice. Il se peut que vous considériez votre vie et disiez: «Eh bien, il ne semble pas vraiment que je sois très saint,» mais rappelez-vous ce que Paul a dit: Que Dieu *«appelle les choses qui ne sont point comme si elles étaient»* (Romains 4:17). Dieu a appelé Abraham *«père d'un grand nombre de nations»* avant même qu'il n'ait un seul fils. (Lire Genèse 17:4–5.)

Lorsque Dieu vous appelle d'une façon, il fera que vous soyez ainsi. Lorsque Dieu vous appelle saint, vous êtes saint parce qu'il vous a appelé ainsi. Cela peut prendre du temps pour arriver à cette sainteté dans votre vie, mais il l'a décrété pour vous.

Merci Seigneur, de m'avoir appelé. Je proclame que tu feras aboutir cet appel dans ma vie, car je suis saint. Amen.

Sa volonté pour nous

Je suis saint.

«D'ailleurs, puisque nos pères selon la chair nous ont châtiés, et que nous les avons respectés, ne devons nous pas à bien plus forte raison nous soumettre au Père des esprits, pour avoir la vie? Nos pères nous châtiaient pour peu de jours, comme ils le trouvaient bon; mais Dieu nous châtie pour notre bien, afin que nous participions à sa sainteté.» (Hébreux 12:9–10)

C'est le désir de Dieu que nous prenions part à sa sainteté. L'auteur d'Hébreux continue: *«Recherchez la paix avec tous, et la sanctification, sans laquelle personne ne verra le Seigneur.»* (Verset 14). Nous devons tout d'abord rechercher la sainteté. Ensuite, dans le but de l'atteindre, je pense que nous devons rechercher la paix avec tous. Nous devons essayer de vivre en paix, en évitant les querelles ou les désaccords, si cela nous est possible. L'auteur d'Hébreux nous donne également un avertissement solennel. Il dit que nous ne verrons pas le Seigneur si nous ne prenons pas part à sa sainteté.

Un autre passage exprimant ce désir de sainteté de Dieu pour son peuple dit: *«Ce que Dieu veut, c'est votre sanctification;»* (1 Thessaloniciens 4:3). Qu'est-ce exactement que la *«sanctification»*? Jusqu'à un certain point, le français voile la véritable signification du terme. Un mot français terminant par le suffixe «-ifier» signifie faire correspondre quelque chose à la qualité indiquée par ce qui précède celui-ci. Par exemple, *purifier* signifie «rendre pur»; *clarifier* signifie «rendre clair»; *rectifier* signifie «rendre rect (correct, droit).» Par extension, *sanctifier* signifie «rendre sanct» Mais que signifie *sanct*? Par dérivation, c'est la même chose que *saint* qui à son tour est semblable à *sacré*. Les trois mots (sanctifier, saint et sacré) sont dérivés d'un seul mot grec, *hagios*, qui est la racine du mot «saint.» La sanctification est donc tout simplement le processus qui rend quelque chose ou quelqu'un saint.

Nous pouvons donc traduire de façon précise 1 Thessaloniciens 4:3 de la manière suivante: «Ce que Dieu veut, c'est que vous soyez rendus saints.»

Merci Seigneur, de m'avoir appelé. Je rechercherai la sainteté, tout comme je recherche la paix avec tous afin de prendre part à ta sainteté, car je suis saint. Amen.

L’initiative de Dieu

Je suis saint.

Dans le processus de sanctification, ainsi que dans tout processus rédempteur, c’est Dieu qui prend l’initiative, et non l’homme. Cela commence par le choix que Dieu a fait de nous, depuis toute éternité. Après cela, les événements se succèdent dans le temps comme suit: (1) le Saint-Esprit commence à nous influencer; (2) Il nous écarte du chemin spacieux qui mène à la perdition (Lire Matthieu 7:13) que nous aurions suivi; (3) Il nous met en face de la vérité, qui est Jésus lui-même (Lire Jean 14:6); (4) Il nous impartit la foi de croire en la vérité; et (5) c’est en croyant en elle que nous entrons dans le salut.

En Ephésiens 2:8, Paul écrit que nous sommes sauvés par la foi. Il nous rappelle ensuite que cette foi ne vient pas de nous-mêmes, mais qu’elle est un don du Saint-Esprit. Dans ce sens, nous pourrions définir *sanctifier* comme «mettre à part pour Dieu.» Dans la plupart des cas, le processus de sanctification commence bien avant que nous connaissions Dieu personnellement. L’apôtre Paul et le prophète Jérémie avaient été sanctifiés tous deux dans le sein de leur mère. (Lire Galates 1:15; Jérémie 1:5.) Dieu commence à nous mettre à part pour lui bien avant que nous en ayons connaissance.

«Qui sont élus [nous] *selon la prescience de Dieu le Père, par la sanctification de l'Esprit, afin qu'ils deviennent obéissants, et qu'ils participent à l'aspersion du sang de Jésus-Christ.»* (1 Pierre 1:2)

Le choix de Dieu, fait de toute éternité, est basé sur sa prescience (et il n’est jamais arbitraire ni hasardeux.) Le Saint-Esprit nous prend à part dans un endroit de confrontation avec les exigences de Christ, puis, il nous donne la grâce d’obéir à l’évangile. Lorsque nous obéissons, le sang de Jésus est aspergé sur nous. Dans ce passage de 1 Pierre, nous voyons que dans le processus de sanctification l’initiative vient de Dieu, non de l’homme, et que le principal agent actif dans ce processus est le Saint-Esprit.

Merci Seigneur, de m’avoir appelé. Je proclame que c’était à l’initiative de Dieu, son choix fait de toute éternité, et que ce n’était pas un choix arbitraire. Je suis saint. Amen.

Lavé par sa Parole

Je suis saint.

Dans l'Ancien Testament, après que le sang d'un animal sacrifié ait été versé, le sacrifice devait être lavé d'une eau pure. La première épître de Jean 5:6 dit que Jésus est venu «*avec de l'eau et du sang*» (1 Jean 5:6). Le sang est le sang rédempteur de Christ, versé sur la croix, et l'eau est l'eau pure de la Parole. Christ nous rachète par son sang puis nous sanctifie et nous purifie en nous lavant dans l'eau de sa Parole. (Lire Ephésiens 5:25–26.)

En priant le Père pour ses disciples, Jésus a dit: «*Sanctifie-les par ta vérité: ta parole est la vérité*» (Jean 17:17). L'une des principales façons dont la parole de Dieu nous sanctifie c'est en transformant notre mode de pensée. La sanctification vient de l'intérieur et non de l'extérieur. Encore une fois, la façon «religieuse» de se sanctifier c'est de rallonger sa robe, de se couper les cheveux, d'ôter le rouge à lèvres etc. Cependant, en Romains 12:2, Paul dit: «*soyez transformés par le renouvellement de l'intelligence, afin que vous discerniez quelle est la volonté de Dieu, ce qui est bon, agréable et parfait.*» En Ephésiens 4:23, il dit: «*à être renouvelés dans l'esprit de votre intelligence.*» L'Esprit Saint renouvelle notre pensée par la vérité (la parole de Dieu).

En français, nous avons l'expression *lavage de cerveau*, qui habituellement a une connotation négative. Cette expression serait cependant appropriée pour décrire de façon positive la manière dont l'Esprit saint renouvelle notre pensée, en la purifiant par l'eau pure de la parole de Dieu. Ceci doit passer par notre foi, un élément indispensable de notre sanctification. L'Esprit et la parole de Dieu ne varient jamais; notre foi nous rend capables de recevoir ce qu'offre Dieu à travers ces agents. En outre, il y a une connexion directe entre la parole de Dieu et notre foi, car: «*la foi vient de ce qu'on entend, et ce qu'on entend vient de la parole de Christ*» (Romains 10:17). Plus nous tiendrons compte de ce que dit la Parole, plus notre foi grandira, nous rendant capables de nous approprier tout ce que Dieu nous donne dans le but de notre sainteté.

Merci Seigneur, de m'avoir appelé. Je proclame que je suis lavé et renouvelé par l'eau pure de la parole de Dieu. Je m'approprie tout ce que Dieu donne, car je suis saint. Amen.

Mis à part par le sang

Je suis saint.

Jésus a versé son sang pour nous racheter, pour nous sanctifier, pour nous mettre à part pour Dieu et pour nous rendre saints. Il est possible de vivre dans un endroit où le péché et satan ne peuvent nous toucher, un endroit où nous sommes protégés et sanctifiés par le sang de Jésus.

En 1 Jean 1:7, nous lisons, *«Mais si nous marchons dans la lumière, comme il est lui-même dans la lumière, nous sommes mutuellement en communion, et le sang de Jésus son Fils nous purifie de tout péché.»* L'usage du présent dans ce passage indique une action continue. Si nous marchons continuellement dans la lumière, nous aurons une constante communion et le sang de Jésus nous gardera constamment purs. Nous sommes purifiés et purgés, nous ne vivons pas dans la vile contamination de ce monde mauvais. Nous sommes séparés pour Dieu, sanctifiés et mis à part par le sang de Jésus.

Au niveau pratique, l'endroit charnière est celui de la sanctification: l'autel. Dans l'Ancien Testament, avant d'être placé sur l'autel, le sacrifice n'était qu'un corps mort d'animal. Mais lorsqu'il était placé et attaché sur l'autel, le sacrifice devenait saint, mis à part pour Dieu. Ceci est tout autant le cas pour le croyant du Nouveau Testament. Paul dit: *«Je vous exhorte donc, frères, par les compassions de Dieu, à offrir vos corps comme un sacrifice vivant, saint, agréable à Dieu, ce qui sera de votre part un culte raisonnable.»* (Romains 12:1). La seule différence entre les sacrifices de l'Ancien et du Nouveau Testament c'est que notre corps reste en vie (sacrifice vivant) lorsqu'on le place sur l'autel. Le principe de la sanctification reste le même. C'est l'autel qui sanctifie le don qui est placé sur lui. La transformation intérieure de nos pensées et de nos motivations ne peut s'accomplir sans que nous ayons renoncé à tous les droits sur notre corps et que nous l'ayons placé, sans aucune réserve, sur l'autel de Dieu, pour que Dieu l'utilise comme bon lui semble.

Merci Seigneur, de m'avoir appelé. Je proclame que je suis protégé et mis à part, sanctifié, par le sang de Jésus. Je présente mon corps, comme un sacrifice vivant, car je suis saint. Amen.

Obéir à Dieu sous la grâce

Je suis saint.

Quelle est la différence entre le fait d'obéir à Dieu sous la loi et lui obéir sous la grâce? Le dessein ultime de Dieu est que nous lui obéissions, mais cette obéissance est accomplie de différentes manières. Pour illustrer ce fait, regardons un simple commandement donné à la fois dans L'Ancien Testament, sous la loi de Moïse, et dans l'une des épîtres du Nouveau Testament. Des termes précis sont employés et ils s'appliquent que nous soyons sous la loi ou sous la grâce.

Dans l'Ancien Testament, Dieu parle à Israël à travers Moïse et il dit: *«Car je suis l'Éternel, qui vous ai fait monter du pays d'Égypte, pour être votre Dieu, et pour que vous soyez saints; car je suis saint»* (Lévitiques 11:45). Dans le contexte, «être saint» signifie devoir observer une série de règles extrêmement compliquées, qui sont décrites par le menu dans le reste du livre des Lévitiques. Dans ce cas, la sainteté est réalisée par les méthodes du légalisme: «Fais ceci. Ne fais pas cela.»

Le passage du Nouveau Testament est adressé aux chrétiens qui ont accepté la rédemption de Jésus à leur place: *«Comme des enfants obéissants, ne vous conformez pas aux convoitises que vous aviez autrefois, quand vous étiez dans l'ignorance. Mais, puisque celui qui vous a appelés est saint, vous aussi soyez saints dans toute votre conduite, selon qu'il est écrit: Vous serez saints, car je suis saint'»* (1 Pierre 1:14–16). Cette citation est prise dans Lévitiques, cela voudrait-il donc dire que Pierre nous disait d'observer toutes les règles de l'Ancien Testament concernant les sacrifices d'animaux, les moisissures et les fluides corporels? Il est évident que non. Il doit donc s'attendre à quelque chose de différent. La sainteté de la loi dit: «Je dois observer toutes ces règles.» La réponse alternative de la foi: «Je ne suis pas une série de règles. Je laisse Jésus être saint, en moi et à travers moi.»

Merci Seigneur, de m'avoir appelé. Je proclame que la sainteté ne vient pas de l'obéissance à toutes les règles mais par la rédemption de Jésus à ma place. Jésus en moi est sainteté, et je suis saint. Amen.

31ème semaine:

J'ai été adopté en tant qu'enfant de Dieu.

Nous ayant prédestinés dans son amour à être ses enfants d'adoption par Jésus-Christ, selon le bon plaisir de sa volonté.

—Ephésiens 1:5

Ses fils et ses filles

J'ai été adopté en tant qu'enfant de Dieu.

«Béni soit Dieu, le Père de notre Seigneur Jésus-Christ, qui nous a bénis de toutes sortes de bénédictions spirituelles dans les lieux célestes en Christ! En lui Dieu nous a élus avant la fondation du monde, pour que nous soyons saints et irrépréhensibles devant lui, nous ayant prédestinés dans son amour à être ses enfants d'adoption par Jésus-Christ, selon le bon plaisir de sa volonté, à la louange de la gloire de sa grâce qu'il nous a accordée en son bien-aimé.» (Ephésiens 1:3–6)

Paul explique ici le dessein de Dieu avant même la création: que nous puissions devenir ses enfants, ses fils et ses filles. La seule façon dont cela pouvait s'accomplir était à travers la mort substitutive de Jésus sur la croix. Lorsque Jésus a porté nos péchés et a souffert notre rejet, il a ouvert la voie à notre acceptation. Pendant cette période uniquement, il a perdu son statut de Fils de Dieu afin que nous puissions acquérir ce même statut, en tant que fils et filles de Dieu.

J'aime le verset six, *«A la louange de la gloire de sa grâce qu'il nous a accordée en son bien-aimé.»* Le mot qui est traduit par *«accordée»* est un mot très puissant. C'est le même mot que l'ange utilise lorsqu'il salue la vierge Marie: *«toi à qui une grâce a été faite»* (Luc 1:28). Cela signifie que nous devenons l'objet de la faveur particulière de Dieu. Une autre version de la Bible (*King James* en anglais) dit que Dieu *«nous a fait accepter en le Bien-aimé»* (Ephésiens 1:6).

Vous devez réaliser que Jésus a porté votre péché et votre rejet afin que vous puissiez jouir de son acceptation en tant que l'un de ses enfants.

Merci Seigneur, de m'avoir choisi par amour. Je proclame que Jésus a porté mon rejet et que je peux jouir de son acceptation. J'ai été adopté en tant qu'enfant de Dieu. Amen.

L'amour irrésistible de Dieu

J'ai été adopté en tant qu'enfant de Dieu.

«En lui [Jésus] *Dieu nous a élus avant la fondation du monde, pour que nous soyons saints et irrépréhensibles devant lui, nous ayant prédestinés dans son amour à être ses enfants d'adoption par Jésus-Christ, selon le bon plaisir de sa volonté.»* (Ephésiens 1:4–5)

Il y a deux façons possibles de ponctuer les versets ci-dessus: *«pour que nous soyons saints et irrépréhensibles devant lui, nous ayant prédestinés dans son amour ...»* ou *«pour que nous soyons saints et irrépréhensibles devant lui. Nous ayant prédestinés dans son amour ....»* Quelque soit l'endroit où vous placez le point, le fait demeure que l'amour de Dieu précède le temps. Avant la création du monde, Dieu nous a aimés, nous a choisis et prédestinés. Il a arrangé le cours de sa vie afin que nous puissions le rencontrer et expérimenter son amour.

Il y a une très simple déclaration dans le Cantique de Salomon qui dit: *«l'amour est fort comme la mort»* (8:6). La mort est inévitable. Lorsqu'elle survient, personne ne peut y échapper. Personne ne peut dire: «Je ne suis pas prêt. Je ne vais pas t'accepter.» Aucun homme ne peut résister à la mort.

Mais le Nouveau Testament nous amène à l'étape suivante. Lorsque Jésus est mort sur la croix et qu'il est ressuscité des morts, il a prouvé que l'amour était plus fort que la mort. La force la plus irrésistible et négative de l'univers a été conquise par la force la plus irrésistible et positive de l'univers, l'amour de Dieu. L'amour atteint toujours son objectif, il est invincible. Il n'admet aucune barrière. Il passera tous les obstacles pour arriver à ses fins.

L'amour de Dieu est individuel, et éternel. Il précède le temps, il est irrésistible. Puis, imaginez-vous être la perle dans la main de Jésus. Dites-vous: «Son amour pour moi est individuel, et éternel. Il précède le temps, il est irrésistible.» Puis, souvenez-vous ce qu'il lui en a coûté: tout ce qu'il possédait. Prenez le temps de lui dire: «Merci.»

Merci Seigneur, de m'avoir choisi par amour. Je proclame qu'avant la création du monde, Dieu m'a aimé, m'a choisi et m'a prédestiné dans son amour irrésistible. J'ai été adopté en tant qu'enfant de Dieu. Amen.

L'arme de la Parole

J'ai été adopté en tant qu'enfant de Dieu.

Les tentations que satan nous oppose suivent toutes un modèle similaire. Tout d'abord il nous fait douter de ce que Dieu a dit, que nos péchés ont été pardonnés, qu'il nous aime vraiment, que nous avons été acceptés dans la famille de Dieu en tant que ses enfants, que nous avons été libérés de la malédiction et que nous sommes entrés dans la bénédiction. Mais le coup de grâce des tactiques de satan est de nous tenter à désobéir directement.

Jésus a utilisé une seule arme pour vaincre satan: le *rhema*, ou la parole prononcée de Dieu. Il a contré chaque tentation en commençant par la même expression: *«Il est écrit.»* (Lire par exemple, Matthieu 4:4, 7, 10.) Chaque phrase était une citation directe de l'Ancien Testament. Satan n'avait aucune défense face à la parole de Dieu adressée à lui directement. Il n'a eu d'autre choix que de se retirer dans la défaite.

Dans tout cela, Jésus est notre parfait exemple, il ne s'est pas reposé sur une sagesse ou des arguments quelconques venant de lui-même, il a plutôt employé de manière précise l'arme que Dieu nous a donnée à nous aussi: sa Parole. Notre sécurité dépend du fait de suivre l'exemple de Jésus. Satan est mille fois plus avisé et plus puissant que nous le sommes. Il peut pointer du doigt un millier de failles dans notre propre justice. Mais, il y a une arme contre laquelle il est sans défense: la parole de Dieu, prononcée avec foi.

Tel est donc le chemin qui nous mène hors du territoire enténébré des malédictions et nous amène dans celui baignant dans la clarté des bénédictions de Dieu. La première condition est une foi inébranlable, basée sur l'échange qui a eu lieu sur la croix. Une foi de cette trempe reconnaît l'efficacité des promesses de Dieu à partir du moment où celles-ci sont bien comprises. Notre obéissance prompte et inconditionnelle ainsi que notre persévérance nous amènent alors à la joie d'expérimenter pleinement les droits légaux que nous avons en Christ. Nous faisons face à l'opposition satanique avec «l'épée de l'esprit»: la parole prononcée de Dieu. (Lire Ephésiens 6:17.)

Merci Seigneur, de m'avoir choisi par amour. Je proclame que je ferai face à toutes les tentations et oppositions sataniques avec la parole de Dieu. J'ai été adopté en tant qu'enfant de Dieu. Amen.

Enfants et cohéritiers

J'ai été adopté en tant qu'enfant de Dieu.

En Romains 8:15–17, Paul expliquait aux chrétiens ce que leur foi en Christ leur rendait accessible.

«Et vous n'avez point reçu un esprit de servitude, pour être encore dans la crainte; mais vous avez reçu un Esprit d'adoption, par lequel nous crions: Abba! Père! L'Esprit lui-même rend témoignage à notre esprit que nous sommes enfants de Dieu. Or, si nous sommes enfants, nous sommes aussi héritiers: héritiers de Dieu, et cohéritiers de Christ, si toutefois nous souffrons avec lui, afin d'être glorifiés avec lui.»

Le mot *Abba* est l'équivalent araméen ou hébreu du mot français «papa.» Ainsi, nous voyons ici une relation d'intimité avec Dieu le Père, que nous appelons *papa*. L'esprit de Dieu lui-même nous donne l'assurance et la confiance d'agir ainsi.

La Bible nous dit que nous sommes les enfants de Dieu, mais l'esprit de Dieu intensifie ce principe personnellement en chacun de nous. Nous sommes les enfants de Dieu. Et, lorsque nous devenons enfants, nous devenons héritiers. Nous sommes faits héritiers de Dieu et cohéritiers de Christ. Bien entendu, il y a une condition: que nous ayons la volonté de partager ses souffrances. Si nous partageons l'héritage, nous partageons aussi les souffrances. Souvenez-vous que la perle est un produit du stress et de la pression.

Il est important de comprendre ce que signifie être cohéritiers. Cela ne veut pas dire que nous recevons une petite part d'héritage sur la totalité. Cela signifie plutôt que Jésus, en tant que fils de Dieu est le possesseur de tout l'héritage et nous partageons celui-ci avec lui dans son intégralité. Chacun de nous a droit à l'héritage entier, qui est celui de Jésus. La loi du royaume de Dieu est le partage. Nous ne prenons pas chacun une portion mais nous partageons tous ensemble tout ce qui est à Dieu le Père et à Christ le Fils.

Merci Seigneur, de m'avoir choisi par amour. Je proclame que je suis un enfant de Dieu et un cohéritier de Christ. J'ai été adopté en tant qu'enfant de Dieu. Amen.

L'amour d'un Père

J'ai été adopté en tant qu'enfant de Dieu.

La famille de Dieu est la meilleure des familles. Encore une fois, même si votre propre famille n'a pas pris soin de vous, gardez à l'esprit que vous êtes désirés par Dieu. Vous êtes acceptés, vous êtes extrêmement privilégiés, vous êtes l'objet de son attention et de ses soins particuliers. Tout ce qu'il fait tourne autour de vous.

Paul dit aux Corinthiens, qui n'étaient pas exactement des chrétiens modèles: *«tout cela arrive à cause de vous»* (2 Corinthiens 4:15). Tout ce que Dieu fait, il le fait pour nous. Lorsque vous prenez conscience de cela, vous n'en tirez aucune vanité, au contraire, vous devenez humbles. Il n'y a pas de place pour l'arrogance lorsque l'on réalise la grâce de Dieu. Il est très significatif de voir qu'avant sa crucifixion, la dernière prière de Jésus avec ses disciples fut pour ceux qui le suivaient ainsi que pour ceux qui le suivraient plus tard. (Lire Jean 17:20.) Cette prière concernait notre relation avec Dieu en tant que notre père, et elle se conclut par: *«Père juste, le monde ne t'a point connu; mais moi je t'ai connu, et ceux-ci ont connu que tu m'as envoyé. Je leur ai fait connaître ton nom, et je le leur ferai connaître»* (Jean 17:25–26).

Jésus nous a fait connaître Dieu comme un Père. Les Juifs avaient connu Dieu comme Yahweh pendant quatorze siècles, mais la seule personne qui pouvait le leur présenter en tant que Père était son Fils. Jésus s'adresse à Dieu en tant que Père six fois dans sa prière pour ses disciples, (voir les versets 1, 5, 11, 21, 24, 25).

Lorsque Jésus a prié, *«et je le leur ferai connaître* [le nom de Dieu] (verset 26), il disait qu'il continuerait de leur révéler Dieu en tant que Père. Puis, nous en arrivons au but de cette révélation: *« afin que l'amour dont tu m'as aimé soit en eux, et que je sois en eux. «* (Jean 17:26). Dieu a exactement le même amour pour nous que pour Jésus. Nous lui sommes aussi chers que Jésus lui-même. Cependant, il y a un autre aspect dans tout cela. C'est parce que Jésus est en nous que nous pouvons aimer Dieu de la même manière que lui l'aime.

Merci Seigneur, de m'avoir choisi par amour. Je proclame que Dieu, mon Père, a exactement le même amour pour moi que pour Jésus, et que j'aime Dieu de la même manière que Jésus l'aime. J'ai été adopté en tant qu'enfant de Dieu. Amen.

---

4 AOUT

Arriver à maturité

J'ai été adopté en tant qu'enfant de Dieu.

Dieu n'a pas pour objectif que nous restions éternellement des enfants. Il a un plan pour que nous croissions en maturité. Cependant, c'est là où nous sommes à nouveau dépendants du Saint-Esprit. Sans lui nous ne pouvons pas grandir, nous ne pouvons pas mûrir. Comme Paul le dit en Romains 8:14: *«car tous ceux qui sont conduits par l'Esprit de Dieu sont fils de Dieu.»*

Le mot pour *«fils,»* dans ce verset n'est pas le même que celui pour *«enfants»* dans d'autres passages. Il représente un fils mature (qui est responsable, contrôle sa vie, sait comment agir et a de l'autorité.)

Comment arrivons-nous à cet état de maturité? Paul dit: *«tous ceux qui sont conduits par l'Esprit de Dieu sont fils de Dieu.»* Il s'agit du second grand ministère du Saint-Esprit dans notre vie de membre de la famille de Dieu: nous faire mûrir. Ceci n'est cependant le fruit que d'un seul processus: être conduit par le Saint-Esprit de Dieu. Il n'y a aucune autre façon d'atteindre la maturité. Et «être conduit» est une situation permanente. Nous devons être constamment conduits, chaque jour, à chaque heure, et dans chaque situation, par l'Esprit de Dieu. C'est l'unique façon de vivre en tant que fils matures de Dieu.

La tragédie dans l'Eglise aujourd'hui, c'est que d'innombrables personnes nées de nouveau de l'Esprit de Dieu n'ont jamais appris à être conduites par lui. Par conséquent, elles n'arrivent jamais à maturité. En un sens, elles restent spirituellement infantiles. Ceci ne signifie pas que le processus de maturation ne leur est pas accordé, mais plutôt qu'elles n'ont pas compris comment se l'approprier. Ce don s'exploite sous la direction du Saint-Esprit.

Merci Seigneur, de m'avoir choisi par amour. Je proclame que je vais intégrer le processus de maturation conduit par l'Esprit de Dieu. Amen.

La relation avec notre Père

J'ai été adopté en tant qu'enfant de Dieu.

Dans les deux derniers versets de Jean 17, nous trouvons les paroles ultimes de Jésus à ses disciples avant qu'il ne souffre et ne meure sur la croix. Je crois que ces deux versets représentent le point culminant de tout l'objectif de l'évangile. Voici une partie de la prière de Jésus:

«Père juste, le monde ne t'a point connu; mais moi je t'ai connu, et ceux-ci ont connu que tu m'as envoyé. Je leur ai fait connaître ton nom....» (Jean 17:25-26)

Le nom que Jésus est venu révéler est *Père*. Vous ne trouverez pas beaucoup l'usage du mot Père pour qualifier Dieu dans l'Ancien Testament. La seule personne qui pouvait vraiment révéler le Père était le Fils. Puis, Jésus continue:

«Je leur ai fait connaître ton nom, et je le leur ferai connaître, afin que l'amour dont tu m'as aimé soit en eux, et que je sois en eux.» (Verset 26)

Le but suprême de l'évangile est cette relation d'amour avec Dieu à travers laquelle celui-ci nous aime exactement de la même manière dont il a aimé (et aime encore) Jésus et nous aimons Dieu exactement de la même manière dont Jésus l'aime. Voilà le but, nous amener dans une relation avec Dieu en tant que Père à l'instar de la relation que Jésus a avec lui. Vous ne pouvez pas demander plus. C'est inimaginable. Concevoir ce que cela implique dépasse notre capacité d'entendement humaine. Mais c'est le but, le dessein ultime. Tout le reste est secondaire.

Merci Seigneur, de m'avoir choisi par amour. Je proclame que mon but et objectif ultime est d'arriver à cette relation d'amour avec Dieu en tant que mon Père, car j'ai été adopté en tant qu'enfant de Dieu. Amen.

32ème semaine:

J'ai accès à Dieu grâce au Saint-Esprit.

Car par lui nous avons les uns et les autres accès auprès du Père, dans un même Esprit.

—Ephésiens 2:18

Notre dépendance vis à vis du Saint-Esprit

J'ai accès à Dieu grâce au Saint-Esprit.

Dans notre nature charnelle, nous avons tous certaines faiblesses. Celles-ci ne sont pas du corps mais de la pensée, de notre intelligence. Elles se manifestent de deux façons qui sont liées entre elles. Tout d'abord, nous ne savons souvent pas *pour quoi* prier. Ensuite, même si nous le savons, nous ne savons pas *comment* prier pour. Cela nous rend donc muets et totalement dépendants du Saint-Esprit. Lui seul peut nous montrer à la fois le sujet et la façon de l'aborder dans la prière. (Lire Romains 8:26–27.)

Dans l'épître aux Ephésiens, Paul souligne notre dépendance au Saint-Esprit qui nous donne des prières qui sont acceptables pour Dieu. Il insiste sur le fait que seuls Jésus et le Saint-Esprit peuvent nous permettre d'accéder à Dieu:

«Car par lui [Jésus-Christ] *nous avons les uns et les* autres [Juifs et Non Juifs] *accès auprès du Père, dans un même Esprit* (le Saint-Esprit].» (Ephésiens 2:18)

Les deux conditions qui rendent une prière acceptable sont ici combinées: par *Jésus* et par le *Saint-Esprit.* Elles sont toutes deux essentielles. Aucune puissance naturelle ne peut porter nos petites voix humaines et faiblardes depuis la terre jusqu'aux oreilles de Dieu sur son trône dans les cieux. Seule la puissance surnaturelle du Saint-Esprit peut y arriver. Sans lui, nous ne pouvons accéder à Dieu.

Merci Seigneur de ce que je peux venir à toi. Je proclame ma dépendance totale du Saint-Esprit, qui me donne accès au Père à travers Jésus. J'ai accès à Dieu grâce au Saint-Esprit. Amen.

Le chemin vers le Père

J'ai accès à Dieu grâce au Saint-Esprit.

Il n'y a aucun chemin vers Dieu le Père si ce n'est Jésus-Christ crucifié. Nous avons accès à Dieu par Jésus seul et par un seul Esprit. Il n'y a qu'un Esprit qui donne aux humains accès à Dieu le Père, c'est le Saint-Esprit. Il n'agit qu'à travers le Seigneur Jésus-Christ. Si vous venez par une autre porte que Jésus, ou si vous venez par n'importe quel autre esprit, vous n'aurez pas accès à Dieu, vous aurez accès au royaume de satan. Au lieu d'aller dans le royaume de la lumière, vous irez dans celui des ténèbres.

Souvenez-vous que satan se transforme en ange de lumière et ses ministres en ministres de justice. (Lire 2 Corinthiens 11:14–15.) Ils usent souvent de belles et douces paroles, d'expressions éloquentes, citant même les Ecritures, pour vous mener dans le royaume des ténèbres. Ils agissent sous un déguisement d'anges de lumière. Si vous ne venez pas par Jésus crucifié sur la croix et par le Saint-Esprit de Dieu, vous entrerez dans le royaume surnaturel de l'occulte. Personnellement, j'y suis allé et je sais à quoi il ressemble. Avant de trouver Jésus, je pratiquais le yoga. A un moment donné, je suis sorti du monde naturel, mais ce dans quoi je suis entré m'a effrayé, même à cette époque-là. Je n'ai pas aimé cela. J'ai décidé qu'une seule fois était suffisant.

Quelques années plus tard, lorsque j'ai été confronté à l'évangile et à la puissance du Saint-Esprit, la grande barrière entre moi et Christ a été le yoga. Je ne pouvais pas percer à travers cette barrière mentale. Dieu a dû procéder à un miracle de délivrance. Je ne connaissais rien aux démons, mais je voulais aller à Jésus. Je n'ai pas pu l'atteindre avant que le démon du yoga ait perdu son pouvoir sur mes pensées. Vous pouvez émettre vos théories, mais je sais ce qu'elles sont. Elles se classent dans les milliers de façons d'être envoyé par tromperie dans le territoire de satan et de devenir un esclave.

Merci Seigneur de ce que je peux venir à toi. Je proclame que je vais venir au Père par Jésus crucifié sur la croix et par le Saint-Esprit de Dieu. J'ai accès à Dieu grâce au Saint-Esprit. Amen.

La porte et le berger

J'ai accès à Dieu grâce au Saint-Esprit.

Jésus dit: *«Je suis la porte»* (Jean 10:9). Deux versets plus loin, il dit: *«Je suis le bon berger»* (verset 11). Avez-vous déjà pris le temps de réfléchir à la façon dont Jésus peut être à la fois la porte et le berger? C'est si simple et pourtant si profond. Jésus crucifié est la porte. Jésus ressuscité est le berger. Mais si vous voulez que Jésus ressuscité soit votre berger, il vous faut passer par la porte qu'est Christ crucifié. Seuls ceux qui viennent par Christ crucifié possèdent Christ ressuscité comme berger.

«Car par lui [Jésus-Christ] *nous avons les uns et les* autres [Juifs et Non Juifs] *accès auprès du Père, dans un même Esprit.»* (Ephésiens 2:18)

Il n'y a qu'un chemin, Jésus, et un seul Esprit, le Saint-Esprit, qui nous conduisent vers le Père. Si vous ne venez pas par Jésus, vous n'avez pas le Saint-Esprit pour vous conduire au Père. Le Saint-Esprit n'honorera pas d'autre approche vers Dieu que par Jésus-Christ, crucifié.

Lorsque vous venez par Jésus, la porte, vous recevez le témoignage surnaturel du Saint-Esprit. Toute religion authentique et centrée sur Dieu reçoit toujours le témoignage surnaturel de l'approbation divine. Si celle-ci ne se manifeste pas, il vaudrait mieux vous poser des questions, parce que Dieu a promis d'honorer la vérité en l'attestant surnaturellement et il l'a toujours fait, tout au long de l'histoire biblique.

Merci Seigneur de ce que je peux venir à toi. Je proclame qu'il n'y a qu'un seul chemin, Jésus, et un seul Esprit, le Saint-Esprit, qui mènent jusqu'au Père. J'ai accès à Dieu grâce au Saint-Esprit. Amen.

Nous sommes une famille

J'ai accès à Dieu grâce au Saint-Esprit.

Dans le Nouveau Testament, rares sont ceux qui sont appelés *chrétiens* ou même *croyants* parmi le peuple de Dieu. L'appellation la plus usitée est *frères*, soulignant par là une relation spirituelle familiale. Comme Paul l'écrit en Ephésiens 2:18: «*Car par lui* [Jésus-Christ] *nous avons les uns et les autres* [Juifs et non Juifs] *accès auprès du Père, dans un même Esprit.*» Vous remarquerez que les trois personnes divines son représentées ici. A travers Jésus, le Fils, nous avons accès à Dieu, le Père par un seul Esprit.

Le verset suivant révèle le plus extraordinaire des résultats: «*Ainsi donc* [parce que nous avons accès auprès du Père], *vous n'êtes plus des étrangers, ni des gens du dehors; mais vous êtes concitoyens des saints, gens de la maison de Dieu.*» (Verset 19). En français contemporain, le mot «maison» se traduirait mieux par «famille». Parce que Christ a obtenu pour nous l'accès au Père, nous sommes devenus membres de la famille de Dieu.

La composition de la famille de Dieu est déterminée par la relation qu'entretiennent ses membres avec le Père. Dans la version grecque du Nouveau Testament, il y a une grande similarité entre les mots père et famille. Le mot pour «père» est *pater*, et le mot pour «famille» est *patria*, qui est dérivé de *pater*. Cette relation est clairement exprimée dans la prière de Paul:

«*A cause de cela, je fléchis les genoux devant le Père, duquel tire son nom toute famille dans les cieux et sur la terre.*» (Ephésiens 3:14–15)

Il y a ici un jeu direct sur les mots: «*père*» et «*famille.*» De Dieu le Père (*pater*), toute la famille (*patria*) dans les cieux est nommée. La famille est issue de la paternité. Le fait que Dieu soit notre Père nous rend membres de sa famille.

Merci Seigneur de ce que je peux venir à toi. Je proclame que je suis devenu un membre de la famille de Dieu. J'ai accès à Dieu grâce au Saint-Esprit. Amen.

Nous conduire au Père

J'ai accès à Dieu grâce au Saint-Esprit.

Jésus dit : *«Je suis le chemin, la vérité, et la vie. Nul ne vient au Père que par moi»* (John 14:6). Nous citons souvent ce verset, il figure parmi les textes d'évangélisation favoris. Cependant, il est rare que nous prenions le temps de réfléchir à ce qu'il implique vraiment. Un *chemin* n'a pas de raison d'être s'il ne nous mène pas quelque part. Ainsi, lorsque Jésus disait: *«Je suis le chemin,»* Cela impliquait qu'il devait nous conduire quelque part.

Où donc nous conduit-il? Il explique: *«ne vient au Père que par moi»* (verse 6). En d'autres termes il disait: «Je suis le chemin vers le Père. Je suis la révélation du Père. Qui m'a vu a vu le Père.» (Lire versets 7–9.)

«Il [Jésus] *est venu annoncer la paix à vous qui étiez loin, et la paix à ceux qui étaient près; car par lui nous avons les uns et les autres* [Juifs et non-Juifs] *accès auprès du Père, dans un même Esprit.»* (Ephésiens 2:17–18)

Encore une fois, les trois personnes divines sont comprises dans ce verset: par le Fils, dans un même Esprit, auprès du Père. Mais la destination c'est le Père. L'objectif ultime est de révéler le Père de nous conduire à lui. Si nous n'atteignons pas cet objectif, nous ratons le but pour lequel Jésus est venu.

«Christ aussi a souffert une fois pour les péchés, lui juste pour des injustes, afin de nous amener à Dieu.» (1 Pierre 3:18)

Pourquoi Jésus est-il mort? Afin que nos péchés puissent être pardonnés, oui. Mais ce n'est qu'une étape du processus. Le but ultime est de nous conduire à Dieu.

Merci Seigneur de ce que je peux venir à toi. Je proclame que Jésus est mort pour ce but ultime de nous conduire à Dieu. J'ai accès à Dieu grâce au Saint-Esprit. Amen.

Un chemin vers la liberté

J'ai accès à Dieu grâce au Saint-Esprit.

Il est vital de savoir que le Saint-Esprit est une Personne. Non seulement il est une Personne, mais il est Seigneur, tout autant que le sont Dieu le Père et Dieu le Fils. Il est à égalité avec les deux autres membres de la trinité divine. Cela signifie que nous devons avoir la même attitude de révérence envers lui qu'envers le Père et le Fils.

En 2 Corinthiens 3:17, Paul fait cette simple déclaration: *«Or, le Seigneur c'est l'Esprit; et là où est l'Esprit du Seigneur, là est la liberté.»*

Dans ce passage, nous voyons le contraste entre l'attachement à la loi ou à un système légal, et la liberté.

De nombreux chrétiens ont des idées des plus étranges à propos de la liberté. Ils disent: «Si nous ne sommes pas sur l'estrade en train de danser à 18:45 le dimanche soir, nous n'avons pas de liberté.» Ou, «Si nous n'applaudissons pas dans l'assemblée, nous ne sommes pas libres.» Certains prédicateurs pensent que s'ils n'arpentent pas l'estrade à grandes enjambées en criant, ils ne sont pas libres.

La liberté ce n'est pas de suivre un certain programme à l'Eglise. Ce n'est pas faire certains mouvements comme lever les mains. Cela pourrait être de la liberté mais cela pourrait tout aussi bien être des liens. Cela dépend si cela vient du Saint-Esprit ou bien si vous le faites par tradition religieuse. La tradition religieuse produit des liens, le Saint-Esprit produit la liberté.

Merci Seigneur de ce que je peux venir à toi. Je proclame que là où est l'esprit du Seigneur, là est la liberté. J'ai accès à Dieu grâce au Saint-Esprit. Amen.

Accès par l'Esprit

J'ai accès à Dieu grâce au Saint-Esprit.

Nous n'avons d'autre accès à Dieu qu'à travers le Saint-Esprit, parce que c'est un principe divin. Celui qui est envoyé doit être honoré si nous voulons accéder à Dieu. Ainsi, lorsque le Père a envoyé le Fils, il a dit: «à partir de maintenant, personne ne peut venir à moi si ce n'est par le Fils. Si vous voulez venir à moi, vous ne pourrez pas passer outre mon représentant, parce qu'en toute situation et en toute circonstance, je soutiens celui que j'ai envoyé.»

Lorsque Jésus a terminé sa tâche sur la terre et qu'il est retourné au Père, le Père et lui ont envoyé le Saint-Esprit. Le même principe s'applique encore une fois. Nous n'avons pas accès au Père ni au Fils excepté par le Saint-Esprit. Nous ne pouvons pas passer outre le Saint-Esprit pour venir au Père et au Fils.

«Car par lui [Jésus-Christ] *nous avons les uns et les* autres [Juifs et non Juifs] *accès auprès du Père, dans un même Esprit.»* (Ephésiens 2:18)

Nous ne pouvons pas faire abstraction du Saint-Esprit et continuer d'avoir cet accès. Beaucoup de chrétiens se focalisent sur le fait que nous pouvons avoir accès au Père par son Fils, Jésus. Ce principe est parfaitement vrai mais incomplet. C'est par le Fils, dans l'Esprit, au Père. De la même manière le Père demeure en nous lorsque nous demeurons en le Fils, par son Esprit. Dans les deux directions, que ce soit nous qui allions à Dieu ou lui qui vienne à nous, l'Esprit est une part essentielle de l'équation. Nous avons accès au Père, en le Fils, par l'Esprit. Le Père demeure en nous lorsque nous sommes dans le Fils par l'Esprit.

Si nous laissons le Saint-Esprit en dehors de l'équation, nous n'avons pas accès à Dieu, ni lui à nous. Nous sommes totalement dépendants du Saint-Esprit.

Merci Seigneur de ce que je peux venir à toi. Je proclame que je suis totalement dépendant du Saint-Esprit pour accéder au Fils et au Père. J'ai accès à Dieu grâce au Saint-Esprit. Amen.

33ème semaine:

J'ai été rendu parfait en Christ.

Vous avez tout pleinement en lui, qui est le chef de toute domination et de toute autorité.

—Colossiens 2:10

La signification de parfait

J'ai été rendu parfait en Christ.

Le terme parfait en effraye certains. Ils ont l'impression qu'être parfait signifie ne jamais rien faire de travers, ne jamais rien dire de mal, ne jamais commettre d'erreurs. Ces personnes disent: «Si c'est ça l'objectif, alors j'abandonne tout de suite, parce qu'il est inatteignable.» Mais, le terme parfait se trouve dans la Bible, et nous ne pouvons pas y échapper. Tôt ou tard, il nous faudra l'affronter.

Parfait possède trois significations principales dans la Bible. La première est «mature,» ou bien «complètement adulte.» Nous voyons tous en cela un objectif raisonnable (qui ne nous donne aucune raison de craindre). Une autre signification attribuée à ce mot est «complet,» n'ayant rien de déficient ou de défectueux. Notez bien que ces deux significations ne vont pas forcément ensemble. Une personne peut être complètement adulte et avoir quelques défauts physiques. Il se peut même que certaines parties du corps lui manquent, comme un membre, un doigt ou un organe. Dans ce cas, elle est mature même si incomplète. Une autre personne peut avoir tous ses membres, intacts et en bon fonctionnement, mais elle peut ne pas être totalement mature ou adulte. Cette image de la perfection combine les idées de maturité et d'intégralité.

En Ephésiens 4, dans l'expression *«le perfectionnement des saints»* (verset 12), le verbe grec qui exprime le perfectionnement est «s'articuler,» ou bien «s'emboîter.» Un terme similaire est utilisé en Hébreux 11:3, où il est dit que par la parole de Dieu, *«le monde a été formé,»* ou «emboîté.» Ainsi, le terme *parfait* s'apparente également au fait d'emboîter des éléments de façon à ce que chaque partie fonctionne harmonieusement avec les autres tout en remplissant la fonction qui lui est propre. Les trois idées différentes de maturité, d'intégralité et d'articulation adéquate, s'emboîtent au point de former un tout qui fonctionne harmonieusement. Voilà l'objectif que la parole nous fixe en tant que chrétiens.

Merci Seigneur, pour ton œuvre en moi. Je proclame que Dieu me «perfectionne» (il me fait mûrir, me complète et m'emboîte à l'endroit qu'il a prévu pour moi.) J'ai été rendu parfait en Christ. Amen.

Faire la volonté de Dieu

J'ai été rendu parfait en Christ.

Pourquoi sommes-nous sur terre? Ce n'est pas pour faire notre propre volonté mais celle de Christ, qui nous délègue. Paul écrit en Colossiens 1:9: *«C'est pour cela que nous aussi, depuis le jour où nous en avons été informés, nous ne cessons de prier Dieu pour vous, et de demander que vous soyez remplis de la connaissance de sa volonté, en toute sagesse et intelligence spirituelle.»* Nous devons être remplis de la connaissance de la volonté de Dieu. En d'autres termes, la connaissance de la volonté de Christ doit couvrir l'intégralité de notre pensée. Elle doit contrôler notre esprit dans l'absolu. Toute motivation et toute intention doivent être contrôlées par la connaissance de la volonté de Christ.

Paul continue en Colossiens 4:12, *«Épaphras, qui est des vôtres, vous salue: serviteur de Jésus-Christ, il ne cesse de combattre pour vous dans ses prières, afin que, parfaits et pleinement persuadés, vous persistiez dans une entière soumission à la volonté de Dieu.»*

Le chrétien ne devient parfait et achevé qu'en accomplissant entièrement la volonté de Dieu. Hébreux 13 énonce magnifiquement ce principe:

«Que le Dieu de paix, qui a ramené d'entre les morts le grand pasteur des brebis, par le sang d'une alliance éternelle, notre Seigneur Jésus, vous rende capables de toute bonne œuvre pour l'accomplissement de sa volonté, ...»
(Hébreux 13:20–21)

Nous sommes rendus parfaits et complets, nous devenons accomplis, seulement dans la mesure où nous faisons la volonté de Dieu, tout comme Jésus n'a trouvé son accomplissement durant sa vie sur terre qu'en faisant la volonté de Dieu. Si votre vie manque d'harmonie et si elle est remplie de frustrations ou de turbulences émotionnelles, réfléchissez à l'état de votre relation avec la volonté de Dieu, car vous ne pouvez être rendus parfaits que dans la mesure où vous la connaissez et l'accomplissez. Tout le reste vous fera seulement vous sentir incomplets et frustrés.

Merci Seigneur, pour ton œuvre en moi. Je proclame mon espoir de me tenir parfaitement et complètement dans toute la volonté de Dieu, ne trouvant mon accomplissement qu'en la mettant à exécution. J'ai été rendu parfait en Christ. Amen.

Accéder à tout ce que Dieu nous donne

J'ai été rendu parfait en Christ.

Afin de se tenir parfait et complet dans la plénitude de la volonté de Dieu, un chrétien doit prendre pleine possession de tout ce que Dieu lui a donné à travers Christ. Il ne peut pas faire abstraction d'une partie du don de Dieu et s'attendre à ce qu'une quelconque autre partie lui serve de substitut pour ce qu'il a négligé.

Cependant, c'est sur ce point en particulier que les pensées de certains chrétiens s'égarent. Consciemment ou inconsciemment, voilà leur raisonnement: sachant avoir pris possession d'une partie ou de quelques éléments du don de Dieu à leur égard, ils pensent ne pas avoir besoin de ceux qu'ils ont négligés.

Par exemple, certains chrétiens mettent l'accent sur le témoignage oral et sont négligents par rapport aux aspects pratiques et quotidiens de la vie chrétienne. Inversement, d'autres chrétiens sont attentifs à leur conduite mais n'ouvrent pas leur bouche pour témoigner directement à leurs amis ou voisins. Chacune de ces catégories de chrétiens tend à critiquer ou à mépriser l'autre, alors qu'elles sont en faute à parts égales. Une vie chrétienne correcte ne se substitue pas à la parole du témoignage. D'un autre côté, le fait de témoigner en paroles ne remplace pas une bonne façon de vivre chrétienne. Dieu demande les deux. Le chrétien qui en néglige l'une ou l'autre ne se tient pas parfait et complet dans la volonté de Dieu.

Merci Seigneur, pour ton œuvre en moi. Je proclame mon désir de prendre possession de tout ce que Dieu m'a donné à travers Christ, afin de me tenir parfait et complet dans la volonté de Dieu, car j'ai été rendu parfait en Christ. Amen.

Complet en Christ

J'ai été rendu parfait en Christ.

Il fut un temps, j'ai exercé la profession de philosophe. En tant que tel, je cherchais partout les réponses aux problèmes de la vie. J'ai cherché dans le christianisme tel qu'il m'avait été présenté et en ai conclu qu'il ne contenait aucune réponse. J'avais parfaitement raison, tel était le cas. Je me suis tourné vers la philosophie grecque, puis vers le yoga, puis vers toutes sortes de choses ridicules. Puis en 1941, dans un baraquement militaire, un soir aux alentours de minuit, alors que tout le monde dormait, j'ai fait la rencontre personnelle du Seigneur Jésus-Christ. Et durant cette rencontre, j'ai réalisé que j'avais trouvé la réponse.

Quelque temps plus tard, j'ai lu un passage écrit par Paul sur Jésus-Christ: *«dans lequel* [lui] *sont cachés tous les trésors de la sagesse et de la connaissance»* (Colossiens 2:3). Je me suis dit, pourquoi continuerais-je à fouiller les poubelles de la sagesse humaine lorsque tous les trésors sont cachés en Jésus-Christ? Puis, j'ai décidé que la Bible était le livre des réponses, et j'ai résolu d'y trouver ce que Dieu avait caché en Jésus-Christ.

Parfois je me suis égaré, parfois j'ai été dévié et distrait. Mais Jésus est: *«l'alpha et l'oméga, le premier et le dernier, le commencement et la fin»* (Apocalypse 22:13) et *«le chef et le consommateur de la foi»* (Hébreux 12:2). Nous sommes complets en lui. Si vous commencez à regardez en dehors de Christ, vous trouverez toutes sortes de théories intéressantes ou de préceptes exaltants, mais vous vous nourrirez d'écorces vides alors que vous pourriez vivre du pain donné par le Père.

Merci Seigneur, pour ton œuvre en moi. Je proclame que Jésus est la réponse, l'alpha et l'oméga, le début et la fin, le premier et le dernier. Je suis complet en lui, car j'ai été rendu parfait en Christ. Amen.

La plénitude de Christ: Dieu lui-même

J'ai été rendu parfait en Christ.

«Prenez garde que personne ne fasse de vous sa proie par la philosophie et par une vaine tromperie, s'appuyant sur la tradition des hommes, sur les rudiments du monde, et non sur Christ. Car en lui habite corporellement toute la plénitude de la divinité. Vous avez tout pleinement en lui, qui est le chef de toute domination et de toute autorité.» (Colossiens 2:8–10)

Voilà le but visé, entrer dans toute la plénitude qui nous a été donnée en Jésus-Christ, lui notre objectif et notre satisfaction ultimes. Nous pouvons illustrer cela par un parallèle avec le tabernacle de Moïse tel que décrit dans l'Ancien Testament. Il s'agissait d'une structure en trois parties: premièrement le parvis, puis derrière le premier voile, le lieu saint, et derrière le second voile, le saint des saints. Une fois encore, une façon simple de les distinguer est la source de luminosité éclairant chacun de ces lieux.

Dans le parvis, la lumière était naturelle, fournie par le soleil, la lune et les étoiles. Dans le lieu saint, il n'y avait pas de lumière naturelle. Sa source provenait du chandelier à sept branches dans les récipients duquel brûle l'huile qui fournissait l'éclairage. Arrivé dans le lieu saint, vous ne vivez plus par vos sens mais par la foi. Curieusement, derrière le second voile il n'y avait pas de lumière du tout. Il n'y avait qu'une raison d'y entrer: rencontrer Dieu. Lorsqu'un homme au cœur sincère franchissait le second voile, il était glorieusement illuminé de la présence surnaturelle de Dieu, appelée la *shekinah*. C'est l'objectif final. Rien ne nous incite à franchir ce second voile, sauf Dieu. Il ne s'y trouve rien d'autre pour nous attirer, c'est Dieu ou rien. Si Dieu ne vient pas, vous restez dans l'obscurité totale. Avoir Dieu seul pour but dans la vie signifie n'être attiré par rien d'autre. C'est Dieu lui-même et lui seul. La lumière que je cherche n'est ni naturelle ni artificielle, elle est surnaturelle, c'est la présence de Dieu lui-même.

Merci Seigneur, pour ton œuvre en moi. Je proclame que c'est Dieu lui-même et lui seul que je recherche, la plénitude de Christ, car j'ai été rendu parfait en Christ. Amen.

Par un seul sacrifice

J'ai été rendu parfait en Christ.

«Car, par une seule offrande [sacrifice], il a amené à la perfection pour toujours ceux qui sont sanctifiés.» (Hébreux 10:14)

Dans ce verset, il est fait usage de deux temps et chacun d'eux est important. Le premier est ce qu'on appelle en français le passé composé : *«Car, par une seule offrande* [sacrifice], *il a amené à la perfection pour toujours ....»* L'on peut dire que le sacrifice est parfaitement parfait. Il est complètement complet. Juste avant cette phrase, l'auteur d'Hébreux dit que dans l'Ancien Testament, les prêtres se tenaient debout à offrir constamment le même sacrifice, qui ne pouvait jamais ôter le péché. Puis, l'auteur dit de Jésus: *« lui, après avoir offert un seul sacrifice pour les péchés, s'est assis pour toujours à la droite de Dieu»* (Hébreux 10:12). Remarquez le contraste entre les prêtres de l'Ancien Testament qui se tenaient debout et Jésus, qui ayant offert son sacrifice s'est assis. Pourquoi Jésus s'est-il assis? Parce qu'il ne lui restait plus rien à faire. Il avait tout accompli. Tandis que le travail des prêtres de l'Ancien Testament, lui, n'était jamais fini parce que leurs sacrifices n'étaient pas aptes à résoudre le vrai problème, la mort de Jésus sur la croix fut un acte complet et définitif. Tout ce que Jésus a fait est complet et parfait. Rien n'a besoin d'y être ajouté, rien ne peut lui être enlevé. Le sacrifice de Jésus est valable pour toujours. Voilà ce que signifie l'usage du passé composé.

Puis, s'agissant de ceux qui s'approprient le sacrifice de Jésus, l'auteur d'Hébreux écrit: *«il a amené à la perfection pour toujours ceux qui sont sanctifiés»* (Hébreux 10:14). *«Sont sanctifiés»* est un présent continu, ce qui donnerait en français : *sont en train d'être sanctifiés.* Ce que Jésus a fait est parfait, et nous en prenons possession de manière continuelle et progressive. En étant sanctifiés, nous sommes mis à part, de plus en plus, et en nous approchant de Dieu nous prenons toujours plus possession du don de Dieu et de ses promesses, nous entrons toujours plus loin dans le don pourvu par le sacrifice.

Merci Seigneur, pour ton œuvre en moi. Je proclame que par un seul sacrifice, Jésus a amené tous ceux qui sont sanctifiés à la perfection, ce qui m'inclut moi. J'ai été rendu parfait en Christ. Amen.

Des cercles parfaits

J'ai été rendu parfait en Christ.

Comme je l'ai dit auparavant, le terme de parfait, effraye souvent les gens. Afin de rendre ce terme moins effrayant, laissez-moi vous donner un simple exemple mathématique.

Prenons le terme *rond.* La rondeur n'a qu'une seule caractéristique. Une chose est ronde ou ne l'est pas. Si une chose est ronde, elle forme un cercle. Il n'y a qu'une sorte de cercle et non pas deux ou trois différentes. Cependant, un cercle peut avoir différentes tailles. Lorsque deux choses ont une forme identique mais une taille différente, elles sont qualifiées de «similaires.»

Dieu le Père est le grand cercle, l'incommensurable anneau rond qui englobe tout l'univers. Jésus n'attend pas de nous que nous ayons la même amplitude que Dieu, mais il s'attend à ce que nous ayons le même caractère. Nous devons êtres similaires et non identiques à Dieu. Vous et moi sommes peut-être de tous petits cercles, agissant dans certains domaines plus modestes où Dieu nous a placés pour accomplir des tâches en apparence triviales et monotones. Mais, Dieu veut que chacun de nous soit un cercle parfait dans son propre secteur limité. Parfaitement rond. Tout aussi rond que ce «grand cercle» Dieu le Père, qui englobe tout l'univers.

Ainsi, lorsque vous lisez le commandement de Jésus d'être *«parfaits»* (Matthieu 5:48), pensez-y en termes «rondeur.» Que votre forme ne soit pas distendue ni bosselée. Soyez sans défaut. Même si vous n'êtes pas très grands, vous pouvez être un cercle parfait.

Merci Seigneur, pour ton œuvre en moi. Je proclame que Dieu veut que je sois un «cercle parfait», ce que je serai par sa grâce, car j'ai été rendu parfait en Christ. Amen.

34ème semaine:

Notre vieil homme a été mis à mort en Christ afin que l'homme nouveau puisse venir à la vie en nous.

Ne mentez pas les uns aux autres, vous étant dépouillés du vieil homme et de ses œuvres, et ayant revêtu l'homme nouveau, qui se renouvelle, dans la connaissance,
selon l'image de celui qui l'a créé.

—Colossiens 3:9–10

La vie de l'homme nouveau

Notre vieil homme a été mis à mort en Christ afin que l'homme nouveau puisse venir à la vie en nous.

L'échange en question ici est celui entre le vieil homme et l'homme nouveau. Le vieil homme est mort en Christ sur la croix afin qu'en échange l'homme nouveau puisse vivre en nous. Ce thème se répète à travers tout le Nouveau Testament mais n'est pas souvent abordé dans maints secteurs de l'Eglise d'aujourd'hui. Le contraste entre le vieil homme qui est mort à la croix et l'homme nouveau qui est ressuscité avec Christ, est engendré par la résurrection de Jésus.

La résurrection de Christ est un événement historique qui s'est effectivement déroulé à un moment spécifique de l'histoire. Je pense que le voir ainsi renforce singulièrement notre foi. C'est une chose qui s'est passée dans la réalité. C'est vrai que j'y crois ou non; c'est la vérité, que nous en ayons connaissance ou pas. Mais, lorsque nous l'apprenons et décidons d'y croire, l'effet sur notre vie est considérable. En Romains 6:6, Paul déclare que *«sachant que notre vieil homme a été crucifié avec lui, afin que le corps du péché fût détruit, pour que nous ne soyons plus esclaves du péché.»* La version Second dit: *«afin que le corps du péché fût détruit,»* mais je préfère dire «rendu inefficace; désactivé.»

L'esclavage qui faisait du péché notre maître est aboli à partir du moment où nous réalisons que le vieil homme est mort et qu'à présent un homme nouveau vit en nous. Cependant, si nous n'en prenons pas conscience, n'y croyons pas et n'agissons pas en conséquence, nous n'échapperons pas complètement à l'esclavage du péché. C'est la seule façon d'en sortir.

Merci Jésus, pour l'échange opéré à la croix. Je proclame que mon esclavage du péché est terminé parce que mon vieil homme a été mis à mort en Christ afin que l'homme nouveau puisse venir à la vie en moi. Amen.

Le produit de la vérité

Notre vieil homme a été mis à mort en Christ afin que l'homme nouveau puisse venir à la vie en nous.

Examinons d'un peu plus près l'échange qui a lieu entre le vieil homme et l'homme nouveau. Le vieil homme est le produit du mensonge du diable. Il est le fruit de la tromperie. Sa nature entière est tromperie et corruption. Il est issu du serpent. Le vieil homme est tout aussi tordu que le serpent qui l'a amené à la vie. Il n'y a pas de vérité en lui, il est tordu jusqu'à la moelle. Plus il essaye de se redresser plus il se tord.

Quelle est la solution? Le vieil homme a été crucifié afin que l'homme nouveau puisse apparaître. Ephésiens 4:22 nous enseigne qu'il faut nous *«dépouiller...du vieil homme»*; puis, au verset 24, nous sommes exhortés à *«revêtir...l'homme nouveau.»* Voilà l'échange. Les vieux vêtements tombent et les nouveaux sont revêtus.

Ephésiens 4:24 continue en décrivant l'homme nouveau comme ayant *«une justice et une sainteté que produit la vérité.»* Je voudrais redire ce verset de la façon suivante: «Comme ayant été créé d'après Dieu en justice et en véritable sainteté.» Plus littéralement, «Qui, en accord avec les plans de Dieu [les standards de Dieu, ses pensées, ou ses desseins, selon votre préférence], a été créé en justice et en sainte vérité.» L'homme nouveau est le produit de la vérité de la parole de Dieu concernant Jésus-Christ. La vérité, reçue dans nos cœurs par la foi, fait surgir l'homme nouveau qui à son tour fait apparaître la justice et la sainteté. L'homme nouveau a été créé en accord avec les standards de Dieu, ou ses desseins, en justice et en sainteté, qui sont les produits de la vérité.

Merci Jésus, pour l'échange opéré à la croix. Je proclame que mon «vieil homme» a été crucifié avec Christ afin que mon «homme nouveau» puisse apparaître. Je reçois cette vérité en mon cœur par la foi: mon vieil homme a été mis à mort en Christ afin que l'homme nouveau puisse venir à la vie en moi. Amen.

La semence incorruptible

Notre vieil homme a été mis à mort en Christ afin que l'homme nouveau puisse venir à la vie en nous.

«Quiconque est né de Dieu ne pratique pas le péché, parce que la semence de Dieu demeure en lui; et il ne peut pécher, parce qu'il est né de Dieu.» (1 Jean 3:9)

Ce verset nous affirme-t-il que le chrétien né de nouveau ne pèche jamais? S'il en était ainsi, cela en exclurait plus d'un, moi y compris! Existe-t-il parmi nous une personne réellement née de Dieu dont on pourrait dire: «elle ne peut pas pécher»? Je ne le crois pas. Quel est donc le sens de ce verset?

Selon ce que je comprends, il s'agit de la nouvelle nature qui est née en nous. C'est une nature qui ne peut pas pécher, celle de Jésus. C'est l'homme nouveau. Il est vraiment important d'en prendre conscience car ce n'est qu'en cultivant cette nature et en nous y soumettant que nous entrons dans une vie de victoire sur le péché.

En 1 Jean 5:4, nous lisons: *«parce que tout ce qui est né de Dieu triomphe du monde.»* Notez que Jean a spécifié *«**tout ce** qui est né de Dieu,»* non pas *tous ceux*. Il se référait à une personne mais également à une nature. C'est comme cela que je le comprends. Il s'agit de la nature de l'homme nouveau. Cette nouvelle nature ne peut pas pécher, elle est incorruptible. Savez-vous ce que cela signifie? Que la semence de Dieu demeure en l'homme nouveau. En quoi consiste-t-elle? Nous l'apprenons en 1 Pierre 1:23, *« puisque vous avez été régénérés, non par une semence corruptible, mais par une semence incorruptible, par la parole vivante et permanente de Dieu.»*

En quoi consiste la nature de la semence issue de la parole de Dieu? Elle est incorruptible. Elle est exactement à l'opposé de la nature du vieil homme, qui est corruptible (et est effectivement déjà corrompue).

Merci Jésus, pour l'échange opéré à la croix. Je proclame qu'une nouvelle créature est née en moi, une nature qui ne peut pas pécher, celle de Jésus. Je proclame que mon vieil homme a été mis à mort en Christ afin que l'homme nouveau puisse venir à la vie en moi. Amen.

Etre renouvelé

Notre vieil homme a été mis à mort en Christ afin que l'homme nouveau puisse venir à la vie en nous.

Jésus était Dieu voilé de chair. Lorsque la chair de Jésus a été percée et meurtrie sur la croix, le voile s'est déchiré.

Dans le temps présent, Christ se révèle dans le croyant, il vit en lui mais il est toujours voilé de chair. Le livre des Colossiens nous révèle un autre aspect de ce principe. S'adressant aux croyants, Paul parle de l'homme nouveau, c'est-à-dire de qui nous sommes en Christ, membres d'une nouvelle race:

«Vous étant dépouillés du vieil homme et de ses œuvres, et ayant revêtu l'homme nouveau, qui se renouvelle, dans la connaissance, selon l'image de celui qui l'a créé.» (Colossiens 3:9–10)

Je préfère le rendre plus littéralement: «étant renouvelés.» Le renouvellement est un processus qui se passe dans le présent. Nous passons par un processus qui nous renouvelle.

Puis, il est dit littéralement: «dans la connaissance du créateur.» Il ne s'agit pas de connaître Jésus intellectuellement, mais aussi de le reconnaître dans tous les domaines de notre vie, ce qui fait apparaître son image en nous. La finalité de ce processus de renouvellement est que nous reproduisions son image. Je considère cette paraphrase parfaitement justifiée. Reprenons-la: «Etant renouvelés dans la connaissance du créateur afin de reproduire son image.» En d'autres termes, la finalité est celle de restaurer l'image qui avait été entachée par la chute. Bien entendu, le couronnement de ce dessein se produira au temps de la résurrection, lorsque même le corps physique du croyant sera transformé à la ressemblance du corps de résurrection de Christ.

Merci Jésus, pour l'échange opéré à la croix. Je proclame que je suis renouvelé à l'image de celui qui m'a créé. Je proclame que mon vieil homme a été mis à mort en Christ afin que l'homme nouveau puisse venir à la vie en moi. Amen.

La nourriture spirituelle

Notre vieil homme a été mis à mort en Christ afin que l'homme nouveau puisse venir à la vie en nous.

Nous avons dit que la nouvelle naissance, à travers la parole de Dieu, fait surgir une nature totalement nouvelle dans notre esprit, une vie d'une autre sorte. Ceci nous amène à considérer l'effet majeur suivant produit par la parole de Dieu.

Chaque domaine de notre vie est soumis à une loi immuable: lorsqu'une nouvelle vie apparaît, son premier besoin et le plus intense est celui de se nourrir pour subsister. Par exemple, lorsqu'un bébé humain naît, il peut paraître sain et robuste à tous égards, mais s'il ne reçoit pas de nourriture rapidement, il dépérira et mourra.

Cette loi est valable également pour le royaume spirituel. Lorsqu'une personne est née de nouveau, la nouvelle nature spirituelle produite en elle nécessite immédiatement une nourriture spirituelle, à la fois pour se maintenir en vie et pour croître. Dans sa propre Parole, Dieu a pourvu à la nourriture spirituelle pour tous ses enfants nouveau-nés. La parole de Dieu est si riche et si variée qu'elle contient une nourriture adaptée pour tous les âges du développement spirituel. Le don de Dieu pour les premières étapes de la croissance spirituelle est décrit dans la première épître de Pierre. Immédiatement après avoir parlé de la nouvelle naissance de la semence incorruptible de la parole de Dieu au chapitre 1, Pierre continue en disant: *«Rejetant donc toute malice et toute ruse, la dissimulation, l'envie, et toute médisance, désirez, comme des enfants nouveau-nés, le lait spirituel et pur, afin que par lui vous croissiez pour le salut.»* (1 Pierre 2:1–2). Pour les nouveau-nés spirituels en Christ, la nourriture que Dieu a choisie est le pur lait de sa propre Parole. Ce lait est le carburant nécessaire pour continuer à vivre et à grandir.

Merci Jésus, pour l'échange opéré à la croix. Je proclame mon engagement envers la parole de Dieu en tant que ma source de nourriture spirituelle pour continuer à vivre et à croître et je proclame que mon vieil homme a été mis à mort en Christ afin que l'homme nouveau puisse venir à la vie en moi. Amen.

Revêtir le nouvel homme

Notre vieil homme a été mis à mort en Christ afin que l'homme nouveau puisse venir à la vie en nous.

La religion tente toujours de changer l'homme de l'extérieur: rallonger les jupes, élargir les robes, coudre un rebord, porter un couvre-chef, retirer le maquillage, rallonger les manches, couper les cheveux ou que fut-ce encore. Dieu agit toujours à l'opposé. Il transforme l'homme de l'intérieur. Il commence par nos pensées. Il dit: «Pour qu'un changement soit efficace, il faut penser autrement. Un autre esprit doit avoir accès à votre pensée. Vous avez été soumis à la tromperie de satan, maintenant, il faut vous ouvrir à l'esprit de vérité, le Saint-Esprit.» Le résultat de cette opération sera que nous pourrons revêtir l'homme nouveau, l'opposé du vieil homme.

Ephésiens 4:24 dit: *«revêtir l'homme nouveau, créé selon Dieu dans une justice et une sainteté que produit la vérité.»* Cet homme nouveau a été créé selon Dieu, en justice et en sainteté produite par la vérité. Il a été créé selon les plans de Dieu, il est le produit du dessein de Dieu, de son standard, de son modèle. Le vieil homme est le produit de la tromperie de satan, l'homme nouveau est le produit de la vérité de Dieu.

Le fait que satan soit venu à l'homme sous la forme d'un serpent est significatif. Par nature, le serpent est un animal tordu, et je pense que c'est une image éloquente du diable, c'est un être extrêmement tordu. Il ne présente jamais une vérité totale. L'adjectif caractérisant le vieil homme est *corrompu.*

Nous devons nous dépouiller du vieil homme et revêtir le nouveau. Les adjectifs qualifiant l'homme nouveau sont, *juste* et *saint.*

Merci Jésus, pour l'échange opéré à la croix. Je proclame que je me dépouille du vieil homme et que je revêts l'homme nouveau, car mon vieil homme a été mis à mort en Christ afin que l'homme nouveau puisse venir à la vie en moi. Amen.

Le fruit correspondant

Notre vieil homme a été mis à mort en Christ afin que l'homme nouveau puisse venir à la vie en nous.

Jacques a parlé de l'incohérence des gens religieux:

«Par elle [la langue*] nous bénissons le Seigneur notre Père, et par elle nous maudissons les hommes faits à l'image de Dieu. De la même bouche sortent la bénédiction et la malédiction. Il ne faut pas, mes frères, qu'il en soit ainsi. La source fait-elle jaillir par la même ouverture l'eau douce et l'eau amère? Un figuier, mes frères, peut-il produire des olives, ou une vigne des figues? De l'eau salée ne peut pas non plus produire de l'eau douce.»* (Jacques 3:9–12)

Jacques combine deux images ici. L'une d'elles est un arbre. Il dit que le figuier ne portera aucune autre sorte de fruit, comme par exemple des olives. Le type d'arbre indique le type de fruit qu'il portera. L'arbre, dans cette image, est le cœur, le fruit est représenté par les paroles qui sortent de notre bouche. La seconde image utilisée par Jacques est celle d'une source d'eau. Il dit que si de l'eau saumâtre ou salée sort d'une source, la source sera assurément salée.

Les deux arbres représentent deux natures. Un arbre qui produit un fruit différent de celui qu'il devrait produire est corrompu, cet arbre représente le vieil homme. Un bon arbre est le nouvel homme en Jésus. Le vieil homme ne peut pas porter de bon fruit. Jésus a dit cela clairement, plusieurs fois. (voir par exemple Jean 15:1–8.) Cette vieille nature charnelle produira toujours du fruit qui lui correspond.

La fontaine, ou la source, est une représentation spirituelle. Une source pure coule du Saint-Esprit. Une source corrompue, salée et impure coule d'un autre esprit.

Merci Jésus, pour l'échange opéré à la croix. Je proclame que ma nouvelle nature produira du bon fruit, car mon vieil homme a été mis à mort en Christ afin que l'homme nouveau puisse venir à la vie en moi. Amen.

35ème semaine:

Dans son amour, mon père m'a prédestiné à être adopté comme son enfant.

Nous ayant prédestinés dans son amour à être ses enfants d'adoption par Jésus-Christ, selon le bon plaisir de sa volonté.

—Ephésiens 1:5

Sous sa grâce et acceptés

Dans son amour, mon père m'a prédestiné à être adopté comme son enfant.

«En lui Dieu nous a élus ...nous ayant prédestinés dans son amour à être ses enfants d'adoption par Jésus-Christ, selon le bon plaisir de sa volonté, à la louange de la gloire de sa grâce qu'il nous a accordée [Ndt, en anglais, il nous a fait accepter] *en son bien-aimé.»* (Ephésiens 1:4–6)

Qui est «le bien-aimé»? Jésus. Observez bien l'ordre ici. Nous sommes choisis, prédestinés, adoptés, et acceptés. Prononcez ces étapes à haute voix: «Je suis choisi, prédestiné, adopté, et accepté.» Je suis parfaitement conscient que plusieurs des traductions modernes n'utilisent pas le terme accepté. L'expression grecque traduite par «il nous a fait accepter» signifie que «Dieu nous a accordé sa grâce totalement.» Encore une fois, lorsque l'ange Gabriel a salué la vierge Marie, il a dit: «Je te salue, toi à qui une grâce a été faite» (Luc 1:28). Le mot grâce est utilisé dans le même sens qu'en Ephésiens, et «accepté» est une bonne façon de le traduire. Nous ne sommes pas simplement tolérés par Dieu. Nous ne restons pas seulement en bordure. Au lieu de cela, nous sommes l'objet de sa plus grande grâce. Arrivez-vous à y croire? C'est époustouflant.

A mon avis, le sentiment d'insécurité est directement lié au problème du rejet. Le remède est de devenir membre de la famille de Dieu. Dieu n'a pas changé. Il est amour. Il aime chacun de ses enfants. Il n'y a pas d'enfant de Dieu de seconde catégorie. Si vous êtes un enfant de Dieu, vous n'avez pas à marcher sur la pointe des pieds dans le couloir pour aller frapper à sa porte, en espérant qu'il daignera vous laisser entrer. Il vous attend bras ouverts.

Merci Père de ce que je suis ton enfant. Je proclame que je suis choisi, prédestiné, adopté et accepté. Dieu m'a accordé sa grâce totalement. Dans son amour, mon Père m'a prédestiné à être adopté comme son enfant. Amen.

L'antidote à la solitude

Dans son amour, mon père m'a prédestiné à être adopté comme son enfant.

Lorsque je me demande combien il y a de chrétiens isolés de par le monde aujourd'hui, la réponse probable me submerge. Je crois qu'un chrétien seul ne devrait pas exister. L'un des grands et simples changements auxquels nous devrions procéder serait de repenser notre conception du chrétien. Cela signifie être un membre de la famille de Dieu. Il ne s'agit pas juste d'une belle expression théologique, mais de l'appartenance à une famille réelle.

La solitude est un état assez malheureux. Cependant, dans le monde d'aujourd'hui, il y a des millions et des millions de personnes seules. Même si la population de la terre augmente rapidement, et même si les gens vivent dans des grandes villes, ces villes et cette terre surpeuplée qui est la nôtre foisonnent de gens solitaires.

Il est possible d'être seul même au milieu d'une foule. Il est possible d'être seul dans une grande ville. En fait, ceci représente la pire forme de solitude: être entouré de gens et en même temps, se sentir coupé d'eux par une barrière invisible sans savoir comment la traverser.

La solitude n'est pas dans le plan de Dieu pour la vie de l'individu, quel qu'il soit. De toute éternité, Dieu est un Père. La source de toute paternité, de toute famille, dans le ciel et sur la terre, c'est Dieu. Comme l'écrit Paul en Ephésiens 3:15: *«duquel* [Dieu] *tire son nom toute famille dans les cieux et sur la terre.»* Tout au début de l'histoire de l'homme, Dieu a donné au premier homme une compagne parce qu'il avait décidé que: *«Il n'est pas bon que l'homme soit seul»* (Genèse 2:18). Voilà l'attitude de Dieu envers nous. Il désire nous sortir de notre solitude et nous placer au sein de la famille de Dieu. Il désire nous donner des frères et sœurs avec qui nous partageons son amour.

Merci Père de ce que je suis ton enfant. Je proclame que la solitude n'est pas le plan de Dieu pour ma vie. Il m'a placé dans la famille de Dieu. Dans son amour, mon Père m'a prédestiné à être adopté comme son enfant. Amen.

La famille: une source de vie partagée

Dans son amour, mon père m'a prédestiné à être adopté comme son enfant.

Nous sommes tous membres de la famille de Dieu parce que nous avons tous un seul Père. Jésus est notre frère aîné, et nous sommes tous membres d'une même famille.

Je vais vous raconter une petite aventure qui me vient à l'esprit lorsque j'évoque la famille de Dieu. Cela s'est passé du temps où certains chrétiens écossais vivant dans les Highlands étaient cruellement persécutés par l'armée anglaise. Alors qu'elle se rendait à une réunion chrétienne secrète, une jeune fille fut arrêtée par un policier anglais qui lui demanda où elle allait. Elle ne voulait pas mentir mais elle ne voulait pas non plus trahir ses compagnons croyants, alors elle éleva son cœur vers le Seigneur en prière, lui demandant une réponse. Voici ce qu'elle répondit au policier: «Mon frère aîné est mort et je suis en route pour la maison de mon père pour entendre la lecture de ses dernières volontés.»

C'était une bonne réponse. Jésus est le frère aîné, Dieu est notre Père et nous sommes la maison de notre Père.

Qu'est-ce qui caractérise essentiellement une famille? Je pense que c'est le partage de la source de vie. Dieu le Père est la source de vie pour nous tous, et nous sommes ensemble dans sa famille. Il ne s'agit pas d'une institution, ni d'un organisme, mais d'une source de vie que nous partageons tous.

Que nous est-il demandé en tant que membres de la famille de Dieu? Ma théorie, c'est de nous accepter mutuellement. Jésus nous appelle ses frères parce que Dieu nous appelle ses enfants. Si Dieu appelle nos compagnons chrétiens ses enfants, nous devons les appeler nos frères. Ce n'est pas toujours facile. Vous pouvez choisir des amis, mais vous ne choisissez pas votre famille. Même ainsi, nous devons nous accepter les uns les autres.

Merci Père de ce que je suis ton enfant. Je proclame que je suis un membre de la famille de Dieu, que Dieu est mon Père et Jésus mon frère aîné. Dans son amour, mon Père m'a prédestiné à être adopté comme son enfant. Amen.

La meilleure famille de l'univers

Dans son amour, mon père m'a prédestiné à être adopté comme son enfant.

Quelquefois, certains problèmes que nous avons avec nos parents terrestres ne peuvent jamais être résolus. Cependant mes amis, si personne ne vous a désirés ni aimés ou si vos parents n'étaient même pas mariés, cela n'a pas d'importance. Lorsque vous venez à Dieu par Jésus-Christ, vous devenez membres de la meilleure famille de l'univers, et Dieu n'a pas d'enfants de seconde catégorie.

La famille de Dieu est la meilleure des familles. Aucune autre ne peut l'égaler. Encore une fois, même si votre propre famille n'a pas pris soin de vous, peut-être votre père vous a-t-il rejeté, votre mère n'a jamais eu de temps à vous accorder ou votre mari n'a jamais fait preuve d'affection, Dieu vous désire. Vous êtes acceptés. Vous êtes l'objet de ses soins particuliers et de son affection. Rappelez-vous que tout ce qu'il fait dans l'univers tourne autour de vous.

Comme je l'ai écrit antérieurement, lorsque Dieu dit que vous êtes acceptés, il ne veut pas dire *tolérés*. Nous ne l'ennuyons jamais. Nous ne le perturbons ni ne le dérangeons. Nous ne prenons jamais trop de son temps. La seule chose qui le contrarie est lorsque nous restons trop longtemps loin de lui.

Il ne nous repousse pas dans un coin en disant: «Attend, je suis trop occupé, je n'ai pas le temps pour toi.» Au lieu de cela, il nous accueille avec ferveur et amour.

Merci Père de ce que je suis ton enfant. Je proclame qu'en venant à Jésus-Christ, je suis devenu membre de la meilleure famille de l'univers. Dans son amour, mon Père m'a prédestiné à être adopté comme son enfant. Amen.

Accueillir le fils prodigue

Dans son amour, mon père m'a prédestiné à être adopté comme son enfant.

Revenons au principe central illustré par la parabole du fils prodigue, que Jésus a relatée à ses disciples en Luc 15:11–32. Le père était là, dehors en train de chercher son fils pour le ramener à la maison. Il n'a pas eu besoin que d'autre gens viennent lui dire «Ton fils est de retour!» parce que le premier à le savoir, c'était lui. Il l'a su avant que le reste de la famille l'apprenne.

Cela ressemble à l'attitude de Dieu envers nous à travers Christ. Nous ne sommes pas des rebuts. Nous ne sommes pas des citoyens de seconde zone. Nous ne sommes pas de simples serviteurs. Lorsque le fils prodigue est revenu, il voulait être un serviteur. Mais, son père ne l'entendait pas de cette oreille. Au contraire, il a dit:

«Apportez vite la plus belle robe, et l'en revêtez; mettez-lui un anneau au doigt, et des souliers aux pieds. Amenez le veau gras, et tuez-le. Mangeons et réjouissons-nous; car mon fils que voici était mort, et il est revenu à la vie; il était perdu, et il est retrouvé.» (versets 22/24)

La maisonnée entière a été mise sens dessus dessous pour accueillir le fils prodigue.

De la même manière, Jésus dit: *«il y aura plus de joie dans le ciel pour un seul pécheur qui se repent, que pour quatre-vingt-dix-neuf justes qui n'ont pas besoin de repentance»* (verset 7). Voilà comment Dieu nous accueille en Christ.

Merci Père de ce que je suis ton enfant. Je proclame que Dieu m'accueille en Christ, se réjouissant de ce que je sois en vie. Dans son amour, mon Père m'a prédestiné à être adopté comme son enfant. Amen.

Dieu a choisi à l'avance

Dans son amour, mon père m'a prédestiné à être adopté comme son enfant.

«Béni soit Dieu, le Père de notre Seigneur Jésus-Christ, qui nous a bénis de toutes sortes de bénédictions spirituelles dans les lieux célestes en Christ! En lui Dieu nous a élus avant la fondation du monde...»

(Ephésiens 1:3–4)

Dieu nous a connus d'avance, et, sur la base de cette connaissance anticipée, il nous a choisis. Vous n'êtes pas à l'endroit où vous êtes parce que vous l'avez choisi, mais parce lui l'a choisi. Ce principe fait une prodigieuse différence dans votre attitude envers vous-mêmes et votre propre situation, car c'est Dieu qui en est à l'origine. Ce n'est pas vous qui avez mis votre vie en branle, mais Dieu. Non seulement Dieu nous a connus d'avance mais il nous a aussi prédestinés. Certaines personnes s'effrayent du mot prédestiné et de ce qu'il implique. Je suggérerais que cela veut simplement dire que Dieu a arrangé à l'avance le cours de notre vie. Comme le dit Paul en Romains 8:29, «Car ceux qu'il a connus d'avance, il les a aussi *prédestinés.»* Il a tout résolu d'avance.

Puis, en Ephésiens 1:11, Paul écrit, *«En lui* [Christ] *nous sommes aussi devenus héritiers, ayant été prédestinés suivant la résolution de celui qui opère toutes choses d'après le conseil de sa volonté.»*

Cette assurance devrait nous donner un sentiment de sécurité. Vous avez été prédestinés; le cours de votre vie a été arrangé à l'avance par celui qui résout tout selon ses plans. Il arrange toute chose sur le conseil de sa propre volonté.

Merci Père de ce que je suis ton enfant. Je proclame que le cours de ma vie été arrangé à l'avance par celui qui résout toutes choses comme il le veut. Dans son amour, mon Père m'a prédestiné à être adopté comme son enfant. Amen.

Ce que Dieu a fait!

Dans son amour, mon père m'a prédestiné à être adopté comme son enfant.

Lorsque Jésus est mort sur la croix, le voile du temple qui séparait un Dieu saint d'un homme pécheur a été déchiré en deux, signe pour nous que nous pouvons jouir de son acceptation. (Lire, par exemple Matthieu 27:51.) Il a été déchiré de haut en bas afin que nul ne puisse dire que c'était l'œuvre d'un homme. C'est Dieu qui a fait cela. Le voile déchiré représente l'invitation du Père envers chaque personne qui croit en Jésus. «Viens, tu es le bienvenu. Mon Fils a enduré le rejet à ta place afin que je puisse t'offrir mon acceptation.»

«Béni soit Dieu, le Père de notre Seigneur Jésus-Christ, qui nous a bénis de toutes sortes de bénédictions spirituelles dans les lieux célestes en Christ! En lui Dieu nous a élus avant la fondation du monde.»

(Ephésiens 1:3–4)

Notez bien que ce choix ultime n'est pas le nôtre, mais celui de Dieu. N'imaginez pas que vous êtes sauvés parce que vous l'avez choisi! Vous l'êtes parce que Dieu vous a choisis et que vous avez répondu à son choix. Il se peut que vous changiez d'avis, mais Dieu lui, ne le fera pas.

De nos jours, l'évangile est souvent présenté avec une insistance hors de propos sur le fait que tout semblerait dépendre de nous. Il est vrai que nous devons choisir, mais nous en serions incapables si Dieu ne nous avait pas choisis d'abord. Vous vous rendrez compte qu'en tant que chrétiens vous êtes plus en sécurité si vous fondez votre relation avec Dieu non sur ce que vous faites mais sur ce qu'il a fait lui. Dieu est bien plus fiable que vous et moi!

Merci Père de ce que je suis ton enfant. Je proclame que je suis un enfant de Dieu en me fondant non sur ce que je fais, mais sur ce que Dieu a fait. Dans son amour, mon Père m'a prédestiné à être adopté comme son enfant. Amen.

36ème semaine:

Mon père sait ce dont j'ai besoin,
avant que je le lui demande.

Car votre Père sait de quoi vous avez besoin,
avant que vous le lui demandiez.

—Matthieu 6:8

Dieu me connaît totalement

Mon Père sait ce dont j'ai besoin, avant que je le lui demande.

Dieu connaît chacun de nous totalement, même au-delà du fait de connaître le nombre de cheveux sur notre tête. (Voir Matthieu 10:30.) Dans ce magnifique passage tiré des Psaumes, David commence par ce qui semble être un cri de stupeur:

«Eternel! Tu me sondes et tu me connais, tu sais quand je m'assieds et quand je me lève, tu pénètres de loin ma pensée; tu sais quand je marche et quand je me couche, et tu pénètres toutes mes voies. Car la parole n'est pas sur ma langue, que déjà, ô Eternel! tu la connais entièrement. Tu m'entoures par derrière et par devant, et tu mets ta main sur moi. Une science aussi merveilleuse est au-dessus de ma portée, elle est trop élevée pour que je puisse la saisir. Où irais-je loin de ton Esprit, et où fuirais-je loin de ta face?» (Psaume 139:1-7)

Réfléchissez à ce que dit David: Dieu connaît nos pensées de loin. Un homme qui un jour a reçu une révélation de Dieu, raconte que l'ange qui lui a apporté cette révélation lui a dit: «Les pensées de l'homme résonnent aussi fort dans les cieux que sa voix sur terre» Cela a été un choc pour moi. Mais c'est en substance ce que dit David ici.

Si nous réfléchissons à tout cela, nous ferons sûrement écho à ces paroles de David: *Une science aussi merveilleuse est au-dessus de ma portée.»* David demande: *«Où irais-je loin de ton esprit?»* Voilà la clé qui explique que Dieu sache tout ce qui se passe dans l'univers: son Esprit. L'Esprit de Dieu imprègne tout l'univers, il n'existe aucun endroit où il ne soit pas présent. Par son Esprit, Dieu sait tout ce que nous savons et plus encore: il sait tout ce que nous ne saurons jamais, comme le nombre de cheveux sur notre tête.

Merci Père de me connaître totalement. Je proclame que par son Esprit, Dieu connaît tout ce que je connais de moi-même et plus encore. Mon Père sait ce dont j'ai besoin, avant que je le lui demande. Amen.

---

4 SEPTEMBRE

Dieu sait tout

Mon Père sait ce dont j'ai besoin, avant que je le lui demande.

L'omniscience de Dieu est intimement liée à sa nature éternelle. En 1 Jean 3:20, nous sommes confrontés à une révélation simple et pourtant profonde: *«Dieu...connaît toutes choses.»* Il n'y a rien que Dieu ne connaisse pas. Du plus petit insecte sur la terre jusqu'à l'étoile la plus éloignée de la galaxie, il n'existe rien que Dieu ne connaisse dans sa totalité.

Dieu sait des choses sur nous que nous ne savons pas. Comme je l'écrivais hier, il connaît le nombre de cheveux sur nos têtes. (Lire Matthieu 10:30.)

Dieu connaissait le nombre d'habitants de la ville de Ninive. (Lire Jonas 4:11.)

Il connaissait (et contrôlait) la croissance de la plante dont l'ombre couvrait Jonas. Il connaissait aussi (et contrôlait) l'action du ver qui a causé le dessèchement de la plante. (Lire Jonas 4:6–7.)

L'apôtre Paul écrit à propos de choses que *«l'œil n'a point vues, que l'oreille n'a point entendues, et qui ne sont point montées au cœur de l'homme»* (1 Corinthiens 2:9). Il continue par: *«Dieu nous les a révélées par l'Esprit. Car l'Esprit sonde tout, même les profondeurs de Dieu»* (verset 10).

Le Saint-Esprit sonde les plus grandes profondeurs et monte à la fois sur les plus grandes hauteurs de tout ce qui existe et existera jamais. Sa connaissance est infinie. C'est à la lumière de cette connaissance infinie que nous devrons tous rendre des comptes devant Dieu. *«Nulle créature n'est cachée devant lui, mais tout est à nu et à découvert aux yeux de celui à qui nous devons rendre compte»* (Hébreux 4:13).

Merci Père de me connaître totalement. Je proclame que la connaissance de Dieu est infinie, il n'existe rien qu'il ne sache pas. Mon Père sait ce dont j'ai besoin, avant que je le lui demande. Amen.

La connaissance et la sagesse surnaturelles de Jésus

Mon Père sait ce dont j'ai besoin, avant que je le lui demande.

Le ministère de Jésus sur terre a laissé transparaître la connaissance et la sagesse surnaturelles de Dieu, mais peut-être jamais aussi manifestement qu'à travers ce qui l'a confronté à Judas Iscariote. Lorsque les disciples ont dit à Jésus, *«Et nous avons cru et nous avons connu que tu es le Christ [*le Messie*], le Saint de Dieu»* (Jean 6:69), Jésus leur a fait une réponse qui révélait que le fait d'être le Messie impliquerait d'être trahi par l'un de ses propres disciples: *«'N'est-ce pas moi qui vous ai choisis, vous les douze? Et l'un de vous est un démon! Il parlait de Judas Iscariote, fils de Simon; car c'était lui qui devait le livrer, lui, l'un des douze.»* (Jean 6:70–71). Jésus savait, par le Saint-Esprit, que Judas le trahirait, même avant que Judas lui-même le sache.

Et même ainsi, Judas n'a pas pu accomplir ses plans avant que Jésus prononce les paroles qui l'habiliteraient à le faire. Durant le dernier repas, Jésus avertit ses disciples: *«l'un de vous me livrera»* (Jean 13:21). Lorsqu'on le questionna sur son identité, Jésus répondit,

«C'est celui à qui je donnerai le morceau trempé. Et, ayant trempé le morceau, il le donna à Judas, fils de Simon, l'Iscariote. Dès que le morceau fut donné, satan entra dans Judas. Jésus lui dit: Ce que tu fais, fais-le promptement. ... Judas, ayant pris le morceau, se hâta de sortir.» (Jean 13:26–27, 30)

Je suis ébahi en réalisant que Judas n'a pas pu accomplir son plan de trahir Jésus avant que celui-ci ait prononcé lui-même les paroles qui lui permettraient de le faire. Dans toute cette histoire celui qui contrôlait tout était le trahi et non le traître.

Merci Père de me connaître totalement. Je proclame que Jésus a manifesté la connaissance et la sagesse surnaturelles de Dieu, qui connaît toutes choses. Mon Père sait ce dont j'ai besoin, avant que je le lui demande. Amen.

Dieu est aux commandes

Mon Père sait ce dont j'ai besoin, avant que je le lui demande.

Lorsque nous prenons pleinement conscience de la connaissance de Dieu, de sa prescience en particulier, cela nous donne l'assurance que quoi qu'il arrive, il ne sera jamais pris au dépourvu. Au royaume des cieux l'urgence n'existe pas. Non seulement Dieu connaît la fin depuis le début, mais il est lui-même à la fois «le début et la fin» (Apocalypse 21:6). Et il est toujours parfaitement maître de la situation.

Dieu sait précisément qui il a choisi pour être avec lui dans l'éternité: *«Car ceux qu'il a connus d'avance, il les a aussi prédestinés à être semblables à l'image de son Fils, afin que son Fils fût le premier-né entre plusieurs frères»* (Romains 8:29).

Si par la miséricorde et par la grâce de Dieu, nous arrivons à cette glorieuse destination éternelle, Jésus n'accueillera aucun d'entre nous par ces paroles: «Je ne me serais jamais attendu à *te* voir ici!!» Il dira plutôt: «Mon enfant, je t'ai attendu. Nous ne pouvions prendre place au banquet des noces sans toi.» Je pense qu'à ce glorieux banquet, chaque place portera le nom de la personne à qui elle a été assignée par avance.

Jusqu'à ce que le nombre des rachetés soit complet, Dieu attend avec une patience infinie: *«ne voulant pas qu'aucun périsse, mais voulant que tous arrivent à la repentance.»* (2 Pierre 3:9).

Merci Père de me connaître totalement. Je proclame que Dieu est toujours parfaitement maître de la situation, il n'est jamais pris au dépourvu. Mon Père sait ce dont j'ai besoin, avant que je le lui demande. Amen.

Prier selon la volonté de Dieu

Mon Père sait ce dont j'ai besoin, avant que je le lui demande.

La prière de requête est celle par laquelle nous demandons des choses à Dieu. Elle a une place légitime quoique infime dans la prière en général, car Dieu connaît nos besoins avant même que nous lui en fassions part. Beaucoup de gens pensent que prier signifie venir à Dieu avec leur liste de courses. Mais, il n'a pas besoin de cela et ce n'est pas ce qu'il demande.

Nous avons tous des besoins, de temps en temps, mais la grande réponse c'est d'apprendre à prier. Comme le disait mon ami Bob Mumford: «Que faire? Donner aux gens une de mes pépites ou leur apprendre le chemin vers la mine elle-même?» Il se peut que je prie pour vous et que vous soyez guéris, ce serait une pépite d'or. Mais je pourrais tout aussi bien vous montrer le chemin vers la mine. Ensuite, vous pourriez en extraire autant de pépites d'or que vous en voudriez.

«Nous avons auprès de lui cette assurance, que si nous demandons quelque chose selon sa volonté, il nous écoute. Et si nous savons qu'il nous écoute, quelque chose que nous demandions, nous savons que nous possédons la chose que nous lui avons demandée.» (1 Jean 5:14–15)

Ainsi, si nous avons une requête et si nous prions selon la volonté de Dieu, à la fin de notre prière nous devrions savoir que nous avons obtenu ce que nous avons demandé. Si nous prions selon la volonté de Dieu, nous savons donc qu'il nous entend. Si nous savons cela, nous savons aussi que nous avons obtenu la chose que nous avons demandée.

Merci Père de me connaître totalement. Je proclame que lorsque je prie selon la volonté de Dieu, il m'entend. Et si je sais qu'il m'entend, je sais aussi que j'ai obtenu ce que j'ai demandé. Mon Père sait ce dont j'ai besoin, avant que je le lui demande. Amen.

Recevoir lorsque nous demandons

Mon Père sait ce dont j'ai besoin, avant que je le lui demande.

L'un des grands secrets pour obtenir des choses de Dieu, c'est de savoir les recevoir. Beaucoup de gens demandent mais ne reçoivent jamais. Il y a un verset biblique qui souligne bien ce principe de recevoir. Jésus parlait des requêtes que l'on faisait à Dieu en disant:

«C'est pourquoi je vous dis: Tout ce que vous demanderez en priant, croyez que vous l'avez reçu, et vous le verrez s'accomplir.» (Marc 11:24)

Nous recevons les choses que nous demandons lorsque nous prions. Si vous priez de cette façon, c'est-à-dire en croyant que lorsque vous priez vous recevez, vous aurez ce que vous avez demandé.

Notez cependant que recevoir n'est pas la même chose qu'avoir. Recevoir est un état d'esprit, avoir c'est expérimenter la chose ensuite. Disons que vous avez un besoin financier. Vous priez. Vous êtes en contact avec Dieu. Vous dites: «Mon Dieu, nous avons besoin de 1500 euros pour jeudi.» Ensuite, vous continuez: «Merci mon Dieu.» Vous l'avez reçu. Rien n'a changé dans vos circonstances, mais cependant, vous l'avez reçu. Vous l'aurez.

Merci Père de me connaître totalement. Je proclame que je reçois ce que je demande lorsque je prie, parce que recevoir est un état d'esprit. Mon Père sait ce dont j'ai besoin, avant que je le lui demande. Amen.

Ma récompense extrême

Mon Père sait ce dont j'ai besoin, avant que je le lui demande.

«Car l'amour de l'argent est une racine de tous les maux; et quelques-uns, en étant possédés, se sont égarés loin de la foi, et se sont jetés eux-mêmes dans bien des tourments.» (1 Timothée 6:10)

L'amour de l'argent est la racine de tous les maux. Une fois que nous laissons l'amour de l'argent s'insinuer dans notre vie, il en résultera toutes sortes de maux, de tentations, de souffrances. Le remède est de: *«Chercher premièrement le royaume et la justice de Dieu; et toutes ces choses vous seront données par-dessus»* (Matthieu 6:33). Recadrez vos priorités. Dieu sait que nous avons besoin de certaines choses, ce n'est qu'une question de priorités.

Examinons certaines des assurances que nous donne la Bible sur la présence de Dieu et ce qu'il nous donne.

«La parole de l'Éternel fut adressée à Abram dans une vision, et il dit: Abram, ne crains point; je suis ton bouclier, et ta récompense sera très grande...» (Genèse 15:1)

«Nul ne tiendra devant toi, tant que tu vivras. Je serai avec toi, comme j'ai été avec Moïse; je ne te délaisserai point, je ne t'abandonnerai point.» (Josué 1:5)

«L'Éternel est mon berger: je ne manquerai de rien.» (Psaume 23:1)

«L'Éternel est pour moi, je ne crains rien: Que peuvent me faire des hommes?» (Psaume 118:6)

L'Eternel est pour nous. Il n'y a aucune raison de craindre. Que peuvent nous faire les hommes si Dieu est pour nous. En Romains 8:31, Paul dit, *«Si Dieu est avec nous; qui sera contre nous?»*

Merci Père de me connaître totalement. Je proclame que l'Eternel est ma plus grande récompense, le Seigneur est avec moi et pour moi. Il est mon berger, je ne manquerai de rien. Mon Père sait ce dont j'ai besoin, avant que je le lui demande. Amen.

37ème semaine:

Comme un Père a compassion de ses enfants,
Dieu a compassion de moi.

Comme un Père a compassion de ses enfants,
l'Éternel a compassion de ceux qui le craignent.

—Psaume 103:13

La liberté d'aimer

Comme un Père a compassion de ses enfants, Dieu a compassion de moi.

«Mais celui qui aura plongé les regards dans la loi parfaite, la loi de la liberté, et qui aura persévéré, n'étant pas un auditeur oublieux, mais se mettant à l'œuvre, celui-là sera heureux dans son activité.» (Jacques 1:25)

«Si vous accomplissez la loi royale, selon l'Écriture: Tu aimeras ton prochain comme toi-même, vous faites bien.» (Jacques 2:8)

La loi *«Tu aimeras ton prochain comme toi-même»* est qualifiée à la fois de: «loi parfaite, loi de la liberté» et de «loi royale.» C'est la loi parfaite qui englobe toute autre loi. Lorsque vous aimez réellement votre prochain, avec ferveur et d'un cœur pur, il vous est impossible de ne pas observer les autres commandements. En observant une seule loi, vous obéissez à toutes les lois. Cette loi est également royale, ou régalienne.

C'est la loi parfaite de la liberté, parce que personne ne peut vous empêcher d'aimer. Une fois que vous avez décidé d'aimer, les gens peuvent dire toutes sortes de méchancetés à votre propos et vous traiter indignement, mais ils ne peuvent pas vous empêcher d'aimer. La seule personne qui soit totalement libre est celle qui aime.

Jésus était le parfait exemple de la liberté dans l'amour. Les autorités lui ont tout fait: elles l'ont battu, percé ses mains et ses pieds, placé une couronne d'épines sur sa tête, elles lui ont donné du vinaigre à boire, l'ont maltraité et injurié. Mais, l'unique chose qu'elles n'ont pas pu faire a été de l'empêcher d'aimer. Il les a aimés jusqu'à la fin. (Lire Luc 23:34.)

Si vous aimez de cet amour, personne ne peut vous empêcher de faire exactement ce que vous voulez: aimer. C'est pourquoi l'amour est appelé: *«la loi parfaite de la liberté.»*

Merci Seigneur d'être aussi attentif à moi. Je proclame que j'ai décidé d'aimer, par obéissance à la loi parfaite de liberté de Dieu. Comme un Père a compassion de ses enfants, Dieu a compassion de moi. Amen.

Emu de compassion

Comme un Père a compassion de ses enfants, Dieu a compassion de moi.

Comment la compassion est-elle décrite dans la Bible? Lisons le récit d'un incident dans le premier chapitre de Marc.

«Un lépreux vint à lui; et, se jetant à genoux, il lui dit d'un ton suppliant: Si tu le veux, tu peux me rendre pur. Jésus, ému de compassion, étendit la main, le toucha, et dit: Je le veux, sois pur. Aussitôt la lèpre le quitta, et il fut purifié.» (Marc 1:40–42)

Il est dit que Jésus était *«ému de compassion.»* Il s'agit-là de ce qui se passait dans ses entrailles—la compassion provient des tripes. Dans 1 Jean 3:17 il est fait référence au fait de *«fermer ses entrailles»* en rapport avec la compassion de Dieu. Les «entrailles» représentent le lieu de nos sentiments les plus profonds (non pas dans le cœur physique, mais dans les tripes.) C'est là que tout a commencé. C'est la source de toutes choses.

Lorsque ma première épouse, Lydia, a écrit son autobiographie, elle a utilisé cette expression: «J'ai été émue jusqu'aux entrailles.» Les éditeurs du livre ont dû lui expliquer que ce n'était pas la bonne manière d'exprimer ce sentiment en anglais. Mais, dans toutes les autres langues que je connais: le latin, le grec, l'hébreu, lorsqu'on se réfère à la partie de l'homme la plus intérieure et la plus profonde, on ne parle pas du cœur mais des entrailles. Qu'il s'agisse d'amour, de crainte, de haine ou d'une autre émotion, son lieu d'origine se trouve dans les entrailles, qui sont au plus profond de vous.

Merci Seigneur d'être aussi attentif à moi. Je proclame que tout comme Jésus a été ému de compassion, je veux réagir de la même manière, au plus profond de mon être. Comme un Père a compassion de ses enfants, Dieu a compassion de moi. Amen.

Par quoi sommes-nous émus?

Comme un Père a compassion de ses enfants, Dieu a compassion de moi.

L'un des plus grands problèmes de l'Eglise aujourd'hui réside dans l'ambition personnelle des ministres du culte. L'apôtre Paul a parlé de ce problème dans l'Eglise de Philippe, en disant:

«Si donc il y a quelque consolation en Christ, s'il y a quelque soulagement dans la charité, s'il y a quelque union d'esprit, s'il y a quelque compassion et quelque miséricorde, rendez ma joie parfaite, ayant un même sentiment, un même amour, une même âme, une même pensée. Ne faites rien par esprit de parti ou par vaine gloire, mais que l'humilité vous fasse regarder les autres comme étant au-dessus de vous-mêmes.» (Philippiens 2:1–3)

Ce sont-là des paroles très puissantes. Paul ne parlait pas de sentiments superficiels. Il s'agit de sentiments profonds.

J'ai rencontré beaucoup de serviteurs de Dieu merveilleux, mais la source d'émulation dominante de l'Eglise aujourd'hui, selon ma perception, c'est l'ambition, celle de bâtir une plus grande Eglise, d'organiser de plus grandes réunions, de rallonger la liste des correspondants, ou de se faire connaître personnellement. Je vous parais peut-être cynique, mais l'ambition semble bien être le moteur principal dans le christianisme contemporain. Paul a pourtant dit: *«Ne faites rien par vaine gloire.»*

J'ai une question pour ceux parmi vous qui sont au service du Seigneur. C'est aussi une question pour tout le monde, puisque tous les croyants devraient être dans le service du Seigneur. Quel est votre moteur? Qu'est ce qui vous pousse à agir? Prononcer vos propres paroles? Avoir des relations avec les gens à votre façon? Etes-vous motivés par l'amour de Dieu et par la compassion? 1 Jean 4:7–8 nous exhorte: *«Bien-aimés, aimons nous les uns les autres; car l'amour est de Dieu, et quiconque aime est né de Dieu et connaît Dieu.»*

Merci Seigneur d'être aussi attentif à moi. Je proclame mon désir d'être motivé par l'amour de Dieu et par la compassion. Comme un Père a compassion de ses enfants, Dieu a compassion de moi. Amen.

La fontaine de la compassion

Comme un Père a compassion de ses enfants, Dieu a compassion de moi.

Dans le Psaume 84:6, nous lisons: «*Lorsqu'ils traversent la vallée de Baca, Ils la transforment en un lieu plein de sources* [ou de fontaines].» Après presque soixante années de vie chrétienne (à marcher dans les voies du Seigneur et à parler en langues) j'ai subi une transformation. Une chose tout à fait nouvelle s'est passée en mon être intérieur, une source a jailli en moi qui ressemblait à une fontaine de compassion. Je connaissais depuis longtemps l'amour de Dieu et j'avais toujours aimé ma famille, mais cette source était différente de tout ce que j'avais jamais connu.

Cette source avait son origine ailleurs qu'en Derek Prince. J'ai commencé à comprendre ce que veut dire la Bible par: Jésus était «*ému de compassion.*» (Lire par exemple, Matthieu 9:36; Marc 1:41.) J'ai réalisé que Dieu me communiquait sa compassion, et j'ai prié «Seigneur, ne permet jamais que cette fontaine se souille ou se contamine et ne la laisse jamais se tarir.» Dieu seul en détermine le jaillissement. Et lorsque la fontaine de la compassion coule à travers moi, elle attire les gens vers moi. Ils ne savent pas le pourquoi de cette attirance, mais ils sentent une chose à laquelle ils aspirent profondément. Je pense que Dieu s'attend à que nous nous aimions de son amour divin.

Dieu a également fait une autre œuvre en moi. Il m'a donné une préoccupation surnaturelle pour les orphelins, les veuves, les pauvres et les opprimés. Nous pouvons parler de foi et de justice, mais si nous ne faisons rien pour les gens qui ont vraiment besoin de nous, ces paroles sonnent creux et semblent absurdes. Les gens qui ont besoin de nous ne manquent pas. Ils sont tout autour de nous, des gens qui ont besoin d'être aimés, il y en a partout. Ils sont solitaires, personne ne s'occupe d'eux, ils n'ont pas de solution et sont désespérés. Il n'est pas besoin d'aller loin de chez soi pour trouver de telles personnes. La compassion est le but de Dieu. Il s'attend à la voir se manifester en nous.

Merci Seigneur d'être aussi attentif à moi. Je proclame mon désir de voir la fontaine de Dieu couler en moi et à travers moi, vers ceux qui autour de moi sont dans le besoin et le désespoir. Comme un Père a compassion de ses enfants, Dieu a compassion de moi. Amen.

Prendre soin de ceux qui sont délaissés

Comme un Père a compassion de ses enfants, Dieu a compassion de moi.

ai écrit un petit fascicule dont le titre est '*Qui se soucie des orphelins, des veuves, des pauvres et des opprimés ?*' Ce fascicule me sidère. Comme je l'ai dit hier, bien qu'ayant prêché pendant bien plus de cinquante années et ayant l'impression que je le ferais jusqu'à la fin de ma vie, Dieu m'a donné une nouvelle sorte de compassion à laquelle je ne m'attendais pas. Mon interprétation du Psaume 84:6 est: «*Lorsque tu traverseras la vallée de Baca* [en larmes], *Dieu fera jaillir une source.*»

Je suis passé par la vallée des larmes, et Dieu a fait jaillir cette fontaine en moi. C'est une chose souveraine que seul Dieu pouvait faire. Il s'agit de la compassion. J'ai commencé à me préoccuper, quasi passionnément, des gens que notre société néglige et foule aux pieds: les orphelins, les veuves, les pauvres et les opprimés. Je suis surpris de tout ce que la Bible nous expose sur notre responsabilité de prendre soin d'eux. D'un bout à l'autre de la Bible, c'est la préoccupation majeure de la justice de Dieu, que ce soit à l'époque des patriarches, sous la loi de Moïse, dans les prophètes ou dans le Nouveau Testament.

En grande majorité, en tant que chrétiens, nous sommes complètement passés à côté d'un domaine de la foi que nous professons, qui est celui du soin à porter à ceux dont personne d'autre ne s'occupe.

Merci Seigneur d'être aussi attentif à moi. Je proclame le principe du Psaume 84:6: «*Lorsque tu traverseras la vallée de* Baca [en larmes], *Dieu fera jaillir une source.*» Je proclame que j'avancerai dans ce domaine vital de la foi que je professe en m'occupant de ceux de qui personne d'autre ne prend soin. Comme un Père a compassion de ses enfants, Dieu a compassion de moi. Amen.

Une mesure de justice

Comme un Père a compassion de ses enfants, Dieu a compassion de moi.

Les paroles de Job sont remarquables. Il fait la liste des péchés qu'il n'a pas commis, dont il n'était pas coupable. Beaucoup de chrétiens de nom sont certainement coupables de ces péchés: *«Si j'ai refusé aux pauvres ce qu'ils demandaient, Si j'ai fait languir les yeux de la veuve, si j'ai mangé seul mon pain, sans que l'orphelin en ait eu sa part ...»* (Job 31:16–17).

Remarquez les trois groupes de personnes que Job cite:les pauvres, les veuves et les orphelins. Job dit en substance «Si je n'ai pas fait pour eux ce que j'aurais dû, je suis un pécheur et j'ai manqué à mes obligations les plus basiques.» Il continue:

«Moi qui l'ai dès ma jeunesse élevé comme un père, moi qui dès ma naissance ai soutenu la veuve; si j'ai vu le malheureux manquer de vêtements, l'indigent n'avoir point de couverture, sans que ses reins m'aient béni, sans qu'il ait été réchauffé par la toison de mes agneaux; si j'ai levé la main contre l'orphelin, parce que je me sentais un appui dans les juges; que mon épaule se détache de sa jointure, que mon bras tombe et qu'il se brise!» (versets 18–22)

Job n'a pas manqué de prendre soin des personnes qui n'avait ni nourriture ni vêtements ni famille pour prendre soin d'eux. Puis, il dit que si son bras n'est pas continuellement en action dans ce but, il n'a plus de place sur son corps. Sa façon de voir les choses est tellement différente de celle de la plupart des gens aujourd'hui. C'était le standard de justice des patriarches également, même avant la loi de Moïse et même avant l'évangile. Dieu a besoin que nous réhabilitions ce type de justice dans l'Eglise en sortant de nos habitudes pour prendre soin des veuves et des orphelins, de ceux qui n'ont ni nourriture ni vêtements ni abri.

Merci Seigneur d'être aussi attentif à moi. Je proclame que Dieu veut que je restaure ce type de justice, à prendre soin des nécessiteux, dans l'Eglise. Comme un Père a compassion de ses enfants, Dieu a compassion de moi. Amen.

Revêtu de justice

Comme un Père a compassion de ses enfants, Dieu a compassion de moi.

Nous lisons ci-dessous le témoignage de Job sur sa façon de vivre. Dieu lui-même a rendu témoignage à Job de ce qu'il était un homme de bien. Ces paroles m'ont tellement captivé que je peux à peine aller au-delà.

«L'oreille qui m'entendait me disait heureux, L'œil qui me voyait me rendait témoignage; car je sauvais le pauvre qui implorait du secours, et l'orphelin qui manquait d'appui. La bénédiction du malheureux venait sur moi; je remplissais de joie le cœur de la veuve. Je me revêtais de la justice et elle me servait de vêtement, j'avais ma droiture pour manteau et pour turban. J'étais l'œil de l'aveugle et le pied du boiteux. J'étais le père des misérables, J'examinais la cause de l'inconnu.» (Job 29:11–16)

N'est-il pas remarquable que la justice de Job ne fut pas la sienne? Il n'y a aucune propre justice dans toute la Bible. Job dit: *«Je me revêtais de la justice et elle me servait de vêtement.»* Il était revêtu d'une justice qu'il avait reçue de Dieu par la foi. C'est ainsi que se manifestait sa justice.

Les pauvres, les veuves et les orphelins sont l'objet de la compassion de Dieu. Ce sont les personnes auxquelles Dieu pense lorsqu'il parle de justice: les veuves, les orphelins, les pauvres, les aveugles et les boiteux. Nous pouvons prendre la mesure de la justice de Dieu en nous en observant notre comportement vis-à-vis de ce genre de personnes.

Merci Seigneur d'être aussi attentif à moi. Je proclame que le pauvre, la veuve et l'orphelin sont l'objet de la compassion de Dieu et doivent recevoir la mienne aussi. Comme un Père a compassion de ses enfants, Dieu a compassion de moi. Amen.

38ème semaine:

J'ai reçu l'esprit d'adoption,
et par lui je crie: «Abba, père».

Et vous n'avez point reçu un esprit de servitude, pour être encore dans la crainte; mais vous avez reçu un Esprit d'adoption, par lequel nous crions: Abba! Père!

—Romains 8:15

L'esprit d'adoption

J'ai reçu l'esprit d'adoption, et par lui je crie: «Abba, père».

«Car tous ceux qui sont conduits par l'Esprit de Dieu sont fils de Dieu. Et vous n'avez point reçu un esprit de servitude, pour être encore dans la crainte; mais vous avez reçu un Esprit d'adoption, par lequel nous crions: Abba! Père!» (Romains 8:14–15)

Abba est le terme araméen ou hébreu communément utilisé pour «papa». En Israël, un petit enfant appelle son père «Abba». Et du fait que nous avons reçu l'esprit d'adoption, nous avons le droit de nous adresser à Dieu en tant qu'Abba. Père. Papa.

Paul nous dit que nous avons deux options. Nous pouvons être conduits par l'esprit de Dieu ou par un esprit de servitude. Ce dernier nous rend craintif du châtiment, l'esprit d'adoption nous conduit en tant qu'enfants de Dieu.

Le terme grec traduit par fils indique un «fils mûr.» Lorsque vous naissez de nouveau de l'Esprit de Dieu, vous devenez un enfant. Mais au fur et à mesure que vous êtes conduits, vous devenez un fils ou une fille mature. Le chemin de la maturité c'est d'être guidé par le Saint-Esprit, délié de tout esprit de servitude. Comme l'écrit Paul en Galates 5:18, *«Si vous êtes conduits par l'Esprit, vous n'êtes point sous la loi.»*

Pour devenir un fils ou une fille mature de Dieu, il vous faut être conduits par le Saint-Esprit. Mais, souvenez-vous que si c'est le cas, vous n'êtes plus sous la loi. C'est notre liberté, non pas pour faire le mal mais pour aimer. Notre motivation pour servir Jésus est l'amour, le moteur le plus puissant du monde. Il agit même là où la crainte n'a pas de prise. C'est à cela que Dieu nous amène. C'est ce qui fait de nous des fils ou des filles matures de Dieu. C'est le résultat d'être libéré de la loi.

Merci Père de ce que je suis ton enfant. Je proclame que je ne suis plus lié par un esprit de servitude. J'ai reçu l'esprit d'adoption. J'ai reçu l'esprit de fils ou de fille et par lui, je crie «Abba, père». Amen.

La naissance et l'adoption

J'ai reçu l'esprit d'adoption, et par lui je crie: «Abba, père».

Lorsque vous recevez Jésus-Christ, vous devenez enfant de Dieu, et vous êtes aussi le réceptacle de «la nature de Jésus,» une nature qui sait appeler Dieu le Père «papa.» Cette relation est tout à fait naturelle.

En Romains 8, Paul aborde deux sujets majeurs: la naissance et l'adoption. Ne les confondez pas, ils sont très différents. La naissance produit une nature, l'adoption confère un statut légal.

Dieu est tellement bon envers nous que nous recevons les deux: la naissance et l'adoption, mais elles ne nous procurent pas les mêmes choses. Nous recevons une chose différente selon le processus.

Tout cela est parfaitement compréhensible du point de vue des coutumes de l'empire romain. Du temps de Paul, il était courant que l'empereur romain ait beaucoup de fils, mais lorsqu'il en choisissait un pour lui succéder en tant qu'empereur, il l'adoptait également. Ensuite, tous les droits légaux de l'empire étaient attribués à ce fils adopté. Le but de l'adoption était la légalité, elle assurait au fils son héritage.

Nous sommes nés de nouveau lors de la régénération, et nous recevons la «nature de Jésus.» Mais, par le baptême dans le Saint-Esprit, nous recevons l'adoption. Le meilleur avocat du ciel entre en jeu et nous persuade que nous sommes enfants de Dieu. C'est ce qui nous assure de la réception de l'héritage. En comprenez-vous les implications?

C'est comme pour l'empereur romain. S'il a un fils par naissance naturelle, celui-ci reçoit sa nature. Mais, pour qu'il entre en possession de son héritage, ce fils doit être adopté, cela l'investit d'un statut légal et rend cet héritage légitime.

Merci Père de ce que je suis ton enfant. Je proclame que par la naissance et l'adoption, j'ai reçu à la fois un statut naturel et légal. J'ai reçu l'esprit d'adoption, et par lui je crie: «Abba, père». Amen.

Conduit par l'esprit

J'ai reçu l'esprit d'adoption, et par lui je crie: «Abba, père».

Il existe un enseignement populaire, tentant de convaincre les gens d'être super spirituels s'ils veulent être considérés comme des fils de Dieu. Mais Paul contredit cette idée dans le huitième chapitre de son épître aux Romains, où il écrit que tous ceux qui sont régulièrement conduits par le Saint-Esprit sont de véritables fils de Dieu: *«Car tous ceux qui sont conduits par l'Esprit de Dieu sont fils de Dieu»* (Romains 8:14). En un sens, si vous êtes déjà parfaits, vous n'avez pas besoin du Saint-Esprit. Vous avez besoin de lui toutefois, pour *devenir* parfaits.

La meilleure façon d'être réellement un fils ou une fille de Dieu c'est d'être constamment conduit par le Saint-Esprit. Comme le dit Jésus: *«Mes brebis entendent ma voix,...et elles me suivent»* (Jean 10:27). Par *«entendre,»* Jésus voulait dire entendre *régulièrement*, suivre *constamment*. Il ne s'agit pas d'un processus sporadique, hebdomadaire, mais plutôt d'une relation régulière et continue.

Paul continue en Romains 8:15, *«Et vous n'avez point reçu un esprit de servitude, pour être encore dans la crainte; mais vous avez reçu un Esprit d'adoption, par lequel nous crions: Abba! Père!»* «L'esprit de servitude» est tout simplement la loi. Au lieu d'être lié par la loi, vous avez reçu l'Esprit de Dieu, qui vous convainc de votre identité d'enfant de Dieu. En tant que tels, vous avez tous les droits à l'héritage. Paul nous assure: *«L'Esprit lui-même rend témoignage à notre esprit* [régénéré] *que nous sommes enfants de Dieu. Or, si nous sommes enfants, nous sommes aussi héritiers* [il est question d'héritage ici]: *héritiers de Dieu, et cohéritiers de Christ, si toutefois nous souffrons avec lui, afin d'être glorifiés avec lui.»* (Versets 16–17).

Beaucoup de gens ne reçoivent l'assurance qu'ils sont enfants de Dieu que lorsqu'ils sont baptisés dans le Saint-Esprit. Celui-ci vient vous assurer que vous êtes enfants de Dieu et que vous avez un droit légal à votre héritage. Vous n'êtes pas seulement nés mais vous avez aussi été adoptés et ce passage relie clairement l'adoption à l'héritage.

Merci Père de ce que je suis ton enfant. Je proclame que je suis un enfant de Dieu, avec tous les droits à l'héritage. J'ai reçu l'esprit d'adoption, et par lui je crie: «Abba, père».Amen.

Aller à la Pentecôte

J'ai reçu l'esprit d'adoption, et par lui je crie: «Abba, père».

«L'Esprit lui-même rend témoignage à notre esprit que nous sommes enfants de Dieu.» (Romains 8:16)

Permettez-moi de souligner un fait simple et historique, une conclusion à laquelle sont arrivés la plupart des érudits éclairés de la Bible. Il y a une correspondance directe en termes de période, entre la délivrance d'Israël de l'Egypte et l'expérience des premiers chrétiens.

L'exécution de l'agneau de la Pâque correspond au jour où Jésus est mort.

La traversée de la mer rouge correspond à la résurrection de Jésus d'entre les morts.

La réception des tables de la loi sur le Mont Sinaï, cinquante jours après la Pâque, correspond au déversement du Saint-Esprit à la Pentecôte.

Je souligne cela parce que, lorsque vous avez été libérés par le sang et par la résurrection de Jésus, vous avez deux choix: vous pouvez aller au Sinaï ou à la Pentecôte. Beaucoup de gens vont au Sinaï, ils retournent sous la loi. Ils reçoivent *«un esprit de servitude, pour être encore dans la crainte»* (verset 15). Mais, ce que dit Paul substantiellement, c'est: «Vous n'avez pas reçu un esprit de servitude, pour être encore dans la crainte; vous avez reçu un esprit d'adoption qui vous dit que vous êtes enfant de Dieu.»

Merci Père de ce que je suis ton enfant. Je proclame que je n'ai pas reçu un esprit de servitude, pour être encore dans la crainte, mais un esprit d'adoption qui me dit que je suis un enfant de Dieu. J'ai reçu l'esprit d'adoption, et par lui je crie: «Abba, père».Amen.

La souffrance et le règne

J'ai reçu l'esprit d'adoption, et par lui je crie: «Abba, père».

Paul écrit en Romains 8:18, *«J'estime que les souffrances du temps présent ne sauraient être comparées à la gloire à venir qui sera révélée pour nous.»* Si nous désirons régner avec Christ, nous devons être prêts à souffrir. En 2 Timothée nous lisons:

«Cette parole est certaine: Si nous sommes morts avec lui, nous vivrons aussi avec lui; si nous persévérons, nous régnerons aussi avec lui; si nous le renions, lui aussi nous reniera; si nous sommes infidèles, il demeure fidèle, car il ne peut se renier lui-même.» (2 Timothée 2:11–13)

Ainsi, nous constatons que si nous souffrons, nous régnerons, mais si nous renions Jésus-Christ, il nous reniera. Des temps viendront dans notre vie ou nous devrons relever le défi de souffrir avec lui ou bien nous le renierons et le résultat nous est clairement exposé. (Lire, par exemple, Actes 14:22; Philippiens 1:29–30; 2 Thessaloniciens 1:4–10.)

Je voudrais vous faire part d'une merveilleuse image. Elle provient du tabernacle et elle concerne trois des couleurs principales de l'habit du prêtre: bleu, pourpre et rouge écarlate. Le bleu a trait au céleste, l'écarlate à la nature humaine, ainsi que le sang, et le pourpre est le mélange parfait entre le bleu et le rouge, ce qui représente Christ en tant qu'incarnation de Dieu. Le bleu des cieux et l'écarlate de la terre se mélange pour donner le pourpre. Ceci est une merveilleuse image de la nature de Jésus-Christ (à la fois Dieu et homme) parfaitement mélangée pour donner une nouvelle couleur.

La signification du pourpre dans la Bible est double: il signifie la royauté et la souffrance. Vous ne pouvez pas porter le pourpre dans le royaume si vous ne le portez pas d'abord sur terre dans la souffrance. Si nous souffrons, nous régnerons.

Merci père de ce que je suis ton enfant. Je proclame que si j'endure la souffrance, je régnerai aussi avec toi. J'ai reçu l'esprit d'adoption, et par lui je crie: «Abba, père».Amen.

L'étendue de notre héritage

J'ai reçu l'esprit d'adoption, et par lui je crie: «Abba, père».

Examinons un verset qui parle de la portée de notre héritage en Christ. En Romains 8:32 nous lisons: «*Lui* [Dieu], *qui n'a point épargné son propre Fils, mais qui l'a livré pour nous tous, comment ne nous donnera-t-il pas aussi toutes choses avec lui?»* Lorsque nous recevons Christ, Dieu nous donne librement toutes choses. En dehors de lui, nous ne recevons rien. Ce verset souligne nettement ici l'étendue de l'héritage et son absolue liberté de don. Il nous est impossible de le gagner. Nous le recevons comme un libre don qui englobe toutes choses. Nous sommes les héritiers de tout (tout ce que possèdent Dieu le Père et Dieu le Fils) lorsque nous recevons Christ.

Dans sa première épître aux Corinthiens, Paul essaye de montrer aux croyants à quel point ils sont riches. Il les réprimande même un peu parce qu'ils agissent comme s'ils étaient pauvres. Ils sont méchants, mesquins, et envieux les uns envers les autres. Ce que Paul dit en réalité c'est: «Vous n'êtes pas conscients de ce que vous possédez.»

«Que personne donc ne mette sa gloire dans des hommes; car tout est à vous, soit Paul, soit Apollos, soit Céphas, soit le monde, soit la vie, soit la mort, soit les choses présentes, soit les choses à venir. Tout est à vous; et vous êtes à Christ, et Christ est à Dieu.» (1 Corinthiens 3:21–23). C'est une déclaration à couper le souffle. Ce que Paul dit en fait c'est: «Toutes choses vous appartiennent, cessez d'agir de manière frivole et mesquine. Ne faites pas une fixation sur les prédicateurs non plus. Arrêtez de chipoter. Tout est à vous.» N'oubliez pas que l'héritage nous est donné librement, nous ne pouvons pas le gagner. Mais, il est important que nous demandions au Saint-Esprit d'amplifier notre foi et notre intelligence. Le Saint-Esprit est l'administrateur et s'il ne nous parle pas ni ne nous guide dans la vérité, tout ne sera que paroles, pas la réalité. Le Saint-Esprit rend la promesse réelle.

Merci Père car je suis ton enfant. Je proclame qu'en recevant Christ, je suis héritier de la totalité de l'héritage. J'ai reçu l'esprit d'adoption, et par lui je crie: «Abba, père». Amen.

La paternité éternelle de Dieu

J'ai reçu l'esprit d'adoption, et par lui je crie: «Abba, père».

Examinons de plus près la relation du Père avec ses enfants: *«A cause de cela, je fléchis les genoux devant le Père, duquel tire son nom toute famille dans les cieux et sur la terre.»* (Ephésiens 3:14–15).

La traduction anglaise J. B. Phillips du verset 15 dit: *«De qui toute paternité tire son nom, qu'elle soit terrestre ou céleste.»* Ce verset contient une immense révélation, c'est que la paternité de Dieu est éternelle, toute paternité est nommée d'après la paternité de Dieu dans les cieux et tirant sa sainteté et son autorité du fait d'être une projection du divin sur terre, de l'éternelle paternité de Dieu dans les cieux.

Avant la création, Dieu était déjà un Père, le Père de notre Seigneur Jésus-Christ. Cette relation Père / Fils au sein même de Dieu est éternelle. Avant la création, Dieu était éternellement un Père et Jésus était éternellement son Fils. Toute paternité dans la création tire son nom de la paternité éternelle de Dieu.

Dans un verset familier tiré de l'évangile de Jean, Jésus dit: «Il y a plusieurs demeures dans la maison de mon Père» (Jean 14:2). Ce verset révèle que Dieu est un Père et qu'il a une maison. Dans la Bible, cependant, le mot maison n'est jamais utilisé pour qualifier principalement un bâtiment au sens matériel. Au contraire, il est toujours utilisé pour représenter une famille et l'endroit qu'elle occupe. Lorsque Jésus dit: *«dans la maison de mon Père,»* Il parle de la famille céleste de Dieu. Dieu est éternellement un Père et la vie de famille tire son origine, dans l'éternité, de la relation entre le Père et le Fils à l'intérieur de Dieu.

Merci Père de ce que je suis ton enfant. Je proclame que la paternité de Dieu est éternelle et que je fais partie de la famille céleste de Dieu. J'ai reçu l'esprit d'adoption, et par lui je crie: «Abba, père». Amen.

39ème semaine:

Mon Père m'a formé.

Est-ce l'Eternel que vous en rendrez responsable, peuple insensé et dépourvu de sagesse? N'est-il pas ton père, ton créateur? N'est-ce pas lui qui t'a formé, et qui t'a affermi?

—Deutéronome 32:6

Doublement à lui

Mon Père m'a formé.

Voici une parabole que j'ai racontée à un groupe de Maoris, qui sont de bons sculpteurs, pour illustrer le prix que Jésus a payé pour nous racheter de nos péchés.

Il était une fois un garçon qui avait sculpté un petit voilier en bois. Un jour, il l'amena à l'océan pour le faire naviguer, mais le vent tourna et emporta son bateau en haute mer. Etant donné qu'il ne pouvait pas le récupérer, il est rentré les mains vides.

La grosse vague suivante ramena le bateau sur la côte et celui-ci fut trouvé par un homme qui se promenait sur la plage. L'homme examina attentivement le bateau et vit qu'il était magnifiquement sculpté, il alla donc le vendre à un détaillant qui le nettoya et le mit en vitrine pour le vendre.

Quelques instants après, le garçon passa devant le magasin et vit son bateau en devanture. Il sut immédiatement qu'il s'agissait du sien mais il ne pouvait pas le prouver. Pour le récupérer, il devrait donc l'acheter.

Il se mit à travailler pour gagner de l'argent, en lavant des voitures, tondant des gazons et autres tâches variées. Lorsqu'il eut récolté assez d'argent, il alla au magasin racheter son bateau. Il le prit dans sa main et, le serrant contre sa poitrine, il dit: «Maintenant, tu es à moi! Je t'ai fabriqué et je t'ai racheté.»

Imaginez-vous à la place de ce bateau. Peut-être vous sentez-vous inadapté ou sans valeur, et vous demandez-vous si Dieu s'intéresse réellement à vous. Mais le Seigneur vous dit: «Maintenant, tu es doublement à moi, je t'ai fabriqué et je t'ai acheté, tu m'appartiens totalement.»

Merci Seigneur, pour ton œuvre en moi. Je proclame que je suis doublement au Seigneur car il m'a fabriqué et m'a racheté. Mon Père m'a formé. Amen.

La beauté de la vie

Mon Père m'a formé.

En Genèse 2:7, nous lisons le récit de la création de l'homme. Une personne, Dieu, a créé une personne, l'homme, pour entretenir avec lui des relations personnelles. C'est de cela qu'il s'agit: d'une relation de personne à personne. Il ne s'agit ni d'une allégorie ni d'une puissance mystérieuse quelconque à l'œuvre dans l'univers, mais d'une personne ayant créé une autre personne pour vivre en sa compagnie. A mon sens, ce qui ressort de cela c'est que l'une des raisons principales pour lesquelles Dieu a créé l'homme c'est de pouvoir jouir de sa compagnie.

Imaginez la scène! Le Seigneur s'est agenouillé, il a pris de la poussière dans ses mains, l'a mélangée à de l'eau et l'a modelée en un corps d'homme. Mais, celui-ci était sans vie! Puis, il s'est passé une chose merveilleuse. Le créateur s'est penché en avant, il a posé ses lèvres divines sur celles de la forme d'argile, pressé ses narines contre les narines d'argile et leur a insufflé la vie. Son souffle a pénétré la forme d'argile et l'a transformée en un être vivant dont tous les organes fonctionnaient parfaitement, et empreint de tous les merveilleux comportements spirituels, émotionnels et intellectuels dont un être humain est capable. Aucun autre être n'avait jamais été créé de telle façon.

Les termes utilisés pour décrire ce miracle sont particulièrement saisissants. La langue hébraïque est l'une de celles dont le son de certains mots est directement lié à l'action qu'ils représentent. Le son de du mot hébreu traduit par *«insufflé»* peut être rendu par *yip-pach.* Il consiste en une petite «explosion,» suivie d'un relâchement d'air puissant et continu venant de la gorge. Il représente donc de manière frappante l'action qu'il qualifie.

Lorsque le Seigneur s'est courbé sur ces lèvres et ces narines d'argile, il n'a pas laissé échapper un soupir languissant. Il a exhalé un souffle puissant dans ce corps d'argile, qui a ainsi reçu la vie même de Dieu par transmission miraculeuse.

Merci Seigneur, pour ton œuvre en moi. Je proclame que le Seigneur veut jouir de ma compagnie et qu'il m'a insufflé sa vie. Mon Père m'a formé. Amen.

Notre corps d'une valeur inestimable

Mon Père m'a formé.

Examinons un instant ce que dit la Bible du matériau à partir duquel le corps humain a été fabriqué. Certains parmi vous ignorent probablement que la Bible en parle abondamment.

Je suis toujours chagriné lorsque des chrétiens dévalorisent leur propre corps et en parle comme d'une chose de peu d'importance. Frères et sœurs, notre corps est un miracle. Si votre voiture n'était plus qu'un amas de ferrailles et que vous ayez à la remplacer, tout ce dont vous auriez besoin c'est d'une certaine somme d'argent pour en acheter une neuve. Mais, si vous vous blessez ne serait-ce qu'un œil, pas moyen d'en acheter un autre. Sa valeur est inestimable. Il en va de même pour tout autre organe majeur du corps. Je suis peiné de voir que certains chrétiens prennent plus soin de leur voiture que de leur propre corps. Leur échelle de valeur est pour le moins stupide.

David a écrit le psaume 139 comme une méditation sur les merveilles de son propre corps. Il dit au Seigneur:

«Je te loue de ce que je suis une créature si merveilleuse. Tes œuvres sont admirables, Et mon âme le reconnaît bien.» (Psaume 139:14)

David parle de son corps au sens physique. Je me demande si vous admettriez d'appliquer ces mêmes paroles à votre propre corps. Cela changerait l'attitude de certains d'entre vous. Certains chrétiens portent presque leur corps comme un fardeau. Ils semblent vouloir vivre sans le problème d'avoir un corps. C'est une mauvaise façon de voir les choses. Dites maintenant ces paroles à voix haute: «Je te loue de ce que je suis une créature si merveilleuse.»

Merci Seigneur, pour ton œuvre en moi. Je proclame que mon corps a une valeur inestimable et je dis: «Je te loue de ce que je suis une créature si merveilleuse.» Mon Père m'a formé. Amen.

Cette œuvre magnifique

Mon Père m'a formé.

Dans le livre de Job, nous trouvons un résumé magnifique de l'œuvre créatrice de Dieu dans le façonnement de notre corps:

«Tes mains m'ont formé, elles m'ont créé, elles m'ont fait tout entier... Et tu me détruirais! Souviens-toi que tu m'as façonné comme de l'argile; voudrais-tu de nouveau me réduire en poussière? Ne m'as-tu pas coulé comme du lait? Ne m'as-tu pas caillé comme du fromage...?» (Job 10:8–11)

Comme en Genèse 2:7 où le mot *«façonné»* indique une œuvre délicate et talentueuse, Job lui aussi insiste sur l'immense talent et la délicatesse attentionnée de Dieu dans le façonnement du corps humain. Combien les expressions utilisées sont saisissantes! Les versets 10 et 11 disent: *«Tu m'as revêtu de peau et de chair, Tu m'as tissé d'os et de nerfs»* Quelle belle image de cette corrélation entre les différents éléments du corps. Dans le Psaume 139, David écrit: *«Quand je n'étais qu'une masse informe, tes yeux me voyaient; et sur ton livre étaient tous inscrits les jours qui m'étaient destinés, avant qu'aucun d'eux existât.»* (Verset 16).

Dieu a amené votre corps à la vie à partir d'un modèle et il existe un chiffre pour chaque membre. Chaque membre figure dans le livre de Dieu. Comparez cette déclaration avec ce que dit Jésus en Luc 12:7: *«Et même les cheveux de votre tête sont tous comptés. Ne craignez donc point: vous valez plus que beaucoup de passereaux.»* L'attention que Dieu porte à notre corps est si intense qu'il s'intéresse même aux moindres détails. Lorsque nous prenons conscience de ce principe, nous devons aussi prendre conscience que Dieu a un but pour cette œuvre magnifique qu'est notre propre corps.

Merci Seigneur, pour ton œuvre en moi. Je proclame que Dieu m'a formé avec un immense talent et beaucoup de soin et qu'il a un but pour cette œuvre merveilleuse qu'est mon corps. Mon Père m'a formé. Amen.

Sa demeure

Mon Père m'a formé.

Dans quel but a-t-il formé notre corps? Ce but est passionnant et la réponse est aussi exaltante que simple. Dans sa première épître à l'Eglise de Corinthe, Paul écrit:

«Ne savez-vous pas que votre corps est le temple du Saint-Esprit qui est en vous, que vous avez reçu de Dieu, et que vous ne vous appartenez point à vous-mêmes?» (1 Corinthiens 6:19)

Pourquoi Dieu a-t-il conçu et créé un corps pour l'homme? La réponse est fabuleuse. Il voulait que le corps de chaque croyant racheté soit un temple qu'il puisse habiter par son Saint-Esprit. Je le répète, si votre conception de votre propre corps part de cette perspective, votre attitude à son égard en sera totalement transformée. Votre corps a été conçu pour être un temple que Dieu puisse habiter.

La Bible nous dit que Dieu ne demeure pas dans les temples faits de mains d'homme. (Lire Actes 7:48; 17:24.) Vous pourrez construire tous les édifices que vous voudrez, une synagogue, une cathédrale, une église ou autre chose, mais Dieu n'y habitera pas. Lorsque le peuple de Dieu se réunit dans de tels bâtiments, Dieu y est avec eux, mais il n'y vit pas. Dieu a conçu lui-même son propre temple. Quel est-il donc? Nos corps.

Il est renversant de penser que le Dieu tout-puissant, le créateur du ciel et de la terre, veuille occuper notre corps, au sens physique du terme, et en faire son temple.

Lorsque Jésus parle de son Saint-Esprit en Jean 7, il dit *«Celui qui croit en moi, des fleuves d'eau vive couleront de son sein, comme dit l'Écriture." (Il parlait du Saint-Esprit...)»* (verset 38). Il y a un endroit dans notre corps au sens physique que Dieu désire occuper par son Saint-Esprit.

Merci Seigneur, pour ton œuvre en moi. Je proclame que mon corps est le temple du Saint-Esprit, qui demeure en moi. Mon Père m'a formé. Amen.

---

29 SEPTEMBRE

Offrir nos membres

Mon Père m'a formé.

Continuons à réfléchir au dessein de Dieu pour le corps humain. Nos membres physiques sont censés devenir des esclaves ou des instruments de justice. Tout d'abord, le Saint-Esprit prend possession de sa demeure, ensuite, nos corps deviennent ses instruments.

«Je parle à la manière des hommes, à cause de la faiblesse de votre chair. -De même donc que vous avez livré vos membres comme esclaves à l'impureté et à l'iniquité, pour arriver à l'iniquité, ainsi maintenant livrez vos membres comme esclaves à la justice, pour arriver à la sainteté.» (Romains 6:19)

Le programme de Dieu pour nos membres est que nous les lui offrions en tant qu'esclaves, prêts à faire sa volonté quelle qu'elle soit. Romains 6:13 nous dit d'offrir nos membres *«comme des instruments de justice»*. Lorsque nous les lui offrons sans réserve, Dieu sanctifie nos corps et ils deviennent un temple digne du Saint-Esprit.

Lorsque nos membres lui sont soumis sans réserve, comme des esclaves et des instruments de sa volonté, Dieu dit alors: «D'accord, puisque ce corps est à moi, j'accepte la pleine responsabilité de son entretien et de son bien-être, ici dans cette vie ainsi que dans l'autre.»

Merci Seigneur, pour ton œuvre en moi. Je proclame que j'offre maintenant mon corps à Dieu, sans réserve, afin qu'il soit un temple sanctifié et digne du Saint-Esprit. Mon Père m'a formé. Amen.

Placés sur l'autel

Mon Père m'a formé.

En Romains 12:1, Paul nous conseille de sacrifier nos corps pendant qu'ils sont encore en vie: *«Je vous exhorte donc, frères, par les compassions de Dieu, à offrir vos corps comme un sacrifice vivant, saint, agréable à Dieu, ce qui sera de votre part un culte raisonnable».*

Si vous offrez votre corps comme un sacrifice vivant à Dieu, vous n'en réclamerez plus la propriété. Vous ne déciderez plus où votre corps ira ni ce qu'il fera. Vous ne déciderez plus ce que vous mangerez ni ce que vous porterez. Vous avez renoncé au droit de prendre de telles décisions. A partir de maintenant, votre corps ne vous appartient plus, il appartient à Dieu. Vous le lui avez sacrifié, vivant, sur son autel.

Toute chose placée sur l'autel de Dieu lui appartient à partir de ce moment. Elle n'appartient plus à la personne qui l'a donnée. C'est ce que Dieu désire: que nous sacrifiions notre corps, tout comme Jésus a sacrifié le sien. La différence, c'est que Jésus a sacrifié son corps par la mort, alors que nous devons sacrifier les nôtres toujours vivants et les donner à Dieu, céder nos droits et nos revendications les concernant.

Ce concept peut sembler assez effrayant. Mais, je voudrais vous dire que tout cela est très exaltant. Dieu a toutes sortes d'idées sur ce qu'il va faire de vous et de votre corps. Cependant, il ne vous dira rien avant que votre corps lui appartienne. Tout d'abord, vous devez lui consacrer votre corps, et ensuite, vous comprendrez ce qu'il faut faire avec.

Merci Seigneur, pour ton œuvre en moi. Je proclame que je place mon corps maintenant, comme un sacrifice vivant sur l'autel de Dieu. Ce n'est plus à moi mais à Dieu qu'il appartient. Mon Père m'a formé. Amen.

40ème semaine:

Priez pour la paix de Jérusalem:
Que ceux qui t'aiment puissent prospérer.

Demandez la paix de Jérusalem ; ceux qui t'aiment prospéreront.

—Psaume 122:6 (Darby)

Prier pour la paix de Jérusalem

Demandez la paix de Jérusalem ; ceux qui t'aiment prospéreront.

En Genèse 12:2–3, nous lisons la promesse originelle de Dieu à Abraham lorsqu'il lui a demandé de quitter Ur en Chaldée et de partir pour un autre pays:

«Je ferai de toi une grande nation, et je te bénirai; je rendrai ton nom grand, et tu seras une source de bénédiction. Je bénirai ceux qui te béniront, et je maudirai ceux qui te maudiront; et toutes les familles de la terre seront bénies en toi.»

Le peuple juif représente l'archétype par rapport auquel toutes les autres nations seront jugées. Les Ecritures nous donnent un avertissement à ce sujet: *«Qu'ils soient confondus et qu'ils reculent, tous ceux qui haïssent Sion!»* (Psaume 129:5). Toute nation qui s'oppose au dessein de Dieu de rétablir Sion sera confondue et devra reculer. Les nations détermineront leur destinée par la façon dont elles agiront envers le rétablissement du peuple de Dieu.

Dans le psaume122:6, nous trouvons une magnifique promesse familière à propos des bénédictions pour ceux qui s'aligneront sur les desseins de Dieu pour Jérusalem, pour Israël et pour le peuple de Dieu: *«Demandez la paix de Jérusalem ; ceux qui t'aiment prospéreront.»*

Nous ne pouvons pas adopter simplement une attitude neutre et dire: «Voyons ce qui se passera». Nous devons nous conformer activement à ce que Dieu dit dans sa parole et à son action dans l'histoire.

La manière principale d'y procéder c'est par nos prières. Nous pouvons prier pour la paix de Jérusalem et pour son rétablissement: pour que Jérusalem devienne tout ce que Dieu a déclaré qu'elle serait dans sa Parole. A ceux qui prient et se sentent concernés, voilà la promesse: *«ceux qui t'aiment prospéreront.»*

Merci Seigneur pour les bénédictions que tu promets à ceux qui aiment Israël. Je proclame que ceux qui prient et se sentent concernés par Jérusalem prospéreront. Je prie pour la paix de Jérusalem: «ceux qui t'aiment prospéreront». Amen.

Rechercher le bien d'Israël dans la prière

Demandez la paix de Jérusalem ; ceux qui t'aiment prospéreront.

La Bible nous exhorte à rechercher le bien d'Israël à travers nos prières. Pour prier efficacement dans cette direction, nous devons sonder les Écritures pour trouver les desseins de Dieu pour Israël et Jérusalem. Puis, nous devons nous mettre à prier de manière intelligente et méthodique pour l'aboutissement et l'accomplissement de ces desseins. Au cours de cette étude scripturaire, nous découvrirons qu'au final, il a été décrété que la justice et la paix couleront de Jérusalem vers les nations de la terre. Ainsi, le bien-être de chaque nation est englobé dans cette prière pour Jérusalem et dépend de son accomplissement.

Daniel, qui priait trois fois par jour devant sa fenêtre ouverte dans la direction de Jérusalem, nous donne un exemple biblique et stimulateur de ce genre de prière. La prière de Daniel a dérangé satan et menacé son royaume à tel point qu'il s'est servi de la jalousie d'hommes mauvais pour amener un changement dans les lois de tout l'empire perse afin que les prières de Daniel soient rendues illégales. Cependant, la prière pour Jérusalem signifiait tellement pour Daniel qu'il a préféré être jeté aux lions plutôt que d'abandonner. A la fin, la foi et le courage de Daniel ont eu raison de l'opposition satanique. Il est sorti triomphant de la tanière des lions et a continué de prier pour Jérusalem.

De par ma propre expérience durant de nombreuses années, j'ai appris que prendre un engagement de prière de ce calibre pour Jérusalem et Israël, soulève manifestement l'opposition des forces sataniques. D'un autre côté, j'ai aussi appris que les promesses de Dieu envers ceux qui prient de cette manière continuent d'être valables.

C'est un chemin scripturaire vers la prospérité, pas simplement financière ou matérielle, mais englobant également l'assurance continuelle de la faveur de Dieu.

Merci Seigneur pour les bénédictions que tu promets à ceux qui aiment Israël. Je proclame que lorsque je prie pour Jérusalem, je reçois l'assurance continuelle de la faveur de Dieu. Je prie pour la paix de Jérusalem: «ceux qui t'aiment prospéreront». Amen.

---

3 octobre

Le rétablissement du peuple de Dieu

Demandez la paix de Jérusalem ; ceux qui t'aiment prospéreront.

L'appel à la prière pour Jérusalem est adressé à toute personne admettant que la Bible fait autorité en tant que parole de Dieu. Dieu demande à tout son peuple, parmi toutes les nations et dans tous les milieux, de se sentir concerné par la paix d'une ville particulière: Jérusalem. Il y a une raison pratique à cela. Le point culminant du dessein de Dieu pour ce siècle sera l'établissement de son royaume. Chaque fois que nous prions ces paroles familières: «Que ton règne vienne» nous nous alignons sur ce but. (Voir par exemple, Matthieu 6:10.)

N'oublions pas, cependant, que la prière continue: *«que ta volonté soit faite sur la terre comme au ciel»* (verset 6:10). C'est sur terre que le royaume de Dieu doit être établi. Ce royaume est invisible aux yeux des hommes, mais il n'est ni vague ni nébuleux. Il se réalisera à terme de manière tangible et temporelle. La capitale et le centre du royaume de Dieu sur terre sera la ville de Jérusalem. L'administration d'un gouvernement juste se répandra de Jérusalem vers toutes les nations de la terre. En réponse à cela, les dons et l'adoration de ces nations reviendront à Jérusalem. Ainsi, la paix et la prospérité de toutes les nations dépendront de Jérusalem. Aucune nation de la terre ne pourra connaître de paix véritable et durable avant que Jérusalem entre dans la sienne.

A tous ceux qui seront attentifs à l'appel de Dieu d'aimer Jérusalem et de prier pour sa paix, Dieu fait une promesse spéciale et précieuse: *«Ils prospéreront»* (Psaume 122:6). La signification du terme traduit par *«prospérer»* va au-delà du domaine matériel. Elle dénote un bien-être intérieur profond, une libération des préoccupations et de l'anxiété. Lorsque nous nous conformons aux plans de Dieu en priant pour Jérusalem, nous recevons un avant-goût de sa paix. Un sentiment intérieur de repos et de paix envahit ceux qui, au sein de l'agitation de ce monde, s'associent activement au plan de Dieu pour rétablir son peuple.

Merci Seigneur pour les bénédictions que tu promets à ceux qui aiment Israël. Une paix intérieure vient en moi lorsque je prie selon les plans de Dieu pour le rétablissement de son peuple. Je prie pour la paix de Jérusalem: «ceux qui t'aiment prospéreront». Amen.

Rappeler au souvenir du Seigneur

Demandez la paix de Jérusalem ; ceux qui t'aiment prospéreront.

En Esaïe 62, Dieu nous invite à une prière intense et persévérante pour Jérusalem en particulier:

«Sur tes murs, Jérusalem, j'ai placé des gardes; ils ne se tairont ni jour ni nuit. Vous qui la rappelez au souvenir de l'Éternel, point de repos pour vous! Et ne lui laissez aucune relâche, Jusqu'à ce qu'il rétablisse Jérusalem Et la rende glorieuse sur la terre.» (Esaïe 62:6–7)

Dans le Nouveau Testament, Jésus raconte cette parabole du juge inique qu'une veuve sollicitait incessamment. Jésus conclut en posant cette question: *«Et Dieu ne fera-t-il pas justice à ses élus, qui crient à lui jour et nuit, et tardera-t-il à leur égard?»* (Luc 18:7). Ces deux passages indiquent que certains sujets sont si importants et si urgents qu'ils exigent que nous priions non seulement le jour, mais aussi la nuit. Le rétablissement de Jérusalem est l'un de ces sujets.

Le prophète Esaïe décrit également ces *«gardes»* comme ceux *«qui la rappelle au souvenir de l'Eternel.»* Le mot hébreu littéral traduit par *«rappeler»* est intéressant. Il signifie «Ceux qui appellent l'Eternel à se souvenir.» Dans l'hébreu moderne, c'est le terme employé pour secrétaire. L'une des tâches importantes d'un(e) secrétaire est de rappeler à son employeur tous les rendez-vous de son agenda. Cela nous fournit un éclairage particulier sur ce que Dieu attend de nos prières pour Jérusalem. En tant que ses «secrétaires-intercesseurs,» nous avons deux attributions majeures: premièrement, nous familiariser avec son agenda prophétique et deuxièmement, lui rappeler tous les rendez-vous qui y sont inscrits. L'un de ces rendez-vous est l'engagement que Dieu a pris de rétablir Israël et de rebâtir Jérusalem à la fin des temps.

Merci Seigneur pour les bénédictions que tu promets à ceux qui aiment Israël. Je proclame que je vais rappeler le Seigneur au souvenir « jusqu'à ce qu'il rétablisse Jérusalem et la rende glorieuse sur la terre.» Je prie pour la paix de Jérusalem: «ceux qui t'aiment prospéreront». Amen.

Des paroles de consolation

Demandez la paix de Jérusalem ; ceux qui t'aiment prospéreront.

Comment nous aligner sur les plans de l'Eternel pour Israël? J'aimerais suggérer une façon simple de le faire. En Esaïe 40:1–2, Dieu dit: «'*Consolez, consolez mon peuple, dit votre Dieu. Parlez au cœur de Jérusalem, et criez-lui que sa servitude est finie, que son iniquité est expiée, qu'elle a reçu de la main de l'Éternel Au double de tous ses péchés.*'»

J'ai analysé ce verset et à mon sens, lorsqu'il est dit *«Consolez mon peuple»* il s'agit du peuple juif, parce que Jérusalem est citée immédiatement après. Le peuple juif ne peut pas être consolé séparément de Jérusalem. Son cœur est directement lié à la ville de Jérusalem. Donc, si j'ai raison, et que *«mon peuple»* est le peuple juif, à qui s'adressent donc ces paroles? Elles sont adressées à un pluriel (en hébreu) à quelqu'un à qui l'on pourrait dire *«consolez mon peuple.»* Elles doivent s'adresser à des gens qui acceptent le Dieu de la Bible et l'autorité de sa Parole. De qui pourrait-il bien s'agir? De vous et de moi. De gens comme nous, des chrétiens croyants. Que dit Dieu? «Consolez mon peuple, Israël.» Dieu nous demande de consoler Israël.

J'ai eu de nombreux amis juifs qui croient en Jésus et l'une des choses qu'ils m'ont rapportées c'est que l'Eglise passe plus de temps à critiquer Israël qu'à le consoler. Accepteriez-vous la responsabilité de cette consolation?

Je pense qu'elle représente une façon de préparer le chemin du Seigneur. Des siècles de préjudices, d'aliénation et de malentendus doivent être brisés. La chaleur de l'amour chrétien véritable doit les faire fondre. Je pense que c'est notre tâche du moment.

Merci Seigneur pour les bénédictions que tu promets à ceux qui aiment Israël. Je proclame que je consolerai le peuple de Dieu et que je prononcerai des paroles de consolation à l'encontre de Jérusalem Je prie pour la paix de Jérusalem: «ceux qui t'aiment prospéreront». Amen.

L'Éternel, qui te guérit

Demandez la paix de Jérusalem ; ceux qui t'aiment prospéreront.

Juste après que Dieu ait sorti Israël d'Egypte et que les Israélites soient devenus son peuple racheté et allié, la première révélation particulière qu'il leur a donnée sur lui-même c'est qu'il est celui qui guérit. Cet attribut est cité en Exode 15:26, où l'Eternel dit à Israël, *«car je suis l'Éternel, qui te guérit»*.

L'expression *«qui te guérit»* signifie en Hébreu moderne «ton médecin.» Le terme utilisé en Exode 15:26 est précisément le même que le terme moderne pour *médecin*. La signification n'a pas changé en trois mille ans d'histoire de la langue hébraïque. Ce que le Seigneur disait avec force c'est: «Je suis ton médecin.»

Il y a deux choses qui ne changent pas: le nom de l'Eternel et son alliance. La position de l'Eternel et sa fonction en tant que guérisseur de son peuple est liée à son nom et à son alliance. En d'autres termes, elle ne change jamais.

Plusieurs siècles plus tard, lorsque Jésus est venu à Israël en tant que sauveur et rédempteur, accomplissant ainsi les promesses du Messie, il a encore une fois manifesté Dieu en tant que guérisseur de son peuple. Le ministère de guérison de Jésus ne venait pas de lui-même, mais il était l'expression de la nature guérisseuse de Dieu et de son alliance de guérison avec son peuple. Le fondement du don de guérison et de santé de Dieu à son peuple est sa parole, les Saintes Écritures.

Combien il est important de voir que la réponse de Dieu à nos besoins se trouve principalement dans sa Parole! Si nous ignorons sa Parole, nous n'avons vraiment aucun droit de nous attendre à ce qu'il réponde à nos besoins. Mais, si nous nous tournons vers sa Parole et que nous le recherchons à travers elle, nous comprendrons que c'est en elle qu'il répond à tous nos besoins, spirituels et physiques.

Merci Seigneur pour les bénédictions que tu promets à ceux qui aiment Israël. Je proclame que la position et la fonction de l'Éternel en tant que guérisseur de son peuple est liée à son nom et à son alliance. Je prie pour la paix de Jérusalem: «ceux qui t'aiment prospéreront». Amen.

---

7 OCTOBRE

La paix et la prospérité

Demandez la paix de Jérusalem ; ceux qui t'aiment prospéreront.

Je prie quotidiennement pour la paix de Jérusalem et celle d'Israël. Je crois que lorsque la Bible dit: «Demandez la paix de Jérusalem» (Psaume 122:6), elle nous intime également de prier pour la paix dans le corps de Christ. Nous n'avons pas à juger d'autres chrétiens, nous devons prier pour eux.

Le Psaume 122:7 dit, *«Que la paix soit dans tes murs, et la tranquillité dans tes palais!»* Je crois que ce verset illustre l'ordonnancement divin: c'est lorsque nous aurons la paix que nous aurons la prospérité. Si la guerre nous divise, nous retournant l'un contre l'autre dans un discrédit mutuel, nous ne connaîtrons pas la prospérité. D'abord la paix, ensuite la prospérité.

Le verset 8 dit: *«A cause de mes frères et de mes amis, je désire la paix dans ton sein'»*

Je voudrais rajouter encore un principe de base. Nous devons fuir la tendance à devenir égocentrique. L'égocentrisme est la prison du diable. Plus le diable arrivera à vous centrer sur vous-mêmes, plus il vous aura à sa merci J'ai eu à faire à des centaines de personnes pour la délivrance de mauvais esprits et j'ai appris que l'un des traits quasi universel caractérisant les personnes en besoin de délivrance, c'est leur égocentrisme. Par l'effort et le choix délibéré de notre volonté propre, nous devons en briser les liens.

Ce que j'aime dans le verset 8, c'est l'expression: *«A cause de mes frères et de mes amis.»* Il ne me suffit pas de savoir que les choses vont bien pour moi. J'ai besoin de me préoccuper des besoins de mes frères et amis, des chrétiens d'autres milieux, d'autres dénominations, d'autres groupes de prière et ainsi de suite.

Merci Seigneur pour les bénédictions que tu promets à ceux qui aiment Israël. Je proclame: «Que la paix soit dans tes murailles et la prospérité dans tes palais.» Je prie pour la paix de Jérusalem: «ceux qui t'aiment prospéreront». Amen.

41ème semaine:

Craignons de manquer l'occasion d'entrer dans le repos de Christ.

Craignons donc, tandis que la promesse d'entrer dans son repos subsiste encore, qu'aucun de vous ne paraisse être venu trop tard.

—Hébreux 4:1

Le commandement de Dieu de nous reposer

Craignons de manquer l'occasion d'entrer dans le repos de Christ.

En Deutéronome 28, nous trouvons une liste de toutes les bénédictions et malédictions. Les bénédictions commencent par ces paroles: *«Si tu obéis à* [écoute] *la voix de l'Éternel, ton Dieu,... toutes les bénédictions qui se répandront sur toi»* (versets 1–2). Les malédictions commencent par celles-ci: *«Mais si tu n'obéis point à la voix de l'Éternel, ton Dieu,... toutes les malédictions qui viendront sur toi et qui seront ton partage «* (verset 15). Elles s'articulent autour du fait d'‘écouter ou d'ignorer la voix de l'Eternel.

L'obéissance dans l'adoration est la façon désignée pour entrer dans une attitude et un système relationnel où nous entendrons réellement la voix de Dieu. Ou bien, pour le dire autrement, nous n'entendrons pas la voix de Dieu tant que nous n'aurons pas une attitude d'adoration. Ensuite, c'est en entendant la voix de Dieu que nous entrerons dans son repos. Ainsi donc, l'adoration mène au repos. Seuls ceux qui savent réellement adorer jouiront d'un repos véritable:

«Il y a donc un repos de sabbat réservé au peuple de Dieu. Car celui qui entre dans le repos de Dieu se repose de ses œuvres, comme Dieu s'est reposé des siennes. Efforçons-nous donc d'entrer dans ce repos, afin que personne ne tombe en donnant le même exemple de désobéissance.» (Hébreux 4:9–11)

La Parole soulève le fait qu'à cause de sa désobéissance, le peuple de Dieu n'a pas pu entrer dans le repos. Je n'insiste pas sur l'observance du sabbat ou du dimanche comme jour de sabbat. Je précise seulement que nous pouvons passer à côté du fait que Dieu nous a commandé de nous reposer.

J'en suis arrivé à penser que si je suis occupé sept jours par semaine, toutes les semaines, je ne plais pas à Dieu. Qui plus est, je suis sûr que ce degré d'occupation met ma santé en danger. Dieu travaille mon cœur par rapport au repos du sabbat. Je pense qu'il peut travailler votre cœur aussi, pour vous mener tout naturellement à respecter sa divine loi éternelle.

Merci Seigneur pour la promesse d'entrer dans ton repos. Je proclame que «je ferai tous mes efforts pour entrer dans ce repos.» je craindrai de manquer l'occasion d'entrer dans le repos de Christ. Amen.

Une attitude d'adoration

Craignons de manquer l'occasion d'entrer dans le repos de Christ.

Nous pouvons réfléchir aux questions suivantes en méditant l'appel à entrer dans le repos de Dieu: Faisons-nous le meilleur usage de notre temps? Savons-nous vraiment ce que signifie se reposer? Sommes-nous capables de nous discipliner à stopper nos activités, même mentales? Pouvons-nous nous étendre et cesser de penser à ce que nous devrions faire?

Dieu se préoccupe plus de notre caractère que de nos réussites. Les réussites sont importantes seulement dans le domaine temporel, mais le caractère est éternel. Il détermine ce que nous serons dans l'éternité.

Esaïe a eu une vision des cieux et des glorieuses créatures qui entourent le trône de Dieu. (Lire Esaïe 6.) L'adoration était conduite dans les cieux par des créatures appelées des séraphins (en Hébreux, *seraph*), Un terme directement lié à celui de *feu.* Ces créatures ardentes entouraient le trône de Dieu en criant jour et nuit: *«Saint, saint, saint est l'Éternel des armées!»* (Esaïe 6:3). Chacune d'elles avait six ailes et leur usage était éloquent. Deux d'entre elles leur couvraient la face, deux autres les pieds et les deux dernières leur servaient à voler. (Lire le verset 2.) J'interprète le fait de se couvrir la face et les pieds comme étant l'humilité de l'adoration, et celui de voler comme étant un acte de service.

Je crois en l'importance de rendre grâces Dieu et de le louer à voix haute, y compris en dansant, en tapant des mains et en chantant. Mais, il vient un temps où je couvre mon visage et mes pieds de mes 'ailes', dans une attitude humble d'adoration et d'écoute pour entendre ce que Dieu a à me dire. *«Oh! si vous pouviez écouter aujourd'hui sa voix! N'endurcissez pas votre cœur.»* (Psaume 95:7–8). Développez une attitude d'adoration et apprenez à vous reposer. Rappelez-vous que l'esprit du Seigneur recherche un certain type de personne, celle dont le cœur est parfait envers Dieu. Soyez une personne d'un tel caractère et Dieu se montrera fort à votre place.

Merci Seigneur pour la promesse d'entrer dans ton repos. Je proclame que je développerai une attitude d'adoration et que j'apprendrai à me reposer. Je craindrai de manquer l'occasion d'entrer dans le repos de Christ. Amen.

Choisir de d'adorer et de se reposer

Craignons de manquer l'occasion d'entrer dans le repos de Christ.

Le Psaume 95:7, nous donne deux raisons d'adorer le Seigneur: *« Car il est notre Dieu, Et nous sommes le peuple de son pâturage, Le troupeau que sa main conduit.»* La première raison d'adorer Dieu, c'est parce qu'il *est* Dieu, *notre* Dieu, le seul être dans l'univers digne d'adoration. Nous pouvons chanter les louanges d'autres hommes ou femmes, mais nous ne devons pas les adorer. L'adoration est notre relation particulière à Dieu, en tant que Dieu.

Je suis convaincu que toute chose que nous adorons prend le contrôle sur nous. Plus nous l'adorerons, plus nous lui ressemblerons et plus elle gagnera en pouvoir sur nous. Si nous n'adorons pas Dieu, à quel point est-il réellement notre Dieu?

La deuxième raison de l'adorer est que *«nous sommes le peuple de son pâturage.»* L'adoration est notre manière de le reconnaître en tant que notre Dieu et c'est l'attitude appropriée en réponse au soin qu'il prend de nous. Ce psaume se termine avec un avertissement solennel:

«Oh! Si vous pouviez écouter aujourd'hui sa voix! N'endurcissez pas votre cœur, comme à Meriba .... Pendant quarante ans j'eus cette race en dégoût, Et je dis: C'est un peuple dont le cœur est égaré; Ils ne connaissent pas mes voies. Aussi je jurai dans ma colère: Ils n'entreront pas dans mon repos !» (versets 7–8, 10–11)

Ce passage nous présente deux options: entrer dans la véritable adoration ou refuser de le faire. Dans l'adoration, nous entendons la voix de Dieu. Si nous entendons sa voix et que nous lui obéissons, nous entrerons dans le repos. Nous pouvons indéniablement en conclure qu'il est important d'entendre la voix de Dieu. Si nous lisons Jérémie 7:23, *«Mais voici l'ordre que je leur ai donné: Écoutez ma voix, et je serai votre Dieu»*. Ceci représente une exigence de Dieu des plus simples: *«Écoutez ma voix, et je serai votre Dieu.»*

Merci Seigneur pour la promesse d'entrer dans ton repos. Je proclame que je choisis d'entrer dans la véritable adoration, d'écouter et d'obéir à ta voix, puis d'entrer dans le repos. Je craindrai de manquer l'occasion d'entrer dans le repos de Christ. Amen.

Avancer, animés d'une crainte salutaire

Craignons de manquer l'occasion d'entrer dans le repos de Christ.

La première déclaration à l'impératif dans le livre des Hébreux est la suivante: «Craignons donc» (Hébreux 4:1). Cela vous surprend-il ou vous offense-t-il? La plupart des chrétiens ignorent la crainte.

Les gens à qui je dois d'être venu au Seigneur étaient un gentil couple qui vivait dans le Yorkshire, en Angleterre. Lorsque nous leur avons rendu visite après la Deuxième Guerre mondiale, ils n'allaient pas bien spirituellement. L'homme pensait que la crainte ne faisait pas partie de la vie chrétienne. J'ai insisté sur le fait que cela dépendait du type de crainte dont il était question. Dans le Psaume 19 il est dit, *«La crainte de l'Éternel est pure, elle subsiste à toujours»* (verset 9). Ce genre de crainte ne part jamais. Cet homme avait décidé de ne pas faire usage de la médecine, une attitude qui en soi est empreinte d'arrogance. J'ai fait le lien avec l'attitude qui consiste à rejeter toutes sortes de crainte. Fait tragique, il a développé un diabète et ses jambes ont dû être amputées. Le fait que sa foi n'avait pas entraîné sa guérison fut un choc qu'il eut du mal à surmonter. Je pense que le fond du problème résidait dans sa méconnaissance d'une certaine crainte, inhérente à la vie chrétienne. Cet ordre en Hébreux *«craignons,»* s'adresse à des chrétiens croyants, non pas à des non-croyants. Rappelez-vous qu'il existe toujours la possibilité que nous ne recevions pas ce que Dieu a projeté pour nous. Le verset dans son intégralité précise: *«Craignons donc, tandis que la promesse d'entrer dans son repos subsiste encore, qu'aucun de vous ne paraisse être venu trop tard.»*

Toute promesse a son revers. Elle vous offre une chose bonne, mais si vous négligez de réclamer la promesse, vous serez privés de quelque chose. Il y a tant de choses bâties sur le même modèle dans la vie chrétienne. Ce qui est bon est mis à notre disposition, mais il y a toujours moyen de passer à côté. Je pense que nous devons entrer dans cette attitude de crainte, de peur de ne pas être capables d'entrer dans le repos de Dieu.

Merci Seigneur pour la promesse d'entrer dans ton repos. Je proclame que je viens à Dieu animé de la crainte salutaire de ne pas entrer dans son repos. Je craindrai de manquer l'occasion d'entrer dans le repos de Christ. Amen.

Croire et entrer

Craignons de manquer l'occasion d'entrer dans le repos de Christ.

«Pour nous qui avons cru, nous entrons dans le repos, selon qu'il dit: Je jurai dans ma colère: Ils n'entreront pas dans mon repos! Il dit cela [citant le psaume 95], *quoique ses œuvres* [celles de Dieu] *eussent été achevées depuis la création du monde. Car il a parlé quelque part ainsi du septième jour: Et Dieu se reposa de toutes ses œuvres le septième jour. Et ici encore: Ils n'entreront pas dans mon repos!»* (Hébreux 4:3–5)

Dans ce passage, *«cru»* est au passé; *«entrons»* est au présent. Avant de pouvoir entrer dans le repos de Dieu, nous devons d'abord avoir cru. Ce n'est pas que nous devions croire de nouveau, croire est une chose qui se fait une fois pour toutes. Nous avons pris une décision, et sur cette base, nous pouvons entrer dans le repos. Ceux qui doivent continuellement décider de croire de nouveau, ne sont pas qualifiés pour entrer dans ce repos. Seuls ceux qui ont cru y entrent.

Pour continuer sur ce thème du repos, tournons-nous un instant vers l'Ancien Testament. Genèse 2:2 relate: *«Dieu acheva au septième jour son œuvre, qu'il avait faite: et il se reposa au septième jour de toute son œuvre, qu'il avait faite.»* Le repos de Dieu a consisté à cesser le travail qu'il avait entrepris. Je pense que Dieu ne s'est pas reposé parce qu'il était fatigué. Au contraire, il a pris plaisir à se relaxer. Il s'est assis, a contemplé tout ce qu'il avait fait et a pris le temps d'en profiter.

Combien d'entre nous prennent le temps de profiter des choses qu'ils ont faites ou produites? Aujourd'hui, lorsqu'ils ont terminé quelque chose, la plupart des gens sont occupés à commencer la chose suivante. Le modèle que Dieu a établi cependant, c'est de prendre le temps de profiter de tout ce que vous avez fait après l'avoir achevé. Quel que soit votre accomplissement, l'ordre divin est de vous relaxer et d'en profiter. En réalité, la faculté de se relaxer est une faculté divine.

Merci Seigneur pour la promesse d'entrer dans ton repos. Je proclame que l'un des plaisirs que Dieu veut partager c'est son repos, il désire que j'entre dans le même repos dans lequel il est entré. Ainsi donc, je craindrai de manquer l'occasion d'entrer dans le repos de Christ. Amen.

Prendre le temps de profiter de la création

Craignons de manquer l'occasion d'entrer dans le repos de Christ.

Nous parlons de la dîme, la partie que Dieu demande de nos ressources, mais qu'en est-il du temps que Dieu nous demande de lui accorder? Aux Israélites, Dieu a demandé un jour sur sept, une proportion plus grande que celle qu'il exigeait de leurs possessions matérielles. Combien de personnes dans l'Eglise aujourd'hui donnent réellement à Dieu un jour sur sept? C'est l'une des raisons pour lesquelles il y a tellement de dépressions nerveuses, il y a des personnes frustrées, frénétiques et si occupées qu'elles n'arrivent jamais à terminer une tâche.

Dieu a été le premier à se reposer. Il a travaillé, puis s'est reposé. Un arabe palestinien de mes amis, propriétaire de nombreux restaurants m'a dit un jour: «Dieu n'a pas travaillé parce qu'il avait une famille à nourrir, et il ne s'est pas reposé parce qu'il était fatigué. Cela se situait à un niveau bien supérieur. Dieu a travaillé parce qu'il est créateur.» Dieu s'est reposé, je pense, parce qu'il voulait profiter de ce qu'il avait créé. Si nous ne prenons jamais le temps de profiter de ce que nous avons créé, nous finirons dans un état lamentable. Pour quelle chose avons-nous le plus besoin de foi: pour travailler ou pour nous reposer? Israël n'a pas pu entrer dans le repos à cause de son incrédulité. Pourquoi un chrétien ne peut-il pas se reposer? Egalement à cause de son incrédulité. Voilà le diagnostic du problème. La relaxation vient en sachant que Dieu en est l'initiateur. Mon épouse et moi avions l'habitude de partir « en vacances.» Mais, *vacances* signifie ne rien avoir à faire, cela vient du mot *vacant*. Toutefois, il est parfois bon de n'avoir rien à faire. Mais, mon épouse et moi avions le sentiment que *vacances* n'était pas le mot approprié. Au lieu de cela, nous avons appelé ces périodes *holidays*, ce qui en anglais signifie «jours saints.» Dieu nous a montré que c'était un péché de ne jamais prendre de vacances. Ainsi que Dieu l'avait décrété, le calendrier israélite contenait plusieurs jours de congé (jours saints). Il n'y avait pas le choix. Ces jours avaient été promulgués par Dieu. Non qu'il y ait eu des paresseux, mais Dieu avait ordonné de prendre des jours de congé.

Merci Seigneur pour la promesse d'entrer dans ton repos. Je proclame que Dieu s'est reposé pour jouir de ce qu'il avait créé et que je ferai de même. Je craindrai de manquer l'occasion d'entrer dans le repos de Christ. Amen.

Marcher…et se reposer…dans la foi

Craignons de manquer l'occasion d'entrer dans le repos de Christ.

La raison fondamentale et unique pour laquelle les Israélites ne sont pas entrés dans l'héritage que Dieu leur offrait, c'était l'incrédulité. C'est elle qui tiendra notre héritage hors de notre portée également. Calquant notre situation sur la leur, l'auteur d'Hébreux disait: *«mais la parole qui leur fut annoncée ne leur servit de rien, parce qu'elle ne trouva pas de la foi chez ceux qui l'entendirent»* (Hébreux 4:2). La parole de Dieu peut venir à nous, mais elle ne nous fait pas de bien ni n'accomplit les desseins de bénédiction de Dieu si elle n'est pas associée à la foi. Il faut de la foi pour mettre en œuvre la parole de Dieu dans notre vie.

Le verset suivant dit: *«Pour nous qui avons cru, nous entrons dans le repos»* (verset 3). La foi véritable nous mène au repos. Possédez-vous ce repos de la foi? En remplissez-vous les conditions, ou bien courez-vous le danger d'être comme les Israélites, qui ont endurci leur cœur? A cause de leur incrédulité, ils sont passés à côté de tout ce que Dieu avait à leur offrir. Quelle tragédie si cela devait nous arriver aujourd'hui! Cependant, l'auteur d'Hébreux est clair en disant non seulement que cela peut se produire, mais que cela se produira si nous ne nous efforçons pas d'entrer dans ce repos. Un peu plus loin en Hébreux, nous trouvons une application pratique de cette leçon: «Efforçons-nous donc d'entrer dans ce repos, afin que personne ne tombe en donnant le même exemple de désobéissance» (Hébreux 4:11).

Vous m'avez peut-être entendu dire: «Lorsque vous trouvez un *c'est pourquoi* ou *donc* dans la Bible, vous devez trouver 'pour quoi' il est là. Les versets cités ci-dessus commencent par «donc». Ce qui est important c'est de ne pas nous éloigner comme l'ont fait les Israélites dans l'Ancien Testament. Gardons-nous de l'incrédulité. Efforçons-nous et appliquons-nous à marcher dans la foi, en la conservant, en la cultivant et en nous y encourageant mutuellement. Ne commettons pas la même et tragique erreur qu'Israël a commise en étant incrédule. Souvenons-nous qu'il y a une relation directe et causale entre l'incrédulité et la désobéissance.

Merci Seigneur pour la promesse d'entrer dans ton repos. Je proclame que la véritable foi m'amène dans le repos. Je craindrai de manquer l'occasion d'entrer dans le repos de Christ. Amen.

42ème semaine:

Soyons zélés.

Efforçons-nous donc d'entrer dans ce repos, afin que personne ne tombe en donnant le même exemple de désobéissance.

–Hébreux 4:11

L’importance du zèle

Soyons zélés.

Le zèle [*Ndt: l’effort constant*] représente la seconde résolution impérative que nous sommes exhortés à prendre dans le quatrième chapitre des Hébreux: «Efforçons-nous donc d'entrer dans ce repos, afin que personne ne tombe en donnant le même exemple de désobéissance» (Hébreux 4:11).

J’ai souligné précédemment que cet avertissement était basé sur ce que les Israélites ont vécu pendant leur voyage dans le désert à la sortie d’Egypte. La plupart d’entre eux ne sont pas arrivés en Terre Promise (la destination et le repos que Dieu leur avait promis) à cause de leur inconduite et de leur mauvaise attitude. Et ils sont tombés dans le désert. La Bible dit que leurs cadavres y sont tombés à cause de leur incrédulité et de leur désobéissance (Voir Nombres 14:29,32) Et c’est cette incrédulité et cette désobéissance qui les a empêchés d’entendre la voix de l’Eternel. Ils étaient religieux d’apparence, mais au fond d’eux, ils ne vivaient pas la réalité profonde, essentielle à toute religion authentique, celle d’entendre la voix du Seigneur.

Voici donc l’erreur commise par Israël, une erreur tragique. Après avoir dit: *«Craignons»* (Hébreux 4:1), l’auteur d’Hébreux (toujours basé sur l’exemple d’Israël) continue en disant: «Efforçons-nous.» Je pense qu’il s’agit-là d’une chose très naturelle. Si nous prenons vraiment à cœur les dangers de cet état spirituel et que nous marchons dans la crainte, comprise dans le bon sens, nous deviendrons naturellement zélés.

Réfléchissons un moment à ce qu’est le zèle. L’une des façons de comprendre le sens profond d’un terme est d’en examiner le contraire. L’un des contraires évidents du zèle est la paresse. La Bible n’en fait aucun éloge. C’est un sujet qui n’est pas suffisamment pris en compte dans le christianisme contemporain.

Merci Seigneur pour la promesse d’entrer dans ton repos. Je proclame que la réalité intérieure, essentielle à toute religion authentique, c’est d’entendre la voix du Seigneur. Je serai zélé. Amen.

La croissance et la progression

Soyons zélés.

En continuant sur ce thème du zèle, examinons ce que dit l'auteur d'Hébreux un peu plus loin: «Mais nous désirons que chacun de vous montre la même diligence pour la pleine assurance de l'espérance jusqu'au bout ; afin que vous ne deveniez pas paresseux, mais imitateurs de ceux qui, par la foi et par la patience, héritent ce qui avait été promis.» (Hébreux 6:11–12, Darby). Non seulement nous devons être zélés, mais nous devons l'être jusqu'à la fin. L'opposé du zèle est stipulé en ces termes: «devenir paresseux». Non pas physiquement, mais spirituellement.

«À cause de cela même, faites tous vos efforts pour joindre à votre foi la vertu, à la vertu la science, à la science la tempérance, à la tempérance la patience, à la patience la piété, à la piété l'amour fraternel, à l'amour fraternel la charité [l'amour].» (2 Pierre 1:5–7)

La vie chrétienne n'a rien de statique. Elle se compose de valeurs ajoutées, de croissance et de progrès. Rester stationnaire dans la vie chrétienne équivaut à reculer. Il faut du zèle pour concilier tout ce qui est décrit dans le passage ci-dessus. Cela nécessite tous nos efforts. Pierre continue par un *si*:

«Car si ces choses sont en vous, et y sont avec abondance, elles ne vous laisseront point oisifs ni stériles pour la connaissance de notre Seigneur Jésus-Christ. Mais celui en qui ces choses ne sont point est aveugle, il ne voit pas de loin, et il a mis en oubli la purification de ses anciens péchés.» (versets 8–9)

Estimeriez-vous possible qu'une personne soit purifiée de ses péchés passés et qu'ensuite elle en oublie même qu'ils ont existés ? Cela semble surréaliste, mais la Bible en indique la possibilité.

Merci Seigneur pour la promesse d'entrer dans ton repos. Je proclame mon besoin d'imiter ceux qui par la foi et la patience hériteront des promesses. Je serai zélé. Amen.

Vaincre la paresse

Soyons zélés.

En 2 Pierre 1:8–9, Pierre nous place devant une alternative; nous avons deux options. L'une est d'être efficace et productif dans notre connaissance du Seigneur Jésus-Christ. L'autre est d'être inefficace et improductif, dans une condition qualifiée d' *«oisive et stérile»* (verset 9). Ces termes sont lourds de sens. C'est sur cette dernière que Pierre continue par *c'est pourquoi.* Ce «c'est pourquoi» est lié à l'avertissement que Pierre a donné:

«C'est pourquoi, frères, appliquez-vous d'autant plus à affermir votre vocation et votre élection; car, en faisant cela, vous ne broncherez jamais. C'est ainsi, en effet, que l'entrée dans le royaume éternel de notre Seigneur et Sauveur Jésus-Christ vous sera pleinement accordée.» (2 Pierre 1:10–11)

C'est une bonne nouvelle. Nous pouvons agir de manière à garantir que nous ne broncherons jamais et que l'entrée dans le royaume de notre Seigneur nous sera pleinement accordée.

En substance, cet avertissement concerne la paresse. Je suis profondément affligé par le désintérêt général suscité par la paresse dans le monde chrétien. La majorité des chrétiens regardent l'ébriété avec horreur. Ils rejetteraient toute personne se disant chrétienne s'ils la trouvaient ivre. Même si j'approuve le fait de considérer l'ivresse comme un péché, que je ne tolérerais certes pas moi-même, je pense que la Bible condamne bien plus sévèrement la paresse. Le problème c'est que nombre de chrétiens qui ne seraient jamais trouvés ivres sont habituellement paresseux. Alors, prêtons attention à cet avertissement d'être zélé.

Merci Seigneur pour la promesse d'entrer dans ton repos. Je proclame que je combattrai la paresse, «m'appliquant à affermir ma vocation et mon élection.» Je serai zélé. Amen.

Ajouter des efforts personnels

Soyons zélés.

Deux magnifiques versets en Proverbes ont longtemps éclairé ma route. Ensemble, ils résument les conditions requises pour être vraiment riche, ou jouir d'une fortune permanente. L'une des conditions est remplie par le Seigneur et nous devons remplir l'autre. Les deux doivent être remplies dans l'ordre afin que nous en obtenions le résultat. Celle que le Seigneur remplit se trouve en Proverbes 10:22: *«C'est la bénédiction de l'Éternel qui enrichit, et il ne la fait suivre d'aucun chagrin.»*

La condition principale et primordiale de toute richesse authentique (spirituelle ou autre), c'est la bénédiction du Seigneur. Nous ne pouvons pas considérer comme réellement bonne une chose qui n'est pas bénie par le Seigneur. D'un autre côté, la bénédiction du Seigneur n'est pas suffisante en elle-même. En Proverbes 10:4, nous lisons: *«Celui qui agit d'une main lâche s'appauvrit, mais la main des diligents enrichit»*. Pour accéder à une réelle richesse il faut à la fois la bénédiction du Seigneur et nos efforts personnels. Il n'est pas suffisant d'attendre simplement la bénédiction du Seigneur ni de la recevoir. Elle n'atteindra pas son but dans votre vie si vous ne lui adjoignez pas votre propre zèle. Souvenez-vous que le zèle est le contraire de la paresse.

C'est un verset dont j'ai expérimenté la véracité pendant des décennies de vie chrétienne. J'ai traversé beaucoup de situations différentes, au cours de différents ministères, dans de nombreux pays et continents différents, et je pense pouvoir dire que, par la grâce de Dieu, j'ai toujours fait preuve de zèle dans les petites et les grandes choses. Chaque situation dans laquelle j'ai été impliqué, je l'ai laissée de manière tangible dans de meilleures conditions spirituelles et financières que celles dans lesquelles je l'avais trouvée. La bénédiction du Seigneur enrichit, mais la main des diligents enrichit aussi. Ces deux choses mises ensemble représentent les vraies richesses spirituelles.

Merci Seigneur pour la promesse d'entrer dans ton repos. Je proclame que «C'est la bénédiction de l'Éternel qui enrichit,» et que « la main des diligents enrichit.» Je serai zélé. Amen.

L'accomplissement des promesses de Dieu

Soyons zélés.

La plupart des promesses de Dieu sont au conditionnel. En d'autres termes, lorsqu'il fait une promesse, il dit: «Si tu fais ci, je ferai ça.» Nous n'avons aucun droit à réclamer la promesse avant d'avoir d'abord rempli les conditions qu'il a établies d'avance.

Nous devons comprendre que l'accomplissement des promesses de Dieu ne dépend pas de nos circonstances, mais de notre réalisation de ses conditions. Nous devons nous concentrer sur ces conditions, en nous assurant de les exécuter au lieu d'être influencé par les circonstances qui pourraient nous en empêcher.

Regardons l'exemple d'Abraham. Dieu lui avait promis un fils qui devait être son héritier, cependant, il a atteint l'âge de quatre-vingt-dix-neuf ans et, toujours aucun héritier à l'horizon. (De sa propre initiative, il avait engendré Ismaël, mais celui-ci n'était pas censé être l'héritier.) Pourquoi Dieu a-t-il permis qu'Abraham atteigne un âge aussi avancé avant d'accomplir sa promesse? Pourquoi Dieu permet-il que nous arrivions à un stade où les promesses que nous réclamons ressemblent à une impossibilité avant de les accomplir?

Premièrement, il nous purge de toute confiance en nos propres forces. Nous réalisons que si quelque chose doit se faire, Dieu sera le seul à pouvoir le faire. Le corps même d'Abraham était devenu inutilisable en termes de procréation, tout comme le ventre de son épouse. Il ne restait plus aucune voie naturelle par laquelle la promesse pouvait s'accomplir. Abraham a dû fixer son regard sur Dieu exclusivement, le seul capable d'y arriver.

Deuxièmement, lorsque la promesse est finalement accomplie, toute la gloire en revient à Dieu. Souvenez-vous, le but des promesses est de glorifier Dieu. Lorsqu'il reste une possibilité que nous fassions quelque chose de notre propre chef, nous pourrions être tentés de nous en accorder le crédit. Mais si nous atteignons le stade où nous savons que nous ne pourrons pas y arriver de nous-mêmes, notre foi en nous-mêmes disparaît et toute la gloire revient vraiment à Dieu.

Merci Seigneur pour la promesse d'entrer dans ton repos. Je proclame que le but des promesses est de glorifier Dieu. Je serai zélé. Amen.

Cultiver le zèle

Soyons zélés.

Le zèle est un fruit que nous devons cultiver. Voici quelques brèves indications sur la manière de le cultiver.

En 2 Timothée 2:6, Paul dit: *«Il faut que le laboureur travaille avant de recueillir les fruits.»* Paul expose ici un fait simple et fondamental: la récolte exige du travail. Elle ne se fait pas sans efforts. Ce fait est aussi valable pour les fruits de l'Esprit, les cultiver exige du travail. J'aimerais vous suggérer deux façons de cultiver les fruits de l'Esprit dans notre vie.

Premièrement, il faut étudier la parole de Dieu, car en elle se trouve le fondement de tout don de Dieu envers nous. Si elle ne nous est pas familière, nous serons presque inévitablement privés de nombre de ses dons. Je le répète, Paul écrit en Timothée: *«Efforce-toi de te présenter devant Dieu comme un homme éprouvé, un ouvrier qui n'a point à rougir, qui dispense droitement la parole de la vérité.»* (2 Timothée 2:15). Pour dispenser la parole de vérité, la parole de Dieu, de manière avisée, nous devons être des ouvriers. Dans un certain sens, nous devons nous remonter les manches et nous mettre au travail.

La deuxième indication à suivre est de passer du temps dans la prière. Par prière, je n'entends pas simplement le fait de parler à Dieu, mais celui d'écouter, chose tout aussi importante, si non plus, que de lui parler. Ici, c'est encore Jésus qui nous en fournit le parfait modèle. Tout son ministère terrestre était basé sur sa relation avec son Père. Pour cultiver et entretenir cette relation, Jésus a passé beaucoup de temps en prière. Très souvent, c'était tôt le matin. C'était à ce moment là qu'il entendait la voix du Père et recevait des instructions pour son ministère.

Merci Seigneur pour la promesse d'entrer dans ton repos. Je proclame que je vais cultiver le zèle dans ma vie en étudiant la parole de Dieu et en passant du temps dans la prière. Je serai zélé. Amen.

Le fruit du zèle

Soyons zélés.

Le fruit du zèle peut être produit en cultivant la communion fraternelle. Nous ne devons pas tenter de mener notre vie chrétienne en solitaire. La parole dit que nous sommes tous membres d'un seul corps, et que nous avons tous besoin les uns des autres. (Lisez par exemple Romains 12:4–5.) Je pense souvent à David partant à la rencontre de Goliath avec pour simples armes cinq galets lisses tirés du ruisseau. Pourquoi ces galets devaient-ils être lisses? Ils auraient manqué de précision s'ils ne l'avaient pas été, et le manque de précision aurait pu lui coûter la vie. Les galets étaient lisses parce que dans le lit du ruisseau, l'eau leur était passée dessus régulièrement. Ils s'étaient entrechoqués et cette action avait érodé leurs aspérités.

Je pense que lorsque le Seigneur Jésus-Christ désire trouver des chrétiens qu'il peut utiliser, il va au ruisseau, où le flot pur de la parole de Dieu leur est passé dessus, les lavant et les arrondissant. Cultiver la communion les uns avec les autres nous transformera en galets lisses.

Ma dernière recommandation est de nous soumettre à la discipline. Le fruit ne germe pas dans la vie d'une personne sans discipline. Je pense à deux sortes de disciplines. Tout d'abord la discipline personnelle, notre façon d'organiser notre vie. Cette discipline s'applique même aux choses les plus simples, comme l'heure du lever, notre nourriture, nos vêtements et notre hygiène. La gestion de ces détails est essentielle pour porter du fruit. A un niveau supérieur, je pense que tout chrétien doit être soumis à la discipline de l'Eglise, pour toute situation normale. Il doit être membre d'une Eglise, être sous l'autorité des dirigeants et soumis à leur discipline.

Merci Seigneur pour la promesse d'entrer dans ton repos. Je proclame que le fruit du zèle vient de la communion fraternelle et de la discipline, et je les accueille l'une comme l'autre. Je serai zélé. Amen.

43ème semaine:

Demeurons fermes dans la foi que nous professons.

Ainsi, puisque nous avons un grand souverain sacrificateur qui a traversé les cieux, Jésus, le Fils de Dieu demeurons fermes dans la foi que nous professons.

—Hébreux 4:14

Le souverain sacrificateur de notre confession

Demeurons fermes dans la foi que nous professons.

La position de Jésus en tant que souverain sacrificateur est liée à la foi que nous professons. Lisons trois passages de l'épître aux Hébreux. Tout d'abord Hébreux 3:1: *«C'est pourquoi, frères saints, qui avez part à la vocation céleste, considérez l'apôtre et le souverain sacrificateur de la foi que nous professons, Jésus.»* Il est dit ici que Jésus est le souverain sacrificateur de la foi que nous professons. Cette idée est radicale: pas de foi professée, pas de souverain sacrificateur. Si nous fermons la bouche sur terre, nous réduisons au silence notre avocat dans les cieux. Plus nous professons notre foi, plus nous lui permettons d'exercer son ministère pour nous en tant que souverain sacrificateur.

Le prochain passage se trouve en Hébreux 4:14: *«Ainsi, puisque nous avons un grand souverain sacrificateur qui a traversé les cieux, Jésus, le Fils de Dieu, demeurons fermes dans la foi que nous professons.»* Demeurer ferme signifie que lorsque nous disons quelque chose, nous devons nous y tenir. Ne vous rétractez pas. Ne soyez pas découragés.

Le dernier: «et puisque nous avons un souverain sacrificateur établi sur la maison de Dieu,... Retenons fermement la profession de notre espérance, car celui qui a fait la promesse est fidèle» (Hébreux 10:21, 23). Remarquez le changement ici. Il ne s'agit pas de professer notre foi mais notre espérance. Si nous professons notre foi suffisamment longtemps elle se transforme en espérance. *«La foi est une ferme assurance des choses qu'on espère»* (Hébreux 11:1). Lorsque nous avons bâti une foi consistante, l'espérance fait son apparition. Ma définition de l'espérance biblique est: *«une attente confiante de bien.»* Cependant, il nous faut tenir ferme ce que nous professons ou confessons, sans vaciller. Pourquoi sans vaciller? Permettez-moi d'illustrer ceci par l'image suivante. Lorsque vous voyagez en avion et que le signal 'Attachez vos ceintures' s'illumine, vous vous attendez à des turbulences. De la même façon, sans vaciller signifie que vous pouvez vous attendre à de l'opposition. La bataille se mène et se gagne en tenant ferme la foi que nous professons.

Merci Jésus d'être le souverain sacrificateur de la foi que nous professons. Je proclame que Jésus est mon avocat dans les cieux, dans la présence de Dieu et je me tiens à cette confession sans vaciller. Je demeurerai ferme dans la foi que je professe. Amen

---

Confesser les bonnes choses

Demeurons fermes dans la foi que nous professons.

Je peux illustrer la «confession» par un livre *Ne craindre aucun mal (Fear no evil)*, écrit par Natan Sharansky, un refuznik juif. Sharansky n'était pas chrétien, mais le KGB l'a tout de même arrêté et lui a fait vivre un enfer pendant neuf ans. Lorsque j'ai lu son histoire, j'ai vu dans les actes du KGB une démonstration des plus frappantes de satan et de ses tactiques. En Natan Sharansky, j'ai reconnu la manière de vaincre. C'était un joueur d'échecs chevronné et il avait décidé d'affronter le KGB comme un adversaire aux échecs. En gardant un coup d'avance.

Même s'il n'avait pas foi en un Dieu personnel, il connaissait le concept de Dieu à travers ses racines juives. Beaucoup de prières juives commencent par «Oh! Eternel notre Dieu, roi de l'univers.» Enseignant lui-même l'hébreu, il décida d'écrire une prière qu'il pourrait répéter chaque fois qu'il en aurait besoin. C'était une requête pour que Dieu l'accompagne, protège sa famille et le ramène en Israël. Chaque fois qu'il subissait des pressions, par exemple en attendant un interrogatoire, il répétait cette prière plusieurs fois. Il l'a répétée dix fois par jour pendant neuf ans, ce qui au total se monte à plus de trente mille fois! Combien de chrétiens répéteraient la même prière trente mille fois?

L'un des objectifs du KGB était de pousser Sharansky à formuler la mauvaise confession. Il lui suffisait de dire qu'il était un traître, et ils le relâcheraient. Mais, il a refusé. La bataille a fait rage pendant neuf ans. En se cramponnant à la bonne confession et en réitérant la bonne prière, il a gagné. Il a immigré plus tard à Jérusalem, victorieux.

Combien j'ai été impressionné par les tactiques de satan! Il utilise toutes formes de pressions, toutes sortes d'incitations, toutes sortes de mensonges; tout cela dans un seul but: nous pousser à formuler la mauvaise confession. Cependant, en renouvelant sans cesse la bonne confession, nous le mettons en échec.

Merci Jésus d'être le souverain sacrificateur de la foi que nous professons. Je proclame que nous mettons en échec notre ennemi en maintenant la bonne confession. Je demeurerai ferme dans la foi que je professe. Amen.

La parole de notre témoignage

Demeurons fermes dans la foi que nous professons.

Un autre terme pour confession est témoignage. Nous lisons dans l'Apocalypse: *«Ils l'ont vaincu* [satan] *à cause du sang de l'Agneau et à cause de la parole de leur témoignage.»* (Apocalypse 12:11).

Nous reconnaissons que nous avons vaincu satan lorsque nous témoignons personnellement de ce que la parole de Dieu dit que le sang de Jésus a fait pour nous. Le témoignage est une chose très simple, il consiste à dire des paroles en accord avec les Ecritures. Le témoignage nous sauve, il est notre protection. Je ne peux pas surestimer son importance.

L'auteur d'Hébreux a appelé Jésus *« souverain sacrificateur de la foi que nous professons.»* (Hébreux 3:1) *La foi que nous professons* signifie littéralement «dire la même chose que.» Pour nous, en tant que croyants en la Bible et en Jésus-Christ, la foi que nous professons signifie que nos lèvres disent la même chose que Dieu dans sa Parole. Nous alignons les paroles de notre bouche sur la parole de Dieu. Jésus ne peut nous représenter que si nous professons les bonnes choses. Que nous l'appelions «témoignage» ou «profession de foi,» cela nous est indispensable pour recevoir de Dieu le salut.

Jésus dit: *«Car par tes paroles tu seras justifié, et par tes paroles tu seras condamné»* (Matthieu 12:37). Nous scellons notre destinée par les paroles que nous prononçons. Jacques dit que la langue est comme le gouvernail d'un navire, même s'il n'en représente qu'une petite partie, il détermine l'exacte destination du navire. (Lire Jacques 3:4.) Nous déterminons le cours de notre vie par notre façon d'utiliser notre langue. Nous pouvons prononcer les bonnes paroles et aligner la parole de notre témoignage sur celle de Dieu, ou bien prononcer les mauvaises paroles et faire dévier le cap de notre vie. Nous pouvons naviguer vers le port en sécurité ou bien naufrager selon la façon dont nous utiliserons notre langue.

Merci Jésus d'être le souverain sacrificateur de la foi que nous professons. Je proclame que j'ai vaincu l'ennemi par le sang de l'Agneau et par la parole de mon témoignage. Je demeurerai ferme dans la foi que je professe. Amen.

Notre avocat

Demeurons fermes dans la foi que nous professons.

Jésus est le *«souverain sacrificateur de la foi que nous professons»* (Hébreux 3:1). Notre profession de foi engage Jésus à être notre souverain sacrificateur, mais malheureusement, le contraire est vrai aussi. Si nous ne professons rien, nous n'aurons pas de souverain sacrificateur. Ce n'est pas que Jésus ait cessé d'être notre souverain sacrificateur, mais nous ne lui laissons pas l'occasion d'exercer ce ministère dans notre vie.

Il est le souverain sacrificateur de la *foi que nous professons.* Si nous prononçons les bonnes paroles par la foi, en accord avec les Ecritures, alors Jésus s'est éternellement engagé à ce que nous n'ayons pas à en rougir, à ce que nous vivions toujours selon ce que nous professons. Mais hélas, si nous ne prononçons pas les bonnes paroles, nous réduisons notre souverain sacrificateur au silence. Il n'a plus rien à dire en notre faveur dans les cieux.

Jésus est aussi appelé notre *«avocat»* (1 Jean 2:1). Le terme *avocat* s'apparente aussi à celui de *défenseur.* Jésus est l'expert légal qui plaide notre cause dans les cieux. Il n'a jamais perdu un procès. Mais si nous ne professons pas les bonnes choses, il ne peut plus appuyer sa plaidoirie, et par défaut, le procès se retourne contre nous.

Nous réalisons l'importance de professer les bonnes choses, il est donc très important que nous prêtions attention à ce troisième «faisons» cité en Hébreux: *«demeurons fermes dans la foi que nous professons»* (Hébreux 4:14). Ce principe de la bonne profession de foi occupe une place centrale dans l'évangile, tout comme le fait d'expérimenter le salut personnellement. En réalité, point de salut sans une bonne profession de foi.

Merci Jésus d'être le souverain sacrificateur de la foi que nous professons. Je proclame que les paroles que je prononce de mes lèvres s'alignent sur les Ecritures, Jésus a pris l'engagement éternel de me faire vivre ce que je professe. Je demeurerai ferme dans la foi que je professe. Amen.

Le cœur et la bouche

Demeurons fermes dans la foi que nous professons.

Dans le dixième chapitre de Romains, Paul donne l'explication la plus claire de tout le Nouveau Testament de ce qui est requis pour le salut. Il commence par:

«Que dit-elle donc? La parole est près de toi, dans ta bouche et dans ton cœur. Or, c'est la parole de la foi, que nous prêchons. Si tu confesses de ta bouche le Seigneur Jésus, et si tu crois dans ton cœur que Dieu l'a ressuscité des morts, tu seras sauvé.»(Romains 10:8–9)

La base du salut est la parole et nous devons nous l'approprier par la foi. Puis, il nous reste deux choses à faire, l'une avec le cœur et l'autre avec la bouche. Nous devons croire dans notre cœur, mais notre bouche doit, confesser, ou dire à voix haute. Paul continue:

«Car c'est en croyant du cœur qu'on parvient à la justice, et c'est en confessant de la bouche qu'on parvient au salut, selon ce que dit l'Écriture.» (Romains 10:10)

Vous voyez? Pas de confession, pas de salut. Il est bon de croire dans son cœur, mais la croyance seule n'est pas suffisante. Non seulement nous devons croire dans notre cœur, mais nous devons aussi le dire résolument à voix haute, en alignant les paroles de notre bouche sur ce que dit la parole de Dieu. Notre confession initiale nous relie à Jésus en tant que souverain sacrificateur, mais son ministère incessant de nous représenter en tant que tel dépend de notre incessante confession.

Merci Jésus d'être le souverain sacrificateur de la foi que nous professons. Je proclame que je crois dans mon cœur et qu'à la fois je confesse de ma bouche les promesses de Dieu pour moi. Je demeurerai ferme dans la foi que je professe. Amen.

Le fruit de nos paroles

Demeurons fermes dans la foi que nous professons.

La Bible entière enseigne que nos paroles déterminent notre destinée. Comme nous le lisons en Proverbes 18:21: «*La mort et la vie sont au pouvoir de la langue; quiconque l'aime en mangera les fruits.*» La langue produira soit la mort dans notre vie, si nous professons les mauvaises choses, ou la vie si nous professons les bonnes. Nous mangerons le fruit qui résultera de tout ce que notre langue dira. Les paroles de Jésus font écho à ce principe lorsqu'il dit: «*Je vous le dis: au jour du jugement, les hommes rendront compte de toute parole vaine qu'ils auront proférée. Car par tes paroles tu seras justifié, et par tes paroles tu seras condamné.*» (Matthieu 12:36–37).

Les chrétiens disent souvent des choses stupides qui n'honorent pas Dieu puis, ils s'excusent en disant: «Ce n'est pas vraiment ce que je voulais dire.» Cependant, Jésus dit: «*toute parole vaine.*» Dire que vous ne vouliez pas vraiment dire ce qu'elles veulent dire n'est pas une excuse. Nous devons demeurer fermes dans ce que nous professons.

Au bout du compte, il n'existe que deux alternatives dans notre relation à Christ et à l'Ecriture: confesser ou nier. Encore une fois, Jésus dit:

«*C'est pourquoi, quiconque me confessera devant les hommes, je le confesserai aussi devant mon Père qui est dans les cieux; mais quiconque me reniera devant les hommes, je le renierai aussi devant mon Père qui est dans les cieux.*» (Matthieu 10:32–33)

Ce sont là les deux alternatives qui nous sont proposées. Il n'y en a pas de troisième. Dans le domaine spirituel, il n'y a pas de neutralité à long terme. Jésus dit: «*Celui qui n'est pas avec moi est contre moi*» (Matthieu 12:30). Soit nous faisons la bonne confession qui mène au salut, soit la mauvaise qui n'engendrera pas le salut.

Merci Jésus d'être le souverain sacrificateur de la foi que nous professons. Je proclame que je confesse devant les hommes que Jésus est mon Seigneur, et qu'il me confesse devant le Père, qui est dans les cieux. Je demeurerai ferme dans la foi que je professe. Amen.

Peu importe les pressions à venir

Demeurons fermes dans la foi que nous professons.

Lorsque la Bible dit que nous devons demeurer fermes dans la foi que nous professons (voir Hébreux 4:14), elle nous avertit clairement que nous subirons des pressions qui pourraient nous pousser à nous rétracter des choses que nous avons dites. Mais il ne faudra pas nous rétracter. Nous devons demeurer fermes dans la foi que nous professons.

Premièrement, confesser les bonnes choses en alignant la parole de notre bouche que la parole de l'Ecriture. Nous exprimons ce que Jésus a fait pour nous, tout comme le dit la parole de Dieu. Par exemple: *«Par ses meurtrissures nous sommes guéris»* (Esaïe 53:5). *«Jésus s'est fait pauvre, ..., afin que par sa pauvreté vous fussiez enrichis»* (2 Corinthiens 8:9). *«Il a souffert la mort afin que nous ayons la vie.»* (Voir en Hébreux 2:9.) *«Il a pris sur lui la malédiction afin que nous recevions la bénédiction.»* (Voir en Galates 3:13–14.) Ce sont-là les bonnes confessions. A nous de les faire et ensuite, peu importe les pressions que nous subirons, peu importe le nombre de choses qui sembleront aller de travers, nous *demeurerons fermes* dans la foi que nous professons. C'est ce qui rendra notre foi effective, et c'est ce qui libèrera le ministère de Jésus en tant que souverain sacrificateur à notre place dans les cieux.

La foi se rapporte à ce que nos sens ne peuvent percevoir. Tant que nous serons esclaves de nos sens, nous ne pourrons pas vraiment avancer dans la foi. Paul le dit clairement en 2 Corinthiens 5:7: *«car nous marchons par la foi et non par la vue.»* En d'autres termes, ce que nous faisons, notre manière de vivre en tant que chrétiens est basée sur la foi, sur ce que nous croyons, et non pas sur ce que nous voyons ou percevons par nos sens. Nos sens peuvent nous dire une chose et notre foi une autre, c'est ainsi que naît le conflit. C'est pourquoi l'auteur d'Hébreux nous dit de professer notre foi et d'y demeurer fermes. Même si nos sens nous disent le contraire, lorsque la parole de Dieu affirme quelque chose, c'est la vérité.

Merci Jésus d'être le souverain sacrificateur de la foi que nous professons. Je proclame que je ferai les bonnes confessions sans me rétracter, peu importe les pressions que je subirai. Je demeurerai ferme dans la foi que je professe. Amen.

44ème semaine:

Approchons-nous donc du trône de la grâce.

Approchons-nous donc avec assurance du trône de la grâce afin d'obtenir miséricorde et de trouver grâce, pour être secourus dans nos besoins.

—Hébreux 4:16

Dieu nous invite

Approchons-nous donc du trône de la grâce.

Voici le quatrième «faisons» cité en Hébreux. Je pense que la quatrième étape est directement liée aux trois premières, et que l'ordre de succession est significatif. Si nous voulons nous approcher avec assurance du trône de la grâce, nous devons d'abord nous assurer d'avoir suivi les trois premières étapes.

La première étape est de craindre: *«Craignons donc»* (Hébreux 4:1). Craindre signifie que nous devons nous approcher dans une attitude de respect, pleinement conscients de notre besoin de la grâce de Dieu. Deuxièmement, *«Efforçons-nous»* (Hébreux 4:11). Il s'agit de notre attitude face à la grâce de Dieu. Il ne s'agit pas d'être mous, paresseux, indifférents ou présomptueux. La grâce de Dieu ne nous autorise pas à l'indifférence ou à la présomption, au contraire, elle nous rend diligents, zélés. La troisième étape est celle-ci: *«Demeurons fermes dans la foi que nous professons»* (Hébreux 4:14). Nous devons confesser les bonnes choses, notre bouche doit raconter la vérité sur Jésus et sur ce qu'il a fait pour nous. En ce qui concerne notre approche du trône de la grâce, il nous est dit de d'y venir pour deux raisons: la miséricorde et la grâce. Je suis convaincu que si Dieu nous invite et si nous avons rempli les conditions que j'ai exposées, la grâce et la miséricorde nous sont réservées. Il est absolument inutile d'avoir peur, nous ne serons jamais déçus. Dieu ne nous inviterait jamais à une chose qu'il ne tiendrait pas et qu'il n'accomplirait pas. Si nous venons en tant qu'enfants de Dieu, nous ne sommes pas des mendiants. Dieu n'a pas d'enfants de seconde catégorie. Il ne nous tiendra jamais à distance si nous avons rempli les conditions pour nous approcher. Il est très important de venir avec assurance. C'est la foi en action. Une foi qui ne sera jamais reniée. Une foi qui rappelle à Dieu sa parole et qui croit qu'il est aussi bon qu'elle est bonne. C'est la foi en la fidélité de Dieu. C'est ainsi que nous devons nous approcher du trône de Dieu, avec assurance.

Merci Seigneur de ce que je peux venir à toi avec assurance. Je proclame que, du fait de l'invitation de Dieu à m'approcher de son trône et du fait que je remplis les conditions, je m'approche avec l'assurance que la miséricorde et la grâce me sont réservées. Je m'approcherai donc du trône de la grâce. Amen.

Se débarrasser de la condamnation

Approchons-nous donc du trône de la grâce.

Il est important que nous nous approchions de Dieu libres de toute condamnation, en d'autres termes, avec assurance, parce que: *«Si j'avais conçu l'iniquité dans mon cœur, le Seigneur ne m'aurait pas exaucé»* (Psaume 66:18).

Si je *«conçois l'iniquité dans mon cœur,»* signifie que je m'approche de Dieu conscient d'avoir dans mon cœur une chose qui me condamne. Chaque fois que je tente de m'approcher de Dieu avec foi, satan me rappelle une mauvaise chose que je n'ai pas réglée, peut-être un péché que je n'ai pas confessé ou bien, s'il a été confessé, il persiste parce que je n'ai pas demandé ni reçu le pardon de Dieu. Mon cœur est donc conscient de cette chose en permanence. Et si je m'approche chargé de la condamnation, mes prières ne sont pas exaucées.

Je dois retirer de mon cœur la conscience du péché. Cela se fait fondamentalement par la foi. *«Si nous confessons nos péchés,»* l'Ecriture dit qu' «... *il* [Dieu] *est fidèle et juste pour nous les pardonner, et pour nous purifier de toute iniquité»* (1 Jean 1:9). En ce qui concerne le problème du péché, nous ne pouvons rien faire d'autre que le confesser, nous repentir et avoir confiance en Dieu pour le pardon et la purification qu'il nous a promis. Après cela, nous devons cesser de nous inquiéter de nos péchés, parce que si nous en demeurons conscients lorsque nous prions, Dieu n'exaucera pas nos prières. Comme le dit la Bible., *«Si j'avais conçu l'iniquité dans mon cœur, le Seigneur ne m'aurait pas exaucé.»*

Toutefois, le psalmiste continue en disant: *«Mais Dieu m'a exaucé, il a été attentif à la voix de ma prière»* (Psaume 66:19). En d'autres termes, il s'élève au-dessus des tentatives de satan de le condamner et affirme: *«Dieu m'a exaucé.»* Pourquoi Dieu nous exauce-t-il? Parce que nous venons à lui au nom de Jésus. Parce que nous nous approchons dans la louange et dans les actions de grâce. C'est pourquoi nous ne sommes pas condamnés.

Merci Seigneur de ce que je peux venir à toi avec assurance. Je proclame que je me débarrasse des tentatives de satan pour me condamner, en déclarant que «Dieu m'a exaucé,» parce que je m'approche dans le nom de Jésus. Je m'approcherai donc du trône de la grâce. Amen.

Eliminer tout obstacle

Approchons-nous donc du trône de la grâce.

La Bible dit: *«Car si notre cœur nous condamne, Dieu est plus grand que notre cœur, et il connaît toutes choses»* (1 Jean 3:20). Nous ne devons rien cacher à Dieu. Nous devons être honnêtes et ouverts avec lui, en lui confessant sincèrement toute transgression, qu'il s'agisse d'une pensée impure ou d'une mauvaise action. Mais ensuite, lorsque tout a été confessé, nous devons accepter le pardon total et la purification complète, en sachant que Dieu ne se souviendra plus de nos péchés ni ne les retiendra contre nous. Nous pouvons donc nous approcher de lui libres de toute condamnation.

Paul dit en 1 Timothée 2:8 à propos de la prière: *«Je veux donc que les hommes prient en tout lieu, en élevant des mains pures, sans colère ni mauvaises pensées.»* Nous devons nous dégager des émotions et des attitudes intérieures obscures qui nous empêchent d'accéder à Dieu. Nous devons nous débarrasser de la colère et du doute. La Bible dit que, si nous doutons, nous sommes condamnés. (Lire Romains 14:23.) Voyez-vous, nous ne pouvons pas entrer dans la présence de Dieu couverts de condamnation. La Bible dit:

«Celui qui doute est semblable au flot de la mer, agité par le vent et poussé de côté et d'autre. Qu'un tel homme ne s'imagine pas qu'il recevra quelque chose du Seigneur: c'est un homme irrésolu, inconstant dans toutes ses voies.» (Jacques 1:6–8)

Nous devons écarter d'emblée tout le problème de la condamnation, ainsi que toute attitude négative ou mauvaise vis-à-vis de nous-mêmes ou d'autres personnes. Nous devons nous approcher avec assurance. Comme le dit Hébreux 4:16: *«Approchons-nous donc avec assurance du trône de la grâce afin d'obtenir miséricorde et de trouver grâce, pour être secourus dans nos besoins.»* Souvenez-vous, nous nous approchons d'un trône de grâce, et la grâce siège aux côtés de Dieu sur le trône. Nous ne venons pas à Dieu pour rechercher la justice, au contraire, nous recherchons la grâce.

Merci Seigneur de ce que je peux venir à toi avec assurance. Je proclame que je me débarrasse de ma condamnation et de tout autre empêchement, pour m'approcher avec assurance du trône de la grâce. Je m'approcherai donc du trône de la grâce. Amen.

S'approcher avec assurance

Approchons-nous donc du trône de la grâce.

Nous nous approchons avec assurance du trône de Dieu parce que c'est un trône de grâce. Nous ne nous avançons pas en nous appuyant sur nos mérites, mais nous venons dans le nom de Jésus, avec des louanges et des actions de grâce, libres de toute condamnation. Nous venons avec assurance parce que Dieu nous a proposé de venir. L'auteur d'Hébreux écrit: *«Ainsi donc, mes frères, nous avons une pleine liberté* [Ndt: assurance, en anglais] *pour entrer dans le lieu très-saint, grâce au sang du sacrifice de Jésus»* (Hébreux 10:19 SEMEUR).

Lorsque nous prions Dieu, nous ne devrions jamais nous approcher de lui accablés par la condamnation. La condamnation est l'un des plus grands ennemis de l'exaucement des prières. Et, la source principale de condamnation est la quête de propre justice. Si nous avons le sentiment d'avoir à nous justifier sans cesse, nous n'arriverons jamais à satisfaction. A un moment donné, il faut bannir toute tentative de se justifier et simplement dire: «Par la foi je reçois la justice de Jésus-Christ, qui m'est imputée selon la parole de Dieu à cause de ma foi en lui, je ne paraderai pas pour mes bonnes œuvres ni ne rougirai de mes mauvaises actions. Je m'approcherai avec assurance parce que c'est un trône de grâce. Je cesserai d'examiner et d'analyser mon propre cœur constamment pour déterminer si j'en vaux la peine. Ma confiance en Dieu est que le sang de Jésus me lave de tout péché. Et, je m'approcherai avec assurance du trône, directement dans le Saint des Saints.» Cette voie d'accès est glorieuse.

«Approchons-nous avec un cœur sincère,» dit la Parole, *«dans la plénitude de la foi, les cœurs purifiés d'une mauvaise conscience»* (Hébreux 10:22). Une mauvaise conscience nous empêchera de prier avec succès. Nous devons accepter que le sang de Jésus soit appliqué sur nos cœurs et, dans la plénitude de la foi, recevoir le fait que nous sommes pardonnés, purifiés grâce à l'œuvre de Jésus, puis venir avec assurance dans la présence du Dieu tout-puissant.

Merci Seigneur de ce que je peux venir à toi avec assurance. Je proclame que le sang de Jésus m'a lavé de tout péché, et je m'approche du trône avec assurance, entrant directement dans le Saint des Saints. Je m'approcherai donc du trône de la grâce. Amen.

Examiner nos motivations

Approchons-nous donc du trône de la grâce.

Nous nous approchons du trône de la grâce en adressant à Dieu des requêtes pour des besoins spécifiques. Faisons le point sur une importante condition: nos motivations. Dieu examine chacune de nos motivations, il est tout à fait conscient des raisons pour lesquelles nous prions. Jacques 4:2 dit, *«vous ne possédez pas, parce que vous ne demandez pas.»* La raison principale pour laquelle beaucoup de chrétiens ne possèdent pas est simplement qu'ils ne demandent pas. Cependant, Jacques continue en disant au verset 3: *«Vous demandez, et vous ne recevez pas, parce que vous demandez mal, dans le but de satisfaire vos passions.»* En d'autres termes, les prières centrées sur nous-mêmes indiquent que nos motivations sont mauvaises. Notre but est uniquement de jouir d'un certain confort terrestre, de recevoir une satisfaction ou une gratification personnelle.

Quelle serait la bonne motivation? Jésus a déjà déclaré: « (*afin que le Père soit glorifié dans le Fils. Si vous demandez quelque chose en mon nom, je le ferai.»* Jean 14:13–14).

Voilà la motivation qui se trouve derrière une prière que Dieu exauce. La prière doit être sincère, afin qu'en l'exauçant, Dieu soit glorifié en Jésus-Christ. Comme l'explique Paul en 2 Corinthiens 1:20, *«car, pour ce qui concerne toutes les promesses de Dieu, c'est en lui* [Jésus-Christ] *qu'est le oui; c'est pourquoi encore l'Amen par lui est prononcé par nous à la gloire de Dieu.»*

L'intention fondamentale pour s'approcher de Dieu et réclamer ses promesses est qu'il soit glorifié à travers nous en les exauçant. Plus nous réclamerons ses promesses, plus nous le glorifierons. Moins nous les réclamerons cependant, moins nous le glorifierons. La personne qui glorifie Dieu le plus est celle qui réclame le plus de promesses de Dieu en Christ.

La seule motivation acceptable pour Dieu est celle qui recherche l'exaucement des prières pour sa gloire. Ces prières-là doivent être adressées dans le nom de son Fils Jésus-Christ.

Merci Seigneur de ce que je peux venir à toi avec assurance. Je proclame que la motivation de mes prières est que Dieu soit glorifié en Jésus-Christ en les exauçant. Je m'approcherai donc du trône de la grâce. Amen.

Selon sa grande miséricorde

Approchons-nous donc du trône de la grâce.

Le Psaume 51 est une prière que David a faite au cours d'une période de détresse, alors que son âme était en jeu. C'était une prière de repentance après que ses péchés eurent été découverts, ayant commis l'adultère avec Béthsabée et ourdi le meurtre de son époux, Urie. David écrit, *«O Dieu! aie pitié de moi dans ta bonté; selon ta grande miséricorde, efface mes transgressions»* (Psaume 51:1).

«Selon ta grande miséricorde» est une autre manière de dire «Selon la fidélité de ton alliance.» En fait, David disait: «Tu t'es engagé à me pardonner si je remplissais les conditions nécessaires, et j'en appelle à toi en me fondant sur cela.» S'approcher de Dieu sur cette base est tellement important.

Le Psaume 106:1 dit: *«Louez l'Éternel! Louez l'Éternel, car il est bon, car sa miséricorde* [tendre affection, fidélité à son alliance] *dure à toujours!»* La miséricorde est un aspect de la nature éternelle de Dieu. Hébreux 4:16 dit: *«Approchons-nous donc avec assurance du trône de la grâce afin d'obtenir miséricorde et de trouver grâce, pour être secourus dans nos besoins.»*

Premièrement, nous avons besoin de miséricorde, mais nous avons aussi besoin de grâce. Que dit la Bible de la grâce? La grâce ne peut être méritée. Si vous pouvez mériter quelque chose, il n'est plus question de grâce. Les gens religieux pensent souvent qu'ils doivent tout mériter. Par conséquent, ils amoindrissent la valeur de la grâce de Dieu. Comme l'a écrit Paul: *«Or, si c'est par grâce, ce n'est plus par les œuvres.... Et si c'est par les œuvres, ce n'est plus une grâce; autrement l'œuvre n'est plus une œuvre.»* (Romains 11:6). Hébreux 4:16 mentionne deux choses que nous ne pouvons pas mériter. La miséricorde et la grâce. Nous avons besoin de miséricorde envers le passé et de grâce pour l'avenir. C'est par la grâce de Dieu seule que nous pouvons devenir le genre de personne qui vit le genre de vie qu'il exige de nous.

Merci Seigneur de ce que je peux venir à toi avec assurance. Je proclame qu'au gré de la tendre affection de Dieu, je m'approche de lui pour recevoir la miséricorde envers mon passé et sa grâce pour mon avenir. Je m'approcherai donc du trône de la grâce. Amen.

Par sa justice

Approchons-nous donc du trône de la grâce.

Il est important de nous rappeler que notre confiance pour nous approcher du trône de Dieu avec assurance n'est basée ni sur notre justice ni sur notre fidélité. Au contraire, il s'agit plutôt de la justice et de la fidélité de Dieu. La première épître de Jean nous expose cette pensée: *«Bien-aimés, si notre cœur ne nous condamne pas, nous avons de l'assurance devant Dieu. Quoi que ce soit que nous demandions, nous le recevons de lui.»* (1 Jean 3:21–22).

Si nous nous approchons de Dieu en pensant trouver en nous-mêmes une quelconque justice ou un quelconque droit de revendiquer, nous ne le ferons jamais en confiance, tout simplement parce qu'au final, il n'y a rien de tel en nous-mêmes. Nous n'avons aucune propre justice. Notre assurance ne peut pas reposer sur nous-mêmes.

Nous devons également arriver à un stade où ne nous permettrons plus à notre cœur de nous condamner, où nous ne fonderons plus notre confiance sur notre propre justice ou sur notre propre sagesse mais sur la fidélité de Dieu. Voilà ce qui produit de l'assurance. Paul dit: *«Il n'y a donc maintenant aucune condamnation pour ceux qui sont en Jésus-Christ»* (Romains 8:1). Dans le reste de ce chapitre, Paul dépeint le plus beau tableau de ce que représente une vie remplie et contrôlée par le Saint-Esprit, en énumérant toutes les bénédictions, les privilèges et les bénéfices qui y sont attachés. Néanmoins, l'introduction à ce chapitre (et à ce genre de vie) passe par ce premier verset ci-dessus. Nous devons écarter toute forme de condamnation.

L'une des conditions pour nous approcher de Dieu de la bonne manière, c'est de venir au nom de Jésus. Si nous venons en son nom, nous avons l'assurance que nos prières sont exaucées, à cause de lui. Notre attention est déviée de notre vie et de nos œuvres. Si nous venons au nom de Jésus, nous croyons que nos péchés sont pardonnés et que Dieu nous accepte comme ses enfants. Cela plaît à Dieu. C'est de cette façon qu'il veut que nous nous approchions de lui.

Merci Seigneur de ce que je peux venir à toi avec assurance. Je viens au trône de Dieu dans le nom de Jésus, en croyant que mes péchés ont été pardonnés et que Dieu m'accepte comme son enfant. Je m'approcherai donc du trône de la grâce. Amen.

45ème semaine:

Aspirons à la maturité.

C'est pourquoi, laissant les éléments de la parole de Christ, tendons à ce qui est parfait, sans poser de nouveau le fondement du renoncement aux œuvres mortes, de la foi en Dieu.

—Hébreux 6:1

Un chemin qui continue

Aspirons à la maturité.

Nous avons examiné jusqu'ici quatre des «faisons» cités en Hébreux. A présent voici le cinquième, qui pourrait bien représenter pour nous une nouvelle résolution. Nous lisons en Hébreux 6:1 «*C'est pourquoi, laissant les éléments de la parole de Christ, tendons à ce qui est parfait* [Ndt:en anglais: aspirons à la maturité].» Beaucoup de chrétiens ont l'impression que dans la vie chrétienne, l'on peut en quelque sorte «arriver,» atteindre un sommet où l'on peut s'asseoir et dire «ça y est, j'y suis.» Mais, cela n'est pas vrai. Rester statique dans une vie spirituelle mature est presque impossible. Comme le dit Proverbes 4:18 «*Le sentier des justes est comme la lumière resplendissante, dont l'éclat va croissant jusqu'au milieu du jour.*» L'expression «*le sentier des justes*» ne se réfère pas à un chrétien ou à un groupe de chrétiens spécifiques mais à toute personne juste.

Vous remarquerez que la justice est un chemin. Il n'est pas conçu pour y rester immobile, et encore moins pour s'y asseoir. En tant que chemin, la justice implique le mouvement, la progression et le développement. Ce chemin est comme la lumière de l'aurore lorsque nous faisons connaissance avec le Seigneur pour la première fois, dans sa glorieuse plénitude en tant que Sauveur et Seigneur. Il est comme le soleil qui se lève après la nuit, ou comme une aube qui apparaît dans nos cœurs. Cependant, l'aube n'est pas la finalité des desseins de Dieu, elle en est juste le commencement.

Lorsque nous marchons sur le chemin de la justice, la lumière devrait devenir toujours plus brillante. A chaque étape, à chaque jour nouveau, la lumière devrait être plus éclatante que précédemment. «*Jusqu'au milieu du jour*»: Voilà notre destination, la hauteur du soleil de midi

Dieu ne s'accommodera pas de nous voir nous arrêter avant la plénitude du soleil de midi. L'aube est notre commencement, le chemin est celui de la progression et la lumière se fait de plus en plus brillante. Mais il n'est pas permis de s'arrêter avant d'avoir atteint le milieu du jour.

Merci Seigneur de me pousser vers l'avant. Je proclame que la justice est un chemin et que Dieu attend de moi le mouvement, la progression et le développement. Je veux aspirer à la maturité. Amen.

Marcher vers la maturité

Aspirons à la maturité.

Ce «faisons» particulier est tout à fait approprié pour le peuple hébreu du Nouveau Testament parce qu'ils avaient failli dans ce domaine. Ils s'étaient campés sur leur foi en leurs privilèges particuliers. Il est assez net qu'ils étaient devenus paresseux et qu'ils tenaient simplement les choses pour acquises.

«Nous avons beaucoup à dire là-dessus, et des choses difficiles à expliquer, parce que vous êtes devenus lents à comprendre. Vous, en effet, qui depuis longtemps devriez être des maîtres, vous avez encore besoin qu'on vous enseigne les premiers rudiments des oracles de Dieu, vous en êtes venus à avoir besoin de lait et non d'une nourriture solide. Or, quiconque en est au lait n'a pas l'expérience de la parole de justice; car il est un enfant. Mais la nourriture solide est pour les hommes faits, pour ceux dont le jugement est exercé par l'usage à discerner ce qui est bien et ce qui est mal.» (Hébreux 5:11–14)

Ce que voulait dire l'auteur ici, sans ambages, c'est que les Hébreux étaient purement infantiles, spirituellement parlant. Ils n'avaient pas le droit d'être des enfants à ce stade de leur progression chrétienne. Ils avaient eu tellement d'opportunités au cours des années, qu'à ce moment-là, ils auraient dû avoir progressé en maturité. L'auteur d'Hébreux explique aussi l'unique façon d'arriver à la maturité. Nous devons nous entraîner à discerner le bien et le mal. Dans la pratique, la marche vers la maturité sur le sentier de la justice est le fruit d'un entraînement constant. Ce n'est pas automatique et cela demande de la discipline. C'est la raison pour laquelle l'un des «faisons» précédents était: «efforçons-nous.» Nous devons nous entraîner pour distinguer le bien du mal.

Souvent, même de grandes assemblées chrétiennes sont incapables de distinguer ce qui est spirituel et biblique de ce qui est simplement charnel et qui charme l'âme. L'unique remède est un entraînement constant et une pratique vigilante.

Merci Seigneur de me pousser vers l'avant. Je proclame que je ne me crois pas en possession ni me m'appuie sur des privilèges particuliers mais que je m'entraîne à progresser en maturité. Je veux aspirer à la maturité. Amen.

Un corps édifié

Aspirons à la maturité.

Dieu a pourvu spécialement à notre besoin de maturité spirituelle, comme l'explique Paul en Ephésiens 4:11: «Et *il* [le Christ ressuscité] *a donné les uns comme apôtres, les autres comme prophètes, les autres comme évangélistes, les autres comme pasteurs et docteurs.»* Cinq ministères principaux sont mentionnés dans ce verset: apôtres, prophètes, évangélistes, pasteurs et docteurs [enseignants]. Les versets suivants nous dévoilent leur objectif:

«... pour le perfectionnement des saints en vue de l'œuvre du ministère et de l'édification du corps de Christ, jusqu'à ce que nous soyons tous parvenus à l'unité de la foi et de la connaissance du Fils de Dieu, à l'état d'homme fait, à la mesure de la stature parfaite de Christ.»(versets 12–13)

Ce passage expose clairement deux objectifs pour tous ces ministères. Le premier est de nous préparer à des œuvres de service. Nous ne sommes pas automatiquement capables de faire les œuvres qui sont attendues de nous, nous devons y être préparés ou entraînés. Ces cinq ministères servent à cet effet.

Le deuxième objectif est de construire le corps de Christ. Ces ministères sont placés dans le corps de Christ afin de nous amener dans une unité de foi et de maturité. Jésus-Christ, en tant que chef de l'Eglise, a pourvu à ces ministères, et je crois que le peuple de Dieu n'atteindra jamais la maturité sans eux. Paul continue: *«C'est de lui* [Christ], *et grâce à tous les liens de son assistance, que tout le corps, bien coordonné et formant un solide assemblage, tire son accroissement selon la force qui convient à chacune de ses parties, et s'édifie lui-même dans l'amour»* (verset 16).

Le but ultime n'est pas d'avoir un grand nombre d'individus isolés, chacun accomplissant ses propres œuvres. Au contraire, le but est un corps unique, tenu ensemble par des ligaments (des bandes solides qui lient entre elles les parties du corps) articulant le corps afin que celui-ci puisse se développer. Il est essentiel que chaque partie du corps remplisse son office.

Merci Seigneur de me pousser vers l'avant. Je proclame que le but de Dieu est de préparer son peuple à accomplir des œuvres de service lorsque chaque partie du corps remplit son office. Je veux aspirer à la maturité. Amen.

Le programme de Dieu pour arriver à maturité

Aspirons à la maturité.

Le plan de Dieu fait état de deux conditions principales pour arriver à maturité. Tout d'abord, nous devons nous placer sous l'autorité des ministères divins dont Paul fait la liste en Ephésiens 4:11: apôtres, prophètes, évangélistes, pasteurs et docteurs [enseignants]. Sans leur discipline, leur supervision et leur instruction, je ne vois pas comment le peuple de Dieu pourrait jamais arriver à maturité. Jésus-Christ ne nous a jamais pourvus de choses sans importance, et celles-ci ne sont pas une exception. Je pense qu'elles sont essentielles. La deuxième condition est que nous ne devons pas rester isolés en tant qu'individus, au contraire, nous devons faire partie d'un corps de chrétiens en progression.

Puis, dans le même passage, Paul nous fait part d'une alternative qui donne à réfléchir. Si nous ne suivons pas le programme de Dieu pour arriver à maturité, voilà quelle en sera la conséquence: *«afin que nous ne soyons plus des enfants, flottants et emportés à tout vent de doctrine, par la tromperie des hommes, par leur ruse dans les moyens de séduction»* (Ephésiens 4:14).

Si nous ne nous soumettons pas à ces cinq ministères, si nous ne formons pas partie du corps et n'acceptons pas cette discipline instituée par la Parole, alors, selon Paul, nous resterons des enfants. Nous serons *«flottants et emportés à tout vent de doctrine, par la tromperie des hommes, par leur ruse dans les moyens de séduction.»* Je connais bien des chrétiens qui correspondent à cette description. Chaque année, ils adhèrent à une nouvelle toquade, une nouvelle doctrine et, souvent, un nouvel enseignant qui suscite cet engouement et le perpétue. Nous devons nous placer sous cette discipline des ministères bibliques et divinement ordonnés. Nous devons aussi faire partie du corps des croyants. C'est là l'unique façon d'arriver à maturité.

Qu'en est-il de vous? Etes-vous soumis à la discipline? Faites-vous partie d'un corps? Etes-vous en marche vers la maturité?

Merci Seigneur de me pousser vers l'avant. Je proclame que je me soumets à la discipline pour faire partie d'un corps en progression, parce que je veux grandir en maturité. Je veux aspirer à la maturité. Amen.

Faire la volonté du Père

Aspirons à la maturité.

En Ephésiens 1:5, Paul dit à tous les croyants que Dieu nous a *«prédestinés dans son amour à être ses enfants d'adoption par Jésus-Christ.»* Plus loin, il précise le dessein de Dieu pour ses enfants, en Romains 8:29: *«Car ceux qu'il* [Dieu] *a connus d'avance, il les a aussi prédestinés à être semblables à l'image de son Fils, afin que son Fils fût le premier-né entre plusieurs frères.»* Ainsi, Jésus est le Fils modèle, celui à qui nous devons tous nous conformer pour arriver à maturité. Il est lui-même, le chemin nouveau et vivant qui nous mène à la perfection, à entrer dans le Saint des Saints, et à nous approcher de Dieu. (Lire Hébreux 6:1; 10:19–22.) Ce qui a conduit Jésus à la perfection est ce qui doit nous y conduire aussi.

Le chemin vers la maturité n'a pas été plus facile pour Jésus qu'il ne l'est pour nous. Il a été *«tenté comme nous en toutes choses, sans commettre de péché»* (Hébreux 4:15). Dans sa nature humaine, Jésus a expérimenté toutes les formes de tentations que nous vivons, et cependant, il n'a jamais péché. Etre tenté n'est pas un péché! Le péché ne vient que si nous nous soumettons à la tentation.

Qu'est-ce qui a rendu Jésus capable de vaincre la tentation, au-delà de son humanité bien réelle? Sa réussite réside dans sa motivation inconditionnelle et immuable pour faire la volonté du Père. Cet acte a été prophétiquement préfiguré par David dans le Psaume 40:7–8: *«Alors je dis: Voici, je viens avec le rouleau du livre écrit pour moi. Je veux faire ta volonté, mon Dieu! Et ta loi est au fond de mon cœur.»*

Pendant son ministère terrestre, Jésus a expliqué plusieurs fois ce qui le motivait profondément dans tous ses actes. Il n'avait de cesse que chaque tache que son Père lui avait assignée soit terminée. Près du puits de Jacob, il a dit à ses disciples: *«Ma nourriture* [celle qui me revigore et me fortifie] *est de faire la volonté de celui qui m'a envoyé, et d'accomplir son œuvre»* (Jean 4:34). (Lire aussi Jean 5:30; 6:38.)

Merci Seigneur de me pousser vers l'avant. Je proclame que je me conforme à Jésus pour arriver à maturité, en accomplissant la volonté de Dieu et en finissant son œuvre. Je veux aspirer à la maturité. Amen.

Renoncer à sa propre volonté

Aspirons à la maturité.

La fonction propre à un sacrificateur de l'Ancien Testament était de rendre des sacrifices. Ainsi donc, étant lui-même un sacrificateur, Jésus devait rendre un sacrifice. N'étant pas Lévite, il ne pouvait pas le faire selon la loi, il a donc rendu son sacrifice sacerdotal particulier, qui était la prière.

«C'est lui qui, dans les jours de sa chair, ayant présenté avec de grands cris et avec larmes des prières et des supplications à celui qui pouvait le sauver de la mort, et ayant été exaucé à cause de sa piété, a appris, bien qu'il fût Fils, l'obéissance par les choses qu'il a soufferte.» (Hébreux 5:7–8)

L'obéissance respectueuse de Jésus a poussé le Père à exaucer ses prières. Jésus a appris l'obéissance à travers la souffrance. Nous ne pouvons pas l'apprendre en écoutant des prédications sur l'obéissance. Cela peut nous aider, mais l'obéissance doit être travaillée, pas à pas, en obéissant. Il a dû apprendre l'obéissance et nous devons l'apprendre par les mêmes moyens. L'apprentissage de l'obéissance se fait en obéissant. L'obéissance engendre de la souffrance parce qu'elle représente une abnégation de notre propre volonté. La phrase clé caractérisant l'obéissance de Jésus est: *«Toutefois, que ma volonté ne se fasse pas, mais la tienne»* (Luc 22:42). Toute étape d'obéissance dans la vie chrétienne est un renoncement à soi. Jésus dit *«Si quelqu'un veut venir après moi, qu'il renonce à lui-même, qu'il se charge de sa croix, et qu'il me suive»* (Matthieu 16:24). C'est une chose douloureuse, parce que le vieil ego ne supporte pas d'être abandonné. Il dit: «je veux», «je suis important,» «cela me convient, «je me sens bien, «je ne veux pas,» et ainsi de suite. Suivre le Seigneur exige de renoncer constamment à cet ego.

Dans le passage d'Hébreux ci-dessus, Dieu nous parlait d'arriver à maturité en tant que fils par l'obéissance. Jésus est notre modèle. Dieu l'a amené à maturité à travers l'obéissance. Cette méthode est aussi bonne pour vous et moi. C'est une route nouvelle et vivante.

Merci Seigneur de me pousser vers l'avant. Je proclame que suivre le Seigneur exige que je renonce constamment à mon ego et, je choisis de suivre le modèle de Jésus en répondant à cette exigence. Je veux aspirer à la maturité. Amen.

Notre objectif spirituel

Aspirons à la maturité.

«C'est pourquoi, laissant les éléments de la parole de Christ, tendons à ce qui est parfait, sans poser de nouveau le fondement du renoncement aux œuvres mortes, de la foi en Dieu, de la doctrine des baptêmes, de l'imposition des mains, de la résurrection des morts, et du jugement éternel.» (Hébreux 6:1–2)

Nous recherchons continuellement la perfection. Malheureusement, comme je l'ai fait remarquer précédemment, la notion de perfection n'est pas attirante pour la plupart de chrétiens à cause d'une certaine doctrine de perfection sans péché à laquelle ils ont été exposés. Dans la plupart des cas, ceux qui proclament avoir atteint la perfection en attestent tout l'opposé dans leurs paroles, leur comportement et leur style de vie. Cette attitude hypocrite a détourné les gens de leur recherche de perfection.

Je voudrais vous rappeler trois traductions alternatives, plus judicieuses quant au concept de *perfection*: «Maturité,» «accomplissement,» et «achèvement». Le terme grec traduit par *«perfection»* vient d'un substantif qui signifie «fin». Par conséquent, cela suggère un but ou un objectif vers lequel nous tendons. Je pense que serons tous d'accord pour dire que le fait d'avoir un objectif spirituel est désirable. Etant entrés par la foi sur le sentier de la justice, nous pouvons aller de l'avant ou revenir en arrière. Dieu ne prendra aucun plaisir en ceux qui reviendront en arrière, nous appartenons donc à ceux qui vont de l'avant, vers le plein salut de leur âme. (Lire Hébreux 10:38–39.)

Nous faisons face à deux choses: le réel et l'idéal. La maturité c'est de vivre le réel en visant l'idéal. Echouer, c'est accepter le réel en rejetant l'idéal; et le fait d'accepter seulement l'idéal en niant le réel c'est être immature. Ne critiquez pas la réalité parce que vous avez aperçu l'idéal; ne rejetez pas l'idéal parce que vous êtes conscients de la réalité. La maturité, c'est de vivre dans la réalité tout en s'accrochant à l'idéal.

Merci Seigneur de me pousser vers l'avant. Je proclame que j'appartiens à ceux qui marchent vers le salut parfait de leur âme, en visant la maturité, l'accomplissement et l'achèvement. Je veux aspirer à la maturité. Amen.

46ème semaine:

Approchons-nous du sanctuaire.

Ainsi donc, frères, puisque nous avons, au moyen du sang de Jésus, une libre entrée dans le sanctuaire … approchons-nous avec un cœur sincère, dans la plénitude de la foi, les cœurs purifiés d'une mauvaise conscience, et le corps lavé d'une eau pure.

—Hébreux 10:19, 22

Prendre notre place avec Christ

Approchons-nous du sanctuaire.

Nous pouvons comparer cette confession avec un autre impératif trouvé dans l'épître aux Hébreux: «Approchons-nous avec assurance du trône de la grâce» (Hébreux 4:16). En substance cela signifie: «Approchons-nous de Dieu.» Il faut le comprendre dans ce contexte. Cela se rapporte directement à ce que déclare Hébreux 10:

«Ainsi donc, frères, nous avons l'assurance d'un libre accès au sanctuaire Approchons–nous donc [de Dieu*]...»* (Hébreux 10:19, NBS)

Pour moi, ce passage indique clairement que «nous approcher de Dieu» équivaut à «entrer dans le sanctuaire».

Comparons donc ces deux déclarations. «Approchons-nous avec assurance du trône» signifie que nous devons venir chercher l'aide nécessaire (la miséricorde et la grâce). Mais, «Approchons-nous de Dieu,» nous amène bien plus loin, selon moi. Il ne nous est pas simplement suggéré de nous approcher du trône pour chercher de l'aide, mais, nous sommes également invités à prendre notre place sur ce trône avec Christ. Voilà ce que signifie «entrer dans le sanctuaire».

Il n'y a pas suffisamment de place ici pour vous faire une description détaillée du tabernacle, je peux dire toutefois qu'il était constitué de trois zones différentes. Tout d'abord il y avait le parvis. Ensuite, derrière le premier voile de la tente se trouvait le lieu saint. Et, en dernier lieu, au-delà du second voile, se trouvait le sanctuaire (le Saint des Saints). Le discours employé en Hébreux suit ce modèle du tabernacle.

Notre destination est le Saint des Saints, derrière le second voile.

Merci Seigneur, parce que je peux m'approcher de toi par le sang de Jésus. Je proclame que je prends ma place avec Christ sur le trône. Je m'approcherai du sanctuaire. Amen.

Par une route nouvelle et vivante

Approchons-nous du sanctuaire.

Le seul mobilier dans le sanctuaire, tel que conçu par Dieu, était l'arche de l'alliance, qui était un coffre de bois d'acacia, recouvert d'or. Son couvercle était appelé le siège de la miséricorde ou le propitiatoire. A l'intérieur, se trouvaient les deux tablettes des Dix Commandements, mais celles-ci étaient couvertes par le siège de la miséricorde, indiquant ainsi qu'à travers le sacrifice propitiatoire de Christ pour nous, la loi brisée (les Dix Commandements qui avaient été brisés) avait été recouverte de sa propitiation. A chaque bout du siège de la miséricorde se tenait un chérubin. Les deux chérubins se faisaient face, les yeux fixés sur le centre du siège de la miséricorde et les ailes déployées au-dessus d'eux se rejoignant par les extrémités au-dessus du centre du siège de la miséricorde.

Le siège de la miséricorde était le trône de Dieu (il siège sur un trône de miséricorde qui couvre la loi brisée.) Les deux chérubins, dont les visages étaient l'un face à l'autre, et dont les extrémités des ailes se rejoignent, représentent le lieu de la communion. Ainsi, c'est un lieu de miséricorde et de communion, mais c'est également un trône, le siège de Dieu en tant que roi.

Sur cette pièce de mobilier, il n'y avait aucune représentation de Dieu lui-même, car c'était interdit aux Israélites. Mais Dieu entrait et prenait place sur ce siège sous forme de *shekinah* gloire (la présence visible, et sensorielle du Dieu tout-puissant). Le sanctuaire était plongé dans une obscurité totale, il n'y avait aucune source naturelle ou artificielle de luminosité. Mais, lorsque la *shekinah* présence de Dieu entrait, alors, c'est que Dieu prenait place sur son trône.

En Hébreux 10 nous sommes invités à entrer dans le sanctuaire, à *«nous approcher [de Dieu]»* (verset 22). Nous sommes invités à prendre notre place avec Christ sur le trône. Nous devons arriver par *«une route nouvelle et vivante»* (verset 20). Cette route nouvelle et vivante, c'est Jésus.

Merci Seigneur, parce que je peux m'approcher de toi par le sang de Jésus. Je proclame que j'entre dans le sanctuaire par Jésus, «la route nouvelle et vivante.» Je m'approcherai du sanctuaire. Amen.

Quatre conditions

Approchons-nous du sanctuaire.

Selon Hébreux 10:22, il faut remplir quatre conditions pour s'approcher du siège de la miséricorde et du trône dans le sanctuaire. Tout d'abord, il faut avoir un *«cœur sincère»*, ensuite il faut être assuré d'avoir *«la plénitude de la foi»*; troisièmement, notre cœur doit être *«purifié dune mauvaise conscience»*; et, quatrièmement, notre corps *«lavé d'une eau pure»*. Examinons très brièvement chacune de ces conditions.

Un cœur sincère. Nous nous approchons de Dieu avec le cœur, non pas avec la tête. Dieu n'est pas la réponse à une recherche intellectuelle, mais il répondra à un cœur assoiffé et sincère. Nous devons venir sans prétention, en nous exposant à Dieu tels que nous sommes, sans rien cacher.

La plénitude de la foi: Hébreux 11:6 dit: *«Or sans la foi il est impossible de lui* [Dieu] *être agréable; car il faut que celui qui s'approche de Dieu croie que Dieu existe.»* Nous devons venir remplis d'une foi absolue en la fidélité de Dieu, non pas en nos propres capacités ou en notre propre justice.

Nos cœurs purifiés d'une mauvaise conscience: La mauvaise conscience vient des actes coupables et pécheurs que nous commettons. Mais, en nous aspergeant du sang de Jésus nous avons l'assurance que nos actes mauvais ont été pardonnés et que nos cœurs sont purifiés du péché.

Nos corps lavés d'une eau pure: 1 Jean 5:6 dit que Jésus est venu avec du sang et de l'eau. En Hébreux 10:22, nous voyons ces deux éléments: le sang aspergé sur une mauvaise conscience et l'eau qui lave notre corps. Je crois que l'eau représente le baptême chrétien. Dans le Nouveau Testament, le baptême signifie partager la mort, l'ensevelissement et la résurrection de Jésus-Christ. Ainsi, Jésus est la *«route nouvelle et vivante»* mentionnée en Hébreux10:20. Nous devons nous identifier à tout ce qu'il a enduré lorsqu'il est mort pour nos péchés et qu'il est ressuscité.

Merci Seigneur, parce que je peux m'approcher de toi par le sang de Jésus. Je proclame que je viens avec un cœur sincère, dans la plénitude de la foi, le cœur purifié d'une mauvaise conscience et le corps lavé d'une eau pure. Je m'approcherai du sanctuaire. Amen.

S'identifier à Jésus

Approchons-nous du sanctuaire.

Paul s'adresse à l'Eglise d'Ephèse (et à nous également),

«Mais Dieu, qui est riche en miséricorde, à cause du grand amour dont il nous a aimés, nous qui étions morts par nos offenses, nous a rendus à la vie avec Christ ...; il nous a ressuscités ensemble, et nous a fait asseoir ensemble dans les lieux célestes, en Jésus-Christ.» (Ephésiens 2:4–6)

Remarquez bien ces trois étapes d'identification avec Jésus. Tout d'abord, nous sommes rendus à la vie, ensuite, nous sommes ressuscités, et finalement, nous sommes assis avec lui. Jésus est assis sur le trône. Que signifie donc pour nous le fait d'y être assis avec lui? Cela signifie que nous sommes intronisés, que nous partageons le trône avec lui.

Une fois que nous comprenons bien notre identification avec Jésus, nous sommes invités à le suivre jusqu'au bout de la route. Il est la *«route nouvelle et vivante»* (Hébreux 10:20). Nous pouvons être rendus à la vie avec lui, nous pouvons être ressuscités avec lui. Mais il n'est pas nécessaire de s'arrêter là. Nous pouvons être intronisés avec lui.

En suivant le modèle de la structure du tabernacle, je pense que le premier voile représente notre part à la résurrection de Jésus. Le deuxième voile, qui mène au sanctuaire, représente le lieu où nous entrons en prenant part à l'ascension de Jésus. Jésus n'est pas simplement ressuscité mais il est également monté au ciel par la suite, vers le trône. Et c'est là que Dieu veut nous voir. Il ne veut pas que nous nous arrêtions sur cette route nouvelle et vivante, avant d'avoir atteint le sanctuaire, où nous partagerons le trône avec Jésus, assis avec lui dans les lieux célestes. C'est là notre destination.

Prenons la résolution de ne pas nous arrêter avant d'avoir atteint l'endroit où Dieu désire nous voir arriver.

Merci Seigneur, parce que je peux m'approcher de toi par le sang de Jésus. Je proclame que je ne m'arrêterai pas avant d'avoir atteint le lieu où Dieu veut me voir. Je m'approcherai du sanctuaire. Amen.

Sept fois

Approchons-nous du sanctuaire.

L'Ancien Testament préfigure la manière dont Jésus devait payer le prix et rendre ainsi le dernier sacrifice. Cette préfiguration trouve son ordonnance dans le jour de l'expiation, décrit dans le détail en Lévitiques 16. Le souverain sacrificateur devait se rendre une fois par an dans le sanctuaire, le Saint de Saints. Il devait se munir de deux choses : un encensoir dégageant un nuage aromatique qui le couvrait lui ainsi que le siège de la miséricorde, et du sang du sacrifice, offert pour lui-même.

Se rendant donc dans le sanctuaire, il devait asperger le sang sept fois entre le second voile, par lequel il entrait, et le côté face (ou est) du siège de la miséricorde lui-même. Ainsi donc, il y avait une aspersion initiale du sang par sept fois. Je pense qu'il s'agit de la préfiguration prophétique exacte de la manière dont Jésus allait devoir asperger son propre sang sur le chemin de la croix, ainsi que sur la croix en elle-même. Le nombre sept indique une œuvre du Saint-Esprit, c'est le nombre de la plénitude et de la perfection, qui indique une œuvre parfaite. L'aspersion prophétique a été accomplie parfaitement dans la façon dont Jésus a répandu son sang: il l'a répandu exactement sept fois avant que le sacrifice soit complet.

Dans cette aspersion en trois étapes, le corps de Jésus a été vidé de son sang. Il a littéralement déversé son âme dans la mort en suivant ces étapes: (1) Sa sueur est devenue du sang (lire par exemple, Luc 22:44), (2) on l'a frappé au visage avec les poings et des verges (lire par exemple, Luc 22:63–64), (3) il a été fouetté avec un fléau romain (lire par exemple, Luc 18:33), (4) sa barbe a été arrachée (Lire Esaïe 50:6), (5) des épines ont été enfoncées dans son crâne, (lire par exemple, Matthieu 27:29), (6) Ses mains et ses pieds ont été transpercés de clous (lire par exemple, Jean 20:25), et (7) son côté a été percé d'une lance. (Lire Jean 19:34).

Merci Seigneur, parce que je peux m'approcher de toi par le sang de Jésus. Je proclame qu'en répandant son sang sept fois, Jésus a accompli le sacrifice complet. Je m'approcherai du sanctuaire. Amen.

La vie dans le sang

Approchons-nous du sanctuaire.

Dans l'Ancien Testament, le livre des Lévitiques contient les ordonnances liées au sacerdoce des prêtres d'Aaron en Israël. L'Eternel dit: *«Car l'âme de la chair est dans le sang. Je vous l'ai donné sur l'autel, afin qu'il servît d'expiation pour vos âmes, car c'est par l'âme que le sang fait l'expiation»* (Lévitiques 17:11).

C'est une déclaration prophétique d'une immense portée qui s'est accomplie quatorze siècles plus tard en Jésus. Le mot traduit par *vie* est le mot hébreu pour âme (*nephesh*). Ce n'est pas seulement la vie d'un être humain qui se trouve dans le sang, mais aussi son âme. Nous savons tous que lorsque le sang cesse de circuler, c'est que la vie est partie. Dans un certain sens, la vie dépend du sang.

Dans le chapitre précédent des Lévitiques, dans les ordonnances pour le jour de l'expiation, Moïse a dit à son frère Aaron, le souverain sacrificateur, qu'il pouvait aller une fois par an dans le sanctuaire, dans la présence immédiate de Dieu. Il devait entrer en tenant un encensoir, rempli de charbons ardents couverts d'encens qui propageaient un nuage de fumée odorante; dans l'autre main, il devait tenir le sang de l'offrande du péché qui avait été sacrifiée devant le tabernacle. S'il n'avait pas à la fois l'encensoir d'encens odorant et le sang de l'animal sacrificiel, la mort en serait la conséquence. Il n'y avait pas d'accès à la présence de Dieu sans ces deux choses.

L'encensoir, avec son encens odorant, symbolise magnifiquement la louange. Nous n'arrivons jamais dans la présence immédiate de Dieu sans la louange. Mais nous ne venons jamais non plus sans le sang, qui parle de l'expiation de nos péchés. Ces images de l'Ancien Testament étaient des types prophétiques, des préfigurations de ce qui allait en fait s'accomplir dans le Nouveau Testament.

Merci Seigneur, parce que je peux m'approcher de toi par le sang de Jésus. Je proclame que je viens dans la présence immédiate de Dieu avec la louange et le sang de l'expiation. Je m'approcherai du sanctuaire. Amen.

Le sang de vie de Jésus

Approchons-nous du sanctuaire.

Lorsque le sacrificateur entrait dans le sanctuaire avec l'encensoir et le sang, il devait asperger ce dernier sept fois au-dessus du siège de la miséricorde, ce qui représentait une image de l'expiation, et sept fois devant ce même siège. L'ordonnance de Dieu était absolument spécifique, non pas six ou huit fois, mais sept. Puis, en Esaïe nous trouvons une image prophétique des souffrances de Jésus, l'image la plus criante de ses souffrances pour nos péchés de tout l'Ancien Testament.

«C'est pourquoi je lui assignerai une part avec les grands, et il partagera le butin avec les forts, parce qu'il aura livré son âme à la mort,»
(Esaïe 53:12, Darby)

Il est important pour nous de comprendre que le mot en Esaïe, traduit par *«âme»* est le même que celui qui apparaît en Lévitiques 17:11: *«L'âme de la chair* [tout être humain] *est dans le sang.»* Lorsque Jésus a expié nos péchés, il a déversé son âme à travers son sang. Son sang est le sang le plus précieux de tout l'univers, parce que dans ce sang coule la vie, l'âme de Dieu, le Créateur.

Il y a plus de puissance dans une goutte du sang de Jésus que dans tout ce que satan peut réunir de son royaume. Le sang de vie de Jésus, c'est la vie du Dieu créateur, une vie qui dépasse tout l'univers et toutes les créatures qu'il a pu créer. Cette vie n'est dispensée que par le sang de Jésus. Il est devenu le pourvoyeur de vie lorsqu'il a versé son sang. Nous ne devrions jamais nous détourner du sang de Jésus. Il n'y a pas d'autre expiation pour nos péchés, et aucune autre source de vie. L'un de nos grands problèmes, frères et sœurs, c'est que nous ne méditons pas suffisamment sur le sang.

Merci Seigneur, parce que je peux m'approcher de toi par le sang de Jésus. Je proclame que seul le sang de Jésus dispense la vie et qu'il en est l'unique source. Je m'approcherai du sanctuaire. Amen.

47ème semaine:

Retenons fermement la profession de notre espérance sans chanceler.

Retenons la confession de notre espérance sans chanceler, car celui qui a promis est fidèle.

—Hébreux 10:23 (Darby)

L'importance de l'espérance

Retenons fermement la profession de notre espérance sans chanceler.

La plupart des chrétiens ont entendu beaucoup de prédications sur la foi et l'amour, mais il est fréquent qu'en comparaison, ils en aient entendu très peu sur l'espérance. C'était mon cas il y a plusieurs années, alors que j'avais désespérément besoin de l'aide de Dieu. J'avais entendu beaucoup de messages sur la foi et quelques uns sur l'amour, mais ce dont j'avais besoin dans cette situation particulière, c'était d'espérance, et le Saint-Esprit a dû me pousser directement à consulter la Parole parce que je n'avais jamais entendu une prédication sur l'espérance. C'est de cette façon que le Saint-Esprit a répondu à mon besoin. C'est pour cette raison que je me préoccupe particulièrement du fait que les gens comprennent l'importance de l'espérance. Je voudrais que vous saisissiez vraiment ce qu'elle représente, son importance et comment s'en emparer.

L'espérance est nécessaire si nous voulons entretenir à la fois l'amour et la foi. Si nous n'avons pas l'espérance, notre foi s'évaporera et notre amour s'amenuisera. L'espérance n'est pas une option, c'est une partie essentielle d'une vie chrétienne pleine.

Les gens disent souvent, «là où il y a de la vie, il y a de l'espoir.» Je pense qu'il y a beaucoup de vérité dans cette expression. Mais le contraire est vrai aussi: là où il y a de l'espoir, il y a de la vie (et là où il n'y a pas d'espoir, il n'y a pas de vie.) A mon avis, l'absence d'espoir est l'une des conditions les plus sinistres de l'être humain. Je peux difficilement imaginer une chose plus déprimante que d'être sans espoir. Cependant de nos jours, ceux qui n'en ont pas sont innombrables. Lorsque je suis à l'aéroport, assis, en train de me promener ou de manger au restaurant, je scrute les visages des gens, et je constate que nombre d'entre eux ont un regard vide et désespéré. Mais, grâce à Dieu, il n'est pas nécessaire de rester sans espoir.

Merci Seigneur parce que tu es fidèle, tu me donnes de l'espoir. Je proclame que là où il y a de l'espoir, il y a de la vie. Je retiendrai fermement la profession de mon espérance. Amen.

---

20 NOVEMBRE

Sans chanceler

Retenons fermement la profession de notre espérance sans chanceler.

Hébreux 3:1, nous instruit de confesser les bonnes choses. Puis Hébreux 4:14, nous dit de «demeurer fermes dans la foi que nous professons.» Lorsque la Bible appelle Jésus notre souverain sacrificateur, nous comprenons immédiatement que c'est notre profession de foi qui amorce son ministère envers nous.

Demeurer fermes dans la foi que nous professons signifie que nous ne devons rien changer à ce que nous avons dit. Nous devons accorder les paroles de notre bouche avec la parole de Dieu. En Hébreux 10:23, l'étape que nous étudions en ce moment, il est dit «Retenons fermement la profession de notre espérance, sans chanceler.» (Darby) Vous remarquerez qu'il a été ajouté: «sans chanceler».

Si nous examinons ces passages dans l'ordre dans lequel ils apparaissent, nous prenons conscience de trois étapes successives en ce qui concerne notre profession de foi. Tout d'abord, nous professons notre foi, ensuite, nous nous y tenons, sans tergiverser, et pour finir, nous la retenons avec fermeté, sans chanceler.

Pourquoi a-t-il fallu ajouter «sans chanceler»? Pour moi, sur la base de la logique et de l'expérience personnelle, cela implique que, lorsque nous professons les bonnes choses, nous allons avoir à faire à l'opposition de puissances et de pressions négatives. Même si nous avons professé les bonnes choses et que nous y demeurons attachés; il se peut qu'un jour toutes les puissances de satan et des ténèbres semblent se déchaîner contre nous. La tentation sera de lâcher notre profession de foi. Mais l'auteur d'Hébreux nous avertit. «Ne lâche pas, tiens ferme!» Plus la situation sera obscure et plus grand sera le problème, plus il sera important de demeurer fermes et de ne pas chanceler.

Dieu est fidèle, il s'est engagé à respecter sa parole. Jésus est notre souverain sacrificateur. Si seulement nous retenons fermement notre profession de foi, il fera son office en tant que souverain sacrificateur pour notre compte.

Merci Seigneur parce que tu es fidèle, tu me donnes de l'espoir. Je proclame ma profession de foi, je ne tergiverserai pas et je demeurerai ferme. Je retiendrai fermement la profession de mon espérance. Amen.

Un royaume qui ne change pas

Retenons fermement la profession de notre espérance sans chanceler.

La foi et la vue sont déconnectées. L'homme naturel marche par la vue, en se fiant à ses sens et en ne croyant que les informations que ceux-ci lui transmettent. Mais dans la vie chrétienne, la vie spirituelle, nous ne devrions pas nous fier à nos sens. 2 Corinthiens 5:7 nous dit, *«car nous marchons par la foi et non par la vue.»* Nous ne marchons pas en suivant nos sens, mais la foi. La foi concerne le royaume invisible, éternel qui ne change jamais. Le monde des sens est toujours changeant, il est temporaire, instable, inconstant et imprévisible. Par la foi, nous sommes reliés à un monde différent, un monde de réalités et de vérités éternelles. C'est lorsque nous nous connectons à ce monde par la foi, que nous retenons fermement notre confession.

Notre manière de répondre aux pressions que Dieu permet dans nos vies détermine si nous nous appuyons sur nos sens ou sur la foi. Si nous modifions notre profession de foi à cause des ténèbres c'est que nous marchons en suivant nos sens, parce que dans la foi, il n'y a point de ténèbres. La foi ne s'appuie pas sur les sens, elle visualise à travers des yeux spirituels intérieurs un royaume qui ne varie pas et elle croit en un souverain sacrificateur qui ne change pas. Voici ce que dit Jacques de ce problème:

«Mais qu'il l'a demande avec foi, sans douter; car celui qui doute est semblable au flot de la mer, agité par le vent et poussé de côté et d'autre. Qu'un tel homme ne s'imagine pas qu'il recevra quelque chose du Seigneur: c'est un homme irrésolu, inconstant dans toutes ses voies.» (Jacques 1:6–8)

Ce passage décrit un homme qui vacille. Il a commencé par être prêt à demander (dans la foi et sans douter), mais il ne s'est pas accroché fermement et sans chanceler. Le résultat c'est qu'il a été ballotté d'un côté à l'autre, renversé par les vents et les flots. Le remède c'est de retenir fermement la profession de notre espérance.

Merci Seigneur parce que tu es fidèle, tu me donnes de l'espoir. Je proclame que je marche non par mes sens mais par la foi. Je retiendrai fermement la profession de mon espérance. Amen.

Une conviction absolue

Retenons fermement la profession de notre espérance sans chanceler.

En connexion avec ce principe de faire la bonne confession et de la retenir sans chanceler, je voudrais examiner l'exemple d'Abraham, tel que Paul l'a décrit. Abraham est l'un des meilleurs exemples d'une personne qui a tenu ferme sans chanceler. Comme l'écrit Paul:

«Et, sans faiblir dans la foi, il ne considéra point que son corps était déjà usé, puisqu'il avait près de cent ans, et que Sara n'était plus en état d'avoir des enfants.» (Romains 4:19)

Le réel affronte les faits. Toute volonté de ne pas tenir compte des faits n'est pas réellement de la foi. Abraham n'a pas tenté de s'illusionner, il n'a rien pris pour différent de ce qu'il était. A travers ses sens, il a perçu l'inutilité de son corps, tout comme celle du ventre de son épouse, Sarah. Mais il ne s'est pas contenté de se fier à ses sens. Paul continue:

«Il ne douta point, par incrédulité, au sujet de la promesse de Dieu; mais il fut fortifié par la foi, donnant gloire à Dieu, et ayant la pleine conviction que ce qu'il promet il peut aussi l'accomplir. C'est pourquoi cela lui fut imputé à justice.» (Romains 4:20–22)

Abraham est appelé *«le père de tous les incirconcis qui croient»* (Romains 4:11), et nous sommes appelés à suivre les étapes de sa foi. (Lire verset 12.) Il nous est demandé de suivre ses traces sur le chemin de la foi. Il nous est demandé de saisir la promesse de Dieu, de confesser notre foi et de nous y accrocher fermement et sans chanceler, de refuser d'être dissuadés par ce que nos sens nous révèlent et de voir par-delà les choses visibles, de scruter le royaume invisible, afin de visualiser par la foi, notre fidèle souverain sacrificateur, se tenant là, à la droite de Dieu.

Merci Seigneur parce que tu es fidèle, tu me donnes de l'espoir. Je proclame que je fais face à la réalité des faits, sans basculer dans l'incrédulité. Je retiendrai fermement la profession de mon espérance. Amen.

La bataille pour la promesse

Retenons fermement la profession de notre espérance sans chanceler.

A chaque occasion où j'ai dirigé un service de guérison, j'ai demandé aux gens de prononcer la confession ci-dessus, parce qu'elle les qualifiait pour la guérison. Laissez-moi vous expliquer. Si vous avez un problème de reins, vous confesserez: «Jésus lui-même [souvenez-vous que c'est lui qui est important] a pris mes infirmités et porté mes maladies, par ses meurtrissures je suis guéri.» Après cela, si vous avez toujours votre problème de reins, que faites-vous? Vous vous accrochez fermement à ce que vous avez confessé. Vous avez toujours le problème de reins ? Accrochez vous fermement à ce que vous avez confessé. C'est un combat. Croyez-moi, je sais d'expérience que se frayer un chemin dans la guérison peut relever d'un intense combat.

L'auteur d'Hébreux dit aux chrétiens hébreux: *«Vous n'avez pas encore résisté jusqu'au sang, en luttant contre le péché»* (Hébreux 12:4). Nous sommes habitués à l'idée de devoir combattre le péché, mais parfois, nous oublions que nous devons combattre la maladie, également. Nous devons lutter. Nous sommes des soldats. Nous ne nous allongeons pas sur le sol en laissant le diable nous marcher dessus, car l'abdication facile ne glorifie pas Dieu.

En ce qui concerne la fermeté de notre confession, ne nous focalisons pas uniquement sur la guérison physique, même si ce besoin touche, comme qui dirait, tout le monde. Qu'en est-il des besoins financiers? Pour ma part, et il ne s'agit pas d'un simple rituel, le fait de m'accrocher fermement à ma confession de foi est un moyen de libérer les trésors que Dieu a engrangé pour mon ministère. Dieu m'a parlé et m'a dit qu'il pourvoirait pleinement pour toute œuvre qu'il nous demanderait d'accomplir. Mais pour obtenir tous ses dons, nous devons croire et confesser. Et j'en fais mon credo personnel. Cette confession est tirée de 2 Corinthiens 9:8: *« Et Dieu peut vous combler de toutes sortes de grâces, afin que, possédant toujours en toutes choses de quoi satisfaire à tous vos besoins, vous ayez encore en abondance pour toute bonne œuvre.»* Gloire à Dieu!

Merci Seigneur parce que tu es fidèle, tu me donnes de l'espoir. Je proclame que je me battrai pour la guérison, en croyant et en confessant. Je retiendrai fermement la profession de mon espérance. Amen.

Une foi infaillible

Retenons fermement la profession de notre espérance sans chanceler.

Nous devons insister sur l'importance vitale de la foi. Voici ce qu'a dit Jésus à Pierre: *«Mais j'ai prié pour toi, afin que ta foi ne défaille point»* (Luc 22:32). La foi est la condition fondamentale pour appartenir à Dieu et être un fils d'Abraham, qui est *«le père des circoncis, qui ne sont pas seulement circoncis, mais encore qui marchent sur les traces de la foi de notre père Abraham quand il était incirconcis»* (Romains 4:12). Abraham est plus qu'un simple personnage, il est un modèle. Il est allé de l'avant, il est sorti des sentiers battus et a suivi certaines étapes. Si nous voulons être ses véritables descendants, nous devons suivre le même chemin et marcher sur ses traces. Examinons les cinq étapes de la foi d'Abraham: (1) Il a accepté la promesse de Dieu par la foi seule, sans aucune preuve tangible; (2) Il a reconnu qu'il était incapable de produire des résultats par lui-même; (3) Il s'est concentré sur la promesse sans chanceler, et cette foi lui a été imputée à justice; (4) Le résultat, c'est que son corps et celui de Sarah ont été investis d'une vie surnaturelle et (5) ainsi, la promesse s'est accomplie et Dieu en a été glorifié.

Voilà les étapes de la foi d'Abraham, le chemin de foi qui nous est proposé à chacun. Il ne s'agit pas d'une quelconque ordonnance extérieure, mais d'une vie entière de cheminement dans la foi, sur les traces d'Abraham. Nous devons faire ce qu'il a fait. Nous devons accepter la promesse de Dieu telle qu'elle nous est présentée. Nous devons reconnaître que nous sommes incapables de produire nous-mêmes ce que Dieu a promis dans nos vies. Nous devons nous concentrer sur la promesse et non sur notre propre capacité ou incapacité. Ensuite, la grâce et la puissance surnaturelles de Dieu seront libérées dans nos vies par la foi. De cette manière, la promesse de Dieu s'accomplira dans nos vies.

Merci Seigneur parce que tu es fidèle, tu me donnes de l'espoir. Je proclame que je marche par la foi, remplissant ainsi la condition fondamentale pour appartenir à Dieu et être un descendant d'Abraham. Je retiendrai fermement la profession de mon espérance. Amen.

La foi/le présent–l'espérance/l'avenir

Retenons fermement la profession de notre espérance sans chanceler.

En Hébreux 11, nous trouvons la définition de la foi (le seul terme défini explicitement dans la Bible.) *«Or la foi est une ferme assurance des choses qu'on espère, une démonstration de celles qu'on ne voit pas»* (Hébreux 11:1). Nous voyons ici une corrélation entre la foi et l'espérance La foi, c'est ici et maintenant, l'espérance est pour l'avenir. La foi est une chose matérielle, une chose si réelle qu'elle est appelée une *assurance* (anglais : '*substance*'). Elle est dans nos cœurs. Sur la base de la foi, nous pouvons avoir une espérance légitime en l'avenir. Mais l'espérance qui n'est pas basée sur une foi légitime n'est qu'une pensée produite par nos désirs.

«Si tu confesses de ta bouche le Seigneur Jésus, et si tu crois dans ton cœur que Dieu l'a ressuscité des morts, tu seras sauvé. Car c'est en croyant du cœur qu'on parvient à la justice, et c'est en confessant de la bouche qu'on parvient au salut, selon ce que dit l'Écriture.» (Romains 10:9–10)

Dans le Nouveau Testament, *croire* est un verbe de mouvement. Il ne s'agit pas d'une chose statique ou d'une position intellectuelle C'est une chose dans votre cœur qui vous amène vers quelque chose de nouveau. *La foi* est un terme qui exprime le mouvement: par la *foi* nous plaçons notre confiance en la justice et le salut. Vous pouvez avoir une foi intellectuelle et ne jamais en être transformé. Vous pouvez embrasser toutes les doctrines de la Bible avec votre intellect mais rester complètement immuable. Mais lorsque la foi est dans votre cœur, elle mène au salut.

La foi représente le présent, et l'espérance l'avenir. La foi biblique se situe dans le cœur, l'espérance dans la pensée. Paul illustre les deux choses de façon intéressante: *«Mais nous qui sommes du jour, soyons sobres, ayant revêtu la cuirasse de la foi et de la charité, et ayant pour casque l'espérance du salut»* (1 Thessaloniciens 5:8). Deux pièces d'armure sont mentionnées ici. La foi est une cuirasse qui protège le cœur, et l'espérance un casque qui protège la tête. La foi se situe au niveau du cœur et l'espérance au niveau de l'esprit.

Merci Seigneur parce que tu es fidèle, tu me donnes de l'espoir. Je proclame que je revêts la foi, la cuirasse qui protège mon cœur, et l'espérance, le casque qui protège mes pensées. Je retiendrai fermement la profession de mon espérance. Amen.

48ème semaine:

Veillons les uns sur les autres.

Veillons les uns sur les autres,
pour nous exciter à la charité et aux bonnes œuvres.

–Hébreux 10:24

26 NOVEMBRE

Tirer le meilleur

Veillons les uns sur les autres.

«Veillons les uns sur les autres, pour nous exciter à la charité et aux bonnes œuvres. N'abandonnons pas notre assemblée, comme c'est la coutume de quelques-uns; mais exhortons-nous réciproquement, et cela d'autant plus que vous voyez s'approcher le jour.» (Hébreux 10:24–25)

Nous allons maintenant nous attaquer au huitième «faisons» de l'épître aux Hébreux, que l'on trouve dans le passage ci-dessus. Certaines traductions (Ndt: en anglais) disent: *«Veillons à nous stimuler les uns les autres.»* Mais l'ordre est inversé dans le grec original où il est dit: «veillons les uns sur les autres, pour nous stimuler à exercer l'amour et les bonnes œuvres.» Cette façon de traduire introduit la résolution de cette semaine de veiller sur les autres. Nous devrions tous avoir de la considération les uns pour les autres, en cherchant toujours à tirer le meilleur de chacun.

Beaucoup de gens aujourd'hui sont enfermés dans des prisons d'égocentrisme. Ils ne sont jamais vraiment heureux, ils ne vivent jamais une paix authentique. En fait, plus vous chercherez à vous faire plaisir à vous-mêmes, plus vous aurez de problèmes. Selon la Bible, une façon de se libérer de cette prison c'est d'arrêter de se préoccuper de soi constamment. Arrêtez de vous inquiétez de votre petite personne et commencez à considérer vos frères et sœurs croyants.

Nous devons suivre l'exemple de Jésus et vivre l'exhortation de Paul:

«Ne faites rien par esprit de parti ou par vaine gloire, mais que l'humilité vous fasse regarder les autres comme étant au-dessus de vous-mêmes. Que chacun de vous, au lieu de considérer ses propres intérêts, considère aussi ceux des autres.» (Philippiens 2:3–4)

Le contraire d'avoir de la considération les uns pour les autres c'est *«considérer ses propres intérêts.»* La libération vient lorsque l'on se préoccupe des autres plus que de soi-même.

Merci Seigneur de m'aider à aimer les autres. Je proclame que je suis plus préoccupé des autres que de moi-même. Je veillerai sur les autres. Amen.

Se démunir soi-même

Veillons les uns sur les autres.

En Philippiens 2, Paul dit que nous devons suivre l'exemple de Jésus. Je dis toujours que notre disposition d'esprit détermine notre démarche, et que cette démarche produit un fruit déterminé. Voici la disposition d'esprit que nous devons cultiver: *«Ayez en vous les sentiments qui étaient en Jésus-Christ, lequel, existant en forme de Dieu, n'a point regardé comme une proie à arracher d'être égal avec Dieu, mais s'est dépouillé lui-même, en prenant une forme de serviteur,»* (Philippiens 2:5–7). Le mot grec traduit par *«serviteur»* signifie littéralement «esclave.» Nous voyons donc que Jésus, qui était le Seigneur de l'univers, s'est démuni lui-même et est volontairement devenu un serviteur, un esclave. Nous devons imiter cette attitude.

Paul dresse un magnifique parallèle dans un passage de Galates:

«Frères, vous avez été appelés à la liberté, seulement ne faites pas de cette liberté un prétexte de vivre selon la chair; mais rendez-vous, par la charité, serviteurs les uns des autres. Car toute la loi est accomplie dans une seule parole, dans celle-ci: Tu aimeras ton prochain comme toi-même.» (Galates 5:13–14)

Diriger notre regard vers les autres représente le moyen de nous libérer de notre tendance à nous complaire dans notre nature charnelle ou à être lié par l'égocentrisme. Nous devons nous servir les uns les autres dans l'amour. Je crois que le Saint-Esprit incite le peuple de Dieu à avoir cette attitude d'amour et d'altruisme aujourd'hui. Beaucoup de gens parlent de servir Dieu mais ne servent pas leurs frères et sœurs. Je ne sais pas à quel point vous pouvez réellement servir le Seigneur si vous ne voulez pas servir vos frères et vos sœurs, parce que le Seigneur se présente à nous à travers les membres de son corps. Notre attitude envers ces membres représente réellement notre attitude envers le Seigneur lui-même.

Merci Seigneur de m'aider à aimer les autres. Je proclame que je servirai mes frères et sœurs croyants comme pour servir le Seigneur. Je veillerai sur les autres. Amen.

Descendre du trône

Veillons les uns sur les autres.

En relation avec le fait de désirer nous servir les uns les autres, je voudrais lire un autre passage de l'apôtre Paul, qu'il adresse aux chrétiens de Corinthe. Par sa culture, Paul était un Juif orthodoxe d'observance stricte. Il était Pharisien et il était qualifié pour être rabbin. Sa notion de la justice l'avait amené à se séparer des autres gens et même à les considérer comme inférieurs ou à les mépriser.

Cependant, lorsqu'il a rencontré Jésus, sa nature a subi la plus merveilleuse des transformations. N'oubliez pas que les habitants de Corinthe étaient essentiellement des rebuts de l'humanité. Dans son épître, Paul dit que parmi eux se trouvaient d'anciens homosexuels, des prostituées, des alcooliques et de grossiers personnages. Ils n'étaient pas précisément des gens de la meilleure engeance. Corinthe était l'un des ports maritimes principaux de l'ancien monde et comme nombre de ports maritimes, la ville était remplie de ces sortes de gens.

Pourtant, voici une déclaration de Paul des plus étonnantes à leur encontre: *«Nous ne nous prêchons pas nous-mêmes; c'est Jésus-Christ le Seigneur que nous prêchons, et nous nous disons vos serviteurs à cause de Jésus»* (2 Corinthiens 4:5).

Et voici ce fier Pharisien affirmant à des gens tels que les Corinthiens: «Nous sommes vos esclaves à cause de Jésus»!

Notez les trois étapes. Premièrement, descendre du trône: *«pas...nous-mêmes.»* Deuxièmement, mettre Christ sur le trône: *«Jésus-Christ le Seigneur.»* Troisièmement, servir les autres: «[nous sommes] *vos serviteurs à cause de Jésus.»* Ces trois étapes sont tellement importantes. Par amour, servez-vous les uns les autres. Voilà le message: sortez de l'égocentrisme.

Merci Seigneur de m'aider à aimer les autres. Je proclame que je me détrône moi-même, que je place Christ sur le trône et que je sers les autres. Je veillerai sur les autres. Amen.

Un talent acquis

Veillons les uns sur les autres.

Servir est un talent que nous devons acquérir. Il n'est pas simplement inné et en tous cas nous n'y avons aucune propension par nature. Par exemple, un serveur de restaurant est une personne qui, dans un certain sens, est appelée à servir. Mais un serveur se doit d'être formé. J'ai un ami, ancien serveur, qui un jour m'a expliqué ce qu'impliquait le fait d'être bon dans sa profession. Après avoir compris le processus de formation, j'ai réalisé que tout cela n'allait pas de soi, servir est un talent qui s'acquiert. Nous devons observer les autres afin de trouver ce qui pourrait produire une bonne réaction et non pas une mauvaise. Nous devons les observer dans le but de susciter en eux l'amour et les bonnes œuvres, et non pas l'opposé. Servir requiert de la pratique, de la formation et de la discipline.

Servir exige aussi un bon environnement. Après avoir dit, *«Veillons les uns sur les autres, pour nous exciter à la charité et aux bonnes œuvres»* (Hébreux 10:24), l'auteur d'Hébreux continue en disant: *«N'abandonnons pas notre assemblée, comme c'est la coutume de quelques-uns; mais exhortons-nous réciproquement, et cela d'autant plus que vous voyez s'approcher le jour.»* Nous devons apprendre à servir dans le bon environnement, exprimé comme étant «notre assemblée.» Ce qui signifie une communion fraternelle intime, engagée et régulière.

Dans le verset suivant, l'auteur présente une alternative désastreuse. Immédiatement après nous avoir avertis de ne pas abandonner nos assemblées, il continue: *«Car, si nous péchons volontairement après avoir reçu la connaissance de la vérité, il ne reste plus de sacrifice pour les péchés, mais une attente terrible du jugement et l'ardeur d'un feu qui dévorera les rebelles.»* (versets 26–27). Cela implique que si nous ne restons pas dans le bon environnement, (si nous n'avons pas de communion fraternelle intime, engagée et régulière), nous recommencerons à pécher. La manière la plus sûre est de rester dans la communion fraternelle, de considérer d'autres gens, et d'apprendre à les servir dans la joie.

Merci Seigneur de m'aider à aimer les autres. Je proclame que je resterai dans la communion fraternelle, apprenant à servir, et à me focaliser sur la considération des autres. Je veillerai sur les autres. Amen.

Considérer Jésus en premier

Veillons les uns sur les autres.

Le passage citant le huitième «faisons» dit, dans le grec original, «considérons les uns les autres» (Hébreux 10:24). Mais je voudrais revenir à Hébreux 3:1, où le mot, *«considérer,»* est aussi utilisé. Nous lisons: *«considérez l'apôtre et le souverain sacrificateur de la foi que nous professons».* Si nous considérons Jésus, nous finirons par nous considérer les uns les autres. Mais il est important d'agir dans cet ordre. Nous considérons d'abord Jésus, puis nous nous considérons les uns les autres. La différence est énorme si vous êtes considérés en tant que personne ou en tant que personne en Christ.

Je me souviens d'un incident qui est arrivé lorsque j'étais principal d'une école de formation de professeurs en Afrique de l'Est. Chaque poste vacant nous permettant d'accepter un étudiant suscitait au moins une dizaine de candidats acceptables. Une jeune fille a parcouru pieds nus une quarantaine de kilométrés juste pour obtenir un entretien. Vous n'avez pas idée de la soif désespérée d'éducation qu'ont les gens en Afrique. L'éducation représentait la clé du succès dans la vie, selon leur manière de voir les choses.

Un jour, une maman d'âge mûr est venue me voir pour son fils, un étudiant potentiel. Il ne convenait pas exactement à cette école, et nous ne l'avions pas accepté. Sa mère m'a harcelé à tel point que j'ai commencé à sortir de mes gonds. En Afrique, ils ne croient pas à la démocratie, mais ils croient au chef, à l'homme fort. C'est lui que l'on prend en compte. Cette femme n'arrêtait pas de me dire: «Vous êtes le plus grand, c'est ce que vous dites qui importe.» Je m'en suis tellement irrité que j'étais sur le point de lui dire le fond de ma pensée (un fond qui n'était pas sanctifié, lui non plus). Lorsque tout à coup, très gentiment, le Seigneur m'a parlé, *Rappelle-toi, elle est une de mes enfants. Attention à ta façon de la traiter.* Je me suis repenti. Elle était réellement une enfant de Dieu, chérie et précieuse pour lui. Si nous considérons Jésus en premier, cela fera toute la différence dans notre manière de nous considérer les uns les autres.

Merci Seigneur de m'aider à aimer les autres. Je proclame que je considère Jésus en premier, en permettant à cette perspective d'affecter ma façon de veiller sur les autres. Amen.

Provoquer—de la bonne façon

Veillons les uns sur les autres.

La version Darby traduit Hébreux 10:24 de cette façon: *«et prenons garde l'un à l'autre pour nous exciter à l'amour et aux bonnes oeuvres».* Cette version emploie le terme *exciter,* un terme fort, à la connotation souvent négative. Je pense que cet usage est délibéré et a pour but de nous pousser à réfléchir. Qu'est ce qu'on peut habituellement exciter chez les autres? La colère ou la jalousie. Mais ici, nous devons exciter *«l'amour et les bonnes œuvres.»*

Le terme grec traduit par *«exciter»* est le même duquel est dérivé le mot français paroxysme. Savez-vous ce qu'est un paroxysme? C'est un accès émotionnel tout à fait incontrôlé, comme la colère ou le rire.

Même si le mot *exciter* (nous pouvons aussi dire 'provoquer') suggère souvent une chose mauvaise, dans ce contexte il est détourné dans le bon sens, car nous devons exciter l'amour et les bonnes œuvres les uns chez les autres. Et, permettez-moi de souligner que chez certaines personnes il *faut* provoquer, si l'on veut qu'elles fassent les bonnes choses. Toutefois, il faut réfléchir à la *manière* de provoquer.

C'est l'une de mes faiblesses, je n'aime pas avoir à réfléchir sur la personnalité des gens. J'ai un arrière-plan militaire et une pensée plutôt logique, et il me paraît suffisant de simplement dire à la personne de faire quelque chose. Mais la Bible nous dit de considérer la manière de lui parler, car, si vous désirez obtenir un bon résultat chez quelqu'un, votre façon de lui parler sera assez différente de celle que vous emploieriez pour quelqu'un d'autre. Toute personne ayant des enfants sait que c'est une réalité, vous ne pouvez pas tous les traiter de la même façon. Vous pouvez gronder un enfant et en obtenir ce que vous voulez. Mais si vous en grondez un autre, il se peut que vous ne fassiez que le décourager ou le mettre en situation d'échec.

Merci Seigneur de m'aider à aimer les autres. Je proclame que je considérerai la manière de provoquer l'amour et les bonnes œuvres chez les autres. Je veillerai sur les autres. Amen.

En bonne compagnie

Veillons les uns sur les autres.

La communion avec Dieu et avec nos frères et sœurs chrétiens entraîne une conséquence d'apparence négative: nous ne pouvons plus avoir le même genre de relations avec les non chrétiens.

«Ne vous mettez pas avec les infidèles sous un joug étranger. Car quel rapport y a-t-il entre la justice et l'iniquité? ou qu'y a-t-il de commun entre la lumière et les ténèbres? Quel accord y a-t-il entre Christ et Bélial? ou quelle part a le fidèle avec l'infidèle? Quel rapport y a-t-il entre le temple de Dieu et les idoles? Car nous sommes le temple du Dieu vivant, comme Dieu l'a dit: J'habiterai et je marcherai au milieu d'eux; je serai leur Dieu, et ils seront mon peuple.» (2 Corinthiens 6:14–16)

La séparation d'avec les non-croyants dont parle Paul n'est pas essentiellement *physique*. Nous pouvons côtoyer des non-croyants tous les jours, à la maison, au travail ou dans d'autres activités de la vie quotidienne. Dans de telles situations, notre témoignage chrétien nous astreint à être amicaux, courtois et secourables. Mais nous n'avons pas la liberté de nous associer à ces incroyants dans ce qui est, moralement ou spirituellement, impur ou déshonorant pour Christ. Dans ces domaines, nous devons suivre l'exhortation de Paul en 2 Corinthiens 6:17: *«Ne touchez pas à ce qui est impur.»* Si nous sommes sensibles au Saint-Esprit, il nous mettra en garde constamment contre ces contacts qui nous souillent et il nous montrera comment nous en protéger.

Cependant, la protection la plus sûre contre ces mauvaises compagnies, ce sont les bonnes compagnies. En tant qu'enfants de Dieu, nous sommes héritiers d'innombrables joies et bénédictions desquelles le monde ne sait rien. En fait, Paul nous dit que Dieu notre père *«nous a bénis de toute sortes de bénédictions spirituelles dans les lieux célestes en Christ!»* (Ephésiens 1:3). Si nous partageons régulièrement ces bénédictions avec le reste de la famille de Dieu, nous ne serons plus attirés par les plaisirs tapageurs et impurs d'un monde qui marche dans les ténèbres.

Merci Seigneur de m'aider à aimer les autres. Je proclame que je me retire de la communion avec les ténèbres et que je m'entoure de la communion de la famille de Dieu, des mes frères et sœurs en Christ. Je veillerai sur les autres. Amen.

49ème semaine:

Courons avec persévérance.

Nous donc aussi, puisque nous sommes environnés d'une si grande nuée de témoins, rejetons tout fardeau, et le péché qui nous enveloppe si facilement, et courons avec persévérance dans la carrière qui nous est ouverte.

–Hébreux 12:1

Une course triomphante

Courons avec persévérance.

Le neuvième «faisons» de l'épître aux Hébreux se situe dans le premier verset du chapitre 12:

«Nous donc aussi, puisque nous sommes environnés d'une si grande nuée de témoins, rejetons tout fardeau, et le péché qui nous enveloppe si facilement, et courons avec persévérance dans la carrière qui nous est ouverte.» (Hébreux 12:1)

Dans cette traduction, ce seul verset contient deux «faisons», ce qui est parfaitement légitime. Cependant, il se trouve que la première partie de la phrase, *«rejetons tout fardeau,»* ne se trouve pas sous cette forme dans le grec original. Il s'agirait plutôt d'un participe présent suivi d'un impératif qui se lirait comme suit: «En rejetant tout fardeau, courons avec persévérance.» Le réel impératif du verset ci-dessus, sur lequel nous devons nous concentrer est celui-ci *«courons avec persévérance dans la carrière qui nous est ouverte.»*

Ici, ainsi que dans d'autres parties du Nouveau Testament, la vie chrétienne est comparée à une course. Cette analogie suppose une course spécifique, tracée à l'avance devant nous. La réussite de la vie chrétienne consiste à achever la course en accord avec les règles de la compétition.

Comprenant donc que nous devrons relever le défi de cette course tracée devant nous, nous devons savoir qu'il y a quatre conditions à remplir pour l'achever avec succès. Chacune de ces conditions se trouve dans l'Ancien Testament: (1) avoir une bonne mentalité, (2) être maître de soi, (3) persévérer, et (4) garder nos yeux fixés sur Jésus. Si nous gardons à l'esprit ces quatre conditions, nous pourrons achever la course et garder la foi.

Merci Seigneur de ce que tu m'aides à «continuer d'aller de l'avant.» Je proclame que je conserverai une bonne mentalité, que je serai maître de moi dans la pratique, que je manifesterai de la persévérance et que je garderai les yeux fixés sur Jésus. En agissant ainsi, j'achèverai la course et je garderai la foi. Je courrai avec persévérance. Amen.

La bonne attitude mentale

Courons avec persévérance.

L'une des exigences fondamentales pour gagner la course, c'est d'avoir une bonne attitude mentale. Ce principe trouve un exemple dans les paroles de Paul lorsqu'il parlait de sa relation avec Jésus-Christ: *«Afin de connaître Christ, et la puissance de sa résurrection, et la communion de ses souffrances, en devenant conforme à lui dans sa mort, pour parvenir, si je puis, à la résurrection d'entre les morts»* (Philippiens 3:10–11).

Paul avait un objectif spécifique. Il ne courait pas sans but. (Lire 1 Corinthiens 9:26.) Il avait devant lui un point de mire. Il le connaissait, ce qui déterminait son attitude mentale. Il continue: *«Ce n'est pas que j'aie déjà remporté le prix, ou que j'aie déjà atteint la perfection* [la plénitude]; *mais je cours, pour tâcher de le saisir, puisque moi aussi j'ai été saisi par Jésus-Christ.»* (Verset 12). La vision de Paul était que Christ s'était saisi de lui pour un but, et pour l'accomplir il lui fallait s'y impliquer. Il devait être déterminé à faire de l'objectif de Christ son propre objectif.

«Frères, je ne pense pas l'avoir saisi; mais je fais une chose: oubliant ce qui est en arrière et me portant vers ce qui est en avant, je cours vers le but, pour remporter le prix de la vocation céleste de Dieu en Jésus-Christ.» (versets 13–14)

L'expression *«Je cours»* apparaît deux fois, une fois au verset 12 et une autre fois au verset 14. C'est ici l'attitude mentale que nous devons avoir en commun avec Paul: «Je cours. J'ai un but. Je ne suis pas encore arrivé, mais je sais où je vais.» La dernière fois que Paul a employé cette expression il a dit: «Je cours vers le but, pour remporter le prix de la vocation céleste de Dieu en Jésus-Christ.» Il y a un prix pour ceux qui remportent la course. N'oublions jamais le but, parce que nous ne voulons pas perdre la récompense que Dieu nous destine.

Merci Seigneur de ce que tu m'aides à «courir.» Je proclame que j'entretiendrai une bonne attitude mentale, en gardant le but à l'esprit. Je courrai avec persévérance. Amen.

La condition de la maîtrise de soi

Courons avec persévérance.

Une autre des conditions pour remporter la course c'es la maîtrise de soi, et elle est illustrée par les paroles de Paul, en 1 Corinthiens 9:24–25, qui compare la vie chrétienne à une compétition athlétique. Le parallèle est excellent et nous parle toujours aujourd'hui, parce que nous assistons souvent à des compétitions sportives, que ce soit en personne ou par l'intermédiaire de la télévision. Le principe en lui-même est toujours applicable.

«Ne savez-vous pas que ceux qui courent dans le stade courent tous, mais qu'un seul remporte le prix? Courez de manière à le remporter.» (1 Corinthiens 9:24)

Voilà l'objectif. Puis, Paul en consigne la condition.

«Tous ceux qui combattent s'imposent toute espèce d'abstinences, et ils le font pour obtenir une couronne corruptible; mais nous, faisons-le pour une couronne incorruptible.» (verset 25)

Si nous voulons remporter la course, si nous voulons remporter le prix, nous devons remplir la condition de la maîtrise de soi. Ce principe semble tellement évident en termes d'athlétisme. Tout athlète qui réussit de nos jours doit s'entraîner à observer la maîtrise de lui-même la plus rigoureuse. Il doit contrôler sa nourriture, ses heures de sommeil et sa durée d'entraînement. Il doit aussi maîtriser son psychisme, en développant la bonne attitude. Il ne peut se permettre de se laisser envahir par des pensées négatives. Il doit entrer en compétition dans une attitude positive, en croyant qu'il aura la victoire.

Tout ceci est valable de la même façon pour nous chrétiens dans notre propre course. Nous ne pourrons pas remporter la course sans le contrôle de nous-mêmes.

Merci Seigneur de ce que tu m'aides à «courir». Je proclame que je m'exercerai à la maîtrise de moi dans tous les domaines, pour pouvoir remporter le prix. Je courrai avec persévérance. Amen.

Cultiver la persévérance

Courons avec persévérance.

Cette phrase indique qu'il faut remplir une autre condition pour être victorieux dans cette course, telle que citée en Hébreux 12:1: «*la persévérance.*» C'est une qualité essentielle pour notre caractère en tant que chrétiens, si nous voulons réussir et nous accomplir spirituellement. Nous devons cultiver la persévérance.

Quel est le contraire de la persévérance? Je dirais qu'il s'agit d'abandonner ou de laisser tomber. Les chrétiens ne peuvent pas se permettre d'être de ceux qui abandonnent. Lorsque Dieu nous enjoint de faire quelque chose, nous devons envisager de l'accomplir et mettre tout en œuvre pour ce but. La maîtrise de soi et la persévérance sont intimement liées. Sans cette maîtrise nous n'arriverons pas à persévérer. Nous devons dominer nos faiblesses, sinon, à chaque fois que notre persévérance sera testée, nos faiblesses (qu'elles soient émotionnelles, psychologiques ou physiques) nous feront tomber, et nous baisserons les bras au moment même où nous aurions dû résister et persévérer.

Nonobstant, une course victorieuse exige aussi d'avoir le regard fixé sur Jésus. Comme il est écrit en Hébreux: «*ayant les regards sur Jésus, le chef et le consommateur de la foi, qui, en vue de la joie qui lui était réservée, a souffert la croix, méprisé l'ignominie, et s'est assis à la droite du trône de Dieu.*» (Hébreux 12:2).

Nous devons regarder à Jésus constamment. En d'autres termes, nous ne pouvons pas mener à bien cette course en tablant sur nous-mêmes. Regarder à Jésus signifie qu'il est notre exemple, et que nous mettons notre confiance en lui. Il est l'auteur (le commencement) de notre foi. Il en est le consommateur, celui qui nous nous mènera à la victoire.

Merci Seigneur de ce que tu m'aides à «courir». Je proclame que je n'abandonnerai pas, mais que je fixerai mon regard sur Jésus, celui qui me mènera à la victoire. Je courrai avec persévérance. Amen.

Une course longue et opiniâtre

Courons avec persévérance.

Lorsqu'il est dit en Hébreux 12:1 «rejetons tout fardeau,» nous devons associer ces termes à la course. Le coureur vide ses poches et porte les vêtements les plus légers et confortables que possible, il ne se charge pas d'une once de surpoids. Certaines choses ne sont pas exactement des péchés mais représentent tout de même des poids qui nous accablent et nous retiennent. Ils épuisent nos forces ou sollicitent trop de notre temps et de notre attention.

N'oubliez pas qu'il ne s'agit pas d'un sprint, c'est une course longue et opiniâtre. Le trait de caractère principal requis est la persévérance. Nombreux sont ceux qui commencent leur vie chrétienne comme s'il s'agissait d'un sprint. Quelques instants plus tard, ils sont pantelants et à la traîne, ils sont finis alors qu'ils viennent à peine de commencer. Ecclésiastes 9:11 souligne judicieusement: *«la course n'est point aux agiles ni la guerre aux vaillants.»*

La suite énonce le témoignage d'un champion, l'apôtre Paul:

«J'ai combattu le bon combat, j'ai achevé la course, j'ai gardé la foi. Désormais la couronne de justice m'est réservée; le Seigneur, le juste juge, me le donnera dans ce jour-là, et non seulement à moi, mais encore à tous ceux qui auront aimé son avènement.» (2 Timothée 4:7–8)

Paul savait qu'il avait remporté la course. Il l'avait achevée et il savait que le prix l'attendait. C'est un glorieux témoignage. Ce pourrait être le vôtre et le mien également, si seulement nous arrivons à remplir les conditions.

Il ne s'agit pas de vitesse ni de puissance, mais ce qui compte, c'est la persévérance.

Merci Seigneur de ce que tu m'aides à «courir». Je proclame que je «rejette tout fardeau» en me préparant à achever une longue course opiniâtre. Je courrai avec persévérance. Amen.

Le processus de la persévérance

Courons avec persévérance.

Examinons de plus près quelques principes simples qui nous aideront à cultiver la persévérance, lisons d'abord ce que Paul écrit en Romains 5:1–2: *«Étant donc justifiés par la foi, nous avons la paix avec Dieu par notre Seigneur Jésus-Christ, à qui nous devons d'avoir eu par la foi accès à cette grâce, dans laquelle nous demeurons fermes, et nous nous glorifions dans l'espérance de la gloire de Dieu.»* Nous nous réjouissons à cause de ce l'avenir nous réserve. Paul continue en disant que non seulement nous nous réjouissons à l'aube de l'avenir, mais également dans ce que nous offre le présent: *«Bien plus, nous nous glorifions même des afflictions, sachant que l'affliction produit la persévérance, la persévérance la victoire dans l'épreuve, et cette victoire l'espérance.»* (versets 3–4). Là où le terme «se glorifier,» est utilisé au verset 3, le grec original signifie «se réjouir, se prévaloir, ou exulter.» Nous devrions exulter dans la tribulation à cause de ce qu'elle produit. La version Ostervald le traduit comme suit: *«l'affliction produit la patience, et la patience la vertu éprouvée, et la vertu éprouvée l'espérance».* La patience, ou la persévérance produit en nous une vertu, un caractère éprouvé. Le cœur même de l'endurance, c'est un caractère qui a résisté à l'épreuve. Comme l'écrit Paul: *«Or, l'espérance ne trompe point, parce que l'amour de Dieu est répandu dans nos cœurs par le Saint-Esprit qui nous a été donné»* (Romains 5:5).

L'amour est une question de caractère. En substance, nous travaillons à la formation de notre caractère. Nous nous réjouissons dans la tribulation, car elle seule produit la persévérance. Et la persévérance produit un caractère éprouvé. Je connais des hommes avec qui j'ai cheminé et aux côtés de qui j'ai affronté les difficultés, l'opposition, les préjugés et les malentendus. Mais pour moi, aujourd'hui, ce sont des hommes au caractère éprouvé, je sais que je peux compter sur eux. Au cœur de la traîtrise et de l'anarchie, je veux savoir sur qui je peux compter.

Merci Seigneur de ce que tu m'aides à «continuer d'aller de l'avant». Je proclame que je me réjouis dans les tribulations qui produisent le caractère et l'espérance nécessaires pour achever la course. Je courrai avec persévérance. Amen.

Jusqu'à la fin

Courons avec persévérance.

L'un des thèmes récurrents de l'épître aux Hébreux est le danger encouru lorsque l'on revient sur sa profession de foi. Hébreux contient cinq passages différents qui nous avertissent du danger de rétrograder. Il s'agit-là de paroles parmi les plus solennelles de la Bible. Pour cette raison, l'un des termes clés, souligné dans Hébreux, est celui que nous étudions en ce moment: *la persévérance.*

«Nous désirons que chacun de vous montre le même zèle pour conserver jusqu'à la fin une pleine espérance, en sorte que vous ne vous relâchiez point, et que vous imitiez ceux qui, par la foi et la persévérance, héritent des promesses.» (Hébreux 6:11–12)

La foi et la persévérance. Certaines personnes vous diront que la foi est la seule chose nécessaire pour revendiquer les promesses de Dieu. Mais ce n'est pas vrai. Il vous faut de la foi et de la persévérance. Les deux sont nécessaires. Comme le dit l'auteur d'Hébreux à la suite: *«N'abandonnez donc pas votre assurance, à laquelle est attachée une grande rémunération. Car vous avez besoin de persévérance, afin qu'après avoir accompli la volonté de Dieu, vous obteniez ce qui vous est promis.»* (Hébreux 10:35–36).

Le mot assurance signifie posséder la liberté d'expression. Pouvoir hardiment parler de Jésus, de ce qu'il a fait pour vous et de ce qu'il fera encore. Vous avez fait la volonté de Dieu mais vous n'avez pas encore reçu les promesses. De quoi avez-vous besoin? De persévérance. Vous devez vous accrocher au fait que vous avez fait la volonté de Dieu et revendiquer ses promesses, jusqu'à ce qu'en fait vous les receviez. Certaines personnes font la volonté de Dieu et revendiquent les promesses, mais ne tiennent pas la distance. Puis, elles disent que cela n'a pas marché. Mais cela ne marchera pas sans persévérance. Vous avez besoin de foi et de persévérance.

Merci Seigneur de ce que tu m'aides à «continuer d'aller de l'avant». Je proclame que je persévérerai jusqu'à la fin par la foi, en tenant bon pour faire la volonté de Dieu et réclamer ses promesses. Je courrai avec persévérance. Amen.

50ème semaine:

Montrons de la gratitude.

C'est pourquoi, recevant un royaume inébranlable, montrons notre reconnaissance en rendant à Dieu un culte qui lui soit agréable.

—Hébreux 12:28

La grâce et la gratitude

Montrons de la gratitude.

Le dixième impératif de l'épître aux Hébreux se trouve presque à la fin du chapitre 12:

«C'est pourquoi, recevant un royaume inébranlable, montrons notre reconnaissance en rendant à Dieu un culte qui lui soit agréable, avec piété et avec crainte, car notre Dieu est aussi un feu dévorant.» (Hébreux 12:28–29)

Là où la traduction ci-dessus dit: *«montrons notre reconnaissance,»* une autre version l'exprime ainsi: *«montrons de la grâce»* (et il est important que nous comprenions la connexion entre la grâce et la reconnaissance.) Cette dernière est une traduction littérale (l'expression «montrer de la grâce» est communément utilisée en grec pour exprimer l'acte de remercier). Cela fait ressortir une association d'idées entre la grâce et les remerciements (Ndt: en français, les actions de grâce). Cette connexion se retrouve également dans plusieurs langues romanes modernes, par exemple, en français, on dit *«Grâce à Dieu,»* ce qui signifie «Merci à Dieu»; en italien, c'est *«grazie,»* et en espagnol, *«gracias.»* Tous ces mots découlent du terme de *grâce.*

Il est aisé de saisir cette connexion entre la grâce et les remerciements. Sachant cela, je voudrais vous dire que vous ne pourrez pas voir la grâce de Dieu opérer dans vos vies si vous ne pratiquez pas la reconnaissance. La grâce et la reconnaissance vont de pair. Il n'y a rien de moins gracieux qu'une personne ingrate, alors qu'une personne pleine de gratitude expérimentera toujours la grâce de Dieu.

Dieu exige deux choses de nous en tant que son peuple. Tout d'abord, il nous demande d'apprécier ce qu'il fait pour nous. Ensuite, il nous demande d'exprimer cette appréciation. Il est important de comprendre notre besoin d'exprimer à Dieu notre appréciation.

Merci Seigneur, de tout ce que tu as fait pour moi. Je proclame que j'apprécie ce que le Seigneur fait pour moi et j'exprime cette appréciation librement. Je montrerai de la gratitude. Amen.

S’arrêter pour dire «merci»

Montrons de la gratitude.

Certaines personnes sont authentiquement reconnaissantes envers Dieu mais ne prennent jamais le temps de le lui dire. Quel serait notre sentiment si nos enfants ne nous remerciaient jamais pour tout ce que nous faisons pour eux? Que ressentirions-nous s’ils ne disaient jamais «merci» ou ne démontraient jamais leur gratitude, s’ils ne faisaient qu’accepter tout ce que nous avons fait pour eux comme un dû, en considérant les choses comme acquises?

Malheureusement, c’est ainsi qu’agissent beaucoup d’enfants de Dieu envers lui, et ce n’est pas agréable pour lui. Il nous est demandé d’apprécier ce que Dieu fait pour nous et de prendre le temps de lui exprimer notre appréciation. L’un de mes versets favoris se trouve en Proverbes: *«Reconnais-le* [Dieu] *dans toutes tes voies, et il aplanira tes sentiers»* (Proverbes 3:6).

J’ai appris par expérience que si je prends le temps de reconnaître Dieu à chaque étape de ma vie, je peux m’en remettre à lui pour continuer de diriger mes pas. Vous vous demandez peut-être: «Comment puis-je reconnaître Dieu?» La façon la plus simple et la meilleure est de le remercier, dites «merci» pour tout ce qu’il a fait et pour sa fidélité. Vous aurez l’assurance immédiate qu’il continuera d’être fidèle. De la même façon qu’il vous a aidés et guidés par le passé, il vous guidera dans l’avenir. Mais la clé de cette assurance réside dans votre reconnaissance de ce qu’il est, à travers vos actions de grâce.

Lorsque j’étais en Afrique de l’Est, j’ai découvert que dans la langue tribale d’origine de ma fille adoptive africaine, on n’y trouve aucun mot ni aucune expression pour dire «merci». Pouvez-vous imaginer ne pas être capable de dire «merci»? Puis, j’ai réalisé que ce n’était que dans les endroits que la Bible avait atteints que les gens avaient appris à dire «merci». Cela fait partie intégrante de la grâce de Dieu.

Merci Seigneur, de tout ce que tu as fait pour moi. Je proclame que je m’arrêterai à chaque étape de la vie pour reconnaître Dieu en le remerciant. Je montrerai de la gratitude. Amen.

La réaction appropriée

Montrons de la gratitude.

Nous devons observer le contexte de cette exhortation à la reconnaissance. Lorsque nous la lisons dans l'épître aux Hébreux, nous y trouvons l'avertissement ci-dessous, plutôt solennel. L'auteur fait un parallèle avec un passage de l'Ancien Testament, lorsque Dieu parle au peuple d'Israël à travers Moïse:

«Gardez-vous de refuser d'entendre celui qui parle; car si ceux-là n'ont pas échappé qui refusèrent d'entendre celui qui publiait les oracles sur la terre, combien moins échapperons-nous, si nous nous détournons de celui qui parle du haut des cieux, lui, dont la voix alors ébranla la terre, et qui maintenant a fait cette promesse: Une fois encore j'ébranlerai non seulement la terre, mais aussi le ciel. Ces mots: Une fois encore, indiquent le changement des choses ébranlées, comme étant faites pour un temps, afin que les choses inébranlables subsistent.» (Hébreux 12:25–27)

La reconnaissance est la juste réaction par rapport aux privilèges et aux bienfaits que nous possédons en Dieu. Nous ne dépendons pas d'un royaume ébranlable. Nous appartenons à un royaume éternel, inébranlable, le royaume de Dieu lui-même, le royaume qui est *«la justice, la paix et la joie, par le Saint-Esprit.»* (Romains 14:17). Au milieu de tous ces bouleversements alentour (toute la détresse ambiante, les incertitudes, la perplexité, la confusion, la haine, la division, la guerre et la peur) nous sommes attachés à un royaume inébranlable. Nous avons la paix, la sécurité et un but. Quelle devrait être notre réaction la plus appropriée? Une seule est possible: la reconnaissance. *«C'est pourquoi, recevant un royaume inébranlable, montrons notre reconnaissance»* (Hébreux 12:28); exprimons à Dieu notre gratitude.

Merci Seigneur, de tout ce que tu as fait pour moi. Je proclame que puisque je reçois *«un royaume inébranlable,»* je serai reconnaissant et montrerai de la gratitude. Je montrerai de la gratitude. Amen.

La libération engendrée par les actions de grâce

Montrons de la gratitude.

La reconnaissance, ou la gratitude, est la réaction appropriée à ce que Dieu a fait, et fait toujours, pour nous. C'est une chose que nous devons à Dieu, une chose que nous devons payer de retour. Mais l'expression de notre appréciation agit également dans notre propre esprit d'une manière unique et incomparable.

Je l'exprimerai de cette façon: la reconnaissance libère notre esprit pour rendre une louange et un service agréables. C'est pourquoi l'auteur d'Hébreux dit: *«Montrons notre reconnaissance en rendant à Dieu un culte qui lui soit agréable, avec piété et avec crainte,»* (Hébreux 12:28). Sans la gratitude, notre service envers Dieu ne sera pas agréable. C'est cette «attitude de gratitude» qui rend notre service agréable et qui libère notre esprit. Une personne ingrate est liée à elle-même. Elle est centrée sur elle-même. Elle ne peut pas connaître de véritable libération. Mais la gratitude libère notre esprit.

«Rendez grâces en toutes choses, car c'est à votre égard la volonté de Dieu en Jésus-Christ. N'éteignez pas l'Esprit.» (1 Thessaloniciens 5:18–19)

C'est un commandement clair: si nous ne rendons pas grâce, nous sommes désobéissants. Nous serons aussi en dehors de la volonté de Dieu. En outre, ne pas rendre grâce éteint l'Esprit. L'Esprit n'est libéré (pour servir Dieu de manière agréable) que par les actions de grâce.

Puis, notez l'avertissement qui conclut Hébreux 12: *«car notre Dieu est aussi un feu dévorant»* (verset 29). L'auteur nous dit que: «nous devons approcher ce Dieu saint et inspirateur de crainte dans la bonne attitude, d'un cœur humble et reconnaissant.»

Merci Seigneur, de tout ce que tu as fait pour moi. Je proclame que quand je m'approche du Dieu saint et inspirateur de crainte avec un cœur humble et reconnaissant, cette attitude libérera mon esprit pour une louange et un service agréables. Je montrerai de la gratitude. Amen.

La nécessité de la gratitude

Montrons de la gratitude.

Observons un peu la situation mondiale actuelle. Nous sommes conscients qu'un bouleversement s'approche (Lire Hébreux 12:26–27.) Puis, observons dans quelle mesure le naturel de l'homme, ses mœurs et sa conception de la normalité se désintègrent. Paul dit:

«Sache que, dans les derniers jours, il y aura des temps difficiles. Car les hommes seront égoïstes, amis de l'argent, fanfarons, hautains, blasphémateurs, rebelles à leurs parents, ingrats, irréligieux, insensibles, déloyaux, calomniateurs, intempérants, cruels, ennemis des gens de bien, traîtres, emportés, enflés d'orgueil, aimant le plaisir plus que Dieu, ayant l'apparence de la piété, mais reniant ce qui en fait la force. Éloigne-toi de ces hommes-là.» (2 Timothée 3:1–5)

Ceci représente une liste terrible de tares morales et de dégradations de la personnalité qui marqueront le déclin de notre ère. Je suis sûr que si vous relisez la liste, vous vous rendrez compte que la plupart de ces altérations de la nature de l'homme sont déjà flagrantes dans notre culture contemporaine. Puis, au centre de cette liste, il est dit que les gens sont , *«rebelles à leurs parents, ingrats, irréligieux, insensibles.»* Vous remarquerez l'association. Les ingrats côtoient les irréligieux. Vous ne pouvez être religieux et continuer d'être ingrats. Puisque notre Dieu est un feu dévorant (lire par exemple Hébreux 12:29), il demande que nous le servions avec sainteté, ce qui est pertinent. Nous devons également le servir avec gratitude. Nous devons venir à lui dans la reconnaissance.

Montrons donc de la gratitude afin de le servir de manière agréable, avec un saint respect et une divine crainte. (Lire le verset 28.)

Merci Seigneur, de tout ce que tu as fait pour moi. Je proclame que puisque notre Dieu est un feu dévorant, je le servirai avec sainteté et gratitude. Je montrerai de la gratitude. Amen.

Rendre grâce à Dieu

Montrons de la gratitude.

La reconnaissance est un commandement formel des Ecritures, si nous ne sommes pas reconnaissants, nous sommes désobéissants. (Lire 1 Thessaloniciens 5:18). Ainsi que pour la plupart des attitudes importantes de la vie chrétienne, la reconnaissance découle de la volonté et non des émotions. Nous n'avons pas besoin de nous *sentir* reconnaissants pour *l'être*. Ceux qui ont des enfants leur apprennent à dire «merci.» En Grande Bretagne, on s'attend à ce que les enfants disent «merci» avant même de recevoir quelque chose. C'est simplement une question de bonnes manières.

Dieu agit souvent envers nous de cette façon, en nous demandant de dire «merci» avant de recevoir effectivement quelque chose. Il arrive souvent que nous ne recevions rien, si nous attendons d'abord de recevoir.

«Et que la paix de Christ, à laquelle vous avez été appelés pour former un seul corps, règne dans vos cœurs. Et soyez reconnaissants. Que la parole de Christ habite parmi vous abondamment; instruisez-vous et exhortez-vous les uns les autres en toute sagesse, par des psaumes, par des hymnes, par des cantiques spirituels, chantant à Dieu dans vos cœurs sous l'inspiration de la grâce. Et quoi que vous fassiez, en parole ou en œuvre, faites tout au nom du Seigneur Jésus, en rendant par lui des actions de grâces à Dieu le Père.» (Colossiens 3:15–17)

Ce passage expose deux exigences: faire toutes choses au nom du Seigneur Jésus, et rendre grâce en le faisant. Ces instructions s'appliquent à toutes sortes de tâches, qu'il s'agisse de frotter le sol de la cuisine, de briquer les toilettes, de conduire la voiture ou d'écrire une lettre. C'est une assez bonne manière d'évaluer ce qui est mal et ce qui est bien. S'il y a une activité à laquelle honnêtement nous ne pouvons pas nous livrer au nom du Seigneur Jésus tout en lui rendant grâces, alors il est préférable de ne pas la faire. Cette méthode fait le tri dans une bonne série d'options qui nous sont possibles ou non. C'est un principe de base qui guidera nos paroles et nos actions.

Merci Seigneur, de tout ce que tu as fait pour moi. Je proclame que je ferai toutes choses dans le nom du Seigneur Jésus, tout en rendant grâces à Dieu le Père en les accomplissant. Je montrerai de la gratitude. Amen.

Accomplir la volonté de Dieu

Montrons de la gratitude.

La reconnaissance est une façon d'exprimer la paix de Christ qui règne dans nos cœurs, elle est une expression de la parole de Christ dont la richesse demeure en nous. Rendre grâce est un principe qui devrait guider tous nos actes. (Lire Colossiens 3:15–17.) Lisons trois versets courts mais non moins importants, en commençant par 1 Thessaloniciens 5:16–18: *«Soyez toujours joyeux. Priez sans cesse. Rendez grâces en toutes choses, car c'est à votre égard la volonté de Dieu en Jésus-Christ.»* Ce verset contient trois instructions simples: être toujours joyeux, prier sans cesse et rendre grâce en toutes choses En ce qui concerne le fait de rendre grâce en toutes choses, Paul dit: *«c'est à votre égard la volonté de Dieu en Jésus-Christ.»* Lorsque nous ne rendons pas grâce, nous n'accomplissons pas la volonté de Dieu. En d'autres termes, nous sommes en dehors de sa volonté. Il est tellement important de comprendre cela!

La deuxième chose que je voulais dire à propos de la reconnaissance ou des actions de grâces, c'est qu'il s'agit d'une expression essentielle de la plénitude du Saint-Esprit Paul écrit: *«N'éteignez pas l'Esprit»* (verset 19). Voici ce qu'il a dit aux Ephésiens: *«C'est pourquoi ne soyez pas inconsidérés, mais comprenez quelle est la volonté du Seigneur. Ne vous enivrez pas de vin: c'est de la débauche. Soyez, au contraire, remplis de l'Esprit»* (Ephésiens 5:17–18).

Paul nous donne une instruction à la forme négative et une autre à la forme affirmative en ce qui concerne la volonté du Seigneur. Si nous ne comprenons pas ces principes concernant la volonté de Dieu, alors c'est que nous sommes inconsidérés. Les deux exhortations sont tout aussi valables l'une que l'autre. Il est impropre pour un chrétien d'être ivre de vin, mais il est tout aussi impropre pour lui de ne *pas* être rempli du Saint-Esprit. Parfois, en tant que personnes religieuses, nous nous focalisons tellement sur les choses à la forme négative (ne pas nous enivrer de vin) que nous oublions les choses à la forme affirmative (être remplis du Saint-Esprit) Nous avons besoin d'être remplis du Saint-Esprit.

Merci Seigneur, de tout ce que tu as fait pour moi. Je proclame qu'en rendant grâce, j'accomplis la volonté de Dieu et j'exprime la plénitude du Saint-Esprit. Je montrerai de la gratitude. Amen.

51ème semaine:

Sortons hors du camp pour aller à lui.

Sortons donc pour aller à lui, hors du camp,
en portant son opprobre.

—Hébreux 13:13

Porter son opprobre

Sortons hors du camp pour aller à lui.

Le onzième «faisons» se trouve en Hébreux au chapitre 13:

«C'est pour cela que Jésus aussi, afin de sanctifier le peuple par son propre sang, a souffert hors de la porte. Sortons donc pour aller à lui, hors du camp, en portant son opprobre. Car nous n'avons point ici-bas de cité permanente, mais nous cherchons celle qui est à venir.» (Hébreux 13:12–14)

Ce passage traite de notre attitude envers le monde actuel et de la relation que nous entretenons avec lui. Il nous dit que notre foyer n'est pas de ce monde. Nous n'avons aucune place permanente dans ce monde. Le monde a rejeté Jésus. Il l'a conduit hors de la ville et l'a crucifié en dehors des portes.

Ce verset fait bien ressortir le fait que la crucifixion de Jésus a eu lieu en dehors des murs de la ville. Jésus a été rejeté. Il a été exclu de la société, le monde ne voulait pas de lui. Et la façon dont le monde a traité Jésus sera tôt ou tard, d'une manière ou d'une autre, celle dont il nous traitera vous et moi, en tant que chrétiens. Il nous appartient de vouloir sortir pour aller vers lui, à l'endroit de la crucifixion, du rejet et de la honte, en portant son opprobre. Ailleurs en Hébreux, il est dit que l'opprobre de Christ est une richesse plus grande que tous les trésors de l'Egypte. (Lire Hébreux 11:26.) Ainsi, son opprobre devient notre gloire.

Puis, l'auteur expose une merveilleuse raison: *«Car nous n'avons point ici-bas de cité permanente.»* D'autres personnes peuvent penser que ce monde est permanent, mais nous savons qu'il ne l'est pas. *«Mais nous cherchons celle qui est à venir.»* J'aime cette traduction parce qu'elle parle de la cité. Il y a une cité particulière qui est la destination et le foyer de tout chrétien authentique. C'est à elle que nous appartenons réellement.

Merci Seigneur parce que tu m'as appelé à laisser ce monde derrière moi. Je proclame que je suis désireux de sortir vers Jésus «hors des murs de la ville,» en portant son opprobre. Je sortirai du camp pour aller à lui. Amen.

Une cité qu'il a préparée

Sortons hors du camp pour aller à lui.

Dans le onzième chapitre des Hébreux, l'auteur dresse une sorte de liste d'honneur des nombreux saints fidèles de l'Ancien Testament. Puis, il continue:

«C'est dans la foi qu'ils sont tous morts, sans avoir obtenu les choses promises; mais ils les ont vues et saluées de loin, reconnaissant qu'ils étaient étrangers et voyageurs sur la terre. Ceux qui parlent ainsi montrent qu'ils cherchent une patrie. S'ils avaient eu en vue celle d'où ils étaient sortis, ils auraient eu le temps d'y retourner. Mais maintenant ils en désirent une meilleure, c'est-à-dire une céleste. C'est pourquoi Dieu n'a pas honte d'être appelé leur Dieu, car il leur a préparé une cité.» (Hébreux 11:13–16)

Ces précurseurs de la foi, des hommes et des femmes qui sont nos exemples, ont reconnu qu'ils étaient des étrangers et des voyageurs sur cette terre. Ils n'étaient pas vraiment d'ici, ils recherchaient une patrie.

Notre monde d'aujourd'hui contient une multitude de réfugiés dont l'agonie est de ne pas posséder d'endroit permanent pour vivre. Ces gens en Hébreux, eux aussi, cherchaient une patrie, mais pas dans ce monde. S'ils avaient voulu, ils auraient pu retourner à l'endroit d'où ils venaient. Par exemple, Abraham aurait pu retourner à Ur, en Chaldée. Mais sa pensée était fixée sur l'avenir, il ne regardait pas derrière lui. Ils désiraient une meilleure patrie, c'est-à-dire, une patrie céleste. Puis, nous lisons cette phrase merveilleuse: *«C'est pourquoi Dieu n'a pas honte d'être appelé leur Dieu.»* Lorsque nous nous identifions dans ce Dieu fait, dans sa préparation d'une cité pour nous, alors il est fier d'être appelé notre Dieu. Il a préparé une cité, pour eux et pour nous.

Merci Seigneur parce que tu m'as appelé à laisser ce monde derrière moi. Je proclame que je suis un étranger et un exilé sur cette terre, cherchant la cité que tu as préparée pour moi. Je sortirai du camp pour aller à lui. Amen.

---

19 DECEMBRE

L'identification avec la croix

Sortons hors du camp pour aller à lui.

S'engager pour Jésus exige que nous nous identifiions à la croix et que nous nous rendions au lieu où il a été crucifié. Cet engagement exclut deux choses: plaire à soi-même et plaire au monde.

«Soyez tous mes imitateurs, frères, et portez les regards sur ceux qui marchent selon le modèle que vous avez en nous. Car il en est plusieurs qui marchent en ennemis de la croix de Christ, je vous en ai souvent parlé, et j'en parle maintenant encore en pleurant. Leur fin sera la perdition; ils ont pour dieu leur ventre, ils mettent leur gloire dans ce qui fait leur honte, ils ne pensent qu'aux choses de la terre.» (Philippiens 3:17–19)

Paul parlait des gens qui se professent simplement chrétiens, ennemis de la croix qui se revendiquent disciples de Christ. Ils se complaisent en eux-mêmes et leurs pensées sont fixées sur les choses de ce monde. Le principe de la croix, la mort à soi-même et aux choses de la chair, n'a pas été appliqué à leur vie. Même dans l'Eglise, beaucoup de gens professent leur allégeance à Christ mais rejettent sa croix. Ils finiront dans la perdition.

En nous identifiant à la croix de Jésus, nous excluons également de plaire à ce monde. Jacques écrit ces paroles solennelles à des gens qui se professent chrétiens: *«Adultères que vous êtes! ne savez-vous pas que l'amour du monde est inimitié contre Dieu? Celui donc qui veut être ami du monde se rend ennemi de Dieu»* (Jacques 4:4). Jacques appelle ces gens *«adultères.»* Pour faire partie de l'épouse de Christ, l'Eglise, il faut un engagement spirituel, l'épouse doit être exclusive, totalement engagée et dévouée envers Jésus. Si cette dévotion à Jésus est infiltrée par l'amour de ce monde, alors nous sommes des adultères spirituels. Nous ne sommes pas fidèles au fiancé, Jésus-Christ. Etre ami du monde signifie commettre un adultère spirituel.

Merci Seigneur parce que tu m'as appelé à laisser ce monde derrière moi. Je proclame que j'applique ce principe de la croix, la mort à moi-même et aux choses de la chair. Je sortirai du camp pour aller à lui. Amen.

La marque de la séparation

Sortons hors du camp pour aller à lui.

Dans l'évangile de Jean, Jésus fait cette déclaration:

«Si le monde vous hait, sachez qu'il m'a haï avant vous. Si vous étiez du monde, le monde aimerait ce qui est à lui; mais parce que vous n'êtes pas du monde, et que je vous ai choisis du milieu du monde, à cause de cela le monde vous hait.» (Jean 15:18–19)

Lorsque le monde nous aime comme si nous étions à lui, c'est un signe presque certain que nous n'appartenons pas à Jésus. Nous devons prêter attention à cet avertissement. Quelle devrait donc être notre attitude à la lumière de cela? Paul l'exprime bien en Galates 6:14: *«Pour ce qui me concerne, loin de moi la pensée de me glorifier d'autre chose que de la croix de notre Seigneur Jésus-Christ, par qui le monde est crucifié pour moi, comme je le suis pour le monde!»*

Puissions-nous ne jamais nous glorifier ni prendre appui sur autre chose que sur la croix du Seigneur. Ni sur notre éducation, sur notre religion, ni sur notre dénomination, sur aucune de ces choses. Nous pouvons assurément et uniquement nous glorifier de la croix du Seigneur Jésus-Christ, celle où il a remporté une victoire permanente, et irréversible sur les puissances du mal. Par la croix *«le monde est crucifié pour moi, comme je le suis pour le monde.»* La croix est la marque de séparation entre le peuple de Dieu et le monde. Lorsque nous acceptons le principe de la croix dans nos vies, nous ne lui appartenons plus. Jésus nous a donné cette merveilleuse promesse de victoire: *«Je vous ai dit ces choses, afin que vous ayez la paix en moi. Vous aurez des tribulations dans le monde; mais prenez courage, j'ai vaincu le monde»* (Jean 16:33).

Nous traverserons des difficultés, mais Jésus a vaincu le monde! A travers lui, nous aussi nous pouvons le vaincre, si nous désirons sortir hors du camp pour aller vers lui, en portant son opprobre.

Merci Seigneur parce que tu m'as appelé à laisser ce monde derrière moi. Je proclame que j'accepte la croix comme une marque de séparation entre le peuple de Dieu et le monde, un monde auquel je n'appartiens plus. Je sortirai du camp pour aller à lui. Amen.

Son bannissement: notre admission

Sortons hors du camp pour aller à lui.

Dans le seizième chapitre des Lévitiques, nous lisons à propos du jour de l'expiation, et particulièrement à propos du bouc émissaire. Cette célébration impliquait la présence de deux boucs. L'un représentait une offrande pour le péché et il était mis à mort. L'autre, qui était appelé *Azazel*, ou *«bouc émissaire»* (Lévitique 16:8), était conduit dans le désert. Il était abandonné sur une terre inhabitée pour y errer désespérément et mourir de soif. Il ne revenait jamais.

Jésus était le bouc émissaire dans la préfiguration du jour de l'expiation. Il avait été banni de la présence du Dieu tout puissant. Jésus était en fait préfiguré par les deux boucs. En tant qu'offrande pour le péché, il est mort sur la croix. Mais en tant que bouc émissaire, il a été banni de la présence de Dieu, endurant le rejet à notre place. L'opposé du bannissement c'est l'admission (la bonne grâce). Cela est exprimé en Ephésiens 1:6: *«à la louange de la gloire de sa grâce qu'il nous a accordée en son bien-aimé.»*

Nous devons tous comprendre que nous avons été admis. Encore une fois, le sentiment de rejet est l'un des problèmes les plus répandus parmi la population de notre pays. Dans toutes les assemblées, je peux vous garantir qu'il y a des gens qui se débattent avec un sentiment rejet. Dans la plupart des cas, ce sentiment est issu de la relation avec leurs parents, en grandissant, ils n'ont jamais crû que ceux-ci les avaient réellement désirés et ainsi, ils n'ont jamais appris à se sentir acceptés. Ils vivent leur vie en se sentant rejetés, malheureux, incapables de s'intégrer parmi d'autres gens et incapables de démontrer de l'amour, parce qu'ils n'en ont jamais reçu.

J'ai appris par expérience que l'une des meilleures méthodes pour aider ce genre de personne est de leur donner l'assurance qu'ils sont acceptés par Dieu. Il est également réconfortant de savoir que lui-même a connu la souffrance du rejet, car personne n'a été aussi totalement rejeté que lui lorsqu'il est mort sur la croix pour nos péchés.

Merci Seigneur parce que tu m'as appelé à laisser ce monde derrière moi. Je proclame que «la grâce m'a été accordée en le Bien-aimé» parce que Jésus a été banni de la présence du Dieu tout puissant. Je sortirai du camp pour aller à lui. Amen.

Accepter «le bras de l'Eternel»

Sortons hors du camp pour aller à lui.

Esaïe 53 commence par un avertissement sur le danger que ce message prophétique soit reçu par beaucoup dans l'incrédulité: *«Qui a cru à ce qui nous était annoncé? Qui a reconnu le bras de l'Éternel?»* (Esaïe 53:1).

Le serviteur de l'Eternel, décrit dans les versets précédents (Lire Esaïe 52:13–15) et préfiguré dans cette prophétie, est évoqué dans le verset ci-dessus comme étant *«le bras de l'Éternel»*. Cette expression manifeste la puissance de Dieu intervenant en faveur de son peuple. C'était une indication anticipée du fait que Dieu interviendrait pour apporter le salut à son peuple à travers Jésus-Christ. Tout ceci s'est accompli en Jésus. Il est venu pour révéler Dieu et apporter son salut et sa guérison à tous. Pierre, un témoin oculaire du ministère terrestre de Jésus, l'a résumé ainsi: *«Dieu a oint du Saint-Esprit et de force Jésus de Nazareth, qui allait de lieu en lieu faisant du bien et guérissant tous ceux qui étaient sous l'empire du diable, car Dieu était avec lui»* (Actes 10:38).

L'évangile de Jean applique la prophétie d'Esaïe directement à Jésus:

«Malgré tant de miracles qu'il avait faits en leur présence, ils ne croyaient pas en lui, afin que s'accomplît la parole qu'Ésaïe, le prophète, a prononcée: Seigneur, qui a cru à notre prédication? Et à qui le bras du Seigneur a-t-il été révélé?» (Jean 12:37–38)

Nous devons nous accrocher à notre foi en celui qui a accompli les prophéties de l'Ancien Testament. Même la plupart de ceux qui ont assisté en personne aux miracles de Jésus étaient incrédules. N'exigeons pas des signes ou des miracles, ceux-ci ne garantissent pas la croyance, mais gardons la foi en celui qui a remporté le salut pour nous, le plus grand miracle de tous.

Merci Seigneur parce que tu m'as appelé à laisser ce monde derrière moi. Je proclame que malgré le fait que Jésus a été rejeté par de nombreuses personnes de son propre peuple, je le reçois comme «le bras de l'Eternel» qui apporte le salut. Je sortirai du camp pour aller à lui. Amen.

---

23 DECEMBRE

«Ni beauté, ni éclat»

Sortons hors du camp pour aller à lui.

Esaïe 53:2 donne une description prophétique des premières années de Jésus sur terre: «*Il s'est élevé devant lui comme une faible plante, comme un rejeton qui sort d'une terre desséchée;il n'avait ni beauté, ni éclat pour attirer nos regards, et son aspect n'avait rien pour nous plaire.*» De sa jeunesse à l'âge adulte, Jésus a grandi comme une robuste plante, poussant droit et craignant Dieu dans toutes ses voies. Ce fait est également décrit en Luc 2:40:» *Or, l'enfant croissait et se fortifiait. Il était rempli de sagesse, et la grâce de Dieu était sur lui.*» En même temps, Jésus était comme «*un rejeton qui sort d'une terre desséchée.*» Il s'est avancé vers Israël en tant que messager de Dieu durant une période de pauvreté spirituelle prolongée. Israël n'avait pas reçu de révélation prophétique depuis presque trois cents ans. Ce silence prophétique a été brisé par Jean Baptiste puis par Jésus lui-même, qui tous deux ont proclamé la venue du royaume de Dieu.

Jésus n'avait pas de splendeur particulière qui aurait révélé sa véritable identité au peuple. Il a été perçu comme n'étant rien de plus que le fils de Joseph, le charpentier. (Lire Matthieu 13:54–55.) Lorsque Pierre l'a reconnu comme le Messie, le Fils de Dieu, Jésus a dit que cette révélation ne découlait pas de sa perception naturelle et sensorielle des choses, au contraire, elle lui avait été donnée par Dieu le Père. (Lire Matthieu 16:17.) La prophétie continue: «*Méprisé et abandonné des hommes, homme de douleur et habitué à la souffrance* [la maladie], *semblable à celui dont on détourne le visage, nous l'avons dédaigné, nous n'avons fait de lui aucun cas.*» (Esaïe 53:3). Jésus n'a pas recherché la faveur des riches. Au contraire, il s'est dévoué inlassablement à assister les pauvres et ceux qui souffraient. Il a affronté la souffrance et la maladie, en finissant par prendre sur lui celles de toute la race humaine. Pendu à la croix, dans la honte et l'agonie, il est devenu «*Semblable à celui dont on détourne le visage*» (Esaïe 53:3).

Merci Seigneur parce que tu m'as appelé à laisser ce monde derrière moi. Je proclame que même si Jésus a été méprisé et rejeté par les hommes, je le reçois et je l'estime comme étant le Messie, le fils de Dieu. Je sortirai du camp pour aller à lui. Amen.

52ème semaine:

Offrons sans cesse un sacrifice de louange.

Par lui, offrons sans cesse à Dieu un sacrifice de louange, c'est-à-dire le fruit de lèvres qui confessent son nom.

—Hébreux 13:15

Des lèvres qui rendent grâce

Offrons sans cesse un sacrifice de louange.

Voici le douzième et dernier «faisons» tiré de l'épître aux Hébreux: «*Par lui* [Jésus], *offrons sans cesse à Dieu un sacrifice de louange, c'est-à-dire le fruit de lèvres qui confessent son nom*» (Hébreux 13:15). Pour moi cette résolution est si appropriée et si magnifique parce qu'elle représente une instruction permanente. Si nous offrons continuellement un sacrifice de louange à Dieu, tout au long de l'année, cela fera la différence dans ce qu'elle nous réservera.

Cette étape finale d'offrir un sacrifice de louange à Dieu est liée directement et de façon pratique aux deux précédentes, qui étaient: «montrons de la gratitude» et «sortons hors du camp pour aller à lui.»

La gratitude conduit naturellement à la louange. Il y a plusieurs passages dans la Bible où les actions de grâces sont liées à la louange. L'un des passages les plus beaux est celui du Psaume 100 au verset 4: «*Entrez dans ses portes avec des louanges, dans ses parvis avec des cantiques! Célébrez-le, bénissez son nom!*»La première étape pour pouvoir accéder à Dieu est de lui rendre grâce [le louer], la seconde de le louer [le célébrer]. Les actions de grâces mènent à la louange [ou la louange à la célébration]. Elles trouvent leur expression dans la louange et elles coulent comme une louange.

L'étape juste avant celle-ci: «sortons hors du camp pour aller à lui,» nous libère de deux esclavages: plaire à soi-même et plaire au monde. Encore une fois, cette étape est directement liée au sacrifice de louange. Il se peut que vous ne le compreniez pas immédiatement, mais il existe deux empêchements à la louange spontanée coulant librement dans nos vies. L'amour de soi, et l'amour du monde. Tant que nos affections resteront centrées sur nous-mêmes ou sur le monde, nous ne serons pas vraiment libres de louer Dieu. La croix élimine ces empêchements et nous libère pour louer Dieu.

Merci Seigneur. Je te loue. Je proclame que j'élimine tout empêchement et que j'offre à Dieu ma louange «le fruit de lèvres qui rendent grâce à [confessent] son nom.» J'offrirai sans cesse un sacrifice de louange. Amen.

Libérés par la croix

Offrons sans cesse un sacrifice de louange.

La croix de Jésus élimine les entraves de notre complaisance envers nous-mêmes et envers le monde. Puis, lorsque nous ne sommes plus altérés par ce qui nous arrive, nous cessons d'être profondément affligés par nos humeurs, nos problèmes ou l'apparente adversité. Ce qui se passe dans le monde autour de nous ne nous affecte plus.

Nous pouvons nous asseoir pour écouter les nouvelles et nous lever ensuite en pensant que la situation mondiale est vraiment mauvaise, elle est pleine de crises, de désastres, de crimes et d'immoralité. Cependant, il nous faut comprendre que le monde ne nous domine pas, et qu'il ne domine pas nos pensées. Nous sommes dans le monde mais non pas du monde. Lorsque nous sommes libérés de l'esclavage du monde, lorsque celui-ci ne contrôle plus nos pensées et que nous avons été libérés de lui par la croix dans notre être intérieur, il ne reste plus rien pour empêcher notre louange.

Nous ne louons pas Dieu seulement quand les choses vont bien dans le monde ou dans nos vies. Nous le louons parce qu'il est digne de louange. Notre esprit libéré n'est pas englué dans l'amour de nous-même ou du monde.

On en apprend beaucoup sur une personne en observant le temps qu'elle accorde à la louange. Est-elle esclave de sa vieille nature, ou bien est-elle entrée dans la vie de résurrection de sa nouvelle nature? Le vieil homme est un rouspéteur. Lorsque nous entendons quelqu'un rouspéter, nous savons qu'il s'agit de son vieil homme. Mais l'homme nouveau est un glorificateur. Lequel d'entre eux êtes-vous? Le vieil homme dit: «je ne peux plus supporter cela,» «les choses vont trop mal,» «je ne suis pas bien traité» «Pourquoi le monde va-t-il si mal?» L'homme nouveau dit, «Alléluia! Loué soit le Seigneur! Je suis libre. Je suis un enfant de Dieu. Le ciel est ma patrie. Dieu m'aime.»

A laquelle de ces attitudes vous identifiez-vous?

Merci Seigneur. Je te loue. Je proclame que j'ai été libéré par la croix pour donner louange à Dieu, car il est digne de louange. J'offrirai sans cesse un sacrifice de louange. Amen.

Un sacrifice coûteux

Offrons sans cesse un sacrifice de louange.

Lisons dans le livre des Proverbes un verset qui souligne l'importance de ce qui sort de notre bouche:

«La mort et la vie sont au pouvoir de la langue; quiconque l'aime en mangera les fruits.» (Proverbes 18:21)

Deux choses découlent de l'usage de notre langue: la mort et la vie. Si nous ronchonnons ou si nous sommes négatifs ou centrés sur nous-mêmes, notre langue suscitera la mort. Mais si nous sommes libérés de toute cette négativité et que nous marchons dans la louange et dans l'adoration de Dieu, notre langue suscitera la vie. En outre, quel que soit le fruit engendré par notre langue, qu'il soit doux ou amer, nous devrons le manger.

Revenons à notre verset modèle de la semaine. Je voudrais en souligner un point important supplémentaire. L'auteur dit:

«Par lui [Jésus], *offrons sans cesse à Dieu un sacrifice de louange, c'est-à-dire le fruit de lèvres qui confessent son nom.»* (Hébreux 13:15)

Le terme de *«sacrifice»* est important dans ce verset. La louange est un sacrifice. Selon les principes des Ecritures, le sacrifice exige la mort. Dans les sacrifices de l'Ancien Testament, aucune chose n'était offerte à Dieu avant d'être passée par la mort. Nous comprenons donc que le sacrifice de la louange implique une mort, la mort du vieil homme. Le vieil homme ne peut pas louer Dieu comme il mérite d'être loué. La mort est nécessaire.

Je le répète, sachons que le sacrifice nous coûte quelque chose, ainsi donc, la louange a un prix. Permettez-moi de l'exprimer de cette façon: C'est lorsque nous en ressentons le moins l'envie que nous avons le plus besoin de louer Dieu. La louange ne peut pas dépendre de nos sentiments. C'est un sacrifice de notre esprit.

Merci Seigneur. Je te loue. Je proclame que la louange est un sacrifice, elle a un prix élevé, et que j'en ressente l'envie ou non, je louerai Dieu. J'offrirai sans cesse un sacrifice de louange. Amen.

La louange contagieuse

Offrons sans cesse un sacrifice de louange.

Lisons l'exemple du Roi David dans le Psaume 34. L'introduction à ce Psaume dit: *«De David. Lorsqu'il contrefit l'insensé en présence d'Abimélec, et qu'il s'en alla, chassé par lui.»* A ce moment de sa vie, David fuyait son propre pays. Le roi Saül tentait de l'assassiner, c'est pourquoi David avait dû quitter son environnement familier.

Il s'était rendu à la cour d'un roi païen, mais celui-ci le soupçonnait d'être un ennemi. Pour sauver sa propre vie, il a dû feindre la folie. Le livre historique de 1 Samuel nous dit qu'il égratignait les battants des portes et qu'il bavait sur sa barbe. (Lire 1 Samuel 21:10–15.) Telle était la situation de David à l'époque. Mais quelle a été sa réaction?

«Je bénirai l'Éternel en tout temps; sa louange sera toujours dans ma bouche. Que mon âme se glorifie en l'Éternel! Que les malheureux écoutent et se réjouissent!» (Psaume 34:1–3)

A cet endroit-là, en plein milieu de terribles circonstances, alors que sa vie était en jeu et qu'il subissait la honte d'avoir à feindre la folie, David louait le Seigneur. Voilà ce que représente un sacrifice de louange. Alors qu'il était au plus bas, David a décidé de continuer de glorifier l'Eternel. Lorsqu'il n'avait plus rien pour se vanter, il a décidé de se vanter dans le Seigneur.

Puis, David continue: *«Exaltez avec moi l'Éternel! Célébrons tous son nom!»* La louange est contagieuse. Si nous apprenons à louer Dieu de cette façon, d'autres se joindrons à nous. Mais la rouspétance aussi est contagieuse. Si nous rouspétons, nous attirerons les rouspéteurs. Nous devons apprendre à offrir le sacrifice de la louange continuellement.

Merci Seigneur. Je te loue. Je proclame que malgré les circonstances, j'offrirai à Dieu le sacrifice de la louange, en glorifiant le Seigneur. J'offrirai sans cesse un sacrifice de louange. Amen.

La louange dans le désert

Offrons sans cesse un sacrifice de louange.

Lorsque je servais dans l'Armée britannique, durant la Deuxième Guerre mondiale, j'avais été mis en poste dans le désert d'Afrique du Nord. L'un des aspects négatifs des conditions de vie dans le désert c'est qu'elles engendrent les plaintes et les murmures. C'est ce qui s'est passé pour Israël à plusieurs reprises, et cela a souvent attiré le jugement de Dieu et sa défaveur sur eux. Je m'étais tellement lassé du désert, de la nourriture et des blasphèmes continuels des soldats britanniques que j'ai commencé à me plaindre. En agissant ainsi, j'ai perdu le sentiment de la présence de Dieu et de sa bénédiction.

J'ai donc décidé de mettre à part un jour de jeûne pour demander à Dieu la raison de ce sentiment que sa présence s'était retirée de moi. Je lui ai dit «Mon Dieu, pourquoi n'es-tu pas près de moi? Pourquoi dois-je continuer cette vie monotone et ennuyeuse dans le désert?» Le soir, Dieu m'avait donné la réponse. Il m'avait parlé très clairement en disant: «Pourquoi ne m'as-tu pas rendu grâce? Pourquoi ne m'as-tu pas loué?» Alors que je méditais sur ce que Dieu avait dit, j'ai réalisé que j'avais perdu le sentiment de sa présence parce que j'étais tombé dans l'ingratitude.

En temps utile, le Saint-Esprit m'a dirigé vers plusieurs passages en droite ligne de ce message, y compris celui de 1 Thessaloniciens 5:16–19: *«Soyez toujours joyeux. Priez sans cesse. Rendez grâces en toutes choses, car c'est à votre égard la volonté de Dieu en Jésus-Christ. N'éteignez pas l'Esprit.»* Encore une fois, ce que cela implique, c'est que si nous ne nous réjouissons pas constamment, si nous ne prions pas sans cesse et si nous ne rendons pas grâce en toutes choses, nous éteignons le Saint-Esprit! En murmurant et en nous plaignant au lieu de louer et de rendre grâce, j'avais éteint le Saint-Esprit dans ma vie. Dieu s'attend à ce que nos lèvres offrent continuellement un sacrifice de louange, pas seulement une louange intérieure, dans notre cœur. Nous devons exprimer vocalement notre louange en rendant grâce au nom du Seigneur!

Merci Seigneur. Je te loue. Je proclame que je n'éteindrai pas l'Esprit mais que je me réjouirai toujours, que je prierai sans cesse et que je rendrai grâce en toutes choses. J'offrirai sans cesse un sacrifice de louange. Amen.

La marque de la reconnaissance

Offrons sans cesse un sacrifice de louange.

Comme nous l'avons vu, la reconnaissance est un commandement direct des Ecritures et un signe indispensable de la plénitude du Saint-Esprit en nous. Ces faits nous amènent à deux conclusions pratiques qui s'appliquent à chacun de nous personnellement, tout d'abord, un chrétien ingrat est désobéissant, et ensuite, un chrétien ingrat n'est pas rempli du Saint-Esprit.

Les actions de grâces représentent également une condition requise pour entrer dans la présence de Dieu, comme nous le lisons dans le psaume 100:4–5: *«Entrez dans ses portes avec des louanges, dans ses parvis avec des cantiques! Célébrez-le, bénissez son nom! Car l'Éternel est bon; sa bonté dure toujours, et sa fidélité de génération en génération.»* Les deux étapes essentielles de notre approche de Dieu consistent à entrer dans ses portes avec des louanges [des actions de grâces] et dans ses parvis avec des cantiques [des louanges].

A cela, le psalmiste ajoute également trois raisons spécifiques de remercier Dieu. En premier: *«L'Eternel est bon»*; en second, *«sa bonté dure toujours»*; et, en troisième: *«sa fidélité* [dure] *de génération en génération.»* Chacune d'entre elles est permanente et immuable. Dieu est toujours bon, sa bonté est éternelle, et sa fidélité se perpétue sur toutes les générations. Les raisons principales de rendre grâces à Dieu ne dépendent jamais de nos sentiments ou des circonstances. Il se peut que nous nous sentions en forme un jour et déprimé le jour suivant, parfois nous sommes encouragés et parfois découragés. Mais il n'y a là aucune raison de modifier notre attitude de reconnaissance envers Dieu.

Pour nous approcher de Dieu sur la base de ces trois faits éternels, nous devons changer d'objectif. Nous devons voir loin au-delà des choses qui nous irritent, nous découragent ou nous provoquent, en fixant nos regards sur les choses éternelles, que nous discernons par les yeux de la foi. Lorsque nous venons à Dieu investis du bon objectif, nous sommes en position de l'entendre et de recevoir de sa part.

Merci Seigneur. Je te loue. Je proclame que j'entre dans tes portes avec des louanges et dans tes parvis avec des cantiques, parce que tu es bon et que ta bonté dure à toujours. J'offrirai sans cesse un sacrifice de louange. Amen.

La louange ferme la bouche au diable

Offrons sans cesse un sacrifice de louange.

La louange est une arme spirituelle que nous pouvons utiliser pour faire taire le diable. Ce fait pourrait être l'un des plus importants de la Bible. D'un point de vue pratique dans la vie chrétienne, Dieu nous a fourni un moyen de fermer la bouche au diable. Au Psaume 8:2 il est dit: *«Par la bouche des enfants et de ceux qui sont à la mamelle tu as fondé ta gloire, pour confondre tes adversaires, pour imposer silence à l'ennemi et au vindicatif.»* S'adressant à Dieu, le psalmiste parlait d'*«adversaires»* au pluriel, et de *«l'ennemi et du vindicatif»* au singulier. *«L'ennemi et le vindicatif»* n'est autre que le diable lui-même; *«les adversaires»* sont les esprits mauvais qui sont les instruments de satan contre nous. A cause de satan et de ses esprits mauvais, Dieu a promulgué une force qui nous rendrait capables de les faire taire.

Ce verset a été cité par Jésus lui-même dans l'évangile de Matthieu. Cette citation est une révélation de la pleine signification de ce passage. Dans cette séquence, Jésus se trouve dans le temple guérissant les malades, et les enfants courent autour de lui de-ci, de-là en criant: *«Hosanna au Fils de David!»* (Matthieu 21:15). Cela dérange les dirigeants religieux, ceux-ci interpellent donc Jésus en disant: *«Entends-tu ce qu'ils disent?»* Jésus donne ensuite cette révélation: *«Oui, leur répondit Jésus. N'avez-vous jamais lu ces paroles: Tu as tiré des louanges* [Ndt: en anglais: tu as rendues parfaites les louanges] *de la bouche des enfants et de ceux qui sont à la mamelle?»* Là où le psalmiste dit «tu as fondé ta gloire», Jésus dit: *«tu as rendues parfaites les louanges.»* Nous pouvons en tirer une conclusion simple et directe. La «gloire fondée» par Dieu pour son peuple est «la louange parfaite.» Dieu nous a rendus capables de faire taire le diable et toutes ses forces mauvaises par la louange parfaite.

En tant qu'«enfants et bébés à la mamelle» si nous louons Dieu vraiment parfaitement, de notre bouche sortira une arme qui fermera la bouche au diable. Et Dieu en sera glorifié.

Merci Seigneur. Je te loue. Je proclame qu'en «perfectionnant ma louange» je fais taire le diable et je glorifie Dieu. J'offrirai sans cesse un sacrifice de louange. Amen.

Invoquer la bénédiction de Dieu

Offrons sans cesse un sacrifice de louange.

Le point culminant de la bénédiction sacerdotale qu'Aaron et ses descendants ont eu pour instruction de prononcer sur le peuple d'Israël survient à travers ces paroles: *«C'est ainsi qu'ils mettront mon nom sur les enfants d'Israël, et je les bénirai»* (Nombres 6:27).

Souvent, les prières les plus efficaces que nous pouvons faire pour les autres sont des prières de louange et d'actions de grâces, en invoquant sur eux le nom du Seigneur Jésus. Lorsque nous appliquons le nom de Jésus sur les gens pour lesquels nous prions, nous invoquons sur eux la bénédiction de Dieu. Peu d'entre nous réalisent à quel point nous vivifions l'esprit des gens simplement en louant Dieu pour eux. C'est une part majeure de notre ministère en tant qu'intercesseurs.

«Praying Hyde» ('Hyde le prieur') était un missionnaire remarquable du siècle dernier au Punjab, en Inde, lorsque celle-ci était encore sous mandat britannique. Le ministère de Hyde était la prière, tout le reste était secondaire. Un jour, il a rencontré un évangéliste indien qu'il a trouvé froid et inefficace. Lorsqu'il a commencé à prier pour cet homme, il a dit: «Seigneur, tu sais...» (il était sur le point de dire: «A quel point le frère untel est froid.» Mais le Saint-Esprit l'a arrêté par Proverbes 30:10: *«Ne calomnie pas un serviteur auprès de son maître.»* Suite à cela, le frère Hyde a changé de tactique. Il a commencé à réfléchir à toutes les choses bonnes dans la vie de cet homme et à remercier Dieu pour lui. En l'espace de quelques mois, cet homme est devenu un évangéliste remarquablement efficace. Quelle était la cause de cette transformation? Le fait de ne pas être accusé dans la prière, mais d'être l'objet d'actions de grâces.

Dieu m'a enseigné que si je ne pouvais pas le remercier pour quelqu'un, je n'avais probablement pas le droit de prier pour lui. Il valait mieux que je ne prie pas du tout parce que ma prière allait faire plus de mal que de bien. Comme le dit Nombres 6:27: *«C'est ainsi qu'ils mettront mon nom sur les enfants d'Israël, et je les bénirai.»*

Merci Seigneur. Je te loue. Je proclame que je ne «calomnierai pas un serviteur ou une servante» auprès de toi mais, qu'au contraire, j'invoquerai la bénédiction de Dieu sur lui ou sur elle. J'offrirai sans cesse un sacrifice de louange. Amen.

AUTRES LIVRES DE DEREK PRINCE

7 représentations du peuple de Dieu
Alors viendra la fin
Appelés à conquérir
Bénédiction ou Malédiction, à vous de choisir !
Comment façonner l'histoire par la prière et le jeûne
Comment jeûner avec succès
Comment opère la grâce?
Derek Prince, la Biographie
Dieu est un Faiseur de mariages
Dieu révélé dans ses noms
Divorce et remariage
Ecouter la voix de Dieu
Esther portrait d'une reine
Etroitement unis ensemble
Faire face à l'avenir
Faire face à nos ennemis
Ils chasseront les démons
Israël à la une des journaux
Juger, quand, comment, pourquoi?
L'abondance de Dieu
La barrière du non-pardon
La bonne nouvelle du Royaume
La communion fraternelle
La crainte du Seigneur
La croix, incontournable!
La décision vous appartient!
La destinée d'Israël et de l'Eglise
La grâce de céder
La grâce ou rien!
La guérison, une décision
La guerre invisible
La moisson juste devant nous
La parole de Dieu guérit!
La puissance du sacrifice
L'amour extravagant de Dieu
La fin du voyage terrestre
La moisson juste devant nous
La série des fondements de la foi, 1,2,3
La sorcellerie exposée et vaincue
La terre promise
L'échange divin
Le combat spirituel
Le flacon de médicament de Dieu
L'Eglise, la part du vrai et du faux
L'Eglise, épouse ou prostituée?
L'Eglise locale
L'Eglise universelle
Le baptême dans le SE
Le chemin dans le Saint des Saints
Le mariage une alliance
Le plan de Dieu pour votre argent
L'épreuve
Le remède de Dieu contre le rejet
Le Saint Esprit oui mais
Les apôtres
Les bergers et les diacres
Les dons de l'Esprit / le fruit de l'Esprit
Les eaux amères de la vie
Les évangélistes et les enseignants
Les prophètes
Les secrets d'un guerrier de la prière
L'expiation, votre rendez-vous avec Dieu
L'identification
Maris et pères
Notre dette envers Israël
Ou trouver la sécurité
Parcourir le pays des promesses de Dieu
Pèlerinage à travers l'épître aux Romains
Perles de la Parole
Pour s'élever, il faut s'abaisser
Pourquoi ces choses arrivent-elles...
Prier pour le gouvernement
Proclamer la parole de Dieu
Protection contre la séduction...
Quelques pages du livre de ma vie
Qui est le Saint-Esprit?
Qui suis-je?
Réclamer notre héritage
Rendez-vous à Jérusalem
S'accorder avec Dieu
Si vous désirez le meilleur de Dieu
Un caractère à toute épreuve
Un nouveau départ
Une mère en Israël
Vivre par la foi
Votre langue a-t-elle besoin de guérison
Votre marche avec Dieu

Et autres, voir www.derekprince.fr
Ou appelez le 04 68 91 38 72.

www.ingramcontent.com/pod-product-compliance
Lightning Source LLC
Chambersburg PA
CBHW060450090426
42735CB00011B/1956

* 9 7 8 1 7 8 2 6 3 0 8 8 3 *